SAT
巴朗词表

乱序版

新东方考试研究中心 编著

北京语言大学出版社
BEIJING LANGUAGE AND CULTURE
UNIVERSITY PRESS

图书在版编目(CIP)数据

SAT巴朗词表：乱序版 / 新东方考试研究中心编著
. —北京：北京语言大学出版社，2014（2015.9重印）
ISBN 978-7-5619-3976-5

Ⅰ. ①S… Ⅱ. ①新… Ⅲ. ①英语—词汇—高等学校
—入学考试—美国—自学参考资料 Ⅳ. ①H313

中国版本图书馆CIP数据核字（2014）第229928号

书　　名：SAT巴朗词表：乱序版
编　　著：新东方考试研究中心
责任编辑：李　亮　路淑双
封面设计：大愚设计+路　星

出版发行：**北京语言大学出版社**
社　　址：北京市海淀区学院路15号　邮政编码：100083
网　　站：www.blcup.com
电　　话：发行部　（010）62605588 / 5019 / 5128
　　　　　编辑部　（010）62418641
　　　　　邮购电话　（010）62605127
　　　　　读者服务信箱　bj62605588@163.com
印　　刷：北京海石通印刷有限公司
经　　销：全国新华书店

版　　次：2015年9月第1版第4次印刷
开　　本：710毫米×1000毫米　1/16　印张：26.5
字　　数：608千
书　　号：ISBN 978-7-5619-3976-5
定　　价：40.00元

　　SAT全称为Scholastic Assessment Test，中文名称为"学术能力评估测试"，与ACT考试一样，SAT考试被视为"美国高考"，SAT成绩是世界各国高中生申请美国名校学习及奖学金的重要条件之一。近年来，参加SAT考试的中国考生人数呈逐年上升趋势，竞争日趋激烈。

　　考生如何在SAT考试中获得优异成绩呢？SAT考试内容包括批判性阅读（Critical Reading）、数学（Mathematics）和写作（Writing）三个部分，而不论是写作部分的Essay写作单项、语法单项还是阅读部分的填空与阅读单项，都离不开对词汇的考查，词汇在SAT考试中有着至关重要的地位。那么参加SAT考试到底需要背多少单词呢？这是很多考生的疑问，是5000？8000？还是10000？……这个问题不好回答，也没有一个标准的答案。

　　2013年6月出版的《SAT巴朗词表》受到了广大考生的普遍欢迎。应大家的强烈要求，在该书的基础上，编者倾注了极大心血编写了这本《SAT巴朗词表：乱序版》。本书仍收录正序的约3500个核心词汇，并划分为35个List，为单词提供中英文释义、经典搭配和例句、派生词。本书打破了以往单词按照字母顺序排列的常规模式，所有单词乱序编排，帮助考生自由灵活地记忆单词。此外，本书一大特色是在每个单词下面标注其在考试中的考查题型，便于考生更有针对性地学习单词，提高备考效率，为SAT考试打下坚实的基础。

本书设置如下：

　　3500多个核心词，分为35个单元，每单元100词左右

　　所有单词采用乱序编排，打破按照字母排序的常规模式

　　【题型】每个单词下面标注其在考试中的考查题型

　　【释】给出单词在SAT中常考的中英文释义，帮助考生结合考试内容准确理解单词，达到"事半功倍"的备考效果。

　　【例】收录大量与真实考试难度相当的例句，并配以中文译文，帮助考生在语境中理解单词，强化记忆效果。

　　【搭】提供常考短语和搭配，帮助考生掌握单词重点用法。

【派】归纳单词的常考派生词，帮助考生全面扩充词汇量。

【返记菜单】设置在每页底端，便于查找定位，及时复习。

365个高频词和175个热词

1. 高频词和热词在核心词汇中分别以■和●标注。

2. 帮助考生重点巩固、查缺补漏。

本书使用说明：

1. 每天设定固定的时间（比如早上9点）、利用固定的时段（比如2个小时）来学习一个单元。

2. 第一遍看单词时，重点看每个单元中的高频词和热词，并在不认识的单词旁作标记，在以后的学习过程中，格外注意这些词汇。

3. 第二遍看单词时，重点看每个单元中较长的词汇，对多于一个释义的词汇和有生僻释义的词汇格外注意。

4. 可以把不熟悉的单词写在一张卡片或纸上，以便利用零散时间随时进行复习。

5. 根据书中的例句，自己再写一些句子。

对于任何一门语言类考试来讲，词汇都是很重要的，SAT考试自然也不例外。词汇学习虽然是个艰辛的过程，但这样丰富的学习经历是非常宝贵的，对一个人未来的学习、工作和生活都是不无裨益的。最后，祝福每位考生通过学习本书都有所收获，夯实自己的词汇基础，从容应对未来的SAT考试。

编　者

目 录

CONTENTS

surfeit ●
/ 'sɜːrfɪt /

释 *v.* 饮食过度；沉溺于 satiate; stuff; indulge to excess in anything
例 She **surfeited** herself with chocolates every day to lessen her grief after she was dumped by her boyfriend. 她被男友抛弃后，每天都吃很多巧克力来缓解悲伤。
搭 surfeit sb/oneself with/on sth 向某人/自己过多地提供某物（尤指食物）

expurgate
/ 'ekspərgeɪt /

阅 | 填

释 *v.* 删改，删节 remove offensive parts of a piece of writing
例 You have to **expurgate** your paper in order to typeset it. 你必须删改一下你的论文以便排版。
派 expurgation *n.* 消去，删除

yen
/ jen / 填

释 *n.* 瘾；渴望 longing; urge
例 I've always had a **yen** to travel around the world. 我总是渴望周游世界。

flinch
/ flɪntʃ /
阅 | 填

释 *v.* 畏缩，退缩 hesitate, shrink
例 I will never **flinch** at difficulties. 我在困难面前永不退缩。
搭 flinch at sth 因…而退缩

grandiloquent
/ græn'dɪləkwənt /

释 *adj.* 夸张的，浮夸的 pompous; bombastic; using highsounding language
例 As a typical politician, she speaks in a **grandiloquent** way. 她是个典型的政治家，说话装腔作势。
派 grandiloquently *adv.* 夸张地

gingerly
/ 'dʒɪndʒərli /

释 *adv.* 小心翼翼地，谨慎地 very carefully
例 She **gingerly** handed the antique to her friend. 她小心翼翼地把古董拿给她的朋友。

invincible
/ ɪn'vɪnsəbl /

释 *adj.* 不可战胜的 unconquerable
例 He led an army of **invincible** strength. 他率领着一支强大的常胜军队。
派 invincibility *n.* 不可战胜

antiquated ■
/ 'æntɪkweɪtɪd /

阅 | 填

释 *adj.* 陈旧的，过时的 old-fashioned; obsolete
例 Some laws are **antiquated** and should be abolished. 有些法规过于陈旧，应该废除。
搭 antiquated sand 废砂，老化砂　　派 antiquate *v.* 使古旧，废弃

buxom
/ 'bʌksəm /

释 *adj.* 丰满的 plump; full-bosomed
例 Jack likes **buxom** blond instead of slim girls. 杰克喜欢丰满的金发女郎而不是瘦削女孩儿。

☐ surfeit　　☐ expurgate　　✔ yen　　✔ flinch　　☐ grandiloquent　　☐ gingerly
☐ invincible　　☐ antiquated　　✔ buxom

impale / ɪmˈpeɪl /	释 **v. 刺穿** pierce 例 She **impaled** a piece of lamb on her fork. 她用叉子戳起一块羊肉。 派 impalement *n.* 刺穿；刺刑
subdued / səbˈduːd / 阅｜填	释 **adj. 缓和的；柔和的** less intense; quieter 例 The **subdued** lights and music at the restaurant attracted multitudes of young lovers to come. 有着柔和的灯光和音乐，这家餐馆吸引了很多年轻情侣前往。
mendicant / ˈmendɪkənt / 阅	释 **n. 乞丐** beggar 例 The policeman noticed a young man who seemed not an ordinary **mendicant**. 警察注意到一个看起来不像寻常乞丐的年轻人。 派 mendicancy *n.* 乞丐；托钵
deft / deft / 阅｜填	释 **adj. 灵巧的，熟练的，机敏的** neat; skillful 例 She was knitting with **deft** fingers. 她用灵巧的手指编织着。 派 deftly *adv.* 熟练地，灵巧地，敏捷地
deliberate /dɪˈlɪbəreɪt/ 阅｜填	释 **v. 深思熟虑，仔细地想** consider; ponder 例 He **deliberates** his answers for each interview. 他每次回答采访题时都经过深思熟虑。 派 deliberation *n.* 考虑，熟思
aureole / ˈɔːriəʊl /	释 **n. 光轮，日冕；（环绕圣像等的）光环** sun's corona; halo 例 That man claimed to see a fairy with an **aureole** around her head. 那人坚称自己看到了一个头顶光环的仙女。
pummel / ˈpʌml /	释 **v. 击，打** beat or pound with fists 例 The guard ferociously **pummelled** the guy who caused trouble in the club. 警卫把那个在酒吧里惹事的家伙暴打了一顿。 搭 pummel at 击打…
divergent ■ /daɪˈvɜːrdʒənt/	释 **adj. 有分歧的；分叉的** differing; deviating 例 Standing at the **divergent** paths, she didn't know which to choose. 站在分叉路口，她不知道该选哪条路走。
fitful ● / ˈfɪtfl / 填	释 **adj. 间歇的，断断续续的** spasmodic; intermittent 例 After a **fitful** investigation, we finally get a meaningful result. 经过断断续续的研究，我们终于得出了一个有意义的结果。 派 fitfully *adv.* 断断续续地
hiatus / haɪˈeɪtəs / 阅	释 **n. 裂缝；间断** gap; interruption in duration or continuity; pause 例 He came back to his old job after a two-year **hiatus**. 在两年的间断之后他又重操旧业了。

□ impale □ subdued ■ mendicant ▫ deft □ deliberate □ aureole
□ pummel □ divergent □ fitful □ hiatus

stint
/ stɪnt /

释 *n.* 限制，限量；（工作）限额 supply; allotted amount; assigned portion of work *v.* 节约；限制 be thrifty; set limits

例 George reinvented himself as a cultural translator after a six-year **stint** as a personnel manager in Japan. 乔治在日本担任人事经理六年后又将自己重新塑造成了一名文化翻译官。// She had to **stint** herself on chocolate in order to keep slim. 为了保持苗条的身材，她只能限制自己吃巧克力。

搭 without stint 毫无保留地；慷慨地；大量地；stint on sth; stint sb/oneself (of sth) 在…上节制、限制某人/自己

填

catechism
/ 'kætəkɪzəm /

释 *n.* 教义问答手册 book for religious instruction; instruction by question and answer

例 I need to borrow a **catechism**. 我需要借一本教义问答手册。

infuriate
/ ɪnˈfjʊrieɪt /

释 *v.* 使生气，激怒 enrage; anger

例 Everyone in the room was **infuriated** by his arrogance. 房间里每个人都被他的傲慢惹恼了。

派 infuriating *adj.* 使人极为生气的

阅 | 填

molecule
/ ˈmɑːlɪkjuːl /

释 *n.* 分子；小颗粒 the smallest particle (one or more atoms) of a substance, having all the properties of that substance

例 In chemistry class, the teacher told us how atoms and **molecules** react to form new substances. 在化学课上，老师告诉我们原子和分子如何反应生成新的物质。

派 molecular *adj.* 分子的，由分子组成的

阅

reverent ■
/ ˈrevərənt /

释 *adj.* 尊敬的，虔诚的 respectful; worshipful

例 The pupils looked almost **reverent** when the teacher was proudly talking about his volunteer work in the disaster area. 当老师自豪地讲起他在灾区的志愿服务时，学生们都近乎虔诚地倾听着。

派 reverently *adv.* 虔诚地，恭敬地

阅 | 填

infuriate
/ ɪnˈfjʊrieɪt /

释 *v.* 使生气，激怒 enrage; anger

例 Everyone in the room was **infuriated** by his arrogance. 房间里每个人都被他的傲慢惹恼了。

派 infuriating *adj.* 使人极为生气的

阅 | 填

conspicuous
/ kənˈspɪkjuəs /

释 *adj.* 明显的，显著的 easily seen; noticeable; striking

例 The monkeys were cautious when confronted with **conspicuous** markings. 猴子在面对明显的标记时显得很谨慎。

派 conspicuously *adv.* 显著地，明显地

阅 | 填

discomposure
/ ˌdɪskəmˈpoʊʒər /

释 *n.* 心乱，不安；失去平衡 agitation; loss of poise

例 He received this thrust without **discomposure**. 受到这样的攻击他并未感到不安。

派 discompose *v.* 使烦恼，使不安，使混乱

阅 | 填

truism / 'truːɪzəm / 阅	释 *n.* 不言而喻的道理 self-evident truth 例 Proverbs summed up many **truisms**; for example, Nothing lasts forever. 谚语中总结了许多不言而喻的道理，如："没有一成不变的事物。"
annals / 'ænlz /	释 *n.* 历史记载，历史 records; history 例 The reform and opening up is a milestone in the **annals** of the Chinese history. 改革开放是中国历史上的一座里程碑。 搭 in the annals of sth 在对…的历史记载中　派 annalistic *adj.* 编年史的
dissemble / dɪ'sembl / 阅	释 *v.* 伪装，假装 disguise; pretend 例 She **dissembled** innocence to stay with him. 她装出清白无辜的样子，继续待在他身边。 派 dissembler *n.* 伪装者，伪君子
uncouth / ʌn'kuːθ / 阅	释 *adj.* 古怪的；笨拙的；粗俗的 outlandish; clumsy; boorish 例 He embarrassed me with his **uncouth** behavior. 他的粗野行为让我很尴尬。 派 uncouthly *adv.* 笨拙地；粗俗地 uncouthness *n.* 笨拙，粗俗
infidel / 'ɪnfɪdəl /	释 *n.* 无信仰者；异教徒 unbeliever 例 The purpose of the holy war is to drive **infidels** out of the holy land. 这场圣战的目的是要把异教徒赶出圣地。
concession / kən'seʃn / 阅 | 填	释 *n.* 让步，妥协 the act of conceding or yielding 例 He made major **concessions** to end the quarrel with his wife. 为了结束与妻子的争吵，丈夫做出了很多的让步。 派 concessive *adj.* 有妥协性的，让步的
esoteric ■ / ˌesə'terɪk / 阅 | 填	释 *adj.* 深奥的；只有少数才懂的 hard to understand; known only to the chosen few 例 The theory explained in this book is too **esoteric** for me to understand. 这本书中讲述的理论对我来说太深奥了，难以理解。 派 esoterically *adv.* 机密地，神秘地
bestow / bɪ'stoʊ / 阅	释 *v.* 给予 give 例 The General **bestowed** great honors on the brave soldiers. 将军授予了勇士们极高的荣誉。 搭 bestow sth on/upon sb 将…给予/献给 派 bestowal *n.* 赠予，给予
antidote ■ / 'æntidoʊt / 阅 | 填	释 *n.* 解毒剂 medicine to counteract a poison or disease 例 He found a natural **antidote** for that poison. 他为那种毒药找到了一种天然解药。 派 antidotal *adj.* 解毒的

seethe / siːð / 阅	释 **v.** 沸腾，激动 be disturbed; boil 例 I was **seething** with fury while he grinned derisively. 我怒火中烧，他却咧着嘴坏笑。 搭 seethe with sth 对…感到激动
unique / juˈniːk / 阅 | 填	释 **adj.** 唯一的，独特的 without an equal; single in kind 例 Only those with a **unique** personality and ability can succeed. 只有那些有着独特的人格和能力的人才能成功。 派 uniquely *adv.* 独特地；珍奇地 uniqueness *n.* 独特性，独一无二；单值性
conundrum / kəˈnʌndrəm / 阅	释 **n.** 谜语 riddle 例 The little poem is a **conundrum** that contains these doctrines within itself. 这首小诗是包含了这些教义的谜语。
receptive / rɪˈseptɪv / 阅 | 填	释 **adj.** 善于接受的，能接纳的 quick or willing to receive ideas, suggestions, etc. 例 If we have a **receptive** mind, we can achieve success more easily. 如果我们善于接受新思想，则更容易获得成功。 搭 be receptive to sth 易于接受的，接受得快的
imperious / ɪmˈpɪriəs / 阅 | 填	释 **adj.** 专横的；傲慢的 domineering; haughty 例 He always talks in an **imperious** voice. 他总是用傲慢的口气说话。 派 imperiously *adv.* 蛮横地；傲慢地
intimidate ■ / ɪnˈtɪmɪdeɪt / 阅 | 填	释 **v.** 胁迫 frighten 例 The robber **intimidated** him into silence by the life of his son. 劫匪用他儿子的性命威胁他保持安静。 搭 intimidate sb into sth/into doing sth 胁迫某人做某事 派 intimidation *n.* 恐吓
retrograde / ˈretrəgreɪd /	释 **v.** 倒退，退化 go backwards; degenerate **adj.** 后退的；恶化的 例 It is generally acknowledged that the revival of this fashion is a sign of **retrograded** civilization. 这种风尚的复苏流行被公认为是文明倒退的迹象。
meticulous ■ / məˈtɪkjələs / 阅 | 填	释 **adj.** 小心翼翼的，极为仔细的 excessively careful; painstaking; scrupulous 例 My teacher was so **meticulous** about everything. 我的老师对所有事情都一丝不苟。 派 meticulously *adv.* 过细地，异常细致地
masochist / ˈmæsəkɪst / 阅	释 **n.** 受虐狂 person who enjoys his own pain 例 No man enjoys self-mutilation except a **masochist**. 只有受虐狂才喜欢自残。 派 masochistic *adj.* 受虐狂的

toxic / 'tɑːksɪk / 阅|填	释 *adj.* 有毒的；中毒的 poisonous 例 The residents living nearby complained to the local government that large quantities of **toxic** waste of the factory were released into the river. 住在附近的居民向当地政府抱怨说这家工厂向河里排放了大量有毒废物。 派 toxicity *n.* 毒性
injurious / ɪn'dʒʊərɪəs / 阅	释 *adj.* 有害的 harmful 例 The drought period last year was extremely **injurious** to these apple trees. 去年的干旱对这些苹果树极其有害。 搭 be injurious to sb/sth 对…有害的
riddle / 'rɪdl / 阅	释 *v.* 打洞，穿孔；筛 pierce with holes; permeate or spread throughout 例 The soldier refused to surrender to the enemy and died a hero's death after being **riddled** with bullets. 在拒绝向敌人投降后，士兵多处中弹，壮烈牺牲了。
aseptic / ˌeɪ'septɪk /	释 *adj.* 无菌的，防腐的 preventing infection; having a cleansing effect 例 The doctor required the isolated sickroom to be **aseptic**. 医生要求独立病房要无菌化。 搭 aseptic packaging 无菌包装　　派 aseptically *adv.* 无菌地
nettle / 'netl /　阅	释 *v.* 惹恼，发怒 annoy; vex 例 Do not let her **nettle** you with her manner. 别让她的举止惹恼你。
jurisprudence / ˌdʒʊrɪs'pruːdns /	释 *n.* 法学 science of law 例 The Economic Law is compulsory for the student of **jurisprudence**. 经济法是法学学生的必修课。 派 jurisprudential *adj.* 法律学的
raconteur / ˌrækɑːn'tɜːr / 阅 | 填	释 *n.* 善于讲故事的人 storyteller 例 My grandfather was a brilliant **raconteur** when he was alive. 我祖父生前是一位讲故事的高手。
stodgy / 'stɑːdʒi /	释 *adj.* 乏味的；呆板的；枯燥的 stuffy; boringly conservative 例 Shy and **stodgy**, he was not popular with his classmates. 由于羞怯并且还有些沉闷，他不受同学的欢迎。 派 stodginess *n.* 迟钝；乏味 stodgily *adv.* 乏味地
dilatory ● / 'dɪlətɔːri / 阅 | 填	释 *adj.* 延误的，拖延的 delaying 例 The boss dismissed a **dilatory** worker. 老板开除了一个凡事都爱拖延的员工。 派 dilatoriness *n.* 迟缓，拖延
quip / kwɪp / 阅	释 *n./v.* 讽刺，嘲讽 taunt 例 The commentator is very popular with audience because of his frequent use of proper **quips**. 这个评论员因为经常恰当运用反讽而深受观众欢迎。

acerbity
/ əˈsɜːrbəti /
阅
> 释 *n.* 尖酸，刻薄 bitterness of speech and temper
> 例 Grandet's **acerbity** to his daughter brought retribution to himself. 葛朗台因对女儿的刻薄而遭到了报应。
> 派 acerbic *adj.* 尖刻的，严厉的

gargantuan
/ ɡɑːrˈɡæntʃuən /
> 释 *adj.* 巨大的，庞大的 huge; enormous
> 例 I enjoyed a **gargantuan** meal during my stay at her place. 在她家的时候，我享受了一顿丰盛的大餐。

diaphanous
/ daɪˈæfənəs /
填
> 释 *adj.* 透明的，半透明的 sheer; transparent
> 例 The breeze rustled leaves in a dry and **diaphanous** distance. 在远处，空气干燥而明净，微风吹拂着树叶发出沙沙的声音。

condone ■
/ kənˈdoʊn /
阅 | 填
> 释 *v.* 宽恕，赦免 overlook; forgive; give tacit approval; excuse
> 例 People cannot **condone** the use of fierce violence. 人们不能宽恕凶残的暴力行为。
> 派 condonation *n.* 宽恕，赦免

rebuttal ■
/ rɪˈbʌtl /
阅
> 释 *n.* 辩驳，举反证 refutation; response with contrary evidence
> 例 The defense lawyer provided evidence in **rebuttal** of the charge. 辩护律师提供了反驳指控的证据。

propulsive
/ prəˈpʌlsɪv /
> 释 *adj.* 推进的 driving forward
> 例 The jet plane can go much faster with a high **propulsive** efficiency than the engine-driven plane. 喷气式飞机由于推进效率高而比发动机驱动式飞机快得多。
> 派 propulsion *n.* 推进，推进力

irreproachable ●
/ ˌɪrɪˈproʊtʃəbl /
填
> 释 *adj.* 无可指责的，无瑕疵的 blameless; impeccable
> 例 Everybody admired Mary for her **irreproachable** conduct at the office party. 由于玛丽在公司聚会上无可挑剔的行为举止，大家都欣赏她。
> 派 irreproachability *n.* 无可责备，无懈可击

dissipate
/ ˈdɪsɪpeɪt /
阅
> 释 *v.* 浪费，挥霍；（使）消散 squander; waste; scatter
> 例 The girl's letter **dissipated** the parents' fears and anxiety. 女孩的来信消除了父母的害怕和忧虑。
> 派 dissipation *n.* 消散；浪费

economy
/ ɪˈkɑːnəmi /
阅
> 释 *n.* 节约，节俭 efficiency or conciseness in using something
> 例 Many schools are conducting **economy** activities. 许多学校正在开展节约运动。

browbeat
/ ˈbraʊbiːt /
> 释 *v.* 恐吓，威逼 bully; intimidate
> 例 The girl was **browbeaten** into telling the man the password to her bank account. 女孩儿在那个男人的威逼下说出了她的银行账户密码。
> 搭 browbeat sb into doing sth 威逼某人做某事

☐ acerbity ☐ gargantuan ☐ diaphanous ☐ condone ☐ rebuttal ☐ propulsive
☐ irreproachable ☐ dissipate ☐ economy ☐ browbeat

list
/ lɪst /

释 **v.** （船）倾侧，倾靠 tilt; lean over
例 The boat **listed** again, and she was thrown back to the other board. 船再次倾侧了，她又被甩回船舷的另一头。

escapism
/ ɪ'skeɪpɪzəm /

释 **n.** 逃避现实 avoiding reality by diverting oneself with amusements
例 Some people take the Internet as a form of **escapism**. 有些人利用网络逃避现实。

coterie
/ 'koʊtəri /

释 **n.** 同行，圈内人 group that meets socially; select circle
例 The name is known to only a small **coterie** of collectors. 这个名字只有收藏家的小圈子才知道。

agenda
/ ə'dʒendə /

释 **n.** 议事日程 items of business at a meeting
例 There are five items on the **agenda** of the regular meeting. 这次例会有五项议程。
搭 at the top of the agenda 当务之急；put on the agenda 提上议程

indelible
/ ɪn'deləbl /

释 **adj.** 去不掉的，不能拭去的 not able to be erased
例 That travel experience left an **indelible** impression on me. 那次旅行的经历使我难以忘怀。
派 indelibly *adv.* 去不掉地，不能拭去地

cadaver
/ kə'dævər /

释 **n.** 尸体 corpse
例 The **cadaver** will be examined to find out the cause of death. 尸体将被检验以查明死因。
派 cadaveric *adj.* 尸体的

inured
/ ɪ'njʊrd /

释 **adj.** 习惯的，适应的 accustomed; hardened
例 Having lived in tropical climate for so many years, he became **inured** to the mosquito bites. 他在热带地区生活了许多年，已经习惯被蚊子咬了。
搭 be inured to sth 对…习惯了

impart
/ ɪm'pɑːrt /

释 **v.** 告知，透露；授予 reveal or tell; grant
例 It is necessary to **impart** the basic translation skills to students. 有必要向学生传授基本的翻译技巧。
搭 impart sth to sb 向…传授；将…赋予　　派 impartation *n.* 给予；告知

insubordination
/ ˌɪnsəˌbɔːrdɪ'neɪʃn /
填

释 **n.** 不顺从，反抗 disobedience; rebelliousness
例 A soldier might lose his life at war because of **insubordination**. 战争时，士兵可能会因为不服从命令而丢了性命。

repeal
/ rɪ'piːl /

释 **v.** 废除，撤消 revoke; annul
例 What would the influence on the society be if the law against euthanasia is **repealed** in our country? 如果我国废止反对安乐死的法律，将会对社会产生什么样的影响呢?

☐ list　　☐ escapism　　☐ coterie　　☐ agenda　　☐ indelible　　☐ cadaver
☐ inured　　☐ impart　　☐ insubordination　☐ repeal

virus
/ ˈvaɪrəs /
阅

释 *n.* 病毒 disease communicator
例 Today's anti-HIV drugs block the **virus** once it gets into a cell. 现在的抗HIV药会在HIV病毒进入细胞后阻止其扩散。

spate
/ speɪt /

填

释 *n.* 洪水；突然的爆发；大量 sudden flood or strong outburst; a large number or amount
例 With New Year approaching, many online stores have received a **spate** of orders. 随着新年的临近，许多网店都收到了大批的订货单。

tangential
/ tænˈdʒenʃl /
阅 | 填

释 *adj.* 略微有关系的；离题的 peripheral; only slightly connected; digressing
例 It's meaningless to spend so much time discussing those **tangential** issues. 花费大量时间讨论那些无关紧要的问题毫无意义。

halting
/ ˈhɔːltɪŋ /

阅

释 *adj.* 犹豫的；蹒跚的 hesitant; faltering
例 It seemed he was hiding something, because he was talking in a **halting** way. 他说起话来吞吞吐吐，似乎是在隐瞒什么。
派 haltingly *adv.* 结结巴巴地，犹豫不决地

gawk
/ gɔːk /

释 *v.* 呆呆地看着 stare foolishly; look in open-mouthed awe
例 She **gawked** at the movie star who just stopped her and asked for directions. 她呆呆地看着刚刚叫住她问路的电影明星。
搭 gawk at sb/sth 呆呆地看着某人/某物

panacea
/ ˌpænəˈsiːə /
阅 | 填

释 *n.* 灵丹妙药，万灵药 cure-all; remedy for all diseases
例 No drug or operation is a **panacea** for all pain. 无任何药物和手术可作为治疗疼痛的万灵药。

tout
/ taʊt /

阅 | 填

释 *v.* 兜售，吹捧 publicize; praise excessively
例 There are far less people **touting** train tickets than before since online booking system was implemented. 自从网上订票系统实施以来，票贩子比以前少多了。

asteroid
/ ˈæstərɔɪd /

阅 | 填

释 *n.* 小行星 small planet
例 There are many **asteroids** floating in space. 太空中有许多浮游的小行星。
搭 asteroid belt 小行星带   派 asteroidal *adj.* 星状的

nonchalance ■
/ ˌnɑːnʃəˈlɑːns /

阅 | 填

释 *n.* 冷淡，漠不关心；镇静 indifference; lack of concern; composure
例 Some heroes in the movies show remarkable **nonchalance** in the face of danger, for example, James Bond. 电影中的一些英雄人物在面对危险时表现出非凡的镇静，例如，詹姆斯·邦德。
派 nonchalant *adj.* 冷淡的，漠不关心的

□ virus   □ spate   □ tangential   □ halting   □ gawk   □ panacea
□ tout   □ asteroid   □ nonchalance

9

salvo
/ 'sælvoʊ /

释 *n.* （火炮）齐射，（礼炮）齐鸣 discharge of firearms; military salute
例 The enemy fired a **salvo** in the direction of the sound. 敌人朝发出声音的方向进行了一次齐射。

---

turgid
/ 'tɜːrdʒɪd /

释 *adj.* 浮夸的；膨胀的 swollen; distended
例 The article on the law was very **turgid**. 这篇关于法律的文章很浮夸。
派 turgidly *adv.* 夸张地；肿胀地

---

bode
/ boʊd /

阅

释 *v.* 预示 foreshadow; portend
例 The good news one after another **bode** well for our company. 接二连三的好消息对我们公司来说是个好兆头。
搭 bode well/ill for sb/sth 对某人/某事是吉兆/凶兆

---

treacly
/ 'triːkli /

阅｜填

释 *adj.* 甜蜜的 sticky sweet
例 Don't fall for his **treacly** trap; you will understand his real purpose sooner or later. 不要被他甜蜜的陷阱欺骗了；你早晚会知道他的真实意图的。

---

inter
/ ɪn'tɜːr /

释 *v.* 埋葬 bury
例 Her beloved dog was **interred** under the tree behind her house. 她心爱的狗被埋在房子后面的树下。

---

elusive ■
/ i'luːsɪv / 阅｜填

释 *adj.* 逃避的；难以表述的，难懂的 evasive; baffling; hard to grasp
例 The room is filled with an **elusive** perfume. 房间里充满了难以捉摸的香味。

---

stellar
/ 'stelər /

释 *adj.* 星的；主要的；杰出的 pertaining to the stars; indicating the most important performer or role
例 The belief in hard work is one of the primary factors that contribute to Asian-Americans' **stellar** performance at American top universities. 相信勤奋是美籍亚裔学生在美国一流学校表现出类拔萃最主要的因素之一。

---

correlation
/ ˌkɔːrə'leɪʃn /

阅｜填

释 *n.* 相关，相互关系 mutual relationship
例 There is high positive **correlation** between smoking and cancer. 吸烟与癌症之间呈高度正相关。
派 correlate *v.* 关联 *n.* 相关物；相关联的人

---

remunerative
/ rɪ'mjuːnərətɪv /

阅

释 *adj.* 有报酬的，有利的 compensating; rewarding
例 One year after she graduated, she found her job not so **remunerative** and she decided to set up her own business. 毕业一年后，她发现自己的工作报酬不是很高，于是决定自己创业。
派 remuneration *n.* 报酬，酬劳

□ salvo　　□ turgid　　□ bode　　□ treacly　　□ inter　　□ elusive
□ stellar　　□ correlation　　□ remunerative

statute / 'stætʃuːt / 阅丨填	释 *n.* 法令，条例 law enacted by the legislature 例 According to our university's **statutes**, students who escape classes more than three times will be disqualified to take the final exam. 根据我们大学的规定，逃课三次以上的学生没有资格参加期末考试。 派 statutory *adj.* 法定的；章程规定的
persona / pər'soʊnə / 阅	释 *n.* 面具人格，伪装人格 public personality or facade 例 Joey's on-screen **persona** is cute and innocent, but in private he's different. 乔伊的荧幕形象很可爱、很天真，但私底下他不是这样的。 搭 persona non grata 不受欢迎的人
convention / kən'venʃn / 阅丨填	释 *n.* 习俗，惯例 social or moral custom; established practice 例 It's just a social **convention** that men don't wear skirts. 男人不穿裙子仅仅是一种社会习俗。
nullify / 'nʌlɪfaɪ / 填	释 *v.* 使无效，废除 make invalid 例 You have no right to **nullify** laws even if you are the president. 即使你是总统，你也无权废除法律。 派 nullification *n.* 无效，废除
remedial / rɪ'miːdiəl /	释 *adj.* 治疗的；补救的 curative; corrective 例 Because my roommate Mary was poor at grammar, she decided to take a course in **remedial** grammar at weekends. 我的室友玛丽语法很薄弱，所以她决定周末去上语法补习课程。
bemoan / bɪ'moʊn / 阅	释 *v.* 哀叹，为…惋惜 lament; express disapproval of 例 We often hear teachers **bemoan** the lack of respect from students. 我们经常听到老师们感叹学生们缺乏尊师重教的精神。
superficial ■ / ˌsuːpər'fɪʃl / 阅丨填	释 *adj.* 表面的，肤浅的 trivial; shallow 例 A foreigner's knowledge of **superficial** behaviors like shaking hands or using chopsticks is not surely a sign of knowing Chinese culture. 一个外国人对于握手或使用筷子这些表面行为的认知，并不能代表他了解中国文化。 派 superficiality *n.* 肤浅，表面性
rectify ■ / 'rektɪfaɪ / 阅	释 *v.* 纠正，改正 set right; correct 例 When they realized their mistakes, it was too late to **rectify**. 当他们意识到他们的错误时，已经来不及改正了。 派 rectifiable *adj.* 可改正的

Word List

deciduous / dɪ'sɪdʒuəs /	释 *adj.* 落叶的 falling off as of leaves 例 The climate is not suitable for **deciduous** vegetation. 这种气候不适合落叶植物的生长。
fabricate / 'fæbrɪkeɪt / 阅 | 填	释 *v.* 制造；编造 build; lie 例 It's illegal to **fabricate** evidence. 伪造证据是违法的。 派 fabrication *n.* 制造；编造
ordinance / 'ɔːrdɪnəns /	释 *n.* 法令，条例 decree 例 Driving without a license is a violation of a city **ordinance**. 无照驾驶违反了城市条例。 派 ordinant *adj.* 命令的，指示的；规定的
rotundity / roʊ'tʌndɪti /	释 *n.* 圆形（物）；（声音的）洪亮 roundness; sonorousness of speech 例 With the living standard greatly improving, more and more adolescents in our country are diagnosed with **rotundity**. 随着生活水平大幅度提高，我国有越来越多青少年被诊断为肥胖。
incorrigible ■ / ɪn'kɔːrɪdʒəbl / 填	释 *adj.* 无可救药的，不能被纠正的 not correctable 例 Smoking is an **incorrigible** habit. 吸烟是个难以纠正的习惯。 派 incorrigibly *adv.* 无可救药地
stigmatize / 'stɪgmətaɪz / 阅	释 *v.* 打烙印；污蔑 brand; mark as wicked 例 A child who is not brave enough shouldn't be **stigmatized** as a coward by parents. 父母不应将自己不够勇敢的孩子视为胆小鬼。 搭 stigmatize sb/sth as sth 将某人/某物视为可耻之物
traverse / trə'vɜːrs /	释 *v.* 横过，穿过 go through or across 例 Chinese style of **traversing** the road has triggered a heated discussion recently. 最近中国式过马路引发了热烈讨论。
supercilious / ˌsuːpər'sɪliəs / 阅 | 填	释 *adj.* 自大的，傲慢的，目空一切的 arrogant; condescending; patronizing 例 A monocultural person is inclined to be **supercilious** about his own culture. 单一文化的人容易对自己的文化盲目自大。 派 superciliousness *n.* 傲慢

dwindle / 'dwɪndl / 阅｜填	释 *v.* 缩小，减少 shrink; reduce 例 His fame **dwindled** because he was not active like before. 由于没有以前那样活跃，他的名声日益低落了。 搭 dwindle away (to nothing) 逐渐变少或变小
mediocre / ˌmiːdi'oʊkər / 阅｜填	释 *adj.* 中等的，平庸的 ordinary; commonplace 例 The audience were disappointed because their idol gave a rather **mediocre** performance in this role. 观众感到失望，因为他们的偶像在这个角色的表演上显得相当平庸。 派 mediocrity *n.* 平庸，平凡；庸人
papyrus / pə'paɪrəs / 	释 *n.* 纸莎草纸 ancient paper made from stem of papyrus plant 例 The ancient Egyptians firstly wrote on **papyrus**. 古埃及人最初书写用纸莎草纸。 派 papyrology *n.* 纸莎草学
elicit ● / i'lɪsɪt / 阅｜填	释 *v.* 套出（信息），诱出 draw out by discussion 例 The policeman managed to **elicit** the truth from him. 警察设法从他那里探得了真相。 搭 elicit sth from sb 从某人处，探出（事实、反应等）
carat / 'kærət /	释 *n.* 克拉 unit of weight for precious stones; measure of fineness of gold 例 He did not even buy her a ring, let alone a **carat** diamond ring. 他甚至连戒指都没有给她买，更别说钻戒了。
balmy / 'bɑːmi / 填	释 *adj.* 温暖的，温和的；芳香的 mild; fragrant 例 People from the South love the **balmy** summer's evening in the North very much. 南方人很喜欢北方宜人的夏夜。 派 balminess *n.* 芳香；清爽
xenophobia / ˌzenə'foʊbiə /	释 *n.* 仇外者，惧外者 fear or hatred of foreigners 例 **Xenophobia** hindered the country's development. 排外阻碍了这个国家的发展。
wax / wæks /	释 *v.* 变大，增大 increase; grow 例 The tension between the two countries **waxed** at an alarming rate. 两国间的紧张局势迅速加剧。
necromancy / 'nekroʊmænsi /	释 *n.* 巫术，妖术 black magic; dealings with the dead 例 The evil witch performed feats of **necromancy**, calling on the spirits of the dead to tell the future. 邪恶的女巫展示了巫术，召唤逝者的灵魂来告之未来。 派 necromancer *n.* 巫师

canto
/ ˈkæntoʊ /

释 *n.* 长诗的篇章 division of a long poem

例 This is a **canto** of Dante's *The Divine Comedy*. 这是但丁《神曲》中的一章。

emulate ■
/ ˈemjuleɪt /

阅

释 *v.* 效仿，模仿；竞争 imitate; rival

例 He tried his utmost to **emulate** his younger brother at the English course. 他竭尽全力在英语科目上赶上他弟弟。

搭 emulate sb (at sth) 赶超某人，与某人竞争　派 emulation *n.* 赶超，竞争

slothful
/ ˈsloʊθfl /

阅

释 *adj.* 偷懒的 lazy

例 I recommend her without reservation as she has never been absent, disobedient, **slothful** or disrespectful. 我毫无保留地推荐她，因为她从未缺席、不服从、懒惰或者对人不敬。

派 slothfully *adv.* 懒惰地 slothfulness *n.* 懒惰

construe
/ kənˈstruː / 阅

释 *v.* 解释 explain; interpret

例 How do you **construe** what he did? 你对他的所为作何解释?

harbor
/ ˈhɑːrbər /

阅

释 *v.* 提供住所或栖息地；窝藏 provide a refuge for; hide

例 The criminal must have been **harbored** somewhere. 那个罪犯一定是被窝藏在了什么地方。

disband
/ dɪsˈbænd /

释 *v.* 解散，遣散 dissolve; disperse

例 The government tried to **disband** the illegal organization. 政府试图解散那个非法组织。

派 disbandment *n.* 解散；遣散

equable
/ ˈekwəbl /

阅

释 *n.* 平静的；稳定的；不变的 tranquil; steady; uniform

例 This city is famous for its warm, **equable** climate. 这座城市因其温和且稳定的气候而闻名。

consecrate
/ ˈkɑːnsɪkreɪt /

阅 | 填

释 *v.* 献给 dedicate; sanctify

例 The priest promised God he would **consecrate** his life to helping the poor. 牧师对上帝允诺他将倾其一生帮助穷人。

派 consecration *n.* 奉献；神圣化；献祭

entail
/ ɪnˈteɪl /

释 *v.* 要求；使必要；牵涉 require; necessitate; involve

例 The property of the rich family was **entailed** on the eldest son. 这个大家族的产业限定由长子继承。

搭 entail sth on sb 限定某物由某人继承

garish
/ ˈɡerɪʃ / 阅 | 填

释 *adj.* 过分鲜艳的，俗气的 over-bright in color; gaudy

例 She is always in **garish** clothes. 她总是穿着艳俗的衣服。

□ canto　　□ emulate　　□ slothful　　□ construe　　□ harbor　　□ disband
□ equable　　□ consecrate　　□ entail　　□ garish

relevant
/ ˈreləvənt /

阅 | 填

释 *adj.* 相应的，相关联的 pertinent; referring to the case in hand
例 The police chief ordered that all the clues directly **relevant** to the case be immediately searched for across the city. 警察局长命令立即在全城上下搜索所有与该案直接相关的线索。
搭 relevant to sth/sb 与…有关的，切题的
派 relevancy *n.* 关联

satellite
/ ˈsætəlaɪt /

阅 | 填

释 *n.* 人造卫星 small body revolving around a larger one
例 The successful launch of the first communications **satellite** played a significant role in China's history of space. 第一颗通讯卫星的成功发射在中国航天事业史上具有标志性的意义。

invocation
/ ˌɪnvəˈkeɪʃn / 阅

释 *n.* 祈祷，祈求神助 prayer for help; calling upon as a reference or support
例 They chanted **invocations** to God. 他们向神祈祷。

condiment
/ ˈkɑːndɪmənt /

释 *n.* 调味品 seasoning; spice
例 The main dish had little flavor, so I added **condiments**. 主菜味道很淡，所以我加了一些调味品。

plumage
/ ˈpluːmɪdʒ /

释 *n.*（鸟的）全身羽毛 feather of a bird
例 The tourists were excited to see the peacock displaying its colorful **plumage**. 游客们看到孔雀展示鲜艳的羽毛很兴奋。

ulterior
/ ʌlˈtɪriər /

释 *adj.* 隐秘不明的，别有用心的；较远的 unstated; hidden; more remote
例 He did many things just for the sake of **ulterior** ends. 他别有用心地做了许多事情。

translucent
/ trænsˈluːsnt /

释 *adj.* 半透明的，半透彻的 partly transparent
例 The roof of the building is made of **translucent** plastic. 这座建筑的屋顶是由半透明的塑料制成的。
派 translucence *n.* 半透明

alias
/ ˈeɪliəs /
阅

释 *n.* 别名，化名 an assumed name
例 The agent used Bob Jones as his **alias** in this mission. 在这次行动中这名特工用鲍勃·琼斯作为自己的化名。

tempo
/ ˈtempoʊ /
填

释 *n.*（音乐）速度，拍子 speed of music
例 Young as she is, my little daughter is very good at dancing according to the **tempo**. 虽然我女儿还很小，但是非常善于随着音乐的拍子舞动。

protean
/ ˈproʊtiən /
填

释 *adj.* 变化多端的 versatile; able to take on many shapes
例 He is a remarkably **protean** musician, who has created many different styles of music. 他是一个特别多面的音乐家，创作出了很多不同类型的音乐。

☐ relevant　　☐ satellite　　☐ invocation　　☐ condiment　　☐ plumage　　☐ ulterior
☐ translucent　　☐ alias　　☐ tempo　　☐ protean

15

gusto / ˈɡʌstoʊ /	释 *n.* 兴致勃勃，热情 enjoyment; enthusiasm 例 It won't sounds good if you play the piano without **gusto**. 如果你弹钢琴时没有热情，那么弹出来的音乐也不会好听。 搭 with gusto 热情地
retrench / rɪˈtrentʃ /	释 *v.* 紧缩；节约 cut down; economize 例 They had to **retrench** their expenditure on everything after the third child was born. 随着第三个孩子的降临，他们不得不节约各项开支。 派 retrenchment *n.* 节省；削减
erotic / ɪˈrɑːtɪk / 阅	释 *adj.*（引起）性欲的，色情的 arousing sexual desire; pertaining to sexual love 例 This film is ranked R because of some **erotic** scenes. 这部电影因含有色情画面被评为限制级。
grouse / ɡraʊs /	释 *v.* 埋怨，发牢骚 complain; fuss 例 He is always **grousing** about something. 他总是在发牢骚。 搭 grouse about sth 就…发牢骚　派 grouser *n.* 抱怨者
ossify / ˈɑːsɪfaɪ / 阅	释 *v.* 骨化，硬化 change or harden into bone 例 A child's cartilage starts to **ossify** at a very young age. 孩子的软骨在他幼年时就开始硬化了。 派 ossification *n.* 骨化，成骨
provincial ■ / prəˈvɪnʃl / 阅 | 填	释 *adj.* 省的；偏狭的；守旧的 pertaining to a province; limited in outlook; unsophisticated 例 One would be considered **provincial** if he had no access to the Internet. 一个人如果不上网，就会被认为是过时的。 派 provincialize *v.* 使地方化，使乡土化
wily / ˈwaɪli /	释 *adj.* 老谋深算的，狡猾的 cunning; artful 例 The old cop is very experienced and **wily**. 那位年长的警官经验丰富而且机警。 派 wile *n.* 诡计，阴谋 wiliness *n.* 狡猾，诡计多端
contention / kənˈtenʃn / 阅	释 *n.* 主张，论点 claim; thesis 例 He disproved the major **contention** of his opponents. 他反驳对方的主要论点。
incisive ■ / ɪnˈsaɪsɪv / 阅 | 填	释 *adj.* 锋利的，尖锐的 cutting; sharp 例 Be careful of the **incisive** edge. 小心锋利的刀口。 派 incisively *adv.* 敏锐地；激烈地

ramp
/ ræmp /

释 *n.* 斜坡；（飞机的）舷梯 slope; inclined plane
例 Many hotels are built with **ramps** at the entrance in order to enable disabled people to move conveniently. 很多旅馆为了方便残疾人进出都在入口建了斜坡。

reprehensible ■
/ ˌreprɪ'hensəbl /

阅

释 *adj.* 应受谴责的 deserving blame
例 The terrorists blew up the embassy and their deeds were most **reprehensible**. 恐怖分子炸掉了大使馆，其行为应受到严厉谴责。
派 reprehensibly *adv.* 应受谴责地

madrigal
/ 'mædrɪgl /

释 *n.* 牧歌，小曲 pastoral song
例 It is said that **madrigals** were popular in England in the sixteenth century. 据说，牧歌在十六世纪的英国很流行。
派 madrigalist *n.* 牧歌作曲家

irreverence
/ ɪ'revərəns /

阅

释 *n.* 不虔诚，不尊敬 lack of proper respect
例 His vulgarity and **irreverence** provoked the audience. 他的粗俗与不恭激怒了观众。
派 irreverent *adj.* 不敬的，不虔诚的

mode
/ moʊd /

阅 | 填

释 *n.* 时尚，风尚；方式，方法；风格 prevailing style; manner; way of doing something
例 He has to change his **mode** of attire after working. 工作之后他不得不改变自己的着装风格。
派 model *n.* 模型；模特

desultory
/ 'desəltɔːri /

释 *adj.* 散漫的，随便的，离题的 aimless; haphazard
例 The careful study of a few books is better than the **desultory** reading of many. 精心研究几部书胜过随意地读许多书。

grove
/ groʊv /

阅 | 填

释 *n.* 小树林；果园 group of trees (smaller than a forest); orchard
例 My memory about the **grove** behind my family's old house will never fade away. 我永远都会记得我家老房子后面的那片小树林。
派 grovy *adj.* 树丛的；树丛般的

deign
/ deɪn /

释 *v.* 屈尊，俯就 condescend; stoop
例 He doesn't **deign** to visit unimportant people like me. 他不会屈尊来看望像我这种不重要的人。

conglomeration
/ kənˌglɑːmə'reɪʃn /

释 *n.* 团块，混合物 mass of material sticking together
例 New York is a **conglomeration** of peoples speaking different languages. 纽约汇聚了讲不同语言的各种人群。

enterprising
/ 'entərpraɪzɪŋ /

阅

释 *adj.* 有事业的，有进取精神的 full of initiative
例 The enterprising young man has a promise of success. 这位有事业心的青年人大有成功的希望。
派 enterprisingly *adv.* 有事业心地，有进取精神地

animosity ■
/ ˌænɪ'mɑːsəti /

阅 | 填

释 *n.* 仇恨，憎恶 active enmity
例 Due to border disputes, the animosity between the two countries is deepening sharply. 由于领土纠纷，两国间的仇恨剧烈加深。
搭 animosity toward sb/sth 对…的憎恶；animosity between A and B A和B之间的仇恨

invulnerable
/ ɪn'vʌlnərəbl /

阅 | 填

释 *adj.* 攻不破的，不会受伤的 incapable of injury
例 Misled by the heresy, she used to think she was invulnerable. 过去，她被异端邪说误导，认为自己刀枪不入。
派 invulnerability *n.* 不能被伤害；攻不破；无懈可击

fraternize
/ 'frætərnaɪz /

释 *v.* 结有深交，友善 associate in a friendly way
例 You would have lived a happier life if you had fraternized with the local people when you first arrived here. 如果你初到这里时就和当地人友善来往的话，你可以过得更开心。
搭 fraternize with sb 与…友善交往 派 fraternization *n.* 结有深交，友善

dauntless
/ 'dɔːntləs /

阅

释 *adj.* 大胆的；不屈不挠的 bold; persevering
例 The goal has now been finally achieved through their dauntless efforts. 经过他们百折不挠的努力，现在终于达到了目的。

paleontology
/ ˌpeɪliɑːn'tɑːlədʒi /

填

释 *n.* 古生物学 study of prehistoric life
例 The paleontology instructor had a superb collection of dinosaur fossils. 古生物学的导师拥有非常好的恐龙化石收藏品。
派 paleontologist *n.* 古生物学者

metropolis
/ mə'trɑːpəlɪs /

阅

释 *n.* 大城市，都会 large city
例 There is many a metropolis in China. 中国有许多大都市。
派 metropolitan *adj.* 大都会的；大城市的

dissent ■
/ dɪ'sent /

阅 | 填

释 *v.* 不同意，持异议 disagree *n.* 异议 disagreement
例 I dissented from her views. 我不同意她的观点。
搭 dissent from sth 对…持异议 派 dissenter *n.* 持异议者；反对者

copious
/ 'koʊpiəs /

阅 | 填

释 *adj.* 丰富的 plentiful
例 In France, a hallowed tradition demands a copious flow of red wine at weddings. 在法国，婚礼上需要大量的红酒来举行一个神圣的传统仪式。

obsolete
/ ˌɑːbsə'liːt /

阅 | 填

释 *adj.* 不再使用的，过时的 no longer useful; outmoded; antiquated
例 So many digital products become obsolete almost as soon as they are made. 这么多数码产品几乎一生产出来就是过时的。
派 obsoleteness *n.* 废弃

pied
/ paɪd /

阅

释 *adj.* 杂色的，多色的 variegated; multicolored
例 When he was not paid for getting rid of all the rats from the town, the **Pied** Piper of Hamelin played his flute again and led away all the children. 花衣魔笛手除掉镇上所有的老鼠后没有得到报酬，他再次吹起长笛带走了所有的孩子。
搭 pied piper 穿花衣的吹笛手；诱拐者，诱骗者

scabbard
/ 'skæbərd /

释 *n.* 鞘，剑鞘 case for a sword blade; sheath
例 The sword is unique, but I don't like the color of its **scabbard**. 这把剑很独特，但是我不喜欢剑鞘的颜色。

alleviate ■
/ ə'liːvieɪt /

阅 | 填

释 *v.* 减轻 relieve
例 The doctor gave her some strong drugs to **alleviate** her pain. 医生给她开了些烈性药以减轻她的痛苦。
派 alleviation *n.* 减轻，缓解

opportune
/ ˌɑːpər'tuːn /

阅 | 填

释 *adj.* 及时的；合适的，适宜的 timely; well-chosen
例 I believed my arrival was very **opportune**. 我相信我来得非常及时。
派 opportunely *adv.* 及时地；适当地

caliber
/ 'kælɪbər /

阅

释 *n.* 才干；质量 ability; quality
例 He was a man of **caliber**, and of character. 他是一个有才干、有个性的人。

contest
/ 'kɑːntest /

阅 | 填

释 *n.* 争辩 dispute
例 It is a **contest** between ignorance and death, or wisdom and life. 这是无知与死亡之间或是智慧与生命之间的较量。

surveillance
/ sɜːr'veɪləns /

阅

释 *n.* 监视，监督 watching; guarding
例 The ferocious murderer was kept under strict **surveillance** by the jailers. 那个穷凶极恶的杀人犯受到狱警的严密监视。

dossier
/ 'dɔːsieɪ /

释 *n.* （有关某人或事件的）材料汇编，档案 file of documents on a subject
例 He was responsible for collecting a complete **dossier** on the famous writer. 他负责搜集这位名作家的完整资料。

precipice
/ 'presəpɪs /

填

释 *n.* 悬崖；危险的境地 cliff; dangerous position
例 The real estate market sat at the edge of a **precipice**. 房地产市场处于崩溃的边缘。
搭 be/stand on the brink of a precipice 处于灾难的边缘

dross
/ drɔːs /

释 *n.* 杂质，废料 waste matter; worthless impurities
例 The workers try their utmost to separate the valuable metal from the **dross**. 工人们竭尽全力把贵重的金属从渣滓中分离开来。
派 drossy *adj.* 渣状的；不纯的；无价值的

□ pied   □ scabbard   □ alleviate   □ opportune   □ caliber   □ contest
□ surveillance   □ dossier   □ precipice   □ dross

derogatory
/ dɪ'rɑːgətɔːri /

阅

释 *adj.* 侮辱的，贬义的 expressing a low opinion
例 Such conduct will be **derogatory** to his reputation. 那样的行为将会毁损他的名誉。
派 derogate *v.* 毁损，贬低，诽谤

husband
/ 'hʌzbənd /

阅 | 填

释 *v.* 节约使用 use sparingly; conserve; save
例 The country needs to **husband** the fuel resources before it is too late. 这个国家需要节约使用燃料资源，免得将来为时已晚。
派 husbandly *adj.* 节俭的

oligarchy
/ 'ɑːləgɑːrki /

释 *n.* 寡头政治 government by a privileged few
例 The **oligarchy** had stunted the country's democratic and economic development. 寡头政治阻碍了这个国家民主和经济的发展。
派 oligarchic *adj.* 寡头政治的；主张寡头政治的

decelerate
/ ˌdiː'seləreɪt /

填

释 *v.* 减速 slow down
例 The government has made every effort to **decelerate** inflation. 政府作了种种努力以降低通货膨胀的速度。
派 deceleration *n.* 减速

integrity ■
/ ɪn'tegrəti /

阅 | 填

释 *n.* 正直，诚实；完整，整体 uprightness; wholeness
例 I was deeply touched by his **integrity**. 我被他的正直深深感动了。

tumult
/ 'tuːmʌlt /

阅 | 填

释 *n.* 吵闹，骚动 commotion; riot; noise
例 His mind was in a **tumult** because of the entrance exam. 入学考试让他心烦意乱。
派 tumultuous *adj.* 吵闹的，骚乱的

fallacious ■
/ fə'leɪʃəs /

阅

释 *adj.* 谬误的；误导的 false; misleading
例 We cannot accept the conclusion because the proof was **fallacious**. 我们不能接受这个结论，因为论证是错误的。
派 fallacy *n.* 谬误，谬论

inhibit
/ ɪn'hɪbɪt /

阅 | 填

释 *v.* 抑制，限制，阻止 restrain; retard or prevent
例 The fear of failure **inhibited** him from taking more risk. 对失败的恐惧阻止了他冒更大的风险。
派 inhibitive *adj.* 禁止的，抑制的

phylum
/ 'faɪləm /

阅

释 *n.* （生物分类上的）门 major class of plants; primary branch of animal kingdom; division
例 Molluscs are the second largest **phylum** in the animal kingdom and are a very varied group of animals. 软体动物是动物世界的第二大门类，种类繁多。

reciprocal
/ rɪ'sɪprəkl /

阅 | 填

释 *adj.* 相互的，互惠的 mutual; exchangeable; interacting
例 Reciprocal help and affection is highly valued in this system of value. 互助和互爱是这种价值体系高度重视的。
派 reciprocally *adv.* 相互地；互惠地

adapt
/ ə'dæpt /

阅 | 填

释 *v.* 使适应，顺应；改写 alter; modify
例 We should learn how to adapt ourselves. 我们应该学会如何适应新环境。
搭 adapt oneself to 适应（新情况） 派 adaptation *n.* 适应

hermitage
/ 'hɜːrmɪtɪdʒ /

阅

释 *n.* 隐士住处 home of a hermit
例 He hopes to live in a hermitage someday. 他希望将来可以隐居。
派 hermit *n.* 隐士

ordeal
/ ɔːr'diːl /

阅 | 填

释 *n.* 苦难经历，折磨 severe trial or affliction
例 Speaking in public was an ordeal for me. 在公众面前讲话对我来说真是一场磨难。

analogy
/ ə'nælədʒi /

阅 | 填

释 *n.* 类似，相似；类推 similarity; parallelism
例 People tend to make an analogy between life and voyage. 人们常常会把人生比做旅程。
搭 draw/make an analogy between sth and sth 将…和…相类比
派 analogical *adj.* 相似的；类推的

ferment
/ 'fɜːrment / 填

释 *n.* 骚动，暴乱 agitation; commotion
例 Her parents died in the ferment. 她父母在那场动乱中死去了。

stupor
/ 'stuːpər /

阅

释 *n.* 昏迷，恍惚 state of apathy; daze; lack of awareness
例 The drunkard didn't wake from his stupor until two days later. 直到两天以后一直昏迷的醉汉才醒过来。

lout
/ laʊt /

释 *n.* 笨人 clumsy person
例 That awkward lout dropped my invaluable bracelet! 那个笨人摔碎了我珍贵的手镯！
派 loutish *adj.* 笨拙的，粗野的

cant
/ kænt /

释 *n.* 伪善的话；黑话 insincere expressions of piety; jargon of thieves
例 An undercover needs to speak some cant. 卧底需要会说一些黑话。

impostor
/ ɪm'pɑːstər /

阅 | 填

释 *n.* 冒名顶替者 someone who assumes a false identity
例 The impostor made up a story and convinced everyone. 这个冒名顶替者编了个故事，结果大家都信了。
派 imposture *n.* 冒名行骗

solecism
/ ˈsɑːlɪsɪzəm /

释 *n.* 语法错误，谬误 construction that is flagrantly incorrect grammatically
例 Although the students have studied English for more than six years, many **solecisms** are contained in their English writing. 虽然学生们都学了六年多的英语，但他们的英文作文中还是有很多语法错误。

materialism ■
/ məˈtɪriəlɪzəm /

阅

释 *n.* 功利主义，物质主义 preoccupation with physical comforts and things
例 The reporter continually criticized England for its crass **materialism**. 这位记者不断地批评英国，认为这个国家过于崇拜物质。
派 materialist *n.* 唯物主义者，唯物论者；物质享乐主义者

suffragist
/ ˈsʌfrɪdʒɪst /

阅 | 填

释 *n.* 妇女政权论者 advocate of voting rights (for women)
例 With the rising of Women Liberation Movement, a wave of **suffragists** emerged in the 1960s. 20世纪60年代，随着妇女解放运动的兴起，涌现出了一大批妇女政权论者。

embellish ■
/ ɪmˈbelɪʃ /

阅 | 填

释 *v.* 装饰，修饰 adorn; ornament
例 The girl put on her dress **embellished** with lace and ribbons. 女孩穿上了带有花边和饰带的裙子。
搭 embellish sth (with sth)（用某物）美化、装饰某物
派 embellishment *n.* 装饰；渲染

enthrall
/ ɪnˈθrɔːl /

阅 | 填

释 *v.* 迷住（某人），使着迷 capture; enslave
例 He was **enthralled** by the engrossing story. 他被那个引人入胜的故事迷住了。
派 enthrallment *n.* 着迷

recalcitrant / rɪˈkælsɪtrənt / 阅丨填	释 *adj.* 顽抗的，桀骜不驯的 obstinately stubborn; determined to resist authority; unruly 例 The parents were annoyed by the **recalcitrant** attitude of their child. 这个小孩桀骜不驯的态度惹恼了他的父母。 派 recalcitrance *n.* 抗拒，不服从
incandescent / ˌɪnkænˈdesnt / 阅	释 *adj.* 白热的，白炽的 strikingly bright; shining with intense heat 例 That **incandescent** lamp on my desk works really well. 我桌子上的那盏白炽灯很好用。 派 incandescence *n.* 白热，炽热
penury ● / ˈpenjəri /	释 *n.* 贫穷，贫困 severe poverty; stinginess 例 He would have died in **penury**, if he had depended on his son for his living. 如果他靠儿子养活，早就穷死了。 搭 penury of 缺乏　　　　派 penurious *adj.* 贫穷的，贫困的
mischance / ˌmɪsˈtʃæns / 填	释 *n.* 不幸，灾难 ill luck 例 By **mischance**, he lost the file which was needed at the conference. 不幸的是，他丢失了会议文件。 派 chance *n.* 运气
oblivious / əˈblɪviəs / 阅丨填	释 *adj.* 不注意的；遗忘的 inattentive or unmindful; wholly absorbed 例 Deep in her book, Nancy was **oblivious** to the food on the fire. 南希全神贯注地看书，忘了火上的食物。 派 obliviously *adv.* 遗忘地
obtrude / əbˈtruːd /	释 *v.* 强行，强迫；闯入；突出 push (oneself or one's ideas) forward or intrude; butt in; stick out or extrude 例 Fanny always **obtrudes** her opinions about child-raising upon her daughter-in-law. 范妮总是把她的育儿意见强加给她的儿媳。 派 obtrusive *adj.* 强迫人的；突出的
uninhibited / ˌʌnɪnˈhɪbɪtɪd / 阅	释 *adj.* 放荡不羁的，不受禁令约束的 unrepressed 例 The age of paper money brought with it an increasingly **uninhibited** style of doing business. 伴随纸币时代而来的是越来越不受拘束的商业活动方式。 派 uninhibitedly *adv.* 不受抑制地，无拘无束地

clientele
/ ˌklaɪən'tel / 阅

释 *n.* 顾客，常客 body of customers
例 The beauty parlor has a large number of regular **clientele**. 这家美容院有很多常客。

arrears
/ ə'rɪrz /

释 *n.* 拖欠，到期未付款 being in debt
例 Jack was in **arrears** with the car payments by three months. 杰克的购车贷款拖欠了三个月。
搭 in arrears with sth 拖欠（付款）　派 arrearage *n.* 拖欠，欠款

repel ■
/ rɪ'pel /

阅 | 填

释 *v.* 击退；使厌恶 drive away; disgust
例 The singer's flamboyant singing style attracts some people but **repels** others. 这位歌星夸张的演唱风格吸引了一些人，但是也令很多人讨厌。
派 repellent *adj.* 令人厌恶的，使人反感的

pigment
/ 'pɪgmənt /

阅 | 填

释 *n.* 颜料，色素 coloring matter
例 The artist mixed natural **pigments** with vegetable oil in her work. 这位艺术家在她的作品中把天然颜料和植物油混合在一起。
派 pigmental *adj.* 颜料的，颜色的

gruel
/ 'gruːəl /

释 *n.* 稀粥，燕麦粥 liquid food made by boiling oatmeal, etc., in milk or water
例 She used to have **gruel** for breakfast. 她过去常常把燕麦粥当早餐吃。

sovereign
/ 'saːvrən /

阅 | 填

释 *adj.* 极有效的；至高的；独立自主的 efficacious; supreme or paramount; self-governing
例 The **sovereign** obligation of a doctor is to heal the wounded and rescue the dying. 作为一名医生，救死扶伤是至高无上的职责。
派 sovereignty *n.* 最高统治权；主权

shoddy
/ 'ʃaːdi /

释 *adj.* 劣质的；廉价的 inferior; trashy; cheap
例 Nowadays, there is a strong protest against the evil-minded businessmen who manufacture **shoddy** goods. 如今，人们对生产劣质商品的黑心商人的抗议很强烈。
派 shoddily *adv.* 粗制滥造地

alcove
/ 'ælkoʊv /

释 *n.* 凹室，壁龛 nook; small, recessed section of a room
例 The bed fits neatly into the **alcove**, which makes a good bedroom. 床正好放进壁凹里，形成了一间卧室。
搭 alcove lands 泉蚀凹壁地形

alloy

阅 | 填

释 / 'ælɔɪ / *n.* 合金 a mixture as of metals / ə'lɔɪ / *v.* 将…铸成合金；降级成色；使缓和 mix; make less pure; lessen or moderate
例 The titanium **alloy** is the company's main product. 该公司主要生产钛合金。// The brass comes into being by **alloying** copper and zinc. 黄铜是由铜和锌合铸而成的。
搭 alloy sth with sth 把…和…铸成合金

recant ● / rɪˈkænt / 阅 | 填	释 *v.* 撤回，放弃；撤回声明；公开认错 disclaim or disavow; retract a previous statement; openly confess error 例 I tried to make her **recant** her belief that "Money makes the mare go," but failed. 我设法想要使她放弃"有钱能使鬼推磨"的信仰，但是失败了。 派 recantation *n.* 放弃；撤销
shirk / ʃɜːrk /	释 *v.* 逃避，推卸 avoid (responsibility, work, etc.); malinger 例 A person with a strong sense of responsibility, he never **shirks** any difficult tasks. 他是一个极富责任心的人，从来不会逃避那些难以应付的工作。 派 shirker *n.* 逃避责任者；偷懒者
impeach / ɪmˈpiːtʃ / 填	释 *v.* 弹劾，控告 charge with crime in office; indict 例 The mayor was **impeached** for taking a bribe. 市长被指控受贿。 搭 impeach sb for sth 指控某人犯…罪 派 impeachment *n.* 弹劾，控告；怀疑
aversion ■ / əˈvɜːrʒn / 阅 | 填	释 *n.* 厌恶 firm dislike 例 She has a natural **aversion** to cigarettes. 她天生厌恶烟草。 搭 have aversion to sb/sth 厌恶某人或某事物 派 aversive *adj.* 令人嫌恶的
detergent / dɪˈtɜːrdʒənt /	释 *n.* 洗涤剂，去垢剂 cleansing agent 例 This **detergent** can remove stubborn stains. 这种去污剂能去除难洗的污渍。 派 deterge *v.* 清洁 detergence *n.* 去垢；洗净
abate ● / əˈbeɪt / 填	释 *v.* 减少，减弱 subside; decrease; lessen 例 The storm showed no signs of **abating**. 暴风雨没有减弱的迹象。 派 abatement *n.* 减少，减弱
quack / kwæk / 阅	释 *n.* 庸医；骗子 charlatan; impostor 例 She fell victim to a lot of **quacks** selling weight-loss drugs. 她被很多卖减肥药的庸医骗过。
pterodactyl / ˌterəˈdæktɪl /	释 *n.* 翼龙 extinct flying reptile 例 According to recent discoveries, the **pterodactyl** could have had a wingspan of up to 59 feet. 根据最近的发现，翼龙的翼展可以长达59英尺。
rivulet / ˈrɪvjələt / 阅	释 *n.* 小河，小溪 small stream 例 Located near a **rivulet** and a small hill, the costly villas attracted a large number of wealthy people to purchase. 因为坐落在小溪和小山旁，这些价格不菲的别墅吸引了大批富人前来购买。

destitute / ˈdestɪtuːt /	释 *adj.* 贫困的，赤贫的 extremely poor 例 A private car is a luxury to many **destitute** families. 私家车对于许多贫困的家庭来说是奢侈品。 派 destitution *n.* 穷困；缺乏
supplicate / ˈsʌplɪkeɪt / 阅	释 *v.* 恳求，哀求 petition humbly; pray to grant a favor 例 The husband kneeled to **supplicate** his wife's forgiveness for his unjustifiable relation with his secretary. 丈夫跪求妻子原谅他和女秘书的不正当关系。 搭 supplicate for sth 恳求某事 派 supplication *n.* 恳求，哀求 supplicant *n.* 恳求者
ape / eɪp / 阅 ｜ 填	释 *v.* 模仿 imitate or mimic 例 He **aped** the presidents' speech to improve his English speaking. 他通过模仿总统演讲来提高英语口语。
magnitude / ˈmægnɪtuːd / 阅 ｜ 填	释 *n.* 巨大，重大 greatness; extent 例 No one seems to realise the **magnitude** of his crime. 似乎没有人意识到他罪行的严重性。
vanguard / ˈvænɡɑːrd / 阅	释 *n.* 前锋，先锋 advance guard of a military force; forefront of a movement 例 You are the **vanguard**, and I will support you. 你作为前锋，我会支持你。
predetermine / ˌpriːdɪˈtɜːrmɪn / 阅	释 *v.* 预先决定，预先倾向 predestine; settle or decide beforehand; influence markedly 例 Harry's obsession with gambles **predetermined** his failure in marriage and career. 哈利对赌博的痴迷注定了他婚姻和事业的失败。 派 predetermination *n.* 预定，先决
fauna / ˈfɔːnə / 阅	释 *n.*（某地或时期的）动物群 animals of a period or region 例 It is our responsibility to protect rare **fauna**. 保护珍稀动物是我们的责任。
incorporate / ɪnˈkɔːrpəreɪt /	释 *v.* 收编，加入；结合，合并 introduce something into a larger whole; combine; unite 例 We have **incorporated** your proposals into our plan. 我们已经把你的提议纳入了计划。 搭 incorporate sth in/into/within sth 将…包括在内 派 incorporation *n.* 吸收，加入，合并
subjugate / ˈsʌbdʒuɡeɪt / 阅	释 *v.* 使屈服，征服 conquer; bring under control 例 The landowners' attempt to **subjugate** the local poor peasants lasted just three months. 地主企图制服当地穷苦农民的计划只持续了三个月。 派 subjugation *n.* 征服；克制

adverse
/ əd'vɜːrs /

阅 | 填

释 *adj.* 不利的，敌对的 unfavorable; hostile

例 I don't know why he is always **adverse** to my ideas. 我不知道他为什么总是反对我的观点。

搭 be adverse to sth 反对，与…相反　派 adverseness *n.* 反对，不利

---

diorama
/ ˌdaɪə'ræmə /

释 *n.* 逼真立体布景（或模型）life-size three-dimensional scene from nature or history

例 The most appealing part of all is the **diorama** at the end of the exhibition. 这个展示最吸引我的地方是最后的逼真立体布景。

---

heckler
/ 'heklər /

释 *n.* 激烈质问者 person who harasses others

例 The **heckler** expressed his complaints. 质问者表达了他的不满。

派 heckle *v.* 诘问，激烈质问

---

increment
/ 'ɪŋkrəmənt /

阅

释 *n.* 增加，增量 increase

例 Experts tried to explain the sudden **increment** in mortality rates. 专家们试图解释死亡率突然上升的原因。

派 incremental *adj.* 增加的

---

ebullient ●
/ ɪ'bʌliənt /

阅 | 填

释 *adj.* 兴高采烈的 showing excitement; overflowing with enthusiasm

例 The **ebullient** girl can't help dancing. 这个女孩兴高采烈地跳起舞来。

派 ebullience *n.* 兴高采烈

---

calculated ■
/ 'kælkjuleɪtɪd /

阅

释 *adj.* 有计划的；可能的 deliberately planned; likely

例 This type of cellphone was **calculated** to attract female customers. 这款手机专为吸引女性顾客而设计。

搭 be calculated to do sth 打算或计划做…

---

indolent ●
/ 'ɪndələnt /

阅

释 *adj.* 懒惰的 lazy

例 Did you see the **indolent** cat lying on the windowsill? 你看见趴在窗台上那只慵懒的猫了吗?

派 indolence *n.* 懒惰

---

fissure
/ 'fɪʃər /

阅

释 *n.* 裂缝，裂沟 crevice

例 A **fissure** appeared on the road after the earthquake. 地震过后，马路上出现了一条裂缝。

---

trinket
/ 'trɪŋkɪt / 阅

释 *n.* 小饰物，小摆设 knickknack; bauble

例 The little girl was keen on beautiful **trinkets**. 小女孩非常喜欢漂亮的小饰品。

---

indoctrinate
/ ɪn'dɑːktrɪneɪt /

释 *v.* 以教条或信条的方式来教授，教导 instruct in a doctrine or ideology

例 The terrorist group **indoctrinated** people against the society. 恐怖组织向人们灌输反社会思想。

派 indoctrination *n.* 灌输

□ adverse　　□ diorama　　□ heckler　　□ increment　　□ ebullient　　□ calculated
□ indolent　　□ fissure　　□ trinket　　□ indoctrinate

27

stealth / stelθ / 阅	释 *n.* 秘密行动 slyness; sneakiness; secretiveness 例 The pickpocket followed the woman by **stealth** for quite a while before he stole her cellphone. 这个扒手先是秘密跟踪了这名女子好一阵子，然后偷走了她的手机。 派 stealthy *adj.* 偷偷的；暗中进行的 stealthiness *n.* 隐匿
apogee / ˈæpədʒiː /	释 *n.* 最高点，最远点 highest point 例 People generally acknowledge that the peak of Mount Qomolangma is the **apogee** on the Earth. 人们普遍认为，珠穆朗玛峰的顶峰是地球的最高点。 搭 apogee altitude 远地点高度 派 apogean *adj.* 最高点的，最远点的
generate / ˈdʒenəreɪt / 阅	释 *v.* 产生；发生 cause; produce; create 例 About 90% of the electricity in this country is **generated** by wind. 这个国家百分之九十的电来自风力。 派 generation *n.* 产生
preeminent / ˌpriˈemɪnənt / 阅 | 填	释 *adj.* 杰出的，卓越的 outstanding; superior 例 Moyan holds a **preeminent** position in China's literary circle. 莫言在中国文学界拥有杰出的地位。 派 preeminence *n.* 杰出，卓越 preeminently *adv.* 卓越地，杰出地
stifle / ˈstaɪfl / 阅 | 填	释 *v.* 抑制，约束 suppress; extinguish; inhibit 例 When the student offered a funny answer, the teacher tried hard to **stifle** her laughter. 当学生说出了一个滑稽的答案时，老师强忍住了笑。 派 stifling *adj.* 令人窒息的；沉闷的
connotation / ˌkɑːnəˈteɪʃn / 阅	释 *n.* 内涵 suggested or implied meaning of an expression 例 Chinese calligraphy has rich cultural **connotation**. 中国书法艺术具有深厚的文化底蕴。 派 connotative *adj.* 内涵的；隐含的；含蓄的
array / əˈreɪ / 阅 | 填	释 *v.* 部署，排列；着盛装；装饰 marshal; draw up in order; clothe; adorn 例 The general **arrayed** the whole regiment on the parade ground. 将军将整个团列阵于阅兵场。// She **arrayed** herself in her best clothes before going to the party. 她穿上了最好的衣服去参加舞会。
berserk / bərˈsɜːrk /	释 *adj.* 狂暴的 frenzied 例 The man went **berserk** when he saw his girlfriend stay with her ex-boyfriend. 这名男子看到女友和其前男友在一起时变得狂暴起来。 派 berserkly *adv.* 狂暴地

matrix
/ 'meɪtrɪks /

释 *n.* 母体，发源地；矩阵；模型，模具 point of origin; array of numbers or algebraic symbols; mold or die

例 Most historians consider the Yellow River is the **matrix** of Chinese civilization. 大多数历史学家认为，黄河是中国文明的发源地。

派 matrixer *n.* 矩阵变换电路

填

vagrant
/ 'veɪɡrənt /

释 *n.* 流浪者，无业游民 a homeless wanderer

例 A **vagrant** roams about aimlessly, doing odd jobs or begging for a living. 流浪汉漫无目的地到处游荡，做些零星的工作或以行乞为生。

派 vagrancy *n.* 流浪，漂泊；思想游移不定

阅

paraphrase
/ 'pærəfreɪz /

释 *v.* 意译，改述 rephrase; reword

例 Please **paraphrase** the ancient Chinese prose in less than 300 words. 请用不超过300字来解释这篇古文。

派 paraphrasable *adj.* 可解述的，可改写的

阅

redress
/rɪ'dres /

释 *n.* 补救，补偿 remedy; compensation *v.* 补救，补偿 set right; remedy or rectify

例 The consumers insisted that the damage caused by the flight delay be **redressed** by the airline company. 消费者坚称由航班延误造成的损失应由航空公司赔偿。

搭 redress the balance 使各事物重新相等或均衡

阅

talisman
/ 'tælɪzmən /

释 *n.* 护身符，辟邪物 charm to bring good luck and avert misfortune

例 Many Chinese people believe that jade is a **talisman**. 很多中国人认为翡翠能辟邪。

bawdy
/ 'bɔːdi /

释 *adj.* 下流的，猥亵的 indecent; obscene

例 It is extremely impolite to tell **bawdy** jokes in the party. 聚会上讲黄色笑话是极其不礼貌的。

搭 bawdy house 妓院

spatial
/ 'speɪʃl /

释 *adj.* 空间的 relating to space

例 The professor conducted some research on Hainan culture and wrote an article entitled "**Spatial** Distribution of Hainan Culture". 这位教授做了关于海南地域文化的有关研究，写了一篇题为"海南岛地域文化的空间分布"的文章。

派 spatially *adv.* 空间地

阅

lament ■
/ lə'ment /

释 *v.* 为…悲痛，痛惜 grieve; express sorrow

例 People **lament** the death of the great artist. 人们为这位伟大艺术家的去世而哀悼。

搭 lament over 哀悼；为…而悲痛 派 lamentation *n.* 悲叹，哀悼

阅 | 填

acetic
/ əˈsetɪk /

释 *adj.* 醋的，乙酸的 vinegary
例 Can you name one usage of **acetic** acid? 你能说出醋酸的一种用途吗？
搭 acetic acid 乙酸，醋酸

gruff
/ grʌf /
阅

释 *adj.* 粗暴的，脾气坏的 rough-mannered
例 I don't like his **gruff** manner. 我不喜欢他粗暴的态度。
派 gruffly *adv.* 粗暴地，粗声地

purchase
/ ˈpɜːrtʃəs /

阅 | 填

释 *n.* 紧握，牢靠的立足点 firm grasp or footing
例 The ice made it hard for the mountain climber to get a firm **purchase** on the rock. 结冰使那个登山者很难牢靠地踩在石头上。
搭 gain/get a purchase on sth 紧握住某物

extant
/ ekˈstænt /
阅 | 填

释 *adj.* 尚存的，现存的 still in existence
例 This is the oldest **extant** building in the city. 这是这座城市现存最古老的建筑。

perpetual
/ pərˈpetʃuəl /

阅

释 *adj.* 不间断的，持续的 everlasting
例 He was sick of his wife's **perpetual** nagging. 他厌倦了妻子没完没了的唠叨。
搭 perpetual motion 永恒运动　　派 perpetually *adv.* 永恒地，持久地

conspiracy
/ kənˈspɪrəsi /
阅

释 *n.* 阴谋 treacherous plot
例 He was involved in the **conspiracy**. 他参与了那次阴谋。
派 conspire *v.* 共谋；协力

transcribe
/ trænˈskraɪb /

阅 | 填

释 *v.* 誊写，抄录 copy
例 The writer is working hard to **transcribe** the dictation of the survivors of the Nanking Massacre. 这位作家正在努力地对南京大屠杀的幸存者的口述进行抄录。
派 transcription *n.* 抄写；誊写

debonair
/ ˌdebəˈner /

释 *adj.* 友善的，殷勤的 friendly; aiming to please
例 His **debonair** charm and magnetic good looks on screen captivated audiences. 他在荧幕上温文尔雅的魅力和迷人的长相迷住了观众。

autopsy
/ ˈɔːtɑːpsi /

释 *n.* 尸体解剖，验尸 examination of a dead body; post-mortem
例 The cause of death will be determined after an **autopsy**. 死亡原因在尸检后才能确定。

annul
/ əˈnʌl /

释 *v.* 废除，取消 make void
例 It is surprising to us that the young couple **annulled** their marriage. 令我们吃惊的是，那对年轻人取消了婚礼。
派 annullable *adj.* 可废止的，取消的

utopia
/ juːˈtoʊpɪə /

阅

释 *n.* 乌托邦，理想的完美境界 ideal place, state, or society
例 She was entering the masses with the phantom of a future **utopia**. 她正用未来的乌托邦幻想来吸引群众。
派 utopian *adj.* 乌托邦的；空想的；理想化的 *n.* 空想家；乌托邦的居民

---

flourish
/ ˈflɜːrɪʃ /
阅 | 填

释 *v.* 繁荣；茂盛；装饰 grow well; prosper; decorate with ornaments
例 Wheat **flourish** in good care of the farmers. 麦子因为农民的悉心照料而生长茂盛。

---

fetter
/ ˈfetər /

阅

释 *v.* 束缚；加脚镣 shackle
例 They were **fettered** by tradition and they didn't dare to love each other. 他们被传统束缚，不敢相爱。

---

coiffure
/ kwaːˈfjʊr /

释 *n.* 发型，头饰 hairstyle
例 You may change your mood by changing your **coiffure**. 你可以通过换发型来换个心情。

---

brooch
/ broʊtʃ /

释 *n.* 胸针 ornamental clasp
例 This **brooch** was given to me as a birthday gift. 这枚胸针是别人送给我的生日礼物。

---

compliance ■
/ kəmˈplaɪəns /

阅

释 *n.* 顺从，服从 readiness to yield; conformity in fulfilling requirements
例 The foreign companies must keep in **compliance** with the regulations. 外国公司必须遵守规章制度。
搭 compliance with sth 顺从，服从，遵从　派 compliancy *n.* 依从，顺从

---

inert ■
/ ɪˈnɜːrt /

释 *adj.* 惰性的；迟钝的，迟缓的 inactive; lacking power to move
例 He lay completely **inert** on the floor. 他一动不动地躺在地板上。
派 inertia *n.* 惯性，惰性；迟钝，不活动

---

forebear
/ ˈfɔːrber / 阅 | 填

释 *n.* 祖先，祖宗 ancestors
例 I heard our **forebears** came from the West. 我听说我们的祖先来自西方。

---

restitution
/ ˌrestɪˈtuːʃn /

填

释 *n.* 归还；赔偿；修复 reparation; indemnification
例 The airline company promised to make **restitution** for the loss caused by the air crash. 航空公司承诺会对此起空难造成的损失作出赔偿。
搭 restitution to sb/sth 归还原主

---

fresco
/ ˈfreskoʊ / 阅

释 *n.* 壁画 painting on plaster (usually fresh)
例 These medieval **frescos** are amazing! 这些中世纪壁画太令人惊叹了！

---

maritime
/ ˈmærɪtaɪm /

阅

释 *adj.* 海的；航海的；海军的 bordering on the sea; nautical
例 Britain is of **maritime** climate, and is wet all year round. 英国的气候为海洋性气候，全年都很湿润。

---

lexicographer
/ ˌleksɪˈkɑːgrəfər /

释 *n.* 词典编纂者 compiler of a dictionary
例 The **lexicographer** knew that the Chinese lexicon was changing. 字典编纂者知道中文词汇在不断变化。

gnome
/ noʊm /

阅

释 *n.* 侏儒；土地神 dwarf; underground spirit
例 Lately, **gnomes** become popular as garden statuary. 最近，土地神形象的花园雕塑变得非常受欢迎。
派 gnomish *adj.* 似侏儒的；好戏弄的

frantic
/ ˈfræntɪk /

释 *adj.* 狂乱的，疯狂的 wild
例 The work has driven me **frantic**. 这工作要把我弄疯了。
派 frantically *adv.* 疯狂地

lionize
/ ˈlaɪənaɪz /

释 *v.* 把…奉为名人 treat as a celebrity
例 By the 1990s, he was **lionized** by rock and roll in the world. 到了20世纪90年代，他成为世界摇滚乐的宠儿。
派 lionizer *n.* 专事巴结名流的人

simian
/ ˈsɪmiən /

释 *adj.* 类人猿的；猿猴的 monkeylike
例 He seldom gets offended although his friends always make fun of his **simian** appearance. 尽管经常被朋友取笑说自己长得像猴，他却很少生气。

duress
/ duˈres /

释 *n.* 强迫，胁迫 forcible restraint, especially unlawfully
例 The weak country had to admit the unfair treaty made under **duress**. 这个弱小的国家不得不承认被迫签订的不平等条约。

abnegation
/ ˌæbnɪˈgeɪʃn /

释 *n.* 抛弃，否认；自我克制 repudiation; self-sacrifice
例 They discussed the **abnegation** of parental responsibilities. 他们讨论了放弃作父母的责任的情况。
搭 abnegation of self 不自私，克己
派 abnegate *v.* 放弃；自我克制 abnegator 拒绝者，放弃者

apprehend
/ ˌæprɪˈhend /

阅 | 填

释 *v.* 逮捕；担心；领会 arrest (a criminal) ; dread; perceive
例 The thief was **apprehended** by the police when he was stealing a car. 窃贼在偷汽车时被警察当场抓获。
派 apprehension *n.* 逮捕；担心；领会

aggrandize
/ əˈgrændaɪz /

阅 | 填

释 *v.* 增强，扩大 increase or intensify
例 That country sought to **aggrandize** itself at the expense of its neighbors. 那个国家试图以牺牲邻国来壮大自己。
派 aggrandizement *n.* 增强，扩大

forthright
/ ˈfɔːrθraɪt /

阅 | 填

释 *adj.* 直率的；坦诚的 outspoken, straightforward; frank
例 He criticized the government's new policy in **forthright** words. 他直言不讳地批评了政府的新政策。
派 forthrightly *adv.* 直率地；坦诚地

□ lexicographer □ gnome □ frantic □ lionize □ simian □ duress
□ abnegation □ apprehend □ aggrandize □ forthright

prelude
/ ˈpreljuːd /

阅

释 *n.* 前奏；先驱 introduction; forerunner
例 These contracts could be a **prelude** to further cooperation of the two companies. 这些合同可能是这两家公司进一步合作的前奏。
搭 a prelude to …的前兆　　派 preludial *adj.* 序言的，序幕的

---

immutable ■
/ ɪˈmjuːtəbl /

阅 | 填

释 *adj.* 不可变的，永恒的 unchangeable
例 Death is one of the nature's **immutable** laws. 死亡是大自然永恒的定律之一。
派 immutability *n.* 不变，永恒

---

upshot
/ ˈʌpʃɑːt /

释 *n.* 结果，结局 outcome
例 The practical **upshot** of this research is hard to see at the moment. 现在这个研究的实际应用效果还不是很明朗。

---

multifaceted
/ ˌmʌltiˈfæsɪtɪd /

阅

释 *adj.* 多层面的 having many aspects
例 Tina is a **multifaceted** performer. 蒂娜是一个多才多艺的表演者。
派 multifactor *adj.* 多种因素的

---

pariah ●
/ pəˈraɪə /

阅

释 *n.* 社会的遗弃者 social outcast
例 Mariah Carey was once referred to as "Mariah the fashion **pariah**". 玛丽亚·凯莉曾经被称为"时尚的贫民"。

---

decapitate
/ dɪˈkæpɪteɪt /

释 *v.* 斩首 behead
例 They would **decapitate** their enemies and keep them as talismans. 他们将敌人的头颅斩下来，把它们当做护身符。
派 decapitation *n.* 斩首

---

tantamount ●
/ ˈtæntəmaʊnt /

阅

释 *adj.*（在效果或价值上）与…相当的 equivalent in effect or value
例 Her confession was **tantamount** to refusal of his proposal. 她的自白等于拒绝他的求婚。
搭 be tantamount to sth 与某事物效果相当

---

cataract
/ ˈkætərækt / 阅

释 *n.* 大瀑布；白内障 great waterfall; eye abnormality
例 My mother-in-law once had a **cataract** operation. 我婆婆做过白内障手术。

---

bivouac
/ ˈbɪvuæk /

释 *n.* 露营 temporary encampment
例 How will you spend the night in the **bivouac**? 你们打算怎么度过在临时营地里的夜晚？

Word List 04

labyrinth ●
/ ˈlæbərɪnθ /
填

释 *n.* 迷宫 maze
例 Becky soon lost herself in the **labyrinth** of corridors. 贝姬很快就在迷宫般的走廊里迷路了。
派 labyrinthine *adj.* 迷宫（似）的，曲折的

appease ■
/ əˈpiːz /
阅 | 填

释 *v.* 平息，安抚 pacify or soothe; relieve
例 Julie managed to **appease** the crying child by offering him some candies. 为了安抚那个啼哭的孩子，朱莉给了他一些糖果。
派 appeasement *n.* 平息，缓和

precursor
/ priːˈkɜːrsər /
阅 | 填

释 *n.* 先驱 forerunner
例 The abacus was the **precursor** of the modern electronic calculator. 算盘是现代电子计算器的前身。
搭 precursor of/to …的先驱，先兆

paucity ●
/ ˈpɔːsəti /
阅 | 填

释 *n.* 缺乏；少量 scarcity
例 Another reason for the **paucity** of data is the lack of disease surveillance in endemic countries. 缺乏数据的另外一个原因是，疾病流行国家缺乏疾病监测。

doctrinaire
/ ˌdɑːktrəˈner /
阅 | 填

释 *adj.* 教条主义的；不屈的，不让步的 unable to compromise about points of doctrine; dogmatic; unyielding
例 He was a **doctrinaire** preacher and no one wanted to follow him. 他是一个空谈理论的说教者，无人愿意追随他。

belligerent
/ bəˈlɪdʒərənt /
阅 | 填

释 *adj.* 好争吵的 quarrelsome
例 His **belligerent** attitude resulted in the fight. 他挑衅的态度导致了这场争斗。
派 belligerence *n.* 好战性

grandiose
/ ˈɡrændious /
阅

释 *adj.* 浮夸的，夸大的 pretentious; high-flown; ridiculously exaggerated
例 Most of his ambitions are **grandiose**. 他的大多数抱负都是华而不实的。
派 grandiosely *adv.* 夸大地

somber ■
/ ˈsɑːmbər /
阅 | 填

释 *adj.* 忧郁的，郁闷的；昏暗的，阴暗的 gloomy; depressing; dark; drab
例 He was sad, and his thought about future was very **somber**. 他很忧郁，并且他关于未来的看法也非常黯淡。
派 somberly *adv.* 阴沉地；忧郁地 somberness *n.* 昏暗；暗淡

divulge
/ daɪ'vʌldʒ /
阅

释 *v.* 泄露 reveal
例 He divulged a confidential report to the enemy. 他向敌人泄露了机密。
搭 divulge sth to sb 向某人泄露（秘密）　　**派** divulgence *n.* 泄露

ovation
/ oʊ'veɪʃn /

释 *n.* 热烈欢呼，鼓掌 enthusiastic applause
例 The popular tenor Domingo received a tremendous ovation. 著名男高音多明戈受到了极其热烈的欢迎。

bungle
/ 'bʌŋgl /
阅 | 填

释 *v.* 搞糟；笨手笨脚地做 mismanage; blunder
例 The boss scolded him, for he had bungled the job. 他因为把工作搞得一团糟而被老板责骂。
搭 a bungled robbery 抢劫未遂

premise
/ 'premɪs /
阅 | 填

释 *n.* 预述，假定 assumption; postulate
例 His whole argument in the thesis was based on a false premise. 他论文中的所有论证都基于一个错误的前提。
搭 on the premise of /that 在…的前提下

cavalcade
/ ˌkævl'keɪd /
阅 | 填

释 *n.* 队伍，行列 procession; parade
例 The cavalcade of Prince William processed through the city. 威廉王子的车队从城里经过。

beset
/ bɪ'set /
阅

释 *v.* 困扰；包围 harass or trouble; hem in
例 In 2008, many countries were beset by financial crisis. 2008年，很多国家受到金融危机的困扰。
派 besetment *n.* 困扰；围攻

render
/ 'rendər /
阅 | 填

释 *v.* 呈递；给予；表现 deliver; provide; represent
例 The new president promises that he will render faithful service to his people. 新任总统承诺他将忠实地为人民服务。
搭 render sth (for sth); render sth (to sb) 给予某物作为报偿；回报；归还

dappled
/ 'dæpld /

释 *adj.* 有斑点的 spotted
例 The sun shines through the leaves, leaving a dappled shade. 阳光穿过树叶照射下来，留下斑驳的树荫。

pittance
/ 'pɪtns /

释 *n.* 少量的钱 a small allowance or wage
例 John complained that the pittance he was paid could hardly reflect the responsibilities placed on him. 约翰抱怨说他挣得太少，很难体现他承担的责任。
搭 earn/be paid a pittance 挣得很少

automaton
/ ɔː'tɑːmətən /

释 *n.* 机器人；机械般行动的人或动物 robot; person performing a task mechanically
例 The assembly-line workers are laboring like automatons. 流水线上的工人就像机器人一样劳作。
派 automatous *adj.* 自动的，机械的

illuminate
/ ɪ'luːmɪneɪt /

阅 | 填

释 **v.** 照亮；阐明；启发 brighten; clear up or make understandable; enlighten
例 She was greatly **illuminated** by his speech. 他的演讲使她大受启发。
派 illuminated *adj.* 被照明的，发光的

---

disabuse
/ ˌdɪsə'bjuːz /

释 **v.** 去除⋯的谬误，使醒悟 correct a false impression; undeceive
例 I must **disabuse** you of your feelings of superior. 我必须消除你的优越感。

---

craftiness
/ 'kræftɪnəs /

阅

释 **n.** 狡猾 slyness; trickiness
例 He displayed his **craftiness** in this transaction. 在这场交易中他表现出奸猾的一面。
派 crafty *adj.* 狡猾的，灵巧的

---

knoll
/ noʊl /

释 **n.** 圆丘，土墩 little round hill
例 It is difficult for Rachel to get up the **knoll**. 对于雷切尔来说，爬上那座小山丘是件难事。

---

assent
/ ə'sent /

阅 | 填

释 **v.** 赞成 agree; accept
例 The ambassador cannot **assent** to your request. 大使无法同意你的请求。
搭 assent to sth 同意，赞成　　　派 assentation *n.* 同意；附和

---

exotic
/ ɪg'zɑːtɪk /

阅 | 填

释 **adj.** 异国情调的；奇异的 not native; strange
例 The restaurant is popular because of its **exotic** environment. 这家餐厅因其异国情调而备受欢迎。
派 exotically *adv.* 异国风味地；奇特地

---

extrapolation
/ ɪkˌstræpə'leɪʃn /

阅

释 **n.** 推断，推知 projection; conjecture
例 He uncovered a case of robbery through judgment and **extrapolation**. 通过判断和推理他破获了一起抢劫案。
派 extrapolate *v.* 外推；推断

---

salutary
/ 'sæljəteri /

阅 | 填

释 **adj.** 有益的 tending to improve; beneficial; wholesome
例 The **salutary** side about this tragic accident is that drivers will attach great importance to fastening seat belts. 这一悲惨事故的有益方面是提醒了司机要非常重视系好安全带。

---

anomaly ●
/ ə'nɑːməli /

阅 | 填

释 **n.** 异常，不符合规律 irregularity
例 The snow in summer must be a kind of **anomaly** in this region. 在这个地区，夏天飘雪肯定是一种异常现象。
派 anomalistic *adj.* 不符合规律的，异常的

---

delusion
/ dɪ'luːʒn /

阅 | 填

释 **n.** 错觉，幻觉 false belief; hallucination
例 How come I am always under the **delusion** that I may fail? 为什么我总有会失败的错觉呢？

□ illuminate　　□ disabuse　　□ craftiness　　□ knoll　　■ assent　　□ exotic
□ extrapolation　□ salutary　　□ anomaly　　□ delusion

mock
/ mɑːk /
阅 | 填

释 **v.** 嘲弄，以模仿的方式嘲笑 ridicule; imitate, often in derision
例 It is unkind to **mock** the disabled people. 嘲笑残疾人是无情的。
派 mockery *n.* 嘲笑，愚弄；笑柄

---

pejorative
/ pɪˈdʒɔːrətɪv /
阅 | 填

释 **adj.** 贬义的，贬损的 negative in connotation; having a belittling effect; derogatory
例 The teacher used the word "genius" in the **pejorative** sense when talking about the boy who always slept in class. 老师用贬义的"天才"这个词谈论那个总在课上睡觉的男孩。
搭 pejorative term 贬义词　派 pejoration *n.* 恶化，变坏；语义的转贬

---

reconnaissance
/ rɪˈkɑːnɪsns /

释 **n.** 侦察，勘察 survey of enemy by soldiers; reconnoitering
例 The helicopter is making an aerial **reconnaissance** of the island. 那架直升机正在对这座岛屿进行空中侦察。

---

transitory
/ ˈtrænsətɔːri /
阅

释 **adj.** 转瞬即逝的，短暂的 impermanent; fleeting
例 As was expected, his love affair with the popular actress was **transitory**. 不出所料，他和这位当红女星的恋情如昙花一现。
派 transitoriness *n.* 短暂，暂时

---

accessory
/ əkˈsesəri /

释 **n.** 附件，附属物，配饰 additional object; useful but not essential thing
例 Many car owners like to hang **accessories** in the car. 许多车主喜欢在车里挂一些饰物。
派 accessorial *adj.* 附属的

---

cornucopia
/ ˌkɔːrnjuˈkoʊpiə /
阅

释 **n.** （象征丰饶的）丰饶角（通常用于绘画或雕刻中）；丰饶的象征 horn overflowing with fruit and grain; symbol of abundance
例 In order to be useful, the **cornucopia** of information provided by the Internet has to be organized. 互联网上的海量信息需要整理起来以派上用场。

---

podiatrist
/ pəˈdaɪətrɪst /

释 **n.** 足医 doctor who treats ailments of the feet
例 The **podiatrist** warned him that he needed surgery if he wanted to play football again. 足医警告他说，如果他还想踢球就必须做手术。
派 podiatry *n.* 足部医疗

---

curmudgeon
/ kɜːrˈmʌdʒən /

释 **n.** 脾气坏的人 churlish, miserly individual
例 After his wife died, the old man became a stubborn **curmudgeon**. 妻子去世后，老人变得固执乖戾。

---

chaff
/ tʃæf /
阅

释 **n.** 无价值的东西 worthless products of an endeavor
例 The neighbors' suspicions were **chaff** of the lowest sort based on gossip. 邻居们因流言蜚语而产生怀疑，这是最无聊不过的事了。

☐ mock　　☐ pejorative　　☐ reconnaissance　☐ transitory　　☐ accessory　　☐ cornucopia
☐ podiatrist　☐ curmudgeon　☐ chaff

37

lucid
/ ˈluːsɪd /
阅 | 填

释 *adj.* 浅显易懂的，明晰的 easily understood; clear; intelligible
例 Her explanations of technical terms were lucid and to the point. 她对技术术语的解释清晰而到位。
派 lucidity *n.* 明朗，清晰

delude
/ dɪˈluːd /
阅 | 填

释 *v.* 欺骗，迷惑 deceive
例 You won't delude him into believing it. 你不能诱使他相信此事。
派 delusion *n.* 迷惑，欺骗

dismantle
/ dɪsˈmæntl /
阅 | 填

释 *v.* 拆开，解散 take apart
例 The smart boy dismantled the machine into pieces. 聪明的男孩把机器拆成了零碎部件。

daub
/ dɔːb /

释 *v.* 涂抹 smear (as with paint) *n.* 涂抹；涂料 the act or a stroke of daubing; a soft, adhesive coating material, such as plaster, grease, or mud
例 The next procedure is to daub a layer of mortar on the wall. 下一道工序是在墙面上涂抹一层砂浆。

knit
/ nɪt /
阅

释 *v.* 编织；使紧凑 contract into wrinkles; grow together
例 Mother is knitting a sweater for me. 妈妈正在为我织毛衣。
派 knitter 编织者；编织机器

depravity ■
/ dɪˈprævəti /
阅

释 *n.* 堕落，道德败坏 extreme corruption; wickedness
例 Enjoying life does not mean depravity and indulgence. 享受生活并不意味着堕落和放纵。

manipulate
/ məˈnɪpjuleɪt /

阅

释 *v.* 熟练地操作；巧妙地处理 operate with one's hands; control or play upon (people, forces, etc.) artfully
例 Madonna understands how to manipulate entertainment correspondents and publicity. 麦当娜懂得如何巧妙地操控娱乐记者和舆论界。
派 manipulation *n.* （熟练的）操作；操纵

tangible
/ ˈtændʒəbl /

阅 | 填

释 *adj.* 可触知的；真实的 able to be touched; real; palpable
例 What civilians want most is tangible benefits provided by the government. 老百姓最想要的是政府提供实质性的好处。
派 tangibility *n.* 确实性

rapport
/ ræˈpɔːr /

阅

释 *n.* 彼此友爱的关系，和谐 emotional closeness; harmony
例 I developed a close rapport with my mother-in-law by taking the middle course to solve conflicts in most cases. 我和婆婆有冲突时多半都会采取折中的办法，所以我和她的关系很融洽。
搭 rapport with sb/between A and B 两者之间融洽和谐的关系

influx
/ ˈɪnflʌks /

释 *n.* 流入 flowing into
例 The government was not prepared for the large **influx** of tourists last winter. 去年冬天政府没有为游客的大量涌入做好准备。

eclipse
/ ɪˈklɪps / 阅 | 填

释 *v.* 遮住…的光；盖过；使相形见绌 darken; extinguish; surpass
例 He is **eclipsed** by his wife's cleverness. 他妻子的聪明让他黯然失色。

gist
/ dʒɪst /
阅

释 *n.* 要点，主旨 essence
例 You need to get the **gist** of the report. 你需要抓住报告的主旨。
搭 gist of sth …的要点

unequivocal
/ ˌʌnɪˈkwɪvəkl /

阅 | 填

释 *adj.* 明确的，不含糊的 plain; obvious; unmistakable
例 No investigation has provided **unequivocal** evidence to the case. 调查没有为本案提供明显的证据。
派 unequivocally *adv.* 明确地

mandatory
/ ˈmændətɔːri /

填

释 *adj.* 命令的，强制的 obligatory; compulsory
例 The **mandatory** retirement age is 60 for most males in China. 对大多数中国男性来说，60岁是强制退休年龄。
派 mandatorily *adv.* 强制地

persevere
/ ˌpɜːrsəˈvɪr /

阅 | 填

释 *v.* 坚持不懈，锲而不舍 persist; endure; strive
例 Children today seem less willing to rise to challenges and **persevere** in triumphing over adversity. 现在的孩子似乎不太愿意迎接挑战和坚持不懈地战胜逆境。
搭 persevere with; persevere in (doing) something 坚持某事
派 persevering *adj.* 坚忍的 perseverance *n.* 坚持不懈，不屈不挠

stalemate
/ ˈsteɪlmeɪt /

阅 | 填

释 *n.* 僵局 deadlock
例 The political negotiations between the two countries have reached a **stalemate** and a war seems to be the only solution. 两国间的政治谈判已陷入僵局，战争可能才是唯一的解决办法。

nefarious ●
/ nɪˈferiəs /

阅

释 *adj.* 邪恶的，穷凶极恶的 very wicked
例 My parents believe the stranger has a **nefarious** purpose. 我父母认为这个陌生人有邪恶的目的。
派 nefariously *adv.* 邪恶地，穷凶极恶地

stratagem
/ ˈstrætədʒəm /

阅

释 *n.* 战略，计谋 deceptive scheme
例 The sudden withdrawal of the enemy was nothing but a **stratagem** intended to lure us away. 敌人的突然撤退只不过是想引诱我们离开的一个计谋。

aggregate ●
/ 'æɡrɪɡeɪt /

阅 | 填

释 *v.* 使聚集，积聚 gather; accumulate
例 With this amount of fund, the company's investment will **aggregate** to a large sum. 加上这笔资金，该公司的投资将会达到一个巨大的额度。
搭 aggregate sb to 吸收某人加入… 派 aggregation *n.* 聚集，集结

---

apposite
/ 'æpəzɪt /

填

释 *adj.* 适当的，恰当的 appropriate; fitting
例 He could always make the **apposite** reply to the clients. 他总能对顾客作出恰当回复。
搭 be apposite to sth 切合，适合 派 appositeness *n.* 适当，恰当

---

validate
/ 'vælɪdeɪt /

阅 | 填

释 *v.* 确认；证实 confirm; ratify
例 These results of the experiments **validated** his theory. 这些实验结果证实了他的理论。
派 validation *n.* 确认；批准；生效

---

seedy
/ 'siːdi /

释 *adj.* 破旧的，褴褛的，不适的 run-down; decrepit; disreputable
例 I would rather live in a serene community in the suburb than live in a **seedy** part of town. 与其住在城里一个破烂不堪的地方，我宁愿住在郊区宁静的社区。
派 seediness *n.* 破旧

---

munificent ●
/ mjuː'nɪfɪsnt /

填

释 *adj.* 慷慨的 very generous
例 I get many birthday gifts since I have the **munificent** parents. 因为我有慷慨的父母，所以我能得到许多生日礼物。
派 munificence *n.* 宽宏大量，慷慨给予

---

credo
/ 'kreɪdoʊ /

阅

释 *n.* 信条 creed
例 "Honesty is the best policy" is his **credo** in life. "诚实乃上策"是他做人的信条。

---

disingenuous
/ ˌdɪsɪn'dʒenjuəs /

阅 | 填

释 *adj.* 不真诚的，不坦率的 lacking genuine candor; insincere
例 His **disingenuous** apology made his girlfriend more dissatisfied with him. 他的道歉并不真诚，这使他的女朋友对他愈加不满。
派 disingenuously *adv.* 不真诚地

---

slander
/ 'slændər /

阅

释 *n.* 诽谤 defamation; utterance of false and malicious statements
例 The defendant countercharged the prosecutor with vicious **slander**. 被告反诉原告恶意诽谤。
派 slanderer *n.* 诽谤者 slanderous *adj.* 诽谤性的

---

ravenous ●
/ 'rævənəs /

释 *adj.* 饿极的 extremely hungry
例 Several **ravenous** lions escaped from the zoo and fell upon the passers-by. 几头饥肠辘辘的狮子从动物园逃了出来，扑向过路行人。
派 ravenously *adv.* 贪婪地，饥肠辘辘地

---

liability
/ ˌlaɪə'bɪləti /

阅

释 *n.* 不利条件，障碍；债务，负债 drawback; debts
例 Her slight accent was a **liability** that she was eventually able to overcome.
她轻微的口音是一个不利条件，但是她最终是可以克服的。

accessible ■
/ ək'sesəbl /

阅 | 填

释 *adj.* 易接近的，易得到的 easy to approach; obtainable
例 These comments are not **accessible** to students. 学生无法看到这些评语。
搭 accessible to 可接近的；可到达的；可使用的
派 accessibility *n.* 易接近，可得到

saboteur
/ ˌsæbə't3ːr /

阅

释 *n.* 从事破坏活动者；怠工者 one who commits sabotage; destroyer of property
例 It turned out that the fire that killed ten people was caused by a gang of **saboteurs**. 结果表明，这场导致10人死亡的火灾是一个专搞破坏的团伙引发的。

panache
/ pə'næʃ /

释 *n.* 神气十足，炫耀自负 flair; flamboyance
例 The starlet's **panache** at dealing with the world's media is quite astonishing. 这位小明星应付世界媒体的派头令人非常吃惊。

invidious
/ ɪn'vɪdiəs /

填

释 *adj.* 易招嫉妒的，招致不满的 designed to create ill will or envy
例 He found himself in an **invidious** position when being asked to make comment on current situation. 当他被要求对目前的局势作出评论时，他发现自己被置于招人怨尤的处境。
派 invidiously *adv.* 招人怨愤地；不公平地

staid
/ steɪd /

释 *adj.* 沉着的；沉静的；一本正经的 sober; sedate
例 People are inclined to associate knowledgeable scholars with **staid** men, although it is not always the case. 人们很容易将知识渊博的学者和一本正经的人联系起来，其实有时并非如此。
派 staidness *n.* 沉着；稳重

barb
/ bɑːrb /

阅

释 *n.* （鱼钩等的）倒钩；讽刺的话 sharp projection from fishhook, etc.; openly cutting remark
例 She was deeply hurt by their malicious verbal **barbs**. 他们恶意讽刺的话深深地伤害了她。
派 barbless *adj.* 无刺的；无倒钩的

deviate
/ 'diːvieɪt /

阅 | 填

释 *v.* 背离，偏离 turn away from (a principle, norm); depart; diverge
例 The plane had to **deviate** from its normal flight path. 那架飞机不得不偏离正常的航线。
搭 deviate from... 从…偏离，脱离

□ liability   □ accessible   □ saboteur   □ panache   □ invidious   □ staid
□ barb   □ deviate

sojourn
/ 'soʊdʒɜːrn /

阅 | 填

释 *n.* 逗留 temporary stay
例 The patient has just received a heart transplant operation and longs for a **sojourn** in a quiet place. 病人刚接受了心脏移植手术，希望找个安静的地方小住一段时间。

---

drab
/ dræb /

阅 | 填

释 *adj.* 单调乏味的；无光彩的 dull; lacking color; cheerless
例 He lived in a **drab** country life. 他过着单调的乡村生活。
派 drably *adv.* 单调乏味地

---

facet
/ 'fæsɪt /

阅 | 填

释 *n.* （宝石的）刻面，琢面；（性格等的一个）方面 small plane surface (of a gem); a side
例 Maintaining positive attitude is only one **facet** of her life. 保持乐观向上的态度只是她生活的一个方面。

---

crestfallen
/ 'krestfɔːlən /

释 *adj.* 垂头丧气的，沮丧的 dejected; dispirited
例 He was very **crestfallen** when he learned that he didn't get the job. 当他获悉他没有得到那份工作时，他很沮丧。

---

fractious
/ 'frækʃəs /

阅

释 *adj.* 难驾驭的；不驯服的；暴躁的，易怒的 unruly; disobedient; irritable
例 **Fractious** people tend to get involved in trouble. 暴躁易怒的人容易惹上麻烦。

---

prolong
/ prə'lɔːŋ /

阅 | 填

释 *v.* 延长，拖延 make longer; draw out; lengthen
例 Scientists all over the world are dedicated to discovering drugs that can **prolong** human life. 全世界的科学家都致力于研发可以延长人类寿命的药物。
派 prolongation *n.* 延伸，拓展

---

centrifugal
/ sen'trɪfjəgl /

释 *adj.* 离心的 radiating; departing from the center
例 **Centrifugal** force is actually a form of inertia. 离心力其实是惯性的一种表现。
搭 centrifugal force 离心力；centrifugal barrier 离心势垒
派 centrifugalize *v.* 使受离心作用

---

erode
/ ɪ'roʊd /

阅 | 填

释 *v.* 侵蚀，腐蚀，削弱 eat away
例 The famous history site has been **eroded** away by wind and rain over thousands of years. 这处著名的历史遗迹历经数千载的光阴，已经被风雨侵蚀了。
派 erosion *n.* 腐蚀，侵蚀；磨损

---

dishearten
/ dɪs'hɑːrtn /

填

释 *v.* 使沮丧，使失去勇气或希望 discourage; cause to lose courage or hope
例 Jack's failure to pass the final exam **disheartened** him. 没有通过期末考试，杰克很灰心。
派 disheartening *adj.* 使人泄气的

---

mnemonic / nɪ'mɑːnɪk / 阅	释 *adj.* 记忆的，记忆性的 pertaining to memory 例 Fiona can use **mnemonic** tricks to master many new words at a time. 菲奥娜可以使用记忆技巧一次掌握许多新单词。 派 mnemonist *n.* 研究记忆术者
unfrock / ʌn'frɑk /	释 *v.* 剥去法衣，解除僧职 strip a priest or minister of church authority 例 The old physician was **unfrocked** by the Medical Association. 这位老医生被医师公会除名。
convert / 'kɑːnvɜːrt / / kən'vɜːrt / 阅|填	释 / 'kɑːnvɜːrt / *n.* 皈依者 one who has adopted a different religion or opinion / kən'vɜːrt / *v.* 皈依；使改变 to persuade or induce to adopt a particular religion, faith, or belief; to change (something) from one use, function, or purpose to another; adapt to a new or different purpose 例 He becomes a complete **convert** to Buddhism. 他变成一个完全的佛教皈依者。
acrid ● / 'ækrɪd / 阅|填	释 *adj.* 尖刻的，辛辣的 sharp; bitterly pungent 例 The writer is famous for her essays with **acrid** flavor. 该作者以风格泼辣的文章著名。 派 acridity *n.* 尖刻，辛辣
retroactive / ˌretroʊ'æktɪv / 阅|填	释 *adj.* 有追溯效力的 taking effect before its enactment (as a law) or imposition (as a tax) 例 It is unknown whether the new regulations are **retroactive** or not. 新法规是否具有追溯力尚不清楚。 派 retroactively *adv.* 追溯地
wince / wɪns / 阅	释 *v.* 畏缩；退避 shrink back; flinch 例 He **winced** when the needle went in. 针刺进去的时候他缩了一下。
congruent / 'kɑːŋgruənt / 阅|填	释 *adj.* 一致的 in agreement; corresponding 例 For them, there are many areas of **congruent** interests. 在诸多领域中，双方不乏和谐一致的利益。 派 congruence *n.* 一致
emendation / ˌiːmen'deɪʃn / 阅	释 *n.* 修改，改善 correction of errors; improvement 例 He said there would be some **emendations** to the statement. 他表示将会对声明做一些修正。
duplicity ■ / duː'plɪsəti / 阅|填	释 *n.* 口是心非，搞两面派，欺骗；虚伪 double-dealing; hypocrisy 例 She was furious at his **duplicity** and never believed him. 她对他的欺骗很生气，再也不相信他了。

foster
/ 'fɔːstər /

释 *v.* 抚育；鼓励 rear; encourage
例 She has **fostered** the orphan for eight years. 她已经养育这个孤儿八年了。

arcane
/ aːr'keɪn /
阅 | 填

释 *adj.* 神秘的；晦涩难懂的 secret; mysterious; known only to the initiated
例 To many westerners the oriental culture is still very **arcane**. 对许多西方人来说东方文化仍然很神秘。
派 arcanum (*pl.* arcana) *n.* 神秘事件，神秘事物

defunct
/ dɪ'fʌŋkt /
阅 | 填

释 *adj.* 已死的，已灭绝的；失效的 dead; no longer in use or existence
例 A family name becomes **defunct** when the only heir dies. 当唯一的继承人去世后，这个家族姓氏就要绝迹了。

tremulous
/ 'tremjələs /
阅 | 填

释 *adj.* 颤抖的，战栗的 trembling; wavering
例 The poor boy accepted the money with his **tremulous** hand from the kind man. 可怜的孩子用颤抖的手接过了好心人给的钱。
派 tremulously *adv.* 发抖地，颤抖地

tactile
/ 'tæktl /

阅

释 *adj.* 触觉的，有触觉的 pertaining to the organs or sense of touch
例 Some animals have well-developed olfactory organs, while others have well-developed **tactile** organs. 有些动物的嗅觉器官非常发达，而有些动物的触觉器官很发达。

askance
/ ə'skæns /

释 *adv.* 斜着眼睛 with a sideways or indirect look
例 It is impolite to look **askance** at others. 斜着眼睛看人是不礼貌的。
搭 look askance at sb/sth 斜眼看，瞟

bard
/ baːrd / 阅

释 *n.* 吟游诗人 poet
例 Homer was an ancient Greek **bard**. 荷马是古希腊诗人。

anesthetic
/ ˌænəs'θetɪ /

阅 | 填

释 *n.* 麻醉剂，麻药 substance that removes sensation with or without loss of consciousness
例 This operation cannot be done without **anesthetic**. 没有麻醉剂该手术无法进行。
搭 anesthetic agent 麻醉剂   派 anesthesia *n.* 感觉缺失，麻木，麻醉

clapper
/ 'klæpər /

阅

释 *n.* 铃舌，钟锤 striker (tongue) of a bell
例 I saw a stranger bell without **clapper** last month. 上个月我看见一个奇怪的钟，它没有钟锤。

obliterate ■
/ ə'blɪtəreɪt /

阅 | 填

释 *v.* 彻底破坏或毁灭 destroy completely
例 The large areas of forest were **obliterated** by fire. 大片的森林被大火吞噬。
派 obliteration *n.* 涂去，删除；消灭

multilingual / ˌmʌltiˈlɪŋgwəl /	释 *adj.* 使用多种语言的 having many languages 例 Switzerland is a **multilingual** country. 瑞士是一个使用多种语言的国家。 派 multilingualism *n.* 多语言制
artless / ˈɑːrtləs /	释 *adj.* 无虚饰的；朴实的 without guile; open and honest 例 Jill is an **artless** and naive girl. 吉尔是一位天真、淳朴的姑娘。 派 artlessly *adv.* 天真烂漫地，淳朴地
etymology / ˌetɪˈmɑːlədʒi /	释 *n.* 词源学 study of word parts 例 Knowing about the **etymologies** of words is a good way to remember them. 了解词源是背单词的好方法。
verbose ■ / vɜːrˈboʊs / 阅丨填	释 *adj.* 啰嗦的，唠叨的 wordy 例 Your report is too long and **verbose**. 你的报告太长太啰嗦了。 派 verbosely *adv.* 冗长地，啰嗦地
vilify ■ / ˈvɪlɪfaɪ / 阅	释 *v.* 诽谤，诋毁 slander 例 He was **vilified**, hounded, and forced into exile by the FBI. 他遭到了联邦调查局的诽谤和追捕，被迫流亡。 派 vilification *n.* 诽谤，中伤，污蔑
apprehension ■ / ˌæprɪˈhenʃn / 阅	释 *n.* 恐惧 fear 例 Her **apprehension** about the future grows stronger and stronger. 她对未来的恐惧变得越来越强烈。 搭 with some apprehension 忧虑地　派 apprehend *v.* 忧虑
monochromatic / ˌmɑːnəkroʊˈmætɪk /	释 *adj.* 单色的 having only one color 例 Some people who are colorblind have a **monochromatic** gray view of the world. 一些色盲看到的世界是单一的灰色。 派 monochromaticity *n.* 单色性
dictum / ˈdɪktəm / 填	释 *n.* 正式声明，权威意见；名言，格言 authoritative and weighty statement; saying; maxim 例 Webster's **dictum** has been regarded as a principle of international law. 韦伯斯特的正式声明已经被视为国际法原则。

ingrained / ɪnˈɡreɪnd / 阅	释 *adj.* 根深蒂固的，牢固的 deeply established; firmly rooted 例 The **ingrained** ways of thinking and behaving are hard to change. 根深蒂固的思考和行为方式很难改变。
infiltrate / ˈɪnfɪltreɪt /	释 *v.* 渗透；偷偷潜入 pass into or through; penetrate (an organization) sneakily 例 The headquarters has **infiltrated** spies into the enemy intelligence agency. 总部让间谍潜入了敌方的情报机关。 搭 infiltrate sb into sth 使…悄悄进入，潜入 派 infiltrator *n.* 渗入者，渗透者
patrician / pəˈtrɪʃn /	释 *adj.* 贵族的，出身高贵的 noble; aristocratic 例 Though dressed down, her **patrician** elegance had nowhere to hide. 尽管穿着简朴，她的贵族气质还是掩藏不住。 派 patriciate *n.* 贵族，贵族阶级
flick / flɪk /	释 *n.* （用鞭）快速的轻打 light stroke with a whip 例 He gave a **flick** on the desk by pen to express his impatience. 他用笔轻敲了一下桌子以表示不耐烦。
appellation / ˌæpəˈleɪʃn /	释 *n.* 名称，称呼 name; title 例 The famous poet Byron has an **appellation** of Lord. 著名诗人拜伦具有勋爵的称号。 派 appellative *adj.* （人或物的）名称的，通称的
quench / kwentʃ / 阅	释 *v.* 熄灭，抑制（欲望）；满足 douse or extinguish; assuage or satisfy 例 I would rather drink cold water to **quench** my thirst instead of tea or coffee. 我宁愿喝冷水解渴也不愿喝茶或咖啡。
expedient ■ / ɪkˈspiːdiənt / 阅丨填	释 *adj.* 权宜之计的；有利的 suitable; practical *n.* 权宜之计 action 例 It was an **expedient** to employ some part-time staff. 聘请一些兼职人员只是权宜之计。 派 expediency *n.* 权宜之计
corrode ● / kəˈroʊd / 阅	释 *v.* 侵蚀 destroy by chemical action 例 Water causes metal to **corrode**. 水使金属腐蚀。 派 corrosion *n.* 侵蚀
rejuvenate / rɪˈdʒuːvəneɪt /	释 *v.* 使返老还童，使恢复活力 make young again 例 It still remains a mystery why this medicine can **rejuvenate** the aged. 为什么这种药物能使老年人恢复活力至今仍是个谜。 派 rejuvenation *n.* 返老还童；恢复活力

tortuous
/ ˈtɔːrtʃuəs /
阅

释 *adj.* 曲折的，转弯抹角的 winding; full of curves
例 The road was so **tortuous** and slippery that we had to drive very carefully. 道路迂回曲折，又非常滑，我们只得非常小心地驾驶。
派 tortuosity *n.* 曲折

winsome
/ ˈwɪnsəm / 阅

释 *adj.* 使人愉快的；迷人的 agreeable; gracious; engaging
例 She gave him her best **winsome** smile. 她给了他一个她最为迷人的微笑。

pivotal
/ ˈpɪvətl /
阅

释 *adj.* 关键的 crucial; key; vital
例 These regulations are **pivotal** to our economic interests in U.S. 这些条例对保障我们在美国的经济利益很关键。
搭 pivotal to 对…很关键　　　　派 pivotally *adv.* 关键地

notoriety ■
/ ˌnoʊtəˈraɪəti /
填

释 *n.* 恶名，臭名昭著 disrepute; ill fame
例 His severe family violence has won him an unenviable **notoriety**. 他严重的家庭暴力让他声名狼藉。
派 notorious *adj.* 声名狼藉的，臭名昭著的

epitaph
/ ˈepɪtæf /
阅

释 *n.* 墓志铭 inscription in memory of a dead person
例 Before he died, he told his son the **epitaph** that he wanted to be placed on his tombstone. 去世前，他把想要刻在墓碑上的墓志铭告诉了儿子。

earthy
/ ˈɜːrθi /
阅 | 填

释 *adj.* 粗陋的，粗俗的 unrefined; coarse
例 His **earthy** remarks made his colleagues stay away from him. 他粗俗的言语使同事们对他敬而远之。
派 earthiness *n.* 朴实

prototype
/ ˈproʊtətaɪp /
阅

释 *n.* 原型，样板 original work used as a model by others
例 Technicians have begun testing a **prototype** of the new smart phone. 技术人员已经开始测试这款新智能手机的样机。
派 prototypic *adj.* 原型的，样板的

practicable
/ ˈpræktɪkəbl /

释 *adj.* 能实行的，行得通的 feasible
例 The couple agreed that the only **practicable** way for the time being was to sell the house. 夫妻俩都认为眼下唯一可行的办法是把房子卖掉。
搭 it is practicable (for sb) to do sth （某人）做什么事是行得通的
派 practicability *n.* 实用性，可行性

impending
/ ɪmˈpendɪŋ /
阅 | 填

释 *adj.* 迫近的，即将来临的 nearing; approaching
例 We should get prepared for the **impending** financial crisis as soon as possible. 我们应该尽早为即将到来的金融危机做好准备。
搭 impending danger/disaster 即将到来的危险/灾难

bauble
/ ˈbɔːbl /
阅

释 *n.* 小玩意 trinket; trifle
例 In the corner of the room there was a Christmas tree decorated with **baubles**. 房间的角落里有棵缀满小饰物的圣诞树。

unimpeachable / ˌʌnɪmˈpiːtʃəbl / 阅	释 *adj.* 无可指摘的，可作模范的 blameless and exemplary 例 He is a man of **unimpeachable** character and conduct. 他是位品行完美无缺的人。 派 unimpeachably *adv.* 无可指责地，无懈可击地
codify / ˈkɑːdɪfaɪ / 阅	释 *v.* 编成法典，编纂；整理 arrange (laws, rules) as a code; classify 例 These procedures **codify** lessons from years of experience. 这些程序将多年经验编纂成册。 派 codification *n.* 法典编纂，法律汇编
viper / ˈvaɪpər /	释 *n.* 毒蛇 poisonous snake 例 Be careful of that **viper**. It is dangerous. 小心那条毒蛇，它很危险。 搭 pit viper 响尾蛇；蝮蛇
discount ■ / dɪsˈkaʊnt / 阅	释 *v.* 不考虑，忽视，漠视 disregard; dismiss 例 Parents should not **discount** what their child said. 父母不应该忽视孩子所说的话。
zany / ˈzeɪni /	释 *adj.* 滑稽的；愚蠢的 funny; comic; foolish 例 The **zany** clown made us all laugh with his tricks. 滑稽小丑的把戏把我们都逗笑了。
brandish / ˈbrændɪʃ / 阅	释 *v.* 挥舞；炫耀 wave around; flourish 例 The man who is **brandishing** a chopper is completely out of control. 挥舞着砍刀的那个人已经完全失控了。
animated / ˈænɪmeɪtɪd / 阅丨填	释 *adj.* 活生生的，活泼的 lively; spirited 例 We held an **animated** discussion over next year's plans yesterday. 昨天，我们热烈讨论了下一个年度的计划。 派 animation *n.* 生气，活泼
deplete / dɪˈpliːt / 阅丨填	释 *v.* 用完，耗尽 reduce; exhaust 例 Mankind must take care not to **deplete** the Earth of its natural resources. 人类必须注意，切莫耗尽地球上的自然资源。 搭 deplete...of ... 耗尽，弄空　　派 depletion *n.* 用完，耗尽
plaintive / ˈpleɪntɪv / 阅	释 *adj.* 哀伤的 mournful 例 Legend has it that the bridge got its name from the **plaintive** cry of two lovers forced to break up on it. 传说这座桥因一对情侣被迫在桥上分手时的鸣而得名。 搭 a plaintive cry 哀鸣　　派 plaintively *adv.* 悲哀地，哀怨地
felicity / fəˈlɪsəti / 阅	释 *n.* 幸福；恰当，巧妙 happiness; appropriateness (of a remark, choice, etc.) 例 Different people have different definitions of **felicity**. 不同的人对幸福有不同的定义。

circumscribe
/ 'sɜːrkəmskraɪb /

阅 | 填

释 *v.* 限制 limit; confine
例 The new traffic rules **circumscribed** some actions of the drivers. 新交规限制了司机们的某些行为。
派 circumscription *n.* 限制，限度

consequential
/ ˌkɑːnsəˈkwenʃl /

阅 | 填

释 *adj.* 自命不凡的，自大的；重要的 pompous; self-important; important
例 A small event could be very **consequential**. 一个小事件可能会导致严重后果。
派 consequentially *adv.* 必然地

shear
/ ʃɪr /

阅 | 填

释 *v.* 束剪，修剪，剪切 cut or clip (hair, fleece); strip of something
例 People **shear** the wool off the sheep for different purposes in different places. 不同地区的人剪羊毛的目的也不尽相同。
搭 shear sth off (sb/sth) 剪掉（毛发等）　　派 shearer *n.* 剪羊毛的人

glut
/ glʌt /

阅

释 *v.* 塞满，充斥 overstock; fill to excess
例 The market is **glutted** with corn, which leads to a sharp drop in price. 玉米市场供过于求，导致价格暴跌。
搭 be glutted with... 被…充斥，供过于求；glut oneself 使…吃得（或喝得）过多

rant ●
/ rænt /

阅

释 *v.* 咆哮，大声责骂；激昂地说，夸夸其谈 rave; scold; talk excitedly; make a grandiloquent speech
例 When he heard that his little boy lied at school, the father began to **rant** at his son with wild fury. 当父亲听说儿子在学校撒了谎时，便怒不可遏地开始大声责骂起儿子来。
搭 rant at sb/sth 大声地、激昂地说话

complaisant
/ kəmˈpleɪzənt /

释 *adj.* 殷勤的；顺从的 trying to please; obliging
例 He likes giving **complaisant** offers to the ladies. 他喜欢向女士献殷勤。
派 complaisance *n.* 殷勤；柔顺

anthropomorphic
/ ˌænθrəpəˈmɔːrfɪk /

释 *adj.* 被赋予人形（或人性）的，拟人化 having human form or characteristics
例 That cartoon is **anthropomorphic**. All the animals in it can speak. 那是一部拟人化的卡通片。里面的动物都能说话。
派 anthropomorphism *n.* （赋予神、动物或其他事物人的特点的）拟人论

foolhardy ●
/ 'fuːlhɑːrdi /

释 *adj.* 愚勇的，莽撞的 rash
例 It is **foolhardy** if we work against the giant company at this point. 在这个时候和这家巨头公司对着干是非常鲁莽的。
派 foolhardiness *n.* 鲁莽，莽撞

decoy
/ 'diːkɔɪ /

释 *n.* 引诱；诱饵 lure or bait *v.* 诱捕 lure or entrap by or as if by a decoy
例 As soon as the ducks got near his **decoy**, the hunter fired. 那群野鸭一接近诱饵，猎人就开枪了。

□ circumscribe　　□ consequential　　□ shear　　□ glut　　□ rant　　□ complaisant
□ anthropomorphic　□ foolhardy　　□ decoy

dermatologist
/ ˌdɜːrməˈtɑːlədʒɪst /

释 *n.* 皮肤学家，皮肤科医生 physician who studies the skin and its diseases
例 Lisa is going to see a **dermatologist** for her bad skin rash. 莉莎的皮肤起了严重的疹子，她要去看皮肤科医生。

---

domineer
/ ˌdɑːməˈnɪr /

释 *v.* 专横跋扈 rule over tyrannically
例 The officer often **domineered** over his inferiors. 这个官员常常在下级面前表现得专横跋扈。
搭 domineer over sb 对某人发号施令，专横跋扈
派 domineering *adj.* 专横的，跋扈的

---

adulterate
/ əˈdʌltəreɪt /

阅 | 填

释 *v.* 掺杂 make impure by adding inferior or tainted substances
例 It is illegal for the sellers to **adulterate** milk with water. 销售商向牛奶里兑水是违法的。
搭 adulterate sth (with sth) 掺杂，掺假
派 adulteration *n.* 掺假，掺杂；假货，次品

---

suborn
/ səˈbɔːrn /

释 *v.* 教唆 persuade to act unlawfully (especially to commit perjury)
例 He was sentenced to three years in prison for **suborning** witnesses. 他因收买证人作伪证而被判处三年有期徒刑。
派 subornation *n.* 收买，唆使

---

girth
/ gɜːrθ /

释 *n.* 周长 distance around something; circumference
例 You need to first know the radius of the circle so that you can calculate its **girth**. 你需要先知道这个圆的半径才能计算出它的周长。

---

meddlesome
/ ˈmedlsəm /

阅

释 *adj.* 好干涉的 interfering
例 She felt her marriage was suffering because of her **meddlesome** mother-in-law. 因为婆婆爱管闲事，她觉得自己的婚姻是痛苦的。
派 meddle *v.* 干涉，插手

---

snivel
/ ˈsnɪvl /

释 *v.* 流鼻涕；啜泣，哭诉 run at the nose; snuffle; whine
例 The little girl ran to her mother and **sniveled** that her friend scrambled her doll. 小女孩跑到妈妈身边，哭诉小朋友抢走了自己的娃娃。
派 sniveling *adj.* 爱啼哭抱怨的；软弱的 sniveler *n.* 哭诉的人

---

awe
/ ɔː /

阅 | 填

释 *n.* 敬畏 solemn wonder
例 He stood there motionlessly in **awe** of his uncle. 出于对舅舅的敬畏他静静地站在那里。
搭 be in awe of sb/sth 对…敬畏　派 awesome *adj.* 令人敬畏的，使人畏惧的

---

tremor
/ ˈtremər /

阅

释 *n.* 颤抖，战栗 trembling; slight quiver
例 There was a **tremor** in his voice because of excitement. 由于激动，他的声音有些颤抖。

patina
/ pə'tiːnə /

释 *n.* 铜绿锈；光泽 green crust on old bronze works; tone slowly taken by varnished painting

例 The bronze statue develops a fine **patina** due to long-time exposure to air. 因为长时间暴露在空气中，铜像表面生了一层薄薄的绿锈。

派 patinate *v.* 生绿锈

---

evince
/ ɪ'vɪns / 阅

释 *v.* 表明，表露 show clearly

例 They **evinced** that they could overcome the difficulties. 他们表示能够克服这些困难。

---

impugn
/ ɪm'pjuːn /

阅 | 填

释 *v.* 提出异议，驳斥 dispute or contradict (often in an insulting way); challenge; gainsay

例 No one has **impugned** his competence and honesty. 没有人质疑过他的能力和诚实的品质。

---

herbivorous
/ hɜːr'bɪvərəs /

阅 | 填

释 *adj.* 食草的 grain-eating

例 Zebras are **herbivorous** animals. 斑马是食草动物。

搭 herbivorous animal 食草动物

---

ascetic ■
/ ə'setɪk /

阅 | 填

释 *adj.* 修道的，苦行的 practicing self-denial; austere

例 Monks in China stand for a kind of **ascetic** lifestyle. 中国的僧侣代表了一种苦行生活。

派 ascetically *adv.* 苦行地

---

seminary
/ 'semɪneri /

释 *n.* 神学院，学院（尤指私立女校或学院）school for training future ministers; academy for young women

例 She waved between medical school and **seminary** for a long time before she finally entered an arts academy. 她在医学院和神学院之间犹豫了很久，后来却上了一所艺术学院。

派 seminarist *n.* 神学院学生

---

retract ■
/ rɪ'trækt /

填

释 *v.* 缩进；收回 withdraw; take back

例 The victim of the rape declared that she would never **retract** her statement regardless of any threat. 这起强奸案的受害者宣称，无论遭受什么威胁也决不会撤销供述。

派 retractable *adj.* 可缩进的；可撤销的 retraction *n.* 撤销；收回

---

lurk
/ lɜːrk /

阅

释 *v.* 潜伏，埋伏；潜藏 stealthily lie in waiting; slink; exist unperceived

例 What quirks **lurk** behind those blue eyes? 那双忧郁的眼神背后藏着什么样的故事？

---

adroit
/ ə'drɔɪt /

阅 | 填

释 *adj.* 熟练的，机敏的 skillful

例 We chose Jack because he is an **adroit** negotiator. 我们选择了杰克，因为他是谈判老手。

派 adroitness *n.* 机敏，干练

□ patina　　　□ evince　　　□ impugn　　　□ herbivorous　　　□ ascetic　　　□ seminary

□ retract　　　□ lurk　　　□ adroit

prostrate / ˈprɑːstreɪt / 阅	释 *v.* 倒伏，全身俯卧 stretch out full on ground 例 He prostrated himself on the ground to ask for her forgiveness. 他俯伏在地上请求她的原谅。 搭 prostrate oneself before sb 拜倒人前，对…五体投地 派 prostration *n.* 俯伏在地；筋疲力尽
bovine / ˈbəʊvaɪn / 阅	释 *adj.* （似）牛的；迟钝的 cowlike; placid and dull 例 Having heard such exciting news, her bovine face still gave no response. 听了这么激动人心的消息后，她依然表情呆滞，没有任何反应。 搭 bovine pest 牛瘟
raiment / ˈreɪmənt /	释 *n.* 衣服，服饰 clothing 例 The majority of women intend to complain about lacking raiment in their wardrobes. 大多数女性都爱抱怨衣橱里的衣服不够多。
stolid ● / ˈstɑːlɪd /	释 *adj.* 不易激动的，感觉迟钝的 unruffled; impassive; dull 例 Ted and Chris are twin brothers. Ted is a romantic and passionate young man, while Chris is stolid and unimaginative. 特德和克里斯是双胞胎。特德是一个浪漫又充满激情的小伙子，而克里斯却是个缺乏热情、木讷的人。 派 stolidity *n.* 感觉麻木；迟钝
succumb / səˈkʌm / 阅｜填	释 *v.* 屈服，屈从；死 yield; give in; die 例 My father is addicted to smoking and succumbs to temptation whenever he sees a cigarette. 我父亲烟瘾很重，只要看到香烟就抵制不住诱惑。 搭 succumb to sth 屈从于…
ruffian / ˈrʌfiən /	释 *n.* 流氓，恶棍 bully; scoundrel 例 A gang of ruffians was punished for their crime. 一帮暴徒因犯罪而受到了惩罚。
forum / ˈfɔːrəm /	释 *n.* 公共集会场地；讨论会 place of assembly to discuss public concerns; meeting for discussion 例 This program provided a valuable forum for students to exchange different ideas on cross-cultural communication. 这个项目为学生们发表对跨文化交流的不同看法提供了宝贵的平台。 搭 forum for sth …的公共集会场地
petty / ˈpeti / 阅	释 *adj.* 琐碎的，不重要的，小的 trivial; unimportant; very small 例 The couple started having squabbles over petty little things only one month after their marriage. 这对夫妻结婚后仅一个月，就开始为琐事争吵。 搭 petty crime 轻微罪行 派 pettiness *n.* 琐碎，微小

uniformity ■
/ ˌjuːnɪˈfɔːməti /

阅 | 填

释 *n.* 同样，一致 sameness; monotony
例 Though they showed no **uniformity** of dress, they did have favored styles and armament. 虽然没有统一的服装，但是他们确实有他们喜爱的风格和武器。
派 uniform *adj.* 统一的；一致的 uniformly *adv.* 一致地

---

cater to

阅 | 填

释 迎合 supply something desired (whether good or bad)
例 Their website was designed to **cater to** young mothers. 他们的网站只迎合年轻妈妈们。

---

monosyllabic
/ ˌmɑːnəsɪˈlæbɪk /

释 *adj.* 单音节的；少言寡语的 having only one syllable; say little
例 Usually, our president gives only **monosyllabic** replies, such as "Yes" and "No". 通常，我们董事长只肯给予极简短的回答，例如 "是" 和 "不是"。
派 monosyllable *n.* 单音节词

---

prestige
/ preˈstiːʒ /

阅 | 填

释 *n.* 声望，威望 impression produced by achievements or reputation
例 Hosting the 2008 Olympic Games greatly added to China's international **prestige**. 主办2008年奥运会极大提高了中国的国际声望。
搭 gain sb prestige 为某人赢得声望
派 prestigious *adj.* 受尊敬的，有声望的

---

haphazard
/ hæpˈhæzərd /

阅 | 填

释 *adj.* 偶然的，随意的；杂乱无章的 random; unsystematic; aimless
例 The rescue operation seemed to be totally **haphazard**. 救援行动显得毫无章法。
派 haphazardly *adv.* 偶然地，随意地；杂乱地

---

synoptic
/ sɪˈnɑːptɪk /

阅

释 *adj.* 提要的，摘要的 providing a general overview; summary
例 The author made a **synoptic** analysis of the development of cloning technology in the article. 作者在文章中对克隆技术的发展作了简要分析。
派 synopsis *n.* 概要，大纲

---

seismic
/ ˈsaɪzmɪk /

释 *adj.* 地震的 pertaining to earthquakes
例 The frequent **seismic** activities in the past year have disturbed the citizens throughout the country. 去年频发的地震让全国的老百姓都很不安。

---

extol ■
/ ɪkˈstoʊl /

阅 | 填

释 *v.* 赞美，颂扬 praise; glorify
例 They **extolled** Sam's carving techniques. 他们对山姆的雕刻技术称赞不已。
搭 extol sb/sth (as sth) 赞扬某人/某物（将其誉为…）

---

carnage
/ ˈkɑːrnɪdʒ /

阅 | 填

释 *n.* 屠杀 destruction of life
例 We should never forget the **carnage** in Nanjing. 我们永远也不能忘记南京大屠杀。

---

embrace
/ ɪmˈbreɪs /

释 *v.* 拥抱；欣然采纳；包括 to hug; to accept sth readily; to include
例 He **embraced** an opportunity to get promoted. 他利用机会得到了提升。

---

sybarite
/ ˈsɪbəraɪt /

阅

释 *n.* 爱奢侈享乐的人 lover of luxury
例 When I came to find she was such a **sybarite**, I broke off the friendship with her resolutely. 当我发现她是一个奢侈享乐的人时，我果断地和她断绝了交往。
派 sybaritic *adj.* 好享受图安逸的；穷奢极欲的

---

amnesia
/ æmˈniːzə /

阅

释 *n.* 记忆缺失，健忘症 loss of memory
例 An accident resulted in her suffering from **amnesia**. 一次交通事故使她丧失了记忆。
派 amnesiac *adj.* 记忆缺失的，遗忘症的

---

archipelago
/ ˌɑːrkɪˈpeləɡoʊ /

填

释 *n.* 群岛，列岛 group of closely located islands
例 We have many **archipelagoes** in the South Sea of China. 中国南海有许多群岛。
派 archipelagic *adj.* 群岛的，多海岛的

---

dabble
/ ˈdæbl /

阅 | 填

释 *v.* 涉猎，涉足；喷洒 work at in a non-serious fashion; splash around
例 Winston Churchill liked to **dabble** in landscape painting. 邱吉尔喜欢涉猎风景画。
搭 dabble in 涉猎

---

comeuppance
/ kʌmˈʌpəns /

释 *n.* 报应 rebuke; deserts
例 The Buddhists believe in **comeuppance**. 佛教徒相信因果报应。

---

lethal
/ ˈliːθl /

阅 | 填

释 *adj.* 致命的 deadly
例 Have you seen the movie named **Lethal** Weapon? 你看过电影《致命武器》吗?
派 lethality *n.* 致命性

---

liniment
/ ˈlɪnəmənt /

释 *n.* 擦剂，涂抹油 ointment; lotion; salve
例 The **liniment** should be applied sparingly to the skin. 这种油应少量地涂在皮肤上。

---

vindicate ■
/ ˈvɪndɪkeɪt /

阅 | 填

释 *v.* 证明无罪；为…辩护，支持 clear from blame; exonerate; justify or support
例 He tried hard to **vindicate** his innocence. 他拼命维护自己的清白。
派 vindication *n.* 辩护；证明无罪

---

ductile
/ ˈdʌktaɪl /

释 *adj.* 有韧性的，可塑的；顺从的，易受影响的 malleable; flexible; pliable
例 The little boy is **ductile**. 这个小男孩很顺从。
派 ductility *n.* 韧性；柔顺

---

indifferent ■
/ ɪn'dɪfrənt /

释 *adj.* 冷漠的，不关心的；一般的，中等的 unmoved or unconcerned by; mediocre

例 People has become more and more **indifferent** to each other nowadays. 如今人和人之间越来越冷漠。

搭 be indifferent to sb/sth 对…冷漠，漠不关心

派 indifferently *adv.* 不感兴趣地；漠不关心地；冷淡地

阅|填

---

anticlimax
/ ˌænti'klaɪmæks /

释 *n.* 突降，虎头蛇尾 letdown in thought or emotion

例 The beginning of the film was fine, but the rest was actually an **anticlimax**. 这部电影真是虎头蛇尾。

派 anticlimactic *adj.* 突降法的，虎头蛇尾的

---

gamely
/ 'geɪmli /

释 *adj.* 不屈地，勇敢地 bravely; with spirit

例 The mother **gamely** protected her children. 这个母亲勇敢地保护她的孩子。

---

sleeper
/ 'sliːpər /

释 *n.* 长期不受人注意而一举受人瞩目的人或物 something originally of little value or importance that in time becomes very valuable

例 The twelve-year-old boy had his first success with the **sleeper** "Tell me Why". 这个十二岁的小男孩凭借 "Tell me Why" 这首歌的意外走红而首尝成功。

---

astral
/ 'æstrəl /

释 *adj.* 星的 relating to the stars

例 With the enhanced telescopes we can discover more and more distant **astral** bodies. 利用功能强大的望远镜我们能发现更多距离遥远的星体。

搭 astral era 星云时代　　　　派 interastral *adj.* 星际的

阅

---

material
/ mə'tɪriəl /

释 *adj.* 物质的；具体的；重要的 made of physical matter; unspiritual; important

例 Reporters nicknamed the new singer the **Material** Girl. 记者们戏称这位新歌手为"拜金女"。

派 materially *adv.* 物质上；实质上

阅

---

modicum
/ 'mɑːdɪkəm /
阅|填

释 *n.* 少量，一点点 limited quantity

例 Henry only has a **modicum** of privacy in the face of his wife. 亨利面对他的妻子只有一点点隐私。

---

maverick
/ 'mævərɪk /
阅|填

释 *n.* 持不同意见者，独来独往者 rebel; nonconformist

例 She was too much of a **maverick** ever to make many friends. 她太特立独行，永远不可能有太多朋友。

---

spendthrift
/ 'spendθrɪft /

释 *n.* 挥霍者 someone who wastes money

例 Compared with his extravagant father, he is far from being a **spendthrift**. 和他挥霍无度的父亲比起来，他根本算不上是败家子。

□ indifferent　　□ anticlimax　　□ gamely　　□ sleeper　　□ astral　　□ material
□ modicum　　□ maverick　　□ spendthrift

---

incriminate
/ ɪn'krɪmɪneɪt /
阅

释 *v.* 控告…有罪，使负罪 accuse
例 Both of them were **incriminated** to the jury. 有人向陪审团控告了他们两个人。
派 incriminating *adj.* 显示有罪的；连累的

---

mettle
/ 'metl /

释 *n.* 勇气，奋斗精神 courage; spirit
例 His first important chance to show his **mettle** came when he participated in the swimming competition. 参加游泳比赛意味着，让他展示勇气的第一次重要的机会来了。
派 mettlesome *adj.* （通常指马等）精力充沛的，勇猛的

---

pine
/ paɪn /

释 *v.* 衰弱，憔悴；思念，渴望 languish, decline; long for, yearn
例 After separating for one month, Karen was **pining** for her husband back home. 分开一个月了，卡伦十分期盼丈夫回家。
搭 pine away 消瘦，憔悴；pine for 思念…；渴望得到…

---

feign
/ feɪn /
阅

释 *v.* 假装，装（睡、病等）pretend
例 He **feigned** illness at home in order not to take part in the activity. 为了不参加活动，他装病在家。

---

brawn
/ brɔːn /

阅

释 *n.* 肌肉的力量；强壮 muscular strength; sturdiness
例 Both brains and **brawn** are important in completing this job. 完成这项工作，头脑和体力都很重要。
派 brawny *adj.* 肌肉发达的；强壮的

---

malediction
/ ˌmælɪ'dɪkʃən /

填

释 *n.* 咒骂，坏话 curse
例 The poor little boy was answered with a torrent of **malediction**. 那个可怜的小男孩得到的回答是滔滔不绝的诅咒。
派 maledictory *adj.* 诅咒的，坏话的

---

bane
/ beɪn /

填

释 *n.* 祸根，灾星 cause of ruin; curse
例 Money is the **bane** of evil. 金钱是万恶之源。
搭 the bane of sb/sth 苦恼之根，烦恼之源
派 baneful *adj.* 有害的，有毁坏性的

---

thwart
/ θwɔːrt /
阅

释 *v.* 阻挠；妨碍 prevent; frustrate; oppose and defeat
例 My younger brother's ambition to join the army was **thwarted** by poor eyesight. 我弟弟想参军的梦想由于视力不佳而破灭了。

---

longevity
/ lɑːn'dʒevəti /

阅 | 填

释 *n.* 长寿 long life
例 When he reached one hundred, everyone admired his **longevity**. 他一百岁时，大家都很羡慕他的长寿。

archaeology
/ ˌɑːrki'ɑːlədʒi /

阅 | 填

释 *n.* 考古学 study of artifacts and relics of early mankind
例 The professor is the authority in the field of **archaeology**. 那位教授是考古学领域的权威。
派 archaeological *adj.* 考古学的

arraign
/ ə'reɪn /

填

释 *v.* 传讯，控告 charge in court; indict
例 The man was **arraigned** for robbery and murder. 这名男子因抢劫和谋杀受到传讯。
搭 be arraigned for sth 因…受到传讯　派 arraignment *n.* 传讯，控告

rummage
/ 'rʌmɪdʒ /

阅 | 填

释 *v.* 到处翻寻；检查 ransack; thoroughly search
例 When she **rummaged** in the drawer for a pair of socks, she chanced upon a love letter written by his husband's ex-girlfriend. 当她在抽屉里翻找袜子时，不小心找到一封她丈夫的前女友写的情书。
搭 rummage among/in/through sth (for sth); rummage about/around 翻找或搜寻某物

somnolent
/ 'sɑːmnələnt /

阅 | 填

释 *adj.* 昏昏欲睡的 half asleep
例 The heavy lunch made the conventioneers all **somnolent** and indifferent to the speaker. 中午饱餐一顿后，与会者都昏昏欲睡，对演讲者毫无兴趣。
派 somnolence *n.* 瞌睡；困乏

aspersion
/ ə'spɜːrʒnz /

阅 | 填

释 *n.* 诽谤，中伤 slander; slur; derogatory remark
例 The honest man has never meant to cast **aspersion** on others. 那个老实人从未想过诽谤别人。
搭 cast aspersion on sb 诽谤某人，中伤某人
派 asperse *v.* 毁坏（名誉），中伤，诽谤

addle
/ 'ædl /

释 *v.* 使糊涂；腐坏 muddle; drive crazy; become rotten
例 Some fruit **addles** quickly in summer. 有些水果在夏天很快会腐坏。
派 addled *adj.* 头脑混乱的；腐坏的，变质的

pious
/ 'paɪəs /

阅

释 *adj.* 虔诚的；宗教的 devout; religious
例 How to be **pious** without becoming hypocritical is a huge challenge for church people. 对于教会人士来说，如何做到虔诚而不伪善是个巨大的挑战。
搭 pious hope/wish 不切实际的希望/愿望，无法实现的希望/愿望
派 piously *adv.* 虔诚地　piety *n.* 虔诚

yoke
/ joʊk /

释 *v.* 结合，连接 join together; unite
例 We are **yoked** together by mutual interests. 我们被彼此共同的兴趣连接在一起。

accoutre / ə'kuːtər /	释 *v.* 装备，供以服装 equip 例 The rock-climber was **accoutred** with the best that he could get. 这名攀岩者配备了他能弄到的最好的装备。 搭 accoutre sb in/with sth 给某人配备特定服装或装备 派 accoutrements *n.* 装备，行头
besmirch / bɪ'smɜːrtʃ / 阅	释 *v.* 玷污，弄脏 soil, defile 例 Her attempt to **besmirch** his reputation will never succeed. 她试图玷污他名声的企图是永远不会得逞的。
fray / freɪ / 阅丨填	释 *n.* 打斗 brawl 例 He was drawn into a **fray**. 他被卷入了一场打斗中。
cantata / kæn'taːtə / 阅	释 *n.* 大合唱 story set to music, to be sung by a chorus 例 The inspiring music you've just heard was part of the *Yellow River Cantata*. 刚才听到的振奋人心的音乐是《黄河大合唱》的一部分。
loll / laːl /	释 *v.* 懒洋洋地躺着(或坐着、站着) lounge about 例 He **lolled** around in his comfortable chair, having some icecream. 他懒洋洋地靠在舒适的椅子上，吃着冰激凌。 搭 loll around 懒洋洋地坐着（或躺着、站着），无所事事
effusive / ɪ'fjuːsɪv / 阅丨填	释 *adj.* （语言、感情等）过分热情的 pouring forth; gushing 例 The poor boy was **effusive** in the kind man's gratitude. 可怜的男孩对这位好心人感激不尽。 派 effusion *n.* 倾出，流出
continence / 'kaːntɪnəns / 阅丨填	释 *n.* 自制，节欲 self-restraint; sexual chastity 例 **Continence** is a moral state that it always be neglected, but it is very important. 自制是一种常常被忽略的道德状态，但却异常重要。
rent / rent /	释 *n.* 破口，裂缝 rip; split 例 It is the most beautiful moment when the sun shines through a **rent** in the clouds. 当太阳透过云间的缝隙照射出来时，景色最为美丽。
optimist ■ / 'aːptɪmɪst / 阅	释 *n.* 乐观主义者 person who looks on the good side 例 The pessimist thinks that the glass is half-empty; while the **optimist** considers that it is half-full. 悲观主义者认为玻璃杯是半空的，而乐观主义者认为它是半满的。 派 optimism *n.* 乐观主义
impeccable ■ / ɪm'pekəbl /	释 *adj.* 无瑕疵的 faultless 例 His manners were **impeccable**. 他的举止无可挑剔。 派 impeccability *n.* 无罪，无缺点

□ accoutre   □ besmirch   □ fray   □ cantata   □ loll   □ effusive
□ continence   □ rent   □ optimist   □ impeccable

placebo
/ pləˈsiːboʊ /

阅 | 填

释 *n.* 安慰剂 harmless substance prescribed as a dummy pill
例 The **placebo** could be powerful because it meets patients' psychological need for attention and treatment. 安慰剂可能会很有效，因为它能满足病人需要关注和治疗的心理需求。
搭 placebo effect 安慰剂效应

alacrity
/ əˈlækrəti /

阅 | 填

释 *n.* 敏捷，轻快；爽快，乐意 cheerful promptness; eagerness
例 I proposed to my son that he finish his assignments first, and then watch cartoon. He accepted that with **alacrity**. 我建议儿子先完成作业再看电视，他欣然接受了。
搭 with alacrity 欣然地　　　　派 alacritous *adj.* 快活的，活泼的

simplistic
/ sɪmˈplɪstɪk /

阅

释 *adj.* 过分单纯化的 oversimplified
例 The expert's assessment of the complex relationship between the two countries sounds rather **simplistic**. 专家对于复杂的两国关系的评价听起来太过于简单了。

ancestry
/ ˈænsestri /

阅 | 填

释 *n.* 祖先；世系 family descent
例 In recent years many African Americans have started to trace their **ancestry** in the African continent. 近年来许多非裔美国人开始了在非洲的寻根之旅。
搭 trace one's ancestry back to …的世系可上溯到
派 ancestral *adj.* 祖先的，与祖先有关的

reputed
/ rɪˈpjuːtɪd /

释 *adj.* 一般认为的，普遍认定的，号称的 supposed
例 No one is sure whether the **reputed** father is his biological father or not. 没有人敢确定他名义上的父亲是不是他的亲生父亲。
派 reputedly *adv.* 据说，一般认为

bombardment
/ baːmˈbaːrdmənt /

阅

释 *n.* 炮击，轰炸 attack with missiles
例 You can even hear the sound of **bombardment** now. 甚至现在你还能听到轰炸的声音。
搭 bombardment aircraft 轰炸机；bombardment energy 冲击能量
派 bombard *v.* 炮击，轰炸

memento
/ məˈmentoʊ /

释 *n.* 纪念品 token; reminder
例 The letters will be a permanent **memento** of your college life. 这些信件会成为你大学生活的永久纪念。

fervor ■
/ ˈfɜːrvər / 阅

释 *n.* 热情，热烈 glowing ardor; intensity of feeling
例 He threw himself into the work he loved with all **fervor**. 他把所有的热忱都投入到了他所热爱的工作中。

aphasia
/ əˈfeɪziə /

释 *n.* 失语症 loss of speech due to injury or illness
例 The automobile accident caused him to suffer from **aphasia**. 车祸使他患上了失语症。
派 aphasiac *n.* 失语症患者，无语言能力者

□ placebo　　□ alacrity　　□ simplistic　　□ ancestry　　□ reputed　　□ bombardment
□ memento　　□ fervor　　□ aphasia

59

pusillanimous / ˌpjuːsɪˈlænɪməs /	释 *adj.* 懦弱的；优柔寡断的 cowardly; faint-hearted 例 It's a film about a haunted house and not for the **pusillanimous**. 这部电影讲的是一个闹鬼的屋子，不适合胆小的人看。 派 pusillanimity *n.* 无气力，胆怯
accommodate / əˈkɑːmədeɪt / 阅丨填	释 *v.* 帮助；调节；使适应 oblige or help someone; adjust or bring into harmony; adapt 例 As a freshman, I need to **accommodate** to the new timetable. 作为大一新生，我需要适应新的时间表。 搭 accommodate sb with sth 帮忙，给…提供方便；accommodate to sth 适应… 派 accommodation *n.* 方便设施；调节，调和；适应
astute ■ / əˈstuːt / 阅丨填	释 *adj.* 机敏的；狡猾的 wise; shrewd; keen 例 Foxes are described as very **astute** in the stories. 狐狸在故事里被描述得非常狡猾。 派 astuteness *n.* 敏锐，精明
pantomime / ˈpæntəmaɪm / 阅	释 *n.* 哑剧 acting without dialogue 例 Some people feared that Chaplin's **pantomime** art was under threat. 一些人担心卓别林的哑剧艺术面临威胁。 派 pantomimist *n.* 哑剧演员，凭动作表演的喜剧演员
conversant / kənˈvɜːrsnt /	释 *adj.* 熟悉的 familiar with 例 You must be completely **conversant** with first aid and life saving techniques. 你必须完全了解急救和救生的技术。 派 conversance *n.* 精通，熟悉
tutelage / ˈtuːtəlɪdʒ / 阅	释 *n.* 监护，保护；指导，辅导 guardianship; training 例 The young man saw his bright future under the **tutelage** of a master. 在大师的指导下，年轻人看到了他光明的未来。
cringe / krɪndʒ /	释 *v.* 畏缩 shrink back, as if in fear 例 Some people **cringe** when an opportunity presents itself. 有些人会在机遇来临时畏缩。
permeate / ˈpɜːrmieɪt / 阅丨填	释 *v.* 渗透，弥漫 pass through; spread 例 Money-oriented values **permeate** every aspect of our society. 以金钱为导向的价值观渗透到了社会的各个方面。 搭 permeate through/into 弥漫到，渗透到 派 permeation *n.* 渗透，弥漫
exemplify ■ / ɪgˈzemplɪfaɪ / 阅丨填	释 *v.* 作为…的范例 serve as an example of; embody 例 All these recipes **exemplify** my cooking healthy, delicious and quick. 所有这些食谱例证了我的饭菜健康、美味、快捷。

worldly / 'wɜːrldli / 阅 | 填	释 ***adj.*** 世间的，尘世的 engrossed in matters of this earth; not spiritual 例 We will never break away from the **worldly** shackles. 我们永远都无法摆脱世俗的束缚。
integrate / 'ɪntɪɡreɪt / 阅 | 填	释 ***v.*** 使成整体，使一体化 make whole; combine; make into one unit 例 The university has successfully **integrated** social practice into its education system. 这所大学已经成功地把社会实践整合到了其教育体系里。 搭 integrate A into/with B = integrate A and B 使…合并，使…成为一体 派 integration *n.* 整合
pitfall ● / 'pɪtfɔːl / 阅 | 填	释 ***n.*** 隐患；陷阱 hidden danger; concealed trap 例 Sophie's friend warned her against the **pitfalls** associated with the purchase of a used car. 苏菲的朋友告诫她买二手车时要当心陷阱。 搭 fall into a pitfall 掉入陷阱
expropriate / eks'prouprieɪt /	释 ***v.*** 征用，没收 take possession of 例 The government **expropriated** his land and gave him a lot of money as compensation. 政府征用了他的土地并给了他很多钱作为补偿。 派 expropriation *n.* 征用，没收
table / 'teɪbl / 阅	释 ***v.*** 搁置 set aside a resolution or proposal for future consideration 例 The motion has been **tabled** for an indefinite period because the chief leaders seemed to disagree on it. 因为主要领导人看法似乎不一致，这个提案被无限期搁置了。
acquittal / ə'kwɪtl / 填	释 ***n.*** 宣判无罪 deliverance from a charge 例 Hearing the announcement of his **acquittal**, he couldn't help crying. 在听到被判无罪后，他忍不住哭了起来。 派 acquit *v.* 宣判…无罪
waive / weɪv / 阅 | 填	释 ***v.*** 放弃；不坚持；搁置或推迟 give up a claim or right voluntarily; refrain from enforcing; postpone considering 例 He was found guilty and **waived** his right to appeal. 他被认定有罪，并放弃上诉。 派 waiver *n.* 弃权，放弃；弃权证书
aspire ■ / ə'spaɪər / 阅 | 填	释 ***v.*** 有志于，渴望 seek to attain; long for 例 Many young people **aspire** after the position of civil servants. 许多年轻人渴望成为公务员。 搭 aspire after sth 渴望，追求　　　派 aspiration *n.* 强烈的愿望
wheedle / 'wiːdl /	释 ***v.*** 诱骗，哄骗 cajole; coax; deceive by flattery 例 The peddler **wheedled** her into buying his gold necklace. 那个商贩哄骗她买了他的金项链。 搭 wheedle sb into doing sth 哄骗某人做某事；wheedle sth out of sb 从某人那里骗取某物

□ worldly   □ integrate   □ pitfall   □ expropriate   □ table   □ acquittal
□ waive   □ aspire   □ wheedle

histrionic
/ ˌhɪstriˈɑːnɪk /
阅

释 *adj.* 戏剧的，表演的 theatrical
例 She has **histrionic** gifts. 她具有表演天赋。
派 histrionical *adj.* 戏剧的

legend
/ ˈledʒənd /

阅｜填

释 *n.* 地图的图例，插图的说明 explanatory list of symbols especially on a map
例 The **legend** at the bottom of the map made it clear which symbol stood for restroom. 地图底部的图例明确显示了哪种符号代表卫生间。

abscond
/ əbˈskɑːnd /

释 *v.* 潜逃 depart secretly and hide
例 Unfortunately, her partner was a crook and **absconded** with the funds. 不幸的是，她的合伙人是个骗子，已经携款潜逃了。
搭 abscond with (携…)潜逃; abscond from 逃走，逃遁
派 absconder *n.* 潜逃者，逃跑者

modulate
/ ˈmɑːdʒəleɪt /

释 *v.* 使音调转低；调节，调整；变调，转调 tone down in intensity; regulate; change from one key to another
例 He never learned to **modulate** his voice. 他从来学不会压低声音说话。
派 modulation *n.* 调节；转调

doctrine ■
/ ˈdɑːktrɪn /

阅｜填

释 *n.* 学说，理论；教义，教条 teachings, in general; particular principle (religious, legal, etc.)
例 He disagreed with the **doctrines** of Freud. 他不同意弗洛伊德的学说。
派 doctrinal *adj.* 教义的；学说的

ejaculation
/ iˌdʒækjuˈleɪʃn /
阅

释 *n.* （因惊奇）喊出 exclamation
例 He can't stop an **ejaculation** of surprise at the good news. 听到这个好消息，他忍不住大喊了起来。

conjecture ●
/ kənˈdʒektʃər /

阅

释 *v.* 推测，猜测 surmise; guess *n.* 推测，猜测 conclusion deduced by surmise or guesswork
例 I do not **conjecture** an immediate drop in house price. 我推测房价不会马上降低。

negate ■
/ nɪˈgeɪt /

阅｜填

释 *v.* 消除，使无效；否定 cancel out; nullify; deny
例 The policeman warned that to **negate** the facts would only make things worse. 警察警告说，否定事实只会让事情更糟。
派 negation *n.* 否定，否认；拒绝

redundant ■
/ rɪˈdʌndənt /

阅｜填

释 *adj.* 多余的；重复的；冗长的 superfluous; repetitious; excessively wordy
例 There were too many **redundant** words in the pupil's composition. 这个小学生的作文里有太多赘词。
派 redundancy *n.* 人浮于事，冗余

roil
/ rɔɪl /

释 *v.* 搅浑，使…浑浊 to make liquids murky by stirring up sediment
例 If you add too much seasoning into the soup, you will not only **roil** it but also destroy the flavor. 如果你在汤里加太多调料，不仅汤会浑浊，味道也会被破坏。

amenable
/ ə'miːnəbl /

释 *adj.* 顺从的；服从领导的 readily managed; willing to be led
例 She tends to be **amenable** to friendly suggestions. 她一般会接受友好的建议。
搭 be amenable to sb/sth 顺从，服从　派 amenability *n.* 服从的义务

informal
/ ɪn'fɔːrml /

释 *adj.* 不正式的，不拘礼节的 absence of ceremony; casual
例 The **informal** and relaxing atmosphere was the main attraction of that cruise line. 随意的、令人放松的氛围是这条游轮线路最吸引人的地方。
搭 informal style 非正式文体
派 informality *n.* 非正式，不拘礼节

阅 | 填

marquee
/ maːr'kiː /

释 *n.* 大帐篷，华盖；（剧院等的）遮檐 canopy above an entrance, under which one can take shelter; rooflike shelter above a theater entrance
例 On rainy nights, the gatekeeper keeps dry by standing directly beneath the **marquee**. 雨夜，看门人站在遮檐下，不会被淋湿。

candor ■
/ 'kændər /

释 *n.* 直率，坦白 frankness; open honesty
例 It was his unusual **candor** that made her uneasy. 他超乎寻常的直率使她不安。
派 candid *adj.* 率直的，坦白的

阅 | 填

marked
/ maːrkt /

释 *adj.* 有记号的；显眼的；成为攻击对象的 noticeable or pronounced; targeted for vengeance
例 There has been a **marked** increase in traffic accidents recently. 近期交通事故明显增加了。
派 markedly *adv.* 显著地；引人注目地

阅

frenzied
/ 'frenzid /

释 *adj.* 狂热的，狂乱的 madly excited
例 The desperate enemy carried out a **frenzied** attack. 绝望的敌人发起了疯狂的进攻。
派 frenziedly *adv.* 疯狂地，发疯般地

阅

narcissist
/ ˌnaːrsɪ'sɪst /

释 *n.* 自恋者，自我陶醉者 conceited person; someone in love with his own image
例 From my perspective, a **narcissist** is his own best friend. 在我看来，一个自恋者最好的朋友是自己。
派 narcissism *n.* 自恋，自我陶醉

impregnable ●
/ ɪm'pregnəbl /

释 *adj.* 无懈可击的，固若金汤的 invulnerable
例 The city has been built into an **impregnable** fortress. 这座城市已经被建成坚不可摧的要塞。

entomology
/ ˌentəˈmɑːlədʒi /

释 *n.* 昆虫学 study of insects
例 The smart boy was very fond of **entomology**. 这个聪明的男孩非常喜欢昆虫学。
派 entomologist *n.* 昆虫学家

paean
/ ˈpiːən /

释 *n.* 赞美歌，欢乐歌 song of praise or joy
例 They were playing with a **paean** to deep, passionate love. 他们正在演奏着一曲歌颂挚爱的赞歌。

vouchsafe
/ ˌvautʃˈseɪf /
阅

释 *v.* 赐予；允许 grant; choose to give in reply; permit
例 His request to leave the company has been **vouchsafed**. 他已获准离开公司。

detraction
/ dɪˈtrækʃn /

阅 | 填

释 *n.* 诋毁，诽谤 slandering; aspersion
例 Envy has no other quality but that of **detraction** from virtue. 嫉妒除了毁损美德外，别无他用。
派 detractive *adj.* 诽谤的 detract *v.* 贬低

impiety
/ ɪmˈpaɪəti /

释 *n.* 不尊敬，不虔诚 irreverence; lack of respect for God
例 His **impiety** to the emperor irritated the ministers. 他对皇帝的不敬激怒了大臣们。

muse
/ mjuːz /

阅 | 填

释 *v.* 沉思，冥想 ponder *n.* 默想 a state of meditation
例 Many of the papers **muse** on the fate of the former Prime Minister. 很多报纸都在揣测前首相的命运。
派 musingly *adv.* 沉思地，冥想地

impotent
/ ˈɪmpətənt /
阅 | 填

释 *adj.* 虚弱的；无效的 weak; ineffective
例 He was **impotent** after the operation. 手术后他很虚弱。
派 impotence *n.* 无力气，虚弱

bland
/ blænd /
阅 | 填

释 *adj.* 和蔼的；平和的 soothing or mild; agreeable
例 She replied with a **bland** smile. 她回以淡然一笑。
派 blandness *n.* 温柔；平淡

apologist
/ əˈpɑːlədʒɪst /
阅 | 填

释 *n.* 辩护者 one who writes in defense of a cause or institution
例 He was the chief **apologist** for geocentric theory. 他是地心说的主要辩护者。
搭 apologist for sb/sth 作为…的辩护者 派 apologia *n.* 辩解文，辩解书

droll
/ droʊl /

填

释 *adj.* 古怪有趣的，离奇可笑的 queer and amusing
例 His popularity comes from his **droll** entertaining anecdotes. 他受欢迎的原因来自他讲的那些离奇有趣的轶事。
派 drollery *n.* 稀奇古怪的幽默（语言等）

reaper
/ ˈriːpər /

释 *n.* 收割者，收割机 a person or a machine who harvests grain
例 With the introduction and popularization of **reapers**, a great deal of labor is saved. 收割机的引进和普及，大大节约了劳动力。

covenant
/ ˈkʌvənənt /
阅 | 填

释 *n.* 契约 agreement
例 The **covenant** of the *League of Nations* bounds all signatory states not to go to war. 国际联盟盟约规定，所有签约国都不得诉诸战争。

indomitable
/ ɪnˈdɑːmɪtəbl /

阅 | 填

释 *adj.* 不屈服的，不屈不挠 unconquerable; unyielding
例 I was deeply impressed by your **indomitable** spirit. 你不屈不挠的精神给我留下了深刻的印象。
派 indomitability *n.* 不屈不挠

skirmish
/ ˈskɜːrmɪʃ /

阅

释 *n.* 小冲突 minor fight
例 The gunfight on the frontier that caused serious injuries and deaths actually arose from a brief **skirmish**. 发生在边界上导致伤亡惨重的枪战竟只是起源于一个小的争斗。
派 skirmisher *n.* 进行小争斗者

disembark
/ ˌdɪsɪmˈbɑːrk /

释 *v.* 上岸；从船上卸货 go ashore; unload cargo from a ship
例 The attendants **disembarked** passengers from the plane because of the bad weather. 由于天气糟糕，乘务员让乘客下了飞机。
搭 disembark sb/sth (from sth) 使…离船或下飞机等；从船上或飞机上卸下（货物）
派 disembarkation *n.* 上岸；卸货

hovel
/ ˈhʌvl /

释 *n.* 简陋小屋，茅屋 shack; small, wretched house
例 He had to spent the rest of his life in the **hovel**. 他不得不在这个简陋的小茅屋里度过后半生。

mandate
/ ˈmændeɪt /

释 *n.* 命令，训令；要求 order; charge *v.* 授权；命令 give the power; order to do
例 We have been aware of the internal security **mandate** that had just been issued. 我们已经知道刚刚发布的内部安全令了。

picaresque
/ ˌpɪkəˈresk /

释 *adj.* 流浪汉题材的 pertaining to rogues in literature
例 This **picaresque** novel relates a homeless boy's trip. 这本流浪汉小说讲述的是一个无家可归的男孩的经历。

compatible
/ kəmˈpætəbl /

阅 | 填

释 *adj.* 兼容的，和谐的；一致的 harmonious; in harmony with
例 They were soon **compatible** with the new neighbors. 他们很快就与新邻居和谐相处了。
搭 be compatible with sb/sth 与…和谐相处的
派 compatibility *n.* 兼容性，和谐共处

☐ reaper ☐ covenant ☐ indomitable ☐ skirmish ☐ disembark ☐ hovel
☐ mandate ☐ picaresque ☐ compatible

shard
/ ʃɑːrd /

释 *n.* 碎陶瓷（瓦）片 fragment, generally of pottery
例 There were **shards** of glasses flying in the air when the gas tank exploded in the building. 楼里的煤气罐发生了爆炸，使得窗户的玻璃碎片四处乱飞。

geniality
/ ˌdʒiːni'æləti /
阅

释 *n.* 愉快；亲切 cheerfulness; kindliness; sympathy
例 He shows **geniality** to all the people around him. 他亲切地对待身边的人。

checkered
/ 'tʃekərd /
阅

释 *adj.* 多变的，盛衰无常的 marked by changes in fortune
例 Even a successful leader may have a **checkered** past. 即使成功的领导人也可能会有起伏的过去。

dilute
/ daɪ'luːt /

释 *v.* 稀释，冲淡；削弱 make less concentrated; reduce in strength
例 If you give your baby juice, **dilute** it well with cooled, boiled water. 如果给婴儿喝果汁，要用凉开水充分稀释。
派 dilution *n.* 稀释，冲淡
阅

solicit
/ sə'lɪsɪt /

释 *v.* 恳求，乞求 request earnestly; seek
例 The middle-aged man disguises himself as a blind and **solicits** in the metro everyday. 这个中年男子假装成盲人，每天在地铁里乞讨。
搭 solicit sb (for sth); solicit sth (from sb) 恳求（某人）给予（钱、帮助等）
阅 | 填

indices
/ 'ɪndɪsiːz /

释 *n.* 指数，指标 signs; indications
例 Once correctly interpreted, the economic **indices** can explain a lot of things. 经济指数被正确的解读后能解释很多问题。

iconoclastic ●
/ ˌaɪkɑːnə'klæstɪk /
阅 | 填

释 *adj.* 偶像破坏的，打破旧习的 attacking cherished traditions
例 He put forward an **iconoclastic** theory about language. 他提出了一个打破旧传统的语言理论。
派 iconoclast *n.* 攻击传统观念的人，反对崇拜偶像者

pathetic
/ pə'θetɪk /

释 *adj.* 可怜的，令人同情的 causing sadness, compassion, pity; touching
例 Animal right activists risked their lives stopping trucks on the highway delivering **pathetic** dogs and cats. 动物权益保护者冒着生命危险在高速公路上拦截运送可怜的小狗小猫的卡车。
派 pathetically *adv.* 可怜地，感伤地
阅

decomposition
/ ˌdiːkɑːmpə'zɪʃn /
阅

释 *n.* 腐烂，腐败 decay
例 It is estimated that a plastic container can resist **decomposition** for as long as 50,000 years. 据估计，塑料容器可以保存长达五万年而不腐烂。

immune
/ ɪ'mjuːn /

阅 | 填

释 *adj.* 免疫的；豁免的，免除的 resistant to; free or exempt from
例 You should learn to be **immune** to the pessimistic emotions. 你应该学着不受消极情绪的影响。
搭 be immune to sth 对…有免疫力，不受…影响
派 immunity *n.* 免疫；免除，豁免

intractable ●
/ ɪn'træktəbl /
填

释 *adj.* 难以驾驭的，倔强的 unruly; stubborn; unyielding
例 What should we say to convince the **intractable** opponents? 我们要说些什么才能说服那些难缠的反对者呢？

equanimity ●
/ ˌekwə'nɪməti /

填

释 *n.* 平和，镇静 calmness of temperament; composure
例 He didn't lose **equanimity**, even in the most dangerous time. 即使在最危险的时刻他也没有失去镇静。
派 equanimous *adj.* 镇定的，安静的

concede ■
/ kən'siːd /

阅 | 填

释 *v.* 承认；让出 admit; yield
例 In fear of strike, the boss **conceded** to the workers. 因惧怕工人罢工，老板做出了让步。
搭 concede to 让步　　　　　派 concession *n.* 承认；让步

schematic
/ skiː'mætɪk /

释 *adj.* 图表的，图解的 relating to an outline or diagram; using a system of symbols
例 It is helpful for you to construct a simple **schematic** diagram when analyzing the operating principles of this machine. 创建一个简单的示意图有助于你分析这台机器的运行原理。
派 schematically *adv.* 计划性地

lateral
/ 'lætərəl /

阅

释 *adj.* 侧面的 coming from the side
例 Peter walked into the garden from a **lateral** door. 彼得从一个侧门走进了花园。
派 laterally *adv.* 旁边地

caustic
/ 'kɔːstɪk /

阅 | 填

释 *adj.* 腐蚀性的；刻薄的 burning; sarcastically biting
例 I'm used to her **caustic** remarks. 我已经习惯她的挖苦了。
派 caustically *adv.* 腐蚀地；挖苦地

inordinate
/ ɪn'ɔːrdɪnət /

释 *adj.* 紊乱的；过度的 unrestrained; excessive
例 They spent an **inordinate** amount of time on unnecessary work. 他们在不必要的工作上花费了过长时间。
派 inordinately *adv.* 过度地，非常地

□ immune　　□ intractable　　□ equanimity　　□ concede　　□ schematic　　□ lateral
□ caustic　　□ inordinate

countermand / ˈkaʊntərmænd /	释 **v.** 取消 cancel; revoke 例 I have now to **countermand** that order. 我现在只好取消那份订单。
eccentricity / ˌeksenˈtrɪsəti / 阅	释 **n.** 古怪行为，反常行为 oddity; idiosyncrasy 例 His **eccentricity** of bathing with cold water lasts many years. 多年来他一直有洗冷水澡的怪癖。
hoard / hɔːrd / 阅	释 **v.** 贮藏 stockpile; accumulate for future use **n.** 贮藏物 a supply or fund stored up and often hidden away 例 He loves to **hoard** up treasures. 他很喜欢贮藏财宝。 派 hoarder **n.** 囤积者，贮藏者
sentinel / ˈsentɪnl / 阅	释 **n.** 岗哨，看守；哨兵 sentry; lookout 例 An array of **sentinels** stood in front of the gate tower, with rifles in their hands already. 城堡前面站着一排荷枪实弹的哨兵。
chide / tʃaɪd / 阅 | 填	释 **v.** 斥责 scold 例 The wife **chided** her husband for being irresponsible. 妻子斥责丈夫不负责任。 搭 chide sb for sth/doing sth 因（做）某事斥责某人
baleful / ˈbeɪlfl / 阅 | 填	释 **adj.** 险恶的；恶毒的；不祥的 deadly; having a malign influence; ominous 例 The tyrant gave the public a **baleful** look. 独裁者用恶毒的眼光扫视众人。 派 balefully **adv.** 凶恶地；有害地；灾难地
comprise / kəmˈpraɪz / 阅	释 **v.** 包括，由…构成 include; consist of 例 The United States **comprises** 50 states. 美国由50个州组成。 搭 be comprised of sth 由…组成　派 comprisal **n.** 包括，概要
preempt / priˈempt / 阅	释 **v.** 先占，先取；取代 head off; forestall by acting first; appropriate for oneself; supplant 例 He **preempted** any possibilities for his son to be indulged in online games. 他预防了让他儿子沉迷于网游的任何可能性。 派 preemption **n.** 先发制人，先占 preemptive **adj.** 先发制人的
exonerate ■ / ɪgˈzɑːnəreɪt / 阅 | 填	释 **v.** 免除，证明无罪 acquit; exculpate 例 He may be **exonerated** because of the new evidence. 因为有了新证据，他可能会被免罪。 派 exoneration **n.** 免罪，免除
terminus / ˈtɜːrmɪnəs /	释 **n.** 终点站，终点 last stop of railroad 例 After the train reached the **terminus**, we continued our journey by bus. 火车到达终点后，我们又坐汽车继续旅行。

flamboyant
/ flæm'bɔɪənt /

阅 | 填

释 *adj.* 华丽的；引人注目的 ornate; (of people or their behaviour) different, confident and exciting in a way that attracts attention

例 You are a rising **flamboyant** star in this field. 你是这个领域中的一颗冉冉上升的新星。

派 flamboyance *n.* 艳丽，炫耀

clamber
/ 'klæmbər /

阅

释 *v.* 爬，攀登 climb by crawling

例 He used to **clamber** up the pear tree to pick up pears. 他过去常常爬到梨树上去摘梨。

incipient
/ ɪn'sɪpiənt /

填

释 *adj.* 起初的，开始存在或出现的 beginning; in an early stage

例 Taking some exercise before breakfast is an **incipient** habit of mine. 早饭前锻炼是我的新习惯。

派 incipience *n.* 开始，早期

differentiate
/ ˌdɪfə'renʃieɪt /

阅 | 填

释 *v.* 区别，鉴别 distinguish; perceive a difference between

例 It is necessary to **differentiate** between forecasts and projections. 区分预测和规划是十分必要的。

搭 differentiate from 将…区别开来

派 differentiation *n.*【生】变异，分化；区别

incline
/ 'ɪnklaɪn / 阅

释 *n.* 倾斜，斜坡 slope; slant

例 The car slowly climbed up a steep **incline**. 这辆车慢慢地爬上一个陡坡。

propound
/ prə'paʊnd /

填

释 *v.* 提出，提议 put forth for analysis

例 The questions you **propounded** in the discussion are worth proper consideration. 你在讨论中提出的问题值得好好考虑。

派 propounder *n.* 提议者，建议者

waif
/ weɪf /

释 *n.* 流浪儿，流浪的动物 homeless child or animal

例 A **waif** is begging on the street. 一个流浪儿正在街上乞讨。

搭 waifs and strays 零碎东西；无家可归的人；流浪的动物

forlorn
/ fər'lɔːrn /

阅

释 *adj.* 孤独凄凉的；悲惨的 sad and lonely; wretched

例 The little girl looked **forlorn**, standing alone in the rain. 那个小女孩独自站在雨中，看起来孤苦伶仃的。

派 forlornly *adv.* 可怜地，孤苦伶仃地

parallelism
/ 'pærəlelɪzəm /

阅 | 填

释 *n.* 平行，类似 state of being parallel, similarity

例 A striking **parallelism** exists between the lives' of the two brothers. 兄弟俩的生活惊人地相似。

派 parallel *adj.* 平行的，类似的

malady
/ 'mælədi / 阅 | 填

释 *n.* 疾病 illness
例 Leukemia is a kind of serious **malady**. 白血病是一种严重的疾病。

abhor
/ əb'hɔːr /
阅 | 填

释 *v.* 憎恶，痛恨 detest; hate
例 We should **abhor** all forms of terrorism. 我们应该憎恶任何形式的恐怖活动。
派 abhorrence *n.* 憎恨，厌恶

ambience
/ 'æmbiəns /

释 *n.* 周围环境，气氛 environment; atmosphere
例 She likes dining in that small restaurant because of the pleasant **ambience** there. 她喜欢去那家小餐馆用餐，因为那里环境宜人。
派 ambient *adj.* 周围的，包围着的

quietude
/ 'kwaɪətuːd /

释 *n.* 安静，宁静 tranquility
例 The people living in the metropolis can seldom enjoy total **quietude** even at midnight. 生活在大都市的人们即便在午夜也很少能享受到彻底的宁静。

servitude
/ 'sɜːrvətuːd /

阅

释 *n.* 奴役；劳役 slavery; compulsory labor
例 The workers could no longer bear the **servitude** of the work and were scheming a large-scale strike. 工人们再也无法忍受这种苦役的工作，正在酝酿大规模罢工。

douse
/ daʊs /

释 *v.* 把⋯浸入水中 plunge into water
例 The gardener **doused** the thirsty plants with water. 园丁给干旱的植物浇水。
搭 douse sb/sth in/with sth 将⋯放入⋯中；在⋯上泼⋯

maelstrom
/ 'meɪlstrɑːm /

释 *n.* 大漩涡 whirlpool
例 The boat was tossed about in the **maelstrom**. 小船在旋涡之中摇晃打转。

stanza
/ 'stænzə /

阅

释 *n.* （诗的）节 division of a poem
例 There are usually four **stanzas** in his poems. 他创作的诗歌大部分都是四节诗。

amalgamate
/ ə'mælɡəmeɪt /

阅 | 填

释 *v.* 合并，结合 combine; unite in one body
例 The small chemical companies had **amalgamated** into a vast global corporation. 一些小型化学品公司合并成了一家庞大的跨国企业。
搭 amalgamate with sth 与⋯合并，与⋯混合
派 amalgamation *n.* 合并，混合

refute ■
/ rɪ'fjuːt /

阅 | 填

释 *v.* 驳斥，驳倒 disprove
例 The film star was quick to **refute** the rumor spread on the Internet. 这位影星迅速驳斥了网上流传的谣言。
派 refutable *adj.* 可反驳的，可驳斥的 refutation *n.* 反驳，辩驳

renege / rɪˈniːg /	释 *v.* 否认；违背，背弃 deny; go back on 例 Under no circumstances should you rely on him because he always **reneges** on his promises. 你无论如何都不要再相信他了，因为他总是违背自己的诺言。 搭 renege on sth 违背（诺言等）
admonition / ˌædməˈnɪʃn / 阅	释 *n.* 警告，告诫 warning 例 The driver received an **admonition** from the police for sounding his horn repeatedly. 驾驶员因多次按喇叭而受到警察的警告。 派 admonitory *adj.* 警告的，告诫的
interim / ˈɪntərɪm /	释 *n.* 中间时期，过渡时期 meantime 例 The new government made efforts to stabilize the economy during the **interim**. 新政府努力在过渡时期稳定经济。
effete / ɪˈfiːt / 阅	释 *adj.* 缺乏活力的；软弱的，衰弱的；贫瘠的 lacking vigor; worn out; sterile 例 The **effete** civilization revealed a lot to the world. 这个文明的衰落向世人揭示了许多东西。 派 effeteness *n.* 衰弱；虚弱
obituary / oʊˈbɪtʃueri /	释 *n.* 讣告，讣闻 death notice 例 I read your father's **obituary** in the newspaper. 我在报纸上看到了你父亲的讣告。 派 obituarist *n.* 写死亡新闻或略传的记者，讣告作者
ferret / ˈferɪt / 阅	释 *v.* 驱出，搜出 drive or hunt out of hiding 例 He was innocent and he believed that the police would **ferret** out the truth. 他是清白的，并且他相信警察会查明真相。
imbibe / ɪmˈbaɪb /	释 *v.* 喝，饮 drink in 例 They **imbibed** some intoxicating liquor before going to the club. 他们去夜店前喝了些烈酒。 派 imbibition *n.* 吸收，吸入
incite ■ / ɪnˈsaɪt / 阅	释 *v.* 刺激，激励；煽动 arouse to action; goad; motivate; induce to exist 例 He deliberately **incited** the workforce to a strike. 他故意煽动工人罢工。 搭 incite sb to do sth 煽动某人做某事
acme / ˈækmi /	释 *n.* 顶峰 top; pinnacle 例 The athlete retired at the **acme** of her career. 这名运动员在其职业生涯顶峰时退役。
compound / kəmˈpaʊnd / 阅｜填	释 *v.* 混合，组合；以复利计算；使增加 combine; constitute; pay interest; increase 例 Common salt is **compounded** of sodium and chlorine. 食盐是由钠和氯组合构成的。 搭 be compounded of/from sth 由…构成

tether / 'teðər /	释 *v.* （用绳或链）拴（牲口）tie with a rope 例 After **tethering** his cow to a tree, the cowherd went to school. 放牛娃把牛拴到树上，然后上学去了。 搭 tether sth to sth 把…拴在…
skulk / skʌlk / 阅	释 *v.* 偷偷躲藏，藏匿 move furtively and secretly 例 Witnesses said that there was a stylishly dressed woman **skulking** through the supermarket everyday. 目击者称一个衣着时髦的女子每天都在商场里神出鬼没。
succor / 'sʌkər / 阅	释 *v.* 援助，救援 aid; assist; comfort 例 Countless volunteers from all directions came to **succor** the victims of the earthquake. 不计其数的志愿者从四面八方赶来援助地震灾民。
icon / 'aɪkɑːn / 阅	释 *n.* 圣像；偶像，崇拜对象 religious image; idol 例 She prayed to the **icon** of the Virgin. 她向着圣母玛利亚圣像祈祷。 派 iconic *adj.* 偶像的
insipid ■ / ɪn'sɪpɪd / 阅｜填	释 *adj.* 没有味道的；平淡的 lacking in flavor; dull 例 After an hour of **insipid** lectures, he left the conference room in disappointment. 听了一个小时乏味的课后，他失望地离开了会议室。 派 insipidity *n.* 枯燥无味
cosmic / 'kɑːzmɪk / 阅｜填	释 *adj.* 宇宙的；极广阔的 pertaining to the universe; vast 例 These **cosmic** rays consist mostly of protons. 这些宇宙射线主要由质子组成。 派 cosmos *n.* 宇宙
abrade / ə'breɪd / 阅	释 *v.* 磨损，磨蚀 wear away by friction; scrape; erode 例 She fell down and a sharp rock on the ground **abraded** the skin on her arms. 她摔了一跤，地上一块尖锐的岩石擦伤了她的胳膊。 派 abrasion *n.* 磨损，磨蚀
irrational / ɪ'ræʃənl / 阅｜填	释 *adj.* 不合理的；无理性的；荒谬的 illogical; lacking reason; insane 例 She has been **irrational** after his death. 自从他死后她便变得没有理性了。 派 irrationally *adv.* 无理性地 irrationality *n.* 无理性；荒谬
burnish / 'bɜːrnɪʃ / 阅	释 *v.* 擦亮，磨光 make shiny by rubbing; polish 例 The workers tired to **burnish** the copper unearthed. 工作人员试图把出土的铜币擦亮。 派 burnished *adj.* 锃亮的；光洁的

rampant / 'ræmpənt / 阅	释 *adj.* 蔓延的；不受限制的 growing in profusion; unrestrained 例 The city was almost out of control because of the **rampant** violence. 由于暴力活动越来越猖獗，这座城市几乎失去了控制。 派 rampantly *adv.* 猖獗地
redoubtable / rɪ'daʊtəbl / 	释 *adj.* 可怕的 formidable; causing fear 例 The **redoubtable** matador killed the bull after three hours' fighting. 在经过长达三个小时的搏斗后，这位威猛的斗牛士最终将公牛杀死。
repercussion / ˌriːpər'kʌʃn / 阅	释 *n.* 影响；弹回；反响，回声 result or impact (of an event, etc.); rebound; reverberation 例 The CEO's resignation had serious **repercussions** on the firm, for it led to the quick dropping of stock prices. 这位首席执行官的辞职对公司的影响很严重，因为这导致了股价迅速下跌。
scaffold / 'skæfoʊld / 阅	释 *n.* 台架；脚手架；绞刑台 temporary platform for workers; bracing framework; platform for execution 例 When he turned towards the **scaffold**, he stretched his arms and took a deep breath. 他转向刑台时，伸出了双臂，并深吸了一口气。
underlying / ˌʌndər'laɪɪŋ / 阅	释 *adj.* 潜在的；根本的；在下面的 fundamental; lying below 例 To solve a problem, you have to **understand** its underlying causes. 要解决问题，你得了解其根本原因。
tycoon / taɪ'kuːn / 阅 | 填	释 *n.*（企业界的）大亨，巨头 wealthy leader 例 Bill Gates was a prominent **tycoon**. 比尔·盖茨是杰出的大企业家。
appreciate / ə'priːʃieɪt / 阅 | 填	释 *v.* 感激；增值；体谅 be thankful for; increase in worth; be thoroughly conscious of 例 The boss **appreciated** his employees' efforts to achieve the company's prosperity. 老板很感谢员工们为公司繁荣所作出的努力。 搭 appreciate in value 升值　　　派 appreciation *n.* 感谢；增值
depredation / ˌdeprə'deɪʃn / 阅	释 *n.* 抢劫，掠夺性攻击 plundering 例 The **depredation** and waste of water is serious in water diversion project. 引水工程存在严重的水资源的掠夺性开发和浪费现象。
preclude ■ / prɪ'kluːd / 阅 | 填	释 *v.* 阻止；排除 make impossible; eliminate 例 Lack of witness **precluded** the investigation of the murder. 没有目击证人使这起谋杀案的调查无法进行下去。 搭 preclude sb from doing sth 阻止某人做某事 派 preclusion *n.* 阻止；排除

rabid
/ 'ræbɪd /

释 *adj.* 疯狂的，狂热的 like a fanatic; furious
例 Many Chinese youngsters are **rabid** followers of Kobe and would never miss any opportunity to watch the game played by Lakers. 中国很多青少年都是科比的狂热粉丝，从来不会错过任何一次观看湖人队比赛的机会。

clump
/ klʌmp /

释 *n.* 树丛；块，团；笨重的声音 cluster or close group (of bushes, trees); mass; sound of heavy treading
例 Be careful of the wild animals hiding behind the **clump** of bushes. 要当心藏在灌木丛后的野兽。

parameter
/ pə'ræmɪtər /

释 *n.* 界限；限制因素；特征 boundary, limiting factor, distinguishing characteristic
例 Some feminists believe that women have to redefine the **parameters** of every field. 一些女权主义者认为女性必须重新定义每个领域的界限。

abyss
/ ə'bɪs /

填

释 *n.* 深渊 enormous chasm; vast bottomless pit
例 After losing his family, he fell into an **abyss** of despair. 失去家人后，他陷入绝望的深渊。
搭 abyss of despair 彻底绝望；abyss of loneliness 无尽的孤寂

incessant
/ ɪn'sesnt /

阅丨填

释 *adj.* 不断的，不停的 uninterrupted; unceasing
例 There has been **incessant** political upheavals in this country since the beginning of this century. 自从进入这个世纪以来，这个国家一直是政治动荡不断。
派 incessantly *adv.* 不断地

conscientious
/ ˌkɑːnʃi'enʃəs /

阅丨填

释 *adj.* 尽责的，谨慎的 scrupulous; careful
例 They are generally very **conscientious** about their work. 他们普遍对工作都非常认真。
派 conscience *n.* 道德心，良心

assiduous ●
/ ə'sɪdʒuəs /

阅丨填

释 *adj.* 勤奋的 diligent
例 The great achievement is based on his **assiduous** research. 这项伟大的成就是建立在他勤奋钻研的基础上的。
搭 assiduous learning 勤奋学习   派 assiduity *n.* 勤勉，刻苦

humdrum
/ 'hʌmdrʌm /
阅丨填

释 *adj.* 贫乏的，单调的 dull; monotonous
例 She doesn't want to live a **humdrum** life. 她不想过平淡的生活。

swathe
/ sweɪð /

释 *v.* 绑，裹，用绷带缠 wrap around; bandage
例 In winter, people are **swathed** in scarves and overcoats to resist coldness. 冬天，人们围着围巾、穿着大衣，以抵御严寒。
搭 swathe sb/sth in sth 用…缠绕或层层裹住某人/某物

disinter / ˌdɪsɪn'tɜːr /	释 **v. 掘出，发现** dig up; unearth 例 The archaeologist was very pleased to **disinter** some fossils of the old plant. 考古学家欣喜地发掘出这种古老植物的一些化石。 派 disinterment *n.* 挖掘
inanimate / ɪn'ænɪmət / 阅	释 ***adj.* 死气沉沉的，没生命的** lifeless 例 I hope this **inanimate** conversation will end soon. 我希望这场沉闷的谈话能快点结束。 派 inanimately *adv.* 无生命地
formality / fɔːr'mæləti / 阅	释 ***n.* 仪式；礼节，俗套** ceremonious quality; something done just for form's sake 例 Running through all these **formalities** made me feel exhausted. 这些繁文缛节让我感到筋疲力尽。
conviction ■ / kən'vɪkʃn / 阅 | 填	释 ***n.* 宣告有罪；深信** judgment that someone is guilty of a crime; strongly held belief 例 He had a prior **conviction** for armed robbery. 他先前因持械抢劫被定罪。
florid ● / 'flɔːrɪd / 阅	释 ***adj.* 红润的；微红的；绚丽的** ruddy; reddish; flowery 例 Getting drunk makes her face **florid**. 她因醉酒而脸色红润。 派 floridity *n.* 鲜丽，脸色好
fop / faːp /	释 ***n.* 花花公子；过分讲究衣饰或举动的人** dandy; man excessively concerned with his clothes 例 He is a typical **fop**. 他是个典型的纨绔子弟。 派 foppish *adj.* 浮华的，矫饰的，有纨绔习气的
chary / 'tʃeri /	释 ***adj.* 谨慎的；吝啬的** cautious; sparing or restrained about giving 例 Mary is **chary** of making friends. 玛丽交友很谨慎。 搭 chary of sth/doing sth 对…小心谨慎，做…小心翼翼
hue / hjuː / 阅 | 填	释 ***n.* 颜色；外表** color; aspect 例 Her face took on an unnatural rosy **hue**. 她的面颊染上了一抹不自然的红色。 派 hueless *adj.* 无色的
dissolute / 'dɪsəluːt / 阅 | 填	释 ***adj.* 放纵的，放荡的** loose in morals 例 He was a brilliant and **dissolute** writer. 他是个才气焕发而放荡不羁的作家。 派 dissolutely *adv.* 放纵地
venturesome / 'ventʃərsəm /	释 ***adj.* 冒险的，大胆的** bold 例 He prefers the horror movie that is full of thrilling and **venturesome** scenes. 他比较喜欢看满是冒险和刺激场景的惊悚影片。 派 venturesomeness *n.* 冒险；投机；大胆；危险

query
/ ˈkwɪri /
阅 | 填

释 *n.* 质问，疑问 inquiry; question
例 The report about food safety has raised several important **queries**. 关于食品安全的报道引出了几个重要问题。

titanic
/ taɪˈtænɪk /
阅 | 填

释 *adj.* 巨大的 gigantic
例 The two brothers were involved in a **titanic** struggle for a highly profitable estate handed down by their father. 兄弟俩为了争夺父亲遗留下来的一处高盈利房产打得不可开交。

wispy
/ ˈwɪspi /

释 *adj.* 纤细的，脆弱的；细微的 thin; slight; barely discernible
例 **Wispy** cirrus clouds are made of ice crystals. 稀疏的白色卷云是由冰晶组成的。

valor
/ ˈvælər /
阅 | 填

释 *n.* 英勇，勇猛 bravery
例 The troops showed great **valor** in the battle. 军队在战役中表现得极其英勇。
派 valorous *adj.* 勇敢的，无畏的 valorously *adv.* 勇敢地，无畏地

inevitable
/ ɪnˈevɪtəbl /
阅 | 填

释 *adj.* 不可避免的，必然的 unavoidable
例 If you keep going like that, failure will be **inevitable**. 如果你继续这样，失败将是不可避免的。
派 inevitability *n.* 不可避免；无法规避；必然发生

craven
/ ˈkreɪvn /

释 *adj.* 怯懦的 cowardly
例 He is never **craven** when confronted with enemy. 面对敌人他从不胆怯。

reactionary
/ riˈækʃəneri /

释 *adj.* 反作用的；反动的，保守的 recoiling from progress; politically ultraconservative
例 The **reactionary** forces were thrown down one by one. 反动势力被一一摧毁。

mitigate ■
/ ˈmɪtɪɡeɪt /
阅 | 填

释 *v.* 使缓和，减轻 appease; moderate
例 Nothing Levis did could **mitigate** Anne's anger; she refused to forgive him for making fun of her. 李维斯做什么都不能减轻安妮的愤怒，她拒绝原谅他对她的取笑。
派 mitigable *adj.* 可缓和的，可减轻的

palpable
/ ˈpælpəbl /
阅 | 填

释 *adj.* 可触知的；明显的，易察觉的 tangible; unmistakable; easily perceptible
例 There is a **palpable** difference in their family backgrounds. 他们的家庭背景有着明显的差别。
派 palpability *n.* 可触知性；明白

assuage ●
/ əˈsweɪdʒ /
阅 | 填

释 *v.* 减轻，使满足 ease or lessen (pain); satisfy (hunger); soothe (anger)
例 He tried to **assuage** his pain by drinking. 他试图通过喝酒来减轻痛苦。
派 assuagement *n.* 缓和，减轻；缓和物

waffle / ˈwɑːfl / 阅	释 **v. 闲聊，胡扯** speak equivocally about an issue 例 The speech looks impressive but it's really nothing but **waffle**. 这篇演说貌似深刻，实际上空洞无物。 搭 waffle on 空话连篇，胡扯
fleck / flek / 阅	释 **v. 使有斑点** spot 例 My shirts are always **flecked** with oil. 我的衬衫上总是有油点。 搭 fleck sth with sth 使…有…的斑点
sequester / sɪˈkwestər / 	释 **v. 使隔绝；隐遁；使分离** isolate; retire from public life; segregate; seclude 例 He is expected to be **sequestered** from his roommates for at least one week because of measles. 因为得了麻疹，预计他将至少与舍友隔离一周。 搭 sequester sb/oneself (from sth) 使某人/自己（与…）分开或隔离 派 sequestered adj. 僻静而与世隔绝的
untenable / ʌnˈtenəbl / 阅	释 **adj. 防守不住的；不能维持的** indefensible; not able to be maintained 例 The myths are logically or scientifically **untenable**. 这些说法从逻辑和科学的角度看都站不住脚。
vulnerable / ˈvʌlnərəbl / 阅｜填	释 **adj. 易受攻击的，易伤的** susceptible to wounds 例 People with high blood pressure are especially **vulnerable** to heart disease. 有高血压的人尤其易患心脏病。 搭 be vulnerable to sth 易受…的伤害 派 vulnerably adv. 脆弱地；易受伤害地 vulnerability n. 易损性；弱点
sever / ˈsevər / 阅	释 **v. 切断，分开** cut; separate 例 The voice of protesting against being **severed** trade with neighboring countries ran higher. 反对中断与邻国进行贸易来往的呼声越来越强烈。 派 severance n. 切断；中断

Word List

recourse / ˈriːkɔːrs /	释 *n.* 求援，求助 resorting to help when in trouble 派 The only **recourse** of the taxi drivers was to protest in the street. 出租车司机唯一的办法就是上街游行。 搭 have recourse to sb/sth 求助于某人/某事物
fatalism / ˈfeɪtəlɪzəm / 阅	释 *n.* 宿命论 belief that events are determined by forces beyond one's control 例 He didn't believe in **fatalism** and had been struggling with fate. 他不相信宿命论，一直在与命运抗争。 派 fatalistic *adj.* 宿命论的
rally / ˈræli / 阅	释 *v.* 集结；恢复，复原 call up or summon (forces, vital powers, etc.); revive or recuperate 例 Thousands of people **rallied** at the square to celebrate the Liberation Day. 成千上万的人们集结在广场上庆祝解放日。
wastrel / ˈweɪstrəl /	释 *n.* 挥霍钱财的人，败家子 profligate 例 He was a **wastrel** who had dissipated his inheritance. 他是个败家子，把遗产都挥霍光了。
voluptuous / vəˈlʌptʃuəs / 阅	释 *adj.* 感官享受的，性感的 suggesting sensual delights; sensuously pleasing 例 The singer had a distinctive soft voice and a **voluptuous** figure. 那位歌手有着独特的温柔嗓音和性感的身材。 派 voluptuously *adv.* 性感地；艳丽地
realm / relm / 阅	填	释 *n.* 王国；领域 kingdom; field or sphere 例 Lu Xun's achievements were hardly comparable in the **realm** of Chinese literature. 鲁迅的文学成就在中国文学界鲜有人能超越。
relinquish / rɪˈlɪŋkwɪʃ / 阅	填	释 *v.* 放弃，交出 give up something with reluctance; yield 例 Once you get used to a luxurious lifestyle, it's very hard to **relinquish** it. 一旦你习惯了奢华的生活方式便很难将其舍弃。
inveigle / ɪnˈveɪgl /	释 *v.* 骗取，诱骗 entice; persuade; wheedle 例 He **inveigled** himself into her trust. 他骗取了她的信任。 搭 inveigle sb into sth/into doing sth 诱骗某人做某事

surmount
/ sər'maʊnt /

阅

释 *v.* 战胜，克服 overcome
例 How could a boy without hands **surmount** all his physical disabilities and play the piano so well? 一个没有手的男孩是怎么克服所有的身体障碍将钢琴弹得如此之好的？
派 surmountable *adj.* 可克服的，可战胜的

---

barricade
/ ˌbærɪ'keɪd /

阅

释 *n.* 匆匆设置的壁垒或路障；障碍（物）hastily put together defensive barrier; obstacle
例 Demonstrators set up **barricades** in the center of the city. 示威者们在市中心设置了路障。
搭 barricade shield 防护屏

---

opalescent
/ ˌoʊpə'lesnt /

释 *adj.* 乳白色的，发乳白光的 iridescent; lustrous
例 Vivien's skin was flawless and seemed **opalescent**. 薇薇安的皮肤完美无瑕，像是乳白色的。
派 opalescence *n.* 乳白光，蛋白色光

---

requiem
/ 'rekwiəm /

释 *n.* 弥撒，安魂曲，挽歌 mass for the dead; dirge
例 The **requiem** was so sorrowful that everybody could not help bursting into a rage of tears. 这首安魂曲如此悲伤，以至于所有人都忍不住了，瞬间泪水滂沱。

---

chasten
/ 'tʃeɪsn /

阅

释 *v.* 惩戒；（通过惩罚而使坏习惯等）改正 discipline; punish in order to correct
例 The teacher said to her students: "I **chasten** you just because of love." 老师对学生说："正因为我爱你们，我才惩戒你们。"
派 chastener *n.* 惩戒者

---

quorum
/ 'kwɔːrəm /

释 *n.* 法定人数 number of members necessary to conduct a meeting
例 There were not enough deputies to make a **quorum** at the meeting, so the proposal was in suspense. 这次会议没有足够多的代理人凑齐法定人数，所以这个决议悬而未决。

---

entitlement
/ ɪn'taɪtlmənt /

释 *n.* （拥有某物的）权利；津贴 right to claim something; right to benefits
例 The employers take their full holiday **entitlements**. 员工利用了他们所有的假期权利。

---

impenetrable
/ ɪm'penɪtrəbl /

填

释 *adj.* 不能穿过或进入的；令人费解的 not able to be pierced or entered; beyond understanding
例 After crossing over the mountain, what in front of them was an **impenetrable** jungle. 在越过高山之后，他们面前出现了一片无法穿越的丛林。
搭 impenetrable to sth 不能通过…
派 impenetrably *adv.* 不能通过地

---

mores / ˈmɔːreɪz /	释 *n.* 风俗，习惯；道德观念 conventions; moral standards; customs 例 In Pakistan, we should follow the **mores** of their people, dressing in traditional veil and robes. 在巴基斯坦，我们应该遵循他们的习俗，戴传统的面纱，穿传统的长袍。
quintessence / kwɪnˈtesns / 阅	释 *n.* 精华，典范 purest and highest embodiment 例 His books revealed the **quintessence** of American literature. 他的书体现了美国文学的精髓。 搭 the quintessence of sth（理论、讲话、条件等）的精髓，精华 派 quintessential *adj.* 精髓的，精粹的
disaffected / ˌdɪsəˈfektɪd / 填	释 *adj.* 不忠的，不满的 disloyal 例 The fire at the factory is believed to have been started by two **disaffected** former employees. 据说工厂的大火是两个心怀不满的前雇员放的。 派 disaffection *n.* 不满，背叛
diversity / daɪˈvɜːrsəti / 阅 | 填	释 *n.* 不同点，多样性 variety; dissimilitude 例 He has wide knowledge as well as a **diversity** of interests. 他兴趣广泛，知识丰富。
sublime / səˈblaɪm / 阅	释 *adj.* 庄严的，崇高的，雄伟的；完全的 exalted or noble and uplifting; utter 例 All the Chinese people deeply admire Premier Zhou Enlai's **sublime** devotion to the cause. 所有中国人都深深敬仰周总理献身于事业的崇高精神。 搭 from the sublime to the ridiculous 由极好转到极无聊的事物上 派 sublimity *n.* 崇高；庄严
opus / ˈoʊpəs /	释 *n.* 作品，杰作 work 例 He is playing the Beethoven's *Piano Sonata* in E minor, **Opus** 90. 他正在演奏贝多芬的第90号E小调钢琴奏鸣曲。
catalyst / ˈkætəlɪst / 阅 | 填	释 *n.* 催化剂 agent which brings about a chemical change while it remains unaffected and unchanged 例 Some chemical reactions cannot happen without **catalysts**. 有些化学反应没有催化剂就无法发生。 搭 catalyst for sth 引发变化的因素　派 catalytic *adj.* 起催化作用的
unwarranted ■ / ʌnˈwɔːrəntɪd / 阅	释 *adj.* 无保证的；无理的；无根据的 unjustified; groundless; undeserved 例 The medical check-up proved that his fears were **unwarranted**. 体检证明他的担心是没有根据的。
pandemic / pænˈdemɪk / 阅	释 *adj.* 广泛流传的，普遍的 widespread; affecting the majority of people 例 The world health organization feared the SARS epidemic would soon reach **pandemic** proportions. 世界卫生组织担心非典疫情将很快到广泛蔓延的比例。

bloated / ˈbloʊtɪd /	释 *adj.* 肿胀的 swollen or puffed as with water or air 例 Why is your face **bloated**? Are you feeling okay? 你的脸为什么肿了？不舒服吗？ 派 bloat *v.* 使膨胀，肿胀
furtive ■ / ˈfɜːrtɪv / 阅 | 填	释 *adj.* 偷偷摸摸的，隐秘的 stealthy; sneaky 例 She cast a **furtive** glance at him. 她偷偷瞥了他一眼。 派 furtively *adv.* 偷偷摸摸地
fulcrum / ˈfʊlkrəm /	释 *n.* （杠杆的）支点 support on which a lever rests 例 Archimedes said, "Give me a **fulcrum**, and I shall move the world." 阿基米德说：“给我一个支点，我能撬动地球。”
anthropologist / ˌænθrəˈpɑːlədʒɪst / 阅 | 填	释 *n.* 人类学家 people who study the history and science of mankind 例 The **anthropologists** have made great contribution to our understanding of the human evolution. 人类学家为我们对人类进化的理解作出了巨大贡献。 派 anthropology *n.* 人类学
sectarian / sekˈteriən / 阅	释 *adj.* 宗派的，派系的；思想狭隘的 relating to a religious faction or subgroup; narrow-minded; limited 例 This bloody massacre arose from **sectarian** violence. 这场残酷的大屠杀是由教派之间的暴力斗争引起的。 派 sectarianism *n.* 宗派主义
leniency / ˈliːniənsi / 阅	释 *n.* 宽大，仁慈 mildness; permissiveness 例 The judge rejected pleas for **leniency** and sentenced the thief to one year in prison. 法官驳回了宽大处理的请求，判处小偷一年监禁。 派 lenient *adj.* 宽大的，仁慈的
unbridled / ʌnˈbraɪdld / 阅	释 *adj.* 激烈的；无法控制的 violent; not restrained or controlled 例 The workers went out in protest against **unbridled** inflation. 工人们就失去控制的通货膨胀进行了抗议示威。 派 unbridledly *adv.* 激烈地
fathom ● / ˈfæðəm / 阅	释 *v.* 弄清，搞懂；调查 comprehend; investigate 例 Nobody could **fathom** what his meaning was. 没人能搞懂他是什么意思。 派 fathomless *adj.* 深不可测的，不可了解的
denotation / ˌdiːnoʊˈteɪʃn / 阅 | 填	释 *n.* 意义；指示，符号 meaning; distinguishing by name 例 A good dictionary will give us the connotation of a word as well as its **denotation**. 一本好的词典不仅会告诉我们一个单词的字面意义，同时还会告诉我们该词的隐含意义。 派 denote *v.* 表示，指示

□ bloated   □ furtive   □ fulcrum   □ anthropologist □ sectarian   □ leniency
□ unbridled □ fathom   □ denotation

faze
/ feɪz / 阅

释 *v.* 使发窘，使惊慌失措 disconcert; dismay
例 She is a person whom nothing can **faze**. 她是一个遇事不慌的人。

culpable ●
/ 'kʌlpəbl / 阅 | 填

释 *adj.* 该责备的 deserving blame
例 They held him **culpable** for the offence. 他们认为他应为这项罪行受惩罚。

saturnine
/ 'sætərnaɪn /
填

释 *adj.* 阴沉的，忧郁的 gloomy
例 I could judge from her **saturnine** face that she didn't win the contest. 她的愁容告诉我她没有赢得比赛。

filament
/ 'fɪləmənt /

释 *n.* 细丝；灯丝 fine thread or fiber; threadlike structure within a lightbulb
例 The most suitable **filament** of bulb was found by Edison. 最适合用在灯泡里的灯丝是爱迪生发现的。
派 filamentous *adj.* 细丝状的，纤维状的

virile
/ 'vɪrəl /

释 *adj.* 有男子气概的 manly
例 The officer was expansive and **virile**. 那位军官非常豪爽，男子气概十足。
派 virility *n.* 男子气

outmoded
/ ˌaʊt'moʊdɪd /

阅

释 *adj.* 过时的，老式的 no longer stylish; old-fashioned
例 The style of her clothes has become thoroughly **outmoded**. 她衣服的款式已经完全落伍了。
派 outmode *v.* 使过时

monastic
/ mə'næstɪk /

释 *adj.* 修道院的；隐居的 related to monks or monasteries; removed from worldly concerns
例 My grandfather was drawn to the **monastic** life. 我的祖父已进入寺院修行。
派 monasticism *n.* 修道院生活；隐修制度

gaunt
/ gɔːnt / 填

释 *adj.* 消瘦的，憔悴的 lean and angular; barren
例 Haven't slept for two days, she looked **gaunt**. 她两天没睡, 看起来很憔悴。

codicil
/ 'kɑːdəsl /

释 *n.* 遗嘱的附录 supplement to the body of a will
例 The old man added a **codicil** to his will after thinking carefully. 在慎重思考后，老人在遗嘱上加了附录。
派 codicillary *adj.* 遗嘱附录的

phlegmatic
/ fleg'mætɪk /

阅 | 填

释 *adj.* 沉着的，冷静的 calm; not easily disturbed
例 My father, naturally **phlegmatic**, would be stirred only if he believed that something was really wrong. 我父亲天生沉着冷静，只有他认为事情真的不对的时候才会比较激动。
派 phlegmatically *adv.* 冷静地，沉着地

depose ●
/ dɪ'poʊz / 填

释 **v.** 废黜（君主）；免职 dethrone; remove from office
例 The emperor attempted to **depose** the Pope. 皇帝企图废黜教皇。

---

anonymous
/ ə'nɑːnɪməs /

释 **adj.** 匿名的 having no name
例 The mayor received an **anonymous** letter, disclosing his secretary was involved in last week's accident. 市长收到一封匿名信，上面说他的秘书与上周的交通事故有关。
派 anonymously **adv.** 不具名地，化名地

阅 | 填

---

scenario
/ sə'nærioʊ /

释 **n.** 方案；电影剧本；歌剧脚本 plot outline; screenplay; opera libretto
例 You may think such an absurd story only exists in a **scenario**, however, it is a true story happened to my friend. 你可能觉得这么荒唐的事情只会存在于电影剧本里，但它却是发生在我朋友身上的真实的故事。
派 scenarist **n.** 电影、戏剧等的脚本的作者

阅

---

antithesis
/ æn'tɪθəsɪs /

释 **n.** 对比；对立面 contrast; direct opposite of or to
例 Tom's rudeness shows a strong **antithesis** of Jerry's good manners. 汤姆的粗鲁与杰里的彬彬有礼形成了强烈的对比。
搭 antithesis between A and B A和B二者之间的对比

---

convene
/ kən'viːn /

释 **v.** 召集 assemble
例 Every Monday morning the manager **convenes** and presides over our department meeting. 每个星期一的早上，经理召集和主持部门会议。

阅

---

excoriate
/ ˌeks'kɔːrieɪt /

释 **v.** 痛斥，严厉批评；擦破皮 scold with biting harshness; strip the skin off
例 His father **excoriated** him in front of his friends. 他父亲当着他朋友的面严厉批评了他。
派 excoriation **n.** 严厉的责难，苛责

---

bolster ■
/ 'boʊlstər /

释 **v.** 支持，加强 support; reinforce
例 The President's speech **bolstered** the public's confidence. 总统的演说增强了大众的信心。
搭 bolster sth up 加强，改善

阅 | 填

---

intrinsic
/ ɪn'trɪnsɪk /

释 **adj.** 固有的，内在的，本质的 essential; inherent; built-in
例 An **intrinsic** quality of human is love. 爱是人类固有的品质之一。
派 intrinsically **adv.** 本质上，固有地

阅

---

stupefy ●
/ 'stuːpɪfaɪ /

释 **v.** 使恍惚；使茫然 make numb; stun; amaze
例 The father's fierce and abrupt slap on his face stunned and **stupefied** him. 父亲猛地朝他的脸打了一巴掌，使他顿时觉得晕头转向、昏天黑地。
搭 stupefy sb (with sth) 某事物使某人神志不清或失去知觉
派 stupefaction **n.** 麻醉；昏迷

阅

□ depose □ anonymous □ scenario □ antithesis □ convene □ excoriate
□ bolster □ intrinsic □ stupefy

amnesty / ˈæmnəsti / 阅	释 **n. 大赦，赦免** pardon 例 Usually the new emperor declared a general **amnesty**. 通常，新登基的皇帝都会大赦天下。 搭 Amnesty International 国际特赦组织
pontifical / pɑːnˈtɪfɪkl /	释 **adj. 教皇的，教宗的；自负的** pertaining to a bishop or pope; pompous or pretentious 例 The king appointed a **pontifical** commission to conduct the administrative affairs of the state. 国王任命了一个教皇委员会来主持国内行政事务。 派 pontificate v. 自负地谈论，武断地说话 pontiff n. 主教
philanderer / fɪˈlændərər /	释 **n. 玩弄女性者，爱调情的人** faithless lover; flirt 例 Ralph swore that he was no **philanderer** and asked Alice to marry him. 拉尔夫发誓说他不是花花公子，让爱丽丝嫁给他。 派 philander v. 调戏女性
presage / ˈpresɪdʒ / 阅	释 **v. 先见，预感** foretell 例 The large number of small tremors that have occurred recently could **presage** a major earthquake soon. 最近频发的轻微地震可能预示着不久会发生大地震。 派 presageable adj. 能预言的，可预知的
hindrance / ˈhɪndrəns / 阅	释 **n. 妨碍，障碍** block; obstacle 例 I think I would be a **hindrance** rather than a help. 我觉得我会帮倒忙的。 搭 hindrance function 阻抗作用 派 hinder v. 阻碍，打扰
moribund / ˈmɔːrɪbʌnd / 阅 | 填	释 **adj. 垂死的** dying 例 Our priority is rightly to stimulate our **moribund** housing market. 我们的首要任务自然是刺激我们死气沉沉的房地产市场。
incredulous / ɪnˈkredʒələs / 阅 | 填	释 **adj. 怀疑的；不轻信的** withholding belief; skeptical 例 I was **incredulous** before seeing the evidence. 看见证据之前，我本来是不相信的。 派 incredulity n. 怀疑；不轻信，不轻易相信
grovel / ˈɡrɑːvl / 阅	释 **v. 匍匐；奴颜婢膝** crawl or creep on ground; remain prostrate 例 Poor as she was, she wouldn't **grovel** to anyone. 尽管她很贫穷，但她不会向任何人卑躬屈膝。 派 grovelling adj. 卑下的，奴颜婢膝的
impecunious ● / ˌɪmpɪˈkjuːniəs / 阅	释 **adj. 没有钱的，身无分文的** without money 例 He was **impecunious** because he was addicted to gambling. 他沉迷赌博，所以身无分文。 派 impecuniousness n. 身无分文

dehydrate ● / diː'haɪdreɪt / 阅｜填	释 *v.* 使脱水，使干燥 remove water from; dry out 例 A fever can easily **dehydrate** the body. 发烧很容易使身体脱水。
cardinal / 'kaːrdɪnl / 阅｜填	释 *adj.* 主要的，基本的 chief 例 As a teacher, my **cardinal** task is to make the students love my class. 作为教师，我的主要任务是让学生喜欢我的课堂。 搭 cardinal sin 头等大罪；cardial vowel 基本元音
rescind ● / rɪ'sɪnd / 阅｜填	释 *v.* 废除，解除，取消 cancel 例 The two parties **rescinded** the contract after mutual consultation. 双方协商一致后解除了合同。
conveyance / kən'veɪəns /	释 *n.* 运输工具；转让 vehicle; transfer 例 Both automobiles and bicycles offer a convenient means of public **conveyance**. 汽车和自行车都为公共运输提供了便利方式。 搭 means of conveyance 运输资料，运输工具
calumny / 'kæləmni / 阅	释 *n.* 诽谤，中伤 malicious misrepresentation; slander 例 What is the best way to fight against **calumny**? 对付诽谤最好的办法是什么?
aboriginal / ˌæbə'rɪdʒənl / 阅	释 *adj.* 土著的；原始的，初步的 being the first of its kind in a region; primitive *n.* 土著居民 native 例 Many Americans acknowledge that they should know something of the **aboriginal** culture and religion. 很多美国人承认，他们应该了解一些土著人的文化和宗教方面的内容。 派 aborigine *n.* 土著居民（Aborigines特指澳大利亚土著居民）
bereft / bɪ'reft / 阅｜填	释 *adj.* 被剥夺的；丧失的 deprived of; lacking; desolate because of a loss 例 The young man seemed to be utterly **bereft** of hope. 这个年轻人似乎完全失去了希望。 搭 bereft of sth 完全没有，丧失某物
expatriate / ˌeks'peɪtriət / 阅	释 *n.* 流亡者；移民，侨民 exile; someone who has withdrawn from his native land 例 Mary is an American **expatriate** living in China. 玛丽是一位居住在中国的美国移民。
lassitude ● / 'læsɪtuːd / 阅	释 *n.* 疲倦，疲乏 languor; weariness 例 Symptoms of early pregnancy include nausea and **lassitude**. 怀孕初期的症状包括恶心和困乏。

ambiguous ■
/ æmˈbɪgjuəs /

阅 | 填

释 *adj.* 暧昧的，含糊其辞的 unclear or doubtful in meaning
例 Lisa's **ambiguous** attitude led to his misunderstanding that she fell in love with him. 莉萨暧昧的态度让他误以为她爱上了自己。
搭 ambiguous term 模棱两可的用语；ambiguous statement 模棱两可的说法
派 ambiguity *n.* 含糊，模棱两可

---

appall
/ əˈpɔːl /
阅 | 填

释 *v.* 使胆寒，使惊骇 dismay; shock
例 The massacre **appalled** the whole world. 这场大屠杀震惊了全世界。
派 appalling *adj.* 骇人听闻的，令人震惊的

---

myriad
/ ˈmɪriəd /

阅 | 填

释 *n.* 无数，极大数量 very large number *adj.* 无数的；多种的 both numerous and diverse
例 A **myriad** of lights twinkled like stars in our city. 我们的城市中有无数盏灯，它们像星星一样闪烁。
派 myriadoporous *adj.* 多孔的

---

benevolent ■
/ bəˈnevələnt /

阅 | 填

释 *adj.* 乐善好施的 generous; charitable
例 The old lady living next door is a **benevolent** woman. 隔壁的老太太是个乐善好施的人。
派 benevolence *n.* 乐善好施

---

exposure
/ ɪkˈspoʊʒər /

阅 | 填

释 *n.* 暴露；揭露；公开 risk, particularly of being exposed to disease or to the elements; unmasking; act of laying something open
例 We should avoid **exposure** to sunlight in case of burning the skin. 我们应该避免暴露在阳光下，以免晒伤皮肤。

---

imply
/ ɪmˈplaɪ /

释 *v.* 暗示；意味 suggest a meaning not expressed; signify
例 What did the writer **imply** by using that metaphor? 作者通过这个比喻暗示了什么？

---

physiological
/ ˌfɪziəˈlɑːdʒɪkl /

阅

释 *adj.* 生理学的 pertaining to the science of the function of living organisms
例 Both **physiological** and psychological aspects should be taken into consideration to fully understand this disease. 要充分理解这种疾病，生理和心理因素都要考虑在内。
派 physiology *n.* 生理学，生理机能

---

relent
/ rɪˈlent /

阅 | 填

释 *v.* 让步 give in
例 The central government will not **relent** in their fight against corrupt officials. 中央政府在跟腐败分子的斗争中决不会手软。
派 relentless *adj.* 不留情的；不间断的

---

renown
/ rɪˈnaʊn /

阅 | 填

释 *n.* 名望，声誉 fame
例 Chinese writer Mo Yan has gained international **renown** since he won Nobel Prize for Literature. 自获得诺贝尔文学奖以来，中国作家莫言已名扬海外。
派 renowned *adj.* 著名的，有声望的

□ ambiguous　□ appall　□ myriad　■ benevolent　□ exposure　□ imply
□ physiological　□ relent　□ renown

disputatious ■
/ ˌdɪspjuˈteɪʃəs /
阅 | 填

释 *adj.* 爱争论的，好辩的 argumentative; fond of arguing
例 He is **disputatious**, which makes him not get on well with his classmates. 他爱争论，这导致他与同学相处得不好。
派 disputatiously *adv.* 爱争论地

aloof ■
/ əˈluːf /
阅 | 填

释 *adj.* 疏远的，冷漠的 apart; reserved
例 It is irresponsible for the public to hold themselves **aloof** from government's corruption. 公众对政府的腐败置之不理是不负责任的。
搭 keep/hold oneself aloof 不参与，远离；remain/stand aloof 无动于衷
派 aloofness *n.* 疏离，超然态度

ideology
/ ˌaɪdiˈɑːlədʒi /
阅 | 填

释 *n.* 思想体系，思想意识 system of ideas of a group
例 They embraced a totally different **ideology**. 他们接受了一种完全不同的思想体系。
派 ideological *adj.* 思想的，意识形态的

scurry
/ ˈskɜːri /

释 *v.* 急赶，用小而快的步子跑 move briskly
例 Owing to unexpected rainstorm, crowds of people began to **scurry** along the street. 突然下起了暴风雨，街上很多人开始小跑起来。

turbid
/ ˈtɜːrbɪd /

释 *adj.* 浑浊的，不清的；紊乱的，混乱的 muddy; having the sediment disturbed
例 The water was **turbid** because of the pollution. 由于污染，水很浑浊。

circumlocution ●
/ ˌsɜːrkəmləˈkjuːʃn /
阅 | 填

释 *n.* 累赘的说法，迂回的说法 indirect or roundabout expression
例 "If I had the money, I would lend you." is the **circumlocution** for "I can't lend you the money." "如果我有钱，我就会借给你了"是"我不想借钱给你"的迂回的说法。
派 circumlocutory *adj.* 委婉曲折的，迂回的

creed
/ kriːd /
阅

释 *n.* 信条 system of religious or ethical belief
例 To take part not to win is the **creed** of the Olympic Games. 奥运会的信条是参与而不是取胜。

interloper
/ ˈɪntərloʊpər /

释 *n.* 闯入者；管闲事的人 intruder; unwanted meddler
例 After two years, she still felt like an **interloper** living with her father and her step-mother. 两年过去了，她仍然觉得和她的父亲和继母生活在一起时自己像个外人。

arroyo
/ əˈrɔɪoʊ /

释 *n.* 干枯的河床 gully
例 The river, short of water, revealed its **arroyo**. 由于缺水，这条河露出了干枯的河床。

title
/ ˈtaɪtl /
阅 | 填

释 *n.* 所有权；称号，头衔；标题，名称 right or claim to possession; mark of rank; name (of a book, film, etc.)
例 The prestigious economist was awarded the **title** honorary professor by the university. 这位德高望重的经济学家被这所大学授予荣誉教授称号。

□ disputatious　□ aloof　□ ideology　□ scurry　□ turbid　□ circumlocution
□ creed　□ interloper　□ arroyo　□ title

87

premeditate
/ ˌpriːˈmedɪteɪt /

释 *v.* 预谋，预先考虑 plan in advance
例 The gang had **premeditated** the robbery for a month, casing the bank every day and scheming the best way to escape. 该团伙已预谋抢劫一个月了，每天到银行踩点，计划最佳逃跑路线。
派 premeditation *n.* 预谋，预先策划

---

recurrent
/ rɪˈkɜːrənt /

阅

释 *adj.* 复发的，周期性发生的 occurring again and again
例 Every time when he suffered from **recurrent** bouts of depression, he thought of committing suicide. 他每次遭受抑郁症反复发作的痛苦时都想自杀。

---

fancy
/ ˈfænsi / 阅

释 *n.* 想法；一时的兴致；爱好 notion; whim; inclination
例 Susan is always full of **fancies**. 苏珊总是异想天开。

---

mediate
/ ˈmiːdieɪt /

阅 | 填

释 *v.* 仲裁，调停 settle a dispute through the services of an outsider
例 The United Nations must **mediate** the struggle for oil resources. 联合国必须通过调解来解决对石油资源的争夺。
派 mediation *n.* 调停，调解

---

blunder
/ ˈblʌndər /

阅 | 填

释 *n.* 错误 error *v.* 做错 to make a mistake
例 It was too late before I recognized that I had made a terrible **blunder**. 在我意识到自己犯了一个大错时已经太晚了。// The police **blundered** badly by arresting the wrong man. 警方抓错了人，犯了荒唐的大错。

---

despot
/ ˈdespɑːt / 阅

释 *n.* 暴君；专制者 tyrant; harsh, authoritarian ruler
例 That emperor was a cruel **despot**. 那个皇帝是个残酷的专制君主。

---

pandemonium
/ ˌpændəˈmoʊniəm /

阅

释 *n.* 大混乱，喧闹 wild tumult
例 **Pandemonium** broke out as the criminal ran into the street shouting. 罪犯叫嚷着冲到大街上，大街上顿时乱作一团。
派 pandemoniac *adj.* 喧闹的，嘈杂的

---

mural
/ ˈmjʊrəl /

阅

释 *n.* 壁画，壁饰 wall painting
例 One of the walls enclosing the park is decorated with a huge **mural** showing Peking Opera masks. 公园的一堵围墙上装饰着京剧脸谱的巨幅壁画。
派 muralist *n.* 壁画家

---

prowess
/ ˈpraʊəs /

阅

释 *n.* 威力，英勇 extraordinary ability; military bravery
例 Olympic Games is a perfect opportunity for all athletes to show their physical **prowess**. 奥运会是所有运动员展示自己高超体能的绝佳机会。

---

nihilist
/ ˈnaɪɪlɪst /

释 *n.* 虚无主义者；极端怀疑论者；恐怖主义者 one who believes traditional beliefs to be groundless and existence meaningless; absolute skeptic; revolutionary terrorist

例 The **nihilist** is a person who rejects all political and religious authority and current ideas in favour of the individual. 虚无主义者拒绝一切政治和宗教权威，以及当前支持个体的思想。

派 nihilism *n.* 虚无主义；恐怖行为

填

Notes

Word List 09

minute / maɪ'njuːt / 阅 | 填	释 *adj.* 微小的 extremely small 例 The wedding was planned in the **minutest** detail. 婚礼策划极为详细。 派 minutely *adv.* 详细地，精密地
pundit / 'pʌndɪt / 阅 | 填	释 *n.* 权威人士，专家 authority on a subject; learned person; expert 例 The so-called **pundits** of real estate were never right about the predication of house prices. 所谓的房地产专家对房价的预测从来没准过。
metamorphosis / ˌmetə'mɔːrfəsɪs / 阅	释 *n.* 变形；变态 change of form; major transformation 例 A frog is produced by **metamorphosis** from a tadpole. 青蛙是由蝌蚪变成的。 派 metamorphose *v.* 使变形，使变质
fledgling / 'fledʒlɪŋ / 阅 | 填	释 *adj.* 无经验的 inexperienced 例 Compared with other parts, we are **fledgling** in this part. 相比其他部分而言，我们对这一部分毫无经验。
expertise / ˌekspɜːr'tiːz / 阅 | 填	释 *n.* 专业知识；专业技术 specialized knowledge; expert skill 例 If you lack the technical **expertise**, you can't deal with the problems that arise. 如果你缺乏专业技术，你就无法应对出现的问题。
ecologist / i'kɑːlədʒɪst / 阅	释 *n.* 生态学家 a person concerned with the interrelationship between living organisms and their environment 例 The **ecologist** committed himself to studying climate changes. 这位生态学家致力于研究气候的变化。
rebuff / rɪ'bʌf / 阅 | 填	释 *v.* 回绝，驳斥 snub; beat back *n.* 断然拒绝 a blunt or abrupt repulse or refusal, as to an offer 例 She **rebuffed** his proposal so cruelly that he decided to revenge her. 她残酷地拒绝了他的求婚，于是他下决心要报复她。
malleable / 'mæliəbl / 阅 | 填	释 *adj.* 有延展性的，可锻造的 capable of being shaped by pounding; impressionable 例 Gold is a **malleable** metal, easily shaped into necklaces and earrings. 黄金是一种韧性金属，很容易打制成项链和耳环。 派 malleability *n.* 有延展性，柔韧性

□ minute   □ pundit   □ metamorphosis □ fledgling   □ expertise   □ ecologist
□ rebuff   □ malleable

laud ■
/ lɔːd /
阅 | 填

释 *v.* 称赞，赞美 praise
例 He **lauded** the work of the former President. 他高度赞扬了前总统的工作。
派 laudable *adj.* 值得赞美的 laudatory *adj.* 赞赏的

homogeneous ■
/ ˌhoʊmə'dʒiːniəs /
阅 | 填

释 *adj.* 同种类的，同性质的 of the same kind
例 The participants of the experiment are **homogeneous**. 参加实验的都是同一类人。
派 homogenize *v.* 使均匀；使同类

somnambulist
/ sɑːm'næmbjəlɪst /

释 *n.* 梦游者，梦游症患者 sleepwalker
例 Many reports affirm that **somnambulists** tend to leave their house wearing only underpants. 很多报道证实梦游症患者通常出门的时候只穿着内裤。

fundamental
/ ˌfʌndə'mentl /
阅 | 填

释 *adj.* 基础的，基本的，根本的 basic; primary; essential
例 Public support is **fundamental** to a stable politic situation. 公众的拥护对政权稳定极其重要。
搭 fundamental to sth 基础的，基本的
派 fundamentally *adv.* 根本上；完全地

ratiocination
/ ˌreɪʃiousɪ'neɪʃn /

释 *n.* 推理，推论 reasoning; act of drawing conclusions from premises
例 The little boy has great gift for **ratiocination** and dreams of becoming a detective. 这个小男孩推理能力很强，梦想长大后当一名侦探。

spawn
/ spɔːn / 阅 | 填

释 *v.* 产卵 lay eggs
例 The fish were swarming upstream to **spawn**. 鱼群正游向上游准备产卵。

riveting
/ 'rɪvɪtɪŋ /
阅

释 *adj.* 吸引人的，极有趣的 absorbing; engrossing
例 My little brother was so absorbed in the **riveting** fairy tale book that he finished it in a single day. 我弟弟对这本精彩的童话书如此着迷，以至于他一天之内就全部看完了。

annex
/ ə'neks /
填

释 *v.* 附加；吞并 attach; take possession of
例 This country **annexed** a large territory from its neighbor. 这个国家吞并了其邻国的一大片领土。
派 annexation *n.* 附加，附加物；吞并

brunt
/ brʌnt /

释 *n.* 冲击，主要冲力 main impact or shock
例 Who do you think will bear the **brunt** of unemployment? 你觉得谁会首当其冲面临失业？
搭 bear/take the brunt of sth 承受…的主要压力，首当其冲

chaotic
/ keɪ'ɑːtɪk /
阅 | 填

释 *adj.* 混乱的 in utter disorder
例 After the heavy snow, the traffic in the city was **chaotic**. 大雪过后，城市交通一片混乱。
派 chaos *n.* 混乱，混沌

☐ laud   ☐ homogeneous   ☐ somnambulist   ☐ fundamental   ☐ ratiocination   ☐ spawn
☐ riveting   ☐ annex   ☐ brunt   ☐ chaotic

cogent
/ 'koʊdʒənt /

阅 | 填

释 *adj.* 使人信服的 convincing
例 The employee gave some **cogent** reasons for her promotion. 员工为升职给出了一些具有说服力的理由。
派 cogency *n.* 说服力，中肯

---

terminology
/ ˌtɜːrmə'nɑːlədʒi /

阅

释 *n.* 术语 terms used in a science or art
例 English learners only need to have a nodding acquaintance with certain **terminology**. 对于某些特定术语，英语学习者只需见到时认识即可。
派 terminological *adj.* 术语的；术语学的

---

ambulatory
/ 'æmbjələtɔːri /

释 *adj.* 能够走动的，不需卧床的 able to walk; not bedridden
例 The doctor said John was an **ambulatory** patient. 医生说约翰是一个不需要卧床的病人。
派 ambulatorium *n.* 流动诊所，门诊部

---

preamble
/ pri'æmbl /

阅

释 *n.* 序言 introductory statement
例 The doctor gave the bad news to the patient's family without **preamble**. 医生开门见山地把坏消息告诉了病人的家属。
搭 preamble to …的序言；without preamble 开门见山地，直截了当地

---

kindle
/ 'kɪndl /

阅 | 填

释 *v.* 点燃；激起 start a fire; inspire
例 Jack has learned how to **kindle** a fire by rubbing two dry sticks together. 杰克学会了如何通过摩擦两根干木棍取火。
搭 kindle a fire 点起火　　　　派 kindling *n.* 引火物

---

replete ●
/ rɪ'pliːt /

阅

释 *adj.* 饱满的，充分供应的 filled to the brim or to the point of being stuffed; abundantly supplied
例 The happy lovers cannot resist the temptation to purchase the fancy flat which is **replete** with every modern convenience. 这对幸福的恋人无法抵制购买这套现代化设备一应俱全的高档公寓的诱惑。
搭 be replete with sth 饱食…　　派 repletion *n.* 充足；饱食

---

puerile
/ 'pjʊrəl /

填

释 *adj.* 幼稚的，孩子气的 childish; immature
例 I spent a whole evening scanning the **puerile** programs on every channel. 我整晚都在浏览各个频道幼稚的电视节目。
派 puerility *n.* 幼稚，愚蠢

---

fictitious
/ fɪk'tɪʃəs /

阅 | 填

释 *adj.* 虚构的，想象的 imaginary
例 The story her boyfriend told her was **fictitious**. 她男朋友告诉她的故事是虚构的。
派 fictitiously *adv.* 虚构地，假地

---

angular
/ 'æŋgjələr /

填

释 *adj.* 有角的；固执的，死板的 sharp-cornered; stiff in manner
例 His **angular** face makes him popular among the girls. 他那棱角分明的脸让他颇受女孩子欢迎。
派 angularly *adv.* 有角度地

□ cogent　　□ terminology　　□ ambulatory　　□ preamble　　□ kindle　　□ replete
□ puerile　　□ fictitious　　□ angular

minutiae
/ mɪˈnuːʃiː /

释 *n.* 微小的细节 petty details
例 Julia is so careless that she often ignores the **minutiae** of her daily life. 朱莉娅非常粗心，她经常忽略日常生活细节。
派 minutial *adj.* 细节的，细小的

verity
/ ˈverəti /

阅

释 *n.* 真实，真实性；真理 quality of being true; lasting truth or principle
例 They are trying to test the **verity** of the financial information. 他们正设法验证这些财务信息的真实性。
派 verily *adv.* 真正地，真实地

lexicon
/ ˈleksɪkən /

填

释 *n.* 词典 dictionary
例 This **lexicon** is just what I want for my study. 这部词典正是我学习要用的工具。
派 lexiconize *v.* 将…编入辞典

canine
/ ˈkeɪnaɪn /

阅

释 *adj.* 犬的，似犬的 related to dogs; dog-like
例 She is determined to be a vet specializing in treating **canine** diseases. 她立志成为一名专门治疗犬类疾病的兽医。

précis
/ preɪˈsiː /

阅

释 *n.* 大纲，摘要 concise summing up of main points
例 It took Bill two hours to work out the **précis** of the article. 比尔花了两个小时整理出这篇文章的摘要。

placid
/ ˈplæsɪd /

阅 | 填

释 *adj.* 安静的，平静的 peaceful; calm
例 The moonlight turned the **placid** ocean into a sea of silk. 月光将平静的海洋变成一片丝绸之海。
派 placidly *adv.* 平静地 placidity *n.* 平静

mammal
/ ˈmæml /

阅

释 *n.* 哺乳动物 a vertebrate animal whose female suckles its young
例 A whale is a kind of **mammal** just like a dog or a cat. 鲸鱼就像狗或猫一样，是一种哺乳动物。
派 mammalian *adj.* 哺乳动物的

accomplice
/ əˈkaːmplɪs /

释 *n.* 同谋，帮凶 partner in crime
例 It is said the criminal has three **accomplices**. 据说这名罪犯有三个同伙。

exalt ■
/ ɪgˈzɔːlt / 阅

释 *v.* 提拔；赞扬 raise in rank or dignity; praise
例 He was **exalted** by the company. 他得到了公司的提拔。

grudging
/ ˈgrʌdʒɪŋ /

阅 | 填

释 *adj.* 不愿的，勉强的；吝惜的 unwilling; reluctant; stingy
例 Finally, they provided us with **grudging** assistance. 最后，他们很勉强地为我们提供了帮助。
派 grudgingly *adv.* 勉强地，不情愿地

vituperative
/ vaɪˈtuːpəreɪtɪv /

释 *adj.* 责骂的，谩骂的 abusive; scolding
例 He is often the victim of **vituperative** remarks concerning his political view. 他经常因为他的政治主张而受到辱骂。
派 vituperation *n.* 谩骂，辱骂

ethos
/ ˈiːθɑːs /

阅

释 *n.* （个人或团体的）精神特质 underlying character of a culture, group, etc.
例 It is the **ethos** of diligence that makes this nation strong. 这个民族因其勤奋的精神特质而强大。

mortify
/ ˈmɔːrtɪfaɪ /

阅 | 填

释 *v.* 使丢脸；约束，克制（欲望或需要）humiliate; punish the flesh
例 Jane **mortified** her family by divorcing her husband to marry Billy. 简与丈夫离婚嫁给比利的做法使她的家庭蒙羞。
派 mortification *n.* 屈辱；禁欲

implement ■
/ ˈɪmplɪment /

阅 | 填

释 *v.* 使生效，执行；向…提供工具 put into effect; supply with tools *n.* 工具，器具 tool
例 New policies has been **implemented** to expand domestic demand. 为了扩大内需，新政策已经开始实施了。// Man's earliest **implements** were carved from stone and bone. 人类最早的工具是用石头和骨头制成的。
派 implementation *n.* 实施

deducible
/dɪˈduːsəbl /

释 *adj.* 可推断的 derived by reasoning
例 It is **deducible** from the fact. 这可以从该项事实中推断出来。
派 deduction *n.* 推论

coercion ■
/ koʊˈɜːrʒn /
阅 | 填

释 *n.* 强迫，强制 use of force to get someone to obey
例 Marriage under **coercion** is voidable. 受胁迫的婚姻是可以撤销的。
派 coerce *v.* 强制，迫使

pique
/ piːk /

释 *n.* 不悦，生气 irritation; resentment *v.* 激起；使生气 provoke or arouse; annoy
例 When Jack asked Alice to marry him, she declined out of nothing more than **pique**. 杰克向爱丽丝求婚时，她只是因为生气才拒绝的。// She was uncompromisingly hostile to him, which **piqued** his curiosity. 她对他非常有敌意，这激起了他的好奇心。
搭 in a fit of pique （由于自尊心受到伤害而）不高兴；赌气地；take a pique against sb 对…抱恶感，生某人的气；pique one's interest/curiosity 激发某人的兴趣/好奇心

metaphysical
/ ˌmetəˈfɪzɪkl /

释 *adj.* 形而上学的 pertaining to speculative philosophy
例 This is a typical **metaphysical** question: what is mind? 精神是什么？这是典型的形而上学问题。
派 metaphysics *n.* 形而上学，玄学

discretion / dɪ'skreʃn / 阅｜填	释 *n.* 谨慎；决定能力 prudence; ability to adjust actions to circumstances 例 Use your own **discretion** as you've grown up. 你已经长大了，你自行决定吧。 搭 at sb's discretion 依据某人的见解　　　派 discreet *adj.* 言行审慎的
liaison / li'eɪzɑːn / 阅	释 *n.* 合作，交流；私通 communication and co-operation between units of an organization 例 **Liaison** between police forces and computer specialists is vital to combat cyber crime. 警方和电脑专家的联手对于打击网络犯罪至关重要。 派 liaise *v.* 担任联络官；与…建立联系
onus / 'ounəs / 阅	释 *n.* 负担；责任，义务 burden; responsibility 例 The **onus** is on government departments to disclose details of the diplomatic negotiation. 政府部门有责任公开这次外交谈判的细节。
dissolution / ,dɪsə'luːʃn / 阅｜填	释 *n.* 瓦解；消散；解除 breaking of a union; decay; termination 例 The **dissolution** of the partnership made the company suffer a lot. 合作关系的解除使这家公司损失惨重。 搭 dissolution of sth 某事物的破裂
lecherous / 'letʃərəs / 阅	释 *adj.* 纵欲的，淫荡的 lustful; impure in thought and deed 例 The **lecherous** emperors in history often ended with failure. 历史上荒淫的皇帝常常落得失败的下场。 派 lecherously *adv.* 淫荡地
retaliation / rɪ,tæli'eɪʃn / 阅｜填	释 *n.* 报复，报仇 repayment in kind (usually for bad treatment) 例 The terrorists undertook a succession of three bomb attacks in **retaliation** for recent arrests by the police. 恐怖分子为报复警方最近的逮捕行动连续进行了三次炸弹袭击。 搭 retaliation against sb/sth 报复 派 retaliate *v.* 报复 retaliatory *adj.* 报复的；报复性的
witticism ● / 'wɪtɪsɪzəm /	释 *n.* 妙语，俏皮话 witty saying; wisecrack 例 He tries to create a relaxed atmosphere with an occasional **witticism**. 他努力想用偶尔的俏皮话活跃一下气氛。
crux / krʌks / 阅｜填	释 *n.* 关键点 crucial point 例 The **crux** of the matter is whether the policy is correct. 问题的关键是这个政策是否正确。 搭 crux of the matter 问题的关键
apolitical / ,eɪpə'lɪtɪkl /	释 *adj.* 不关心政治的 having an aversion or lack of concern for political affairs 例 Many people remain **apolitical** in that country. 那个国家的很多人都不关心政治。 派 apolitically *adv.* 不关心政治地

azure / ˈæʒər /	释 *adj.* 蔚蓝色的 sky blue 例 The waters in the Mediterranean are surprisingly **azure**. 地中海的海水呈现出不可思议的蓝色。 搭 azure blue 天青蓝，湛蓝
aquiline / ˈækwɪlaɪn / 阅	释 *adj.* 鹰嘴似的，钩状的 curved; hooked 例 It is easy to recognize Mr. Smith among the people by his **aquiline** nose. 很容易从人群中认出史密斯先生，因为他长着鹰钩鼻。 搭 aquiline nose 鹰钩鼻
metaphor / ˈmetəfər / 阅 | 填	释 *n.* （修辞）暗喻 implied comparison 例 In literary works the rose is often a **metaphor** for love. 玫瑰在文学作品中通常为爱的象征。 派 metaphorical *adj.* 隐喻性的
irate / aɪˈreɪt / 阅 | 填	释 *adj.* 发怒的 angry 例 She received an **irate** phone call and didn't know how to handle it. 她接到了一个怒气冲冲的电话，不知道该怎么处理。
implacable / ɪmˈplækəbl / 填	释 *adj.* 不能和解或平息的 incapable of being pacified 例 The **implacable** hatred that workers feel for their employers might finally result in a serious confrontation. 工人们对雇主无法消解的仇恨最终可能会导致严重的冲突。 派 implacably *adv.* 不能平息地
venom / ˈvenəm / 阅 | 填	释 *n.* （蛇的）毒液；恶意，怨恨 poison; hatred 例 King cobras can deliver enough **venom** in their bite to kill 20 people. 眼镜王蛇分泌的毒液足以杀死20个人。 派 venomous *adj.* 有毒的；恶毒的，怨恨的
callow / ˈkæloʊ / 阅 | 填	释 *adj.* 年轻而无经验的；未成熟的 youthful; immature; inexperienced 例 He was no longer that **callow** youth that I had known. 他再也不是我以前认识的那个毛头小子了。
determination / dɪˌtɜːrmɪˈneɪʃn / 阅 | 填	释 *n.* 决心；测量；决定 resolve; measurement or calculation; decision 例 He never wavered in his **determination** to become a scientist. 他从来没有动摇过要当科学家的决心。 派 determine *v.* 决定
ineffectual / ˌɪnɪˈfektʃuəl / 阅	释 *adj.* 无效的；不成功的 not effective; weak 例 The government has made some adjustments to the **ineffectual** policy. 政府对那条不奏效的政策做了一些调整。 派 ineffectually *adv.* 不起作用地

surrogate / 'sɜːrəgət / 阅|填	释 *n.* 代替物，代用品 substitute 例 In my opinion, reading travel books cannot be regarded as a **surrogate** for actual travel. 在我看来，读游记并不能代替真正的旅行。 搭 surrogate for sb/sth 替代者；替代的人或事物
gloat / gloʊt / 阅|填	释 *v.* 洋洋自得，幸灾乐祸 express evil satisfaction; view malevolently 例 Don't **gloat** over other's difficulties. 不要对别人遇到的困难幸灾乐祸。 搭 gloat about/at/over sth 因…洋洋得意，幸灾乐祸 派 gloatingly *adv.* 沾沾自喜地
metallurgical / ˌmetl'ɜːrdʒɪkl /	释 *adj.* 冶金学的 pertaining to the art of removing metals from ores 例 We are interested in maintenance of the **metallurgical** equipment. 我们对冶金装备维修很有兴趣。 派 metallurgy *n.* 冶金学
hyperbole ● / haɪ'pɜːrbəli / 阅	释 *n.*（修辞）夸张法 exaggeration; overstatement 例 His writing is full of **hyperbole**. 他的文章到处都是夸张的修辞手法。 派 hyperbolic *adj.* 夸张的，夸张法的
malicious ■ / mə'lɪʃəs / 阅	释 *adj.* 怀恶意的，恶毒的 hateful; spiteful 例 We ought to kick back at such **malicious** gossip. 我们应当反击这种恶意的流言蜚语。 派 malice *n.* 恶意
stoic / 'stoʊɪk / 阅|填	释 *adj.* 坚忍的；无动于衷的 impassive; unmoved by joy or grief 例 A **stoic** person never complains or shows the feeling of upset in bad situations. 一个坚忍的人处于逆境也从不会抱怨或表露出沮丧。 派 stoicism *n.* 自制；坚忍
anemia / ə'niːmiə / 阅	释 *n.* 贫血 condition in which blood lacks red corpuscles 例 The doctors were looking for the causes why the children in this area were suffering from **anemia**. 医生正在查寻该地区儿童患贫血症的原因。 派 anemic *adj.* 贫血的，患贫血症的
supple / 'sʌpl / 填	释 *adj.* 柔软的，易弯曲的 flexible; pliant 例 An increasing number of modern women choose yoga as an exercise to keep themselves **supple**. 越来越多的现代女性选择练习瑜伽以保持身体柔软。 派 suppleness *n.* 柔软，易弯曲
unanimity / ˌjuːnə'nɪməti / 阅	释 *n.* 全体一致 complete agreement 例 Her excellent performance gained the **unanimity** of the applause. 她出色的表演赢得了全场一致的掌声。 派 unanimous *adj.* 全体一致的，一致同意的

civil / 'sɪvl / 阅 | 填	释 *adj.* 公民的，民间的；有礼貌的 having to do with citizens or the state; courteous and polite 例 More and more graduates want to be **civil** servants. 越来越多的毕业生想成为公务员。 搭 civil defence 民防；civil disobedience 非暴力反抗，温和抵抗 派 civilian *n.* 平民 civility *n.* 礼貌，文明
appropriate / ə'prouprieɪt / 阅 | 填	释 *v.* 私占，挪用 acquire; take possession of for one's own use 例 The farmer's land was **appropriated** by the rulers. 农民的土地被统治者霸占了。 派 appropriation *n.* 挪用
dispatch / dɪ'spætʃ / 填	释 *n.* 动作迅速；快速处理；（公文）急件，快信 speediness; prompt execution; message sent with all due speed *v.* 派遣；迅速处理 send; complete, transact, or dispose of promptly 例 The government has **dispatched** warships to the area. 政府已派军舰到该地区。 搭 dispatch sb/sth (to…) 派遣某人（到某地）；发送某物
solitude / 'sɑːlətuːd / 阅	释 *n.* 孤独，独居 state of being alone; seclusion 例 My younger cousin enjoys the **solitude** of her own house and seldom gets involved in social activities. 我表妹喜欢宅在家里，很少出去参加社交活动。
centurion / sen'tʃurɪən /	释 *n.* 百夫长（古罗马军团的百人队指挥官）Roman army officer 例 A man in command of one hundred soldiers is called a centurion. 指挥100名士兵的人称为百夫长。
reproach / rɪ'proutʃ / 阅 | 填	释 *v.* 责备，谴责 express disapproval or disappointment 例 The teacher **reproached** the pupil for forgetting to do his homework. 老师因这个学生忘记做作业而责备他。 搭 reproach sb/oneself (for sth) 责备某人/自己（尤指因未做某事） 派 reproachful *adj.* 表示责备的
complacency ■ / kəm'pleɪsnsi / 阅 | 填	释 *n.* 自满；自鸣得意 self-satisfaction; smugness 例 **Complacency** is the enemy of further progress. 自满是进步的敌人。 派 complacent *adj.* 自满的；得意的
hover / 'hʌvər / 阅 | 填	释 *v.* 盘旋，悬停 hang about; wait nearby 例 The helicopter **hovered** over the hill. 直升飞机在山顶盘旋。 派 hoveringly *adv.* 盘旋地，悬停地
anomalous / ə'nɑːmələs / 阅 | 填	释 *adj.* 反常的，不符合规律的 abnormal; irregular 例 It is said that some **animals** tend to have anomalous activities before the earthquake. 据说，在地震发生之前一些动物会有异常活动。 派 anomalously *adv.* 不规则地，不正常地

□ civil □ appropriate □ dispatch □ solitude □ centurion □ reproach
□ complacency □ hover □ anomalous

ford
/ fɔːrd /

释 *n.* 浅滩 place where a river can be crossed on foot
例 He decided to cross the river at the next **ford**. 他决定在下一个浅滩处过河。

---

hurtle
/ 'hɜːrtl /

释 *v.* 碰撞；猛冲，飞驰 crash; rush
例 She **hurtled** down the stairs and into the kitchen. 她冲下楼梯然后冲进了厨房。

---

hibernal
/ haɪ'bɜːrnəl /

释 *adj.* 冬季的，寒冷的 wintry
例 Even the pale **hibernal** sun made me feel warm. 即使是微弱的冬季阳光也让我感到温暖。

---

bate
/ 'beɪt /

阅 | 填

释 *v.* 减弱；抑制 let down; restrain
例 The boy could no longer **bate** his curiosity and opened the present. 男孩儿再也抑制不住好奇心，打开了礼物。
搭 bate an ace 稍稍降低要求，让一手　　　派 bated *adj.* 焦虑的

---

glacial ●
/ 'gleɪsiəl /

阅 | 填

释 *adj.* 冰的，冰冷的 like a glacier; extremely cold
例 She stood in the **glacial** wind, quivering with cold. 她站在冰冷的寒风中冻得瑟瑟发抖。

---

sardonic
/ sɑːr'dɑːnɪk /

阅

释 *adj.* 讽刺的 cynically mocking; sarcastic
例 The most distinct feature about Mark Twain's works is his skillful employment of **sardonic** sense of humor. 马克·吐温的作品最鲜明的特征是他对冷嘲式幽默感的娴熟运用。
派 sardonically *adv.* 冷嘲地，讽刺地

---

frigid
/ 'frɪdʒɪd /

阅

释 *adj.* 寒冷的 intensely cold
例 Although these flowers originally grew in cold weather, they can't survive the **frigid** climate on this island. 尽管这些花原本就是在寒冷的环境中生长的，但是它们也无法在这个寒冷的岛上生存。
派 frigidity *n.* 寒冷；冷淡

---

rancor ■
/ 'ræŋkər /

阅 | 填

释 *n.* 深仇，怨恨 bitterness; hatred
例 The young man felt great **rancor** against his father-in-law and killed him cruelly. 这个年轻人对他的岳父心存怨恨并残忍地将他杀害。
派 rancorous *adj.* 充满仇恨的

---

nuptial
/ 'nʌpʃl /

释 *adj.* 婚姻的，婚礼的 related to marriage
例 Reluctant to be married in a traditional setting, Lily decided to cancel her **nuptial** ceremony. 不愿以传统的形式结婚，莉莉决定取消她的婚礼仪式。
派 nuptiality *n.* 结婚率

□ ford　　□ hurtle　　□ hibernal　　□ bate　　□ glacial　　□ sardonic
□ frigid　　□ rancor　　□ nuptial

betray
/ bɪ'treɪ /

阅 | 填

释 *v.* 背叛；泄露 be unfaithful; reveal (unconsciously or unwillingly)
例 He **betrayed** his company just because he had no chance for promotion there. 他出卖公司仅仅是因为在那儿没有升职机会。
搭 betray sb/sth to sb 出卖；泄露（机密）
派 betrayal *n.* （被）出卖，背叛

---

pallid
/ 'pælɪd /

阅

释 *adj.* 苍白的，无血色的 pale; wan
例 Because her nursing job required that she work at night and sleep during the day, she had an exceptionally **pallid** complexion. 因为她的护理工作需要她晚上工作，白天睡觉，所以她的脸色异常苍白。
派 pallidly *adv.* 无光泽地，无血色地

---

deface
/ dɪ'feɪs /

阅 | 填

释 *v.* 损伤…的外貌，损害 mar; disfigure
例 Chalk marks **deface** the wall of the house. 粉笔痕迹破坏了房子墙壁的外观。
派 defacement *n.* 损坏外表；乱涂；损毁物

---

pragmatic ■
/ præg'mætɪk /

阅 | 填

释 *adj.* 实际的，注重实效的 practical (as opposed to idealistic); concerned with the practical worth or impact of something
例 Teachers need to take a more **pragmatic** approach to English teaching in colleges. 大学里，老师们需要采取一种更为实用的英语教学方法。
派 pragmatically *adv.* 实际地，实用地

---

terrestrial ●
/ tə'restrɪəl /

阅

释 *adj.* 陆地的，陆生的，地球上的 earthly (as opposed to celestial); pertaining to the land
例 According to the data of investigation on the **terrestrial** animals, the quantity of the wild snakes are decreasing sharply. 陆生动物调查结果显示，野生蛇类数量正大幅减少。
派 terrestrially *adv.* 地球上地

---

prodigy
/ 'prɑːdədʒi /

阅 | 填

释 *n.* 奇迹；神童 marvel; highly gifted child
例 A child **prodigy** does not necessarily grow up to be a genius. 神童长大后未必是天才。
搭 an infant/child prodigy 神童

---

abase
/ ə'beɪs /

释 *v.* 降低，贬低 lower; humiliate
例 He was forced to **abase** himself before the queen. 他被迫在女王面前卑躬屈膝。
搭 abase oneself 降低自己的身份
派 abasement *n.* 降低（身份）；屈尊，谦卑

---

gratuitous ■
/ grə'tuːɪtəs /

释 *adj.* 无偿的；无端的；不必要的 given freely; unwarranted; uncalled for
例 I can't understand his **gratuitous** anger. 我无法理解他无端的愤怒。
派 gratuitously *adv.* 无端地

□ betray □ pallid □ deface ■ pragmatic □ terrestrial □ prodigy
□ abase □ gratuitous

infallible

/ ɪnˈfæləbl /

填

释 *adj.* 不可能犯错误的 unerring

例 No one is infallible. 人人都会犯错误。

派 infallibly *adv.* 绝对可靠地，万无一失地

Notes

Word List 10

exclaim
/ ɪk'skleɪm /
阅 | 填

释 *v.* 呼喊，惊叫 cry out suddenly
例 His superb technique made people **exclaim**. 他的高超技艺令人惊叹。

stratum
/ 'streɪtəm /

阅

释 *n.* 地层；社会阶层 layer of Earth's surface; layer of society
例 Delegates to the National People's Congress come from various fields and represent all the social **stratums**. 人大代表来自各个领域，代表了各个社会阶层。

tractable
/ 'træktəbl /

阅 | 填

释 *adj.* 易驾驭的，驯良的 docile; easily managed
例 He often congratulated himself on finding a **tractable** wife. 他经常暗自庆幸自己找了一个温顺的妻子。
派 tractability *n.* 温顺；驯良

proscribe
/ proʊ'skraɪb /

填

释 *v.* 禁止；放逐 ostracize; banish; outlaw
例 Shanghai's city government announced Friday that all live poultry markets in the city would be **proscribed** as of Saturday. 上海市政府周五时宣布截至周六将关闭所有活禽市场。
派 proscription *n.* 禁止，剥夺权利

rend
/ rend /

释 *v.* 扯破，撕碎 split; tear apart
例 The desperate mother **rent** her hair wildly when she learned that her son was involved in drug dealing. 当得知自己的儿子参与毒品交易时，这位绝望的母亲像发了疯一样撕扯自己的头发。
派 rent *n.* 撕裂；破裂

abrogate
/ 'æbrəgeɪt /

释 *v.* 废除，撤销 abolish
例 The next prime minister may **abrogate** the treaty signed by his predecessor. 下一任首相可能会废除其前任签署的这项条约。
派 abrogation *n.* 废除，撤销

dispirited
/ dɪ'spɪrɪtɪd /

释 *adj.* 气馁的，心灰意冷的 lacking in spirit
例 He became **dispirited** by an unexpected blow. 在一次意外的打击后他变得心灰意冷。
派 dispiritedly *adv.* 心灰意冷地

causal
/ 'kɔːzl /

阅

释 *adj.* 因果关系的 implying a cause-and-effect relationship
例 The doctor tried to demonstrate the **causal** relationship between smoking and lung cancer. 医生试图证明吸烟和肺癌之间的因果关系。
搭 causal conjunction 表示因果关系的连词　派 causality *n.* 因果关系

watershed
/ ˈwɔːtərʃed /
阅

释 *n.* 分水岭，转折点 crucial dividing point
例 The triumph at EURO 2008 was a **watershed** for Spanish football. 西班牙在2008年欧洲杯的胜利是西班牙足球的转折点。

defection
/dɪˈfekʃn /

释 *n.* 叛逃，变节 desertion
例 His **defection** from the party dimmed his political career. 他的叛党行为使他的政治前途变得黯淡。

precipitate
/ prɪˈsɪpɪteɪt /

阅

释 *adj.* 突如其来的；鲁莽的；匆忙的 rash; premature; hasty; sudden
v. 猛抛；催促，促进 throwing headlong; hasten
例 Never make **precipitate** decisions especially when one is not cool-headed. 不要匆忙作决定，特别是头脑不冷静的时候。// Drinking too much alcohol and staying up late **precipitated** his headache. 酗酒和熬夜加剧了他的头疼。
搭 precipitate sb into misery 使某人一下子陷入苦难；precipitate oneself upon/against 猛袭，突击　　派 precipitately *adv.* 猛进地

imperative
/ ɪmˈperətɪv /

阅

释 *adj.* 必要的，势在必行的；极重要的 absolutely necessary; critically important *n.* 需要；命令 need; order
例 It is absolutely **imperative** to control the outbreak of epidemic disease. 控制疫情是当务之急。// Job creation has become an **imperative** for the government. 创造就业机会是政府必须做的事。
派 imperatively *adv.* 命令式地

dilapidated
/ dɪˈlæpɪdeɪtɪd /

填

释 *adj.* 荒废的，破坏的 ruined because of neglect
例 A **dilapidated** house stands disconsolately amid the rubbles. 一栋破旧的房子凄凉地耸立在断壁残垣中。
派 dilapidation *n.* 破损，崩塌，荒废

martial
/ ˈmɑːrʃl /

释 *adj.* 战争的，军事的 warlike
例 Most of soldiers prefer **martial** music to pop music. 大部分士兵更喜欢军乐而不是流行歌曲。
派 martially *adv.* 好战地；勇敢地

covetous
/ ˈkʌvətəs /

释 *adj.* 贪婪的，占有欲强的 avaricious; eagerly desirous of
例 The guy is **covetous** of power. 那家伙权力欲很强。
派 covet *v.* 垂涎，觊觎

ancillary
/ ˈænsəleri /

阅

释 *adj.* 辅助的，补充的 serving as an aid or accessory; auxiliary
例 The **ancillary** staff also made great contributions to the company's prosperity. 后勤人员也为公司的繁荣作出了巨大贡献。
搭 ancillary to sth 对…的补充

---

astronomical
/ ˌæstrə'nɑːmɪkl /

阅 | 填

释 *adj.* 巨大的 enormously large or extensive
例 The government invested **astronomical** sums on security housing. 政府在保障房上投资巨大。
搭 astronomical costs 庞大的开支　派 astronomically *adv.* 极其巨大地

---

palliate
/ 'pælieɪt /

释 *v.* 减轻，缓和；掩饰；为…找借口 lessen the violence of (a disease); alleviate; moderate intensity; gloss over with excuses
例 Not content merely to **palliate** the patient's soreness, the doctor sought a means of wiping out the disease. 不满足于只是减轻病人的疼痛，医生在寻求消除疾病的手段。
派 palliative *adj.* 缓和的；掩饰的；可斟酌的

---

mite
/ maɪt /

释 *n.* 螨；小硬币 very small object or creature; small coin
例 You know your itchy skin is caused by parasitic **mites**. 你要知道你的皮肤瘙痒是寄生螨虫引起的。
派 mitecidin *n.* 杀螨霉素

---

flabbergasted
/ 'flæbərgæstɪd /

填

释 *adj.* 大吃一惊的，目瞪口呆的 astonished, overcome with surprise
例 I was **flabbergasted** at the scene I saw just now. 刚刚看到的场面使我大吃一惊。

---

minuscule
/ 'mɪnəskjuːl /

阅

释 *adj.* 极小的 extremely small
例 Why should John involve himself in a project with so **minuscule** a chance for success? 为什么约翰要加入这样一个成功几率甚微的项目呢？

---

unctuous
/ 'ʌŋktʃuəs /

释 *adj.* 似油的，油质的；假殷勤的 oily; bland; insincerely suave
例 John is sincerely friendly without being **unctuous**. 约翰真诚友好，从不虚情假意。
派 unctuously *adv.* 油腔滑调地；油腻地 unctuousness *n.* 润滑性；滑腻性；油性

---

putrid
/ 'pjuːtrɪd /

阅

释 *adj.* 腐烂的 foul; rotten; decayed
例 The wound had turned **putrid** after a long exposure to air. 长期暴露在空气中，伤口已经腐烂了。
派 putrescence *n.* 腐败，腐烂，坏死

---

conventional
/ kən'venʃənl /

阅 | 填

释 *adj.* 常规的，惯例的 ordinary; typical
例 After a **conventional** opening remarks, he made a brilliant speech. 在一个常规的开场白后，他作了很精彩的演讲。

---

incense
/ ɪn'sens /

填

释 *v.* 使…极为愤怒，激怒 enrage; infuriate
例 The public were **incensed** by the irresponsibility of the government. 政府的不负责任激怒了群众。
派 incensed *adj.* 被激怒的

---

mutinous / 'mjuːtənəs /	释 *adj.* 不驯服的；反叛的 unruly; rebellious 例 The **mutinous** crew took control of the ship and executed the captain. 反叛的船员控制了那艘船并处死了船长。
inflated / ɪn'fleɪtɪd / 阅	释 *adj.* 夸张的；膨胀的 exaggerated; pompous; enlarged (with air or gas) 例 He has an **inflated** sense of his own importance. 他自视过高。 搭 inflated budget 膨胀的预算；inflated cost 虚增成本，虚列成本 派 inflate *v.* （使）膨胀；（使）通货膨胀
discursive / dɪs'kɜːrsɪv / 阅	释 *adj.* 离题的；东拉西扯的 digressing; rambling 例 There was no point to his **discursive** remarks and the audience began to yawn. 他的话东拉西扯没有重点，听众打起了哈欠。 派 discursively *adv.* 不着边际地
nascent / 'næsnt / 阅	释 *adj.* 初期的，开始形成的，新生的 incipient; coming into being 例 Despite a **nascent** democracy movement, there's little influence on the society at that moment. 尽管有一次新生的民主运动，但在那时对社会几乎没有影响。 派 nascency *n.* 发生，起源
polygamist / pə'lɪɡəmɪst /	释 *n.* 多配偶者 one who has more than one spouse at a time 例 The **polygamist** wasn't arrested until his two wives filed a lawsuit. 那个有两个老婆的男人直到被两个老婆起诉才被捕。 派 polygamy *n.* 多配偶制
multifarious / ˌmʌltɪ'feriəs /	释 *adj.* 多种的，各种各样的 varied; greatly diversified 例 A career woman and mother, Linda was constantly busy with the **multifarious** activities of her daily life. 作为一名职业妇女和一位母亲，琳达一直忙于各种各样的日常活动。
formidable / 'fɔːrmɪdəbl / 阅	释 *adj.* 令人生畏的；艰难的；可怕的 inspiring fear or apprehension; difficult; awe-inspiring 例 She was faced with a **formidable** task. 她面对着一个艰难的任务。 派 formidably *adv.* 难对付地，可怕地
whelp / welp / 阅	释 *n.* 幼兽；小狗 young wolf, dog, tiger, etc. 例 The **whelp** is her only companion. 这条小狗便是她唯一的伴侣了。
glaring / 'ɡlerɪŋ / 填	释 *adj.* 显眼的，耀眼的 highly conspicuous; harshly bright 例 She enjoyed standing in the **glaring** spotlight. 她享受站在耀眼的聚光灯下的感觉。
hydrophobia / ˌhaɪdrə'foʊbiə /	释 *n.* 狂犬病；恐水症 rabies; fear of water 例 A bite of a dog may cause **hydrophobia**. 被狗咬了之后可能会得狂犬病。

transport / ˈtrænspɔːrt / 阅	释 *n.* 激动，狂喜 strong emotion 例 The little boy was in **transports** of delight after being rewarded a harmonica toy for his good performance in the final exam. 这个小男孩期末考试成绩优异，得到了一个口琴玩具作为奖品后欣喜若狂。
aperture / ˈæpətʃər /	释 *n.* 孔，缝隙 opening; hole 例 The ants entered the room through an **aperture** in the wall. 蚂蚁通过墙上的缝隙爬到了房间里。 派 apertured *adj.* 有孔的，有洞的
polyglot / ˈpaːliglaːt / 阅	释 *adj.* 通晓多国语言的 speaking several languages 例 Hong Kong is a **polyglot** community because a large number of immigrants settle there. 香港是个通用多国语言的地区，因为大量移民在那儿定居。 派 polyglottal/polyglottic *adj.* 通晓多国语言的
unaccountable / ˌʌnəˈkaʊntəbl / 阅	释 *adj.* 无法解释的；莫名其妙的，不可理解的 inexplicable; unreasonable or mysterious 例 For some **unaccountable** reason, he couldn't forgive her fault. 不知何故，他就是不能原谅她的错误。 派 unaccountably *adv.* 不能说明地，不可解释地
jovial / ˈdʒoʊviəl / 填	释 *adj.* 善良快活的，愉快的 good-natured; merry 例 Judy appeared to be in a **jovial** mood. 朱迪看起来心情非常好。 派 joviality *n.* 快活
coalesce ● / ˌkoʊəˈles / 阅｜填	释 *v.* 结合；熔合 combine; fuse 例 One minor political party decided to **coalesce** with another one. 一个小政党决定和另一个政党合并。 搭 coalesce into/with sth 与…合并，联合　　派 coalescence *n.* 合并，联合
engaging / ɪnˈɡeɪdʒɪŋ / 阅｜填	释 *adj.* 动人的，迷人的 charming; attractive 例 The pretty girl responded with an **engaging** smile. 这位漂亮的女孩回以迷人的微笑。
cow / kaʊ /	释 *v.* 威吓 terrorize; intimidate 例 He often uses that frightening look to **cow** the children. 他总是用那种吓人的表情来吓唬那些孩子。
apropos / ˌæprəˈpoʊ /	释 *prep.* 关于，有关 with reference to; regarding 例 She accepted my suggestions **apropos** of her study. 她接受了我给她提的学习建议。 搭 apropos of 关于

genre
/ 'ʒɑːnrə /
阅

释 *n.* 类型，流派，体裁 particular variety of art or literature
例 It was her dream to write a novel in the science fiction **genre**. 她曾经的梦想是写一部科幻小说。

anarchist ■
/ 'ænərkɪst /
填

释 *n.* 无政府主义者；主张废弃权威者 person who seeks to overturn the established government; advocate of abolishing authority
例 The public didn't believe that the **anarchists** were able to establish a better government. 公众并不相信无政府主义者能够建立一个更好的政府。
派 anarchy *n.* 无政府状态

epicure
/ 'epɪkjʊr /

释 *n.* 美食家 connoisseur of food and drink
例 The **epicure** wrote a cookery book. 这位美食家写了本食谱。

avow
/ ə'vaʊ /

释 *v.* 公开宣布 declare openly
例 The prime minister **avowed** to enhance equal distribution. 总理公开宣称要加强公平分配。
派 avowal *n.* 公开宣布

corpulent
/ 'kɔːrpjələnt /

释 *adj.* 肥胖的 very fat
例 **Corpulent** people are more likely to develop diabetes. 肥胖的人更容易患糖尿病。
派 corpulence *n.* 臃肿，肥胖

topography
/ tə'pɑːgrəfi /

释 *n.* 地质，地形 physical features of a region
例 The geologists conducted a thorough study of the topography of this region. 地质学家对这个地方的地质进行了深入的研究。
派 topographical *adj.* 地形学的；地志的

foible
/ 'fɔɪbl /
填

释 *n.* 弱点，（性格上的）缺点 weakness; slight fault
例 Friends need to tolerate each other's little **foibles**. 朋友之间要相互宽容彼此的小缺点。

espionage
/ 'espiənɑːʒ /
阅

释 *n.* 间谍行为，谍报活动 spying
例 Movies about **espionage** are very popular among young people. 年轻人非常喜欢间谍题材的电影。

psyche
/ 'saɪki /
阅

释 *n.* 心智，心灵 soul; mind
例 The eagerness for love and security is deeply buried in the feminine **psyche**. 对爱和安全感的渴求深埋在女性心中。

slacken
/ 'slækən /
阅

释 *v.* 放慢，松弛 slow up; loosen
例 I have been terribly busy recently, but things are starting to **slacken** off from next month on. 我最近忙得不可开交，不过下月开始事情就慢慢减少了。

primp / prɪmp /	释 **v.** 精心打扮 groom oneself with care; adorn oneself 例 If you had spent the same hours studying as those you had spent **primping** before the mirror every day, you would have passed the final exam. 如果你花在学习上的时间能跟你每天在镜子前打扮的时间一样多，你早就通过期末考试了。
antiseptic / ˌænti'septɪk /	释 **n.** 防腐剂，杀菌剂 substance that prevents infection 例 This is a popular **antiseptic** used in the hospital. 这是医院中常用的一种杀菌剂。 派 antisepsis *n.* 防腐，消毒，抗菌
precedent / 'presɪdənt / 阅|填	释 **n.** 惯例；先例 something preceding in time that may be used as an authority or guide for future action 例 There is no **precedent** for this sort of cooperation between companies. 公司之间的这种合作没有先例。 搭 without precedent 史无前例的；set/create a precedent for 为…开先例 派 precedentless *adj.* 没有先例的
submissive ■ / səb'mɪsɪv / 阅	释 **adj.** 顺从的 yielding; timid 例 Modern Chinese women will not be **submissive** to their husbands since they are not dependent on their husbands economically. 现代中国女性不再对丈夫唯命是从了，因为她们在经济上已不再依靠自己的丈夫。 派 submissiveness *n.* 柔顺；服从
anarchy / 'ænərki / 阅|填	释 **n.** 无政府状态 absence of governing body; state of disorder 例 Even nowadays some African countries are still plunged into political **anarchy**. 即使是当前，一些非洲国家仍处于无政府状态。 搭 plunge into anarchy 陷入无政府状态 派 anarchical *adj.* 无政府状态的，无秩序的，混乱的
dilettante / ˌdɪlə'tænti / 阅|填	释 **n.** （艺术、科学等方面）半吊子；业余爱好者 aimless follower of the arts; amateur; dabbler 例 He is a master of that area even if he is a **dilettante**. 在那个领域，虽然他只是个业余爱好者，却是一流的高手。
consistency / kən'sɪstənsi / 阅|填	释 **n.** 一致性；连贯性；浓度 absence of contradictions; dependability; uniformity; degree of thickness 例 The player scores goals with remarkable **consistency**. 那位球员的进球一气呵成。 派 consistent *adj.* 始终如一的，一致的；坚持的
diverse / daɪ'vɜːrs / 阅|填	释 **adj.** 不同的，各种各样的 differing in some characteristics; various 例 The boy is of a **diverse** nature from the rest of his family. 这个男孩和他家里其他人的气质不同。

tanner / ˈtænər /	释 *n.* 制革工人 person who turns animal hides into leather 例 As an animal rights activist, Jack promised that he would never become a **tanner**. 作为一名动物保护主义者，杰克发誓决不会成为一名制革工人。
dearth / dɜːrθ / 阅丨填	释 *n.* 缺乏 scarcity 例 Many people in that country died because of **dearth** of food. 那个国家的许多人因为缺少粮食而死去。
withdrawn / wɪðˈdrɔːn / 阅	释 *adj.* 性格内向的；冷淡的，疏远的 introverted; remote 例 Although he seems outgoing in public, he is a shy and **withdrawn** man. 虽然他在公众场合显得很开朗，但他却是一个羞涩内向的人。
slapdash / ˈslæpdæʃ / 阅	释 *adj.* 草率的；匆促的 haphazard; careless; sloppy 例 I dislike people who are **slapdash** in work. 我不喜欢工作粗枝大叶的人。
petrify / ˈpetrɪfaɪ /	释 *v.* 石化；使惊呆 turn to stone; stun or paralyze with terror 例 The idea of making a speech in public **petrified** him. 一想到要在大庭广众面前演讲，他就紧张得不知所措。 搭 pertrify sb (with sth) 使某人（被…）惊呆或吓呆
sportive / ˈspɔːrtɪv /	释 *adj.* 嬉戏的，欢闹的 playful 例 Half **sportive**, half thoughtful, he tries to maintain a light mood when encountered with huge work pressure. 每当工作压力大的时候，他总是半开玩笑半认真，努力保持好心情。 派 sportiveness *n.* 顽皮，嬉戏
impenitent / ɪmˈpenɪtənt / 阅丨填	释 *adj.* 不悔悟的，顽固的 not repentant 例 What irritated me was his **impenitent** attitude. 激怒我的是他不知悔改的态度。 派 impenitence *n.* 不知悔改，无悔意
muddle / ˈmʌdl / 阅丨填	释 *v.* 使糊涂；混合，搞乱 confuse; mix up *n.* 糊涂，困惑；混乱，杂乱 mental confusion; state of untidiness or confusion 例 My teacher sometimes **muddles** me up with my twin brother. 我的老师有时把我误当成我的双胞胎兄弟。 搭 muddle up 弄混
paltry / ˈpɔːltri / 阅丨填	释 *adj.* 无价值的，微不足道的 insignificant; petty; trifling 例 We have a **paltry** fine of $30. 我们有个30英镑的小额罚款。 派 paltriness *n.* 不足取，无价值
veer / vɪr /	释 *v.* 改变方向，转向 change in direction 例 He saw a car **veer** off the road and slam into a light pole. 他看到一辆车驶离了路面，撞到灯杆。 派 veering *n.* 顺时针转向

blurt
/ blɜːrt /

阅

释 *v.* 脱口而出 utter impulsively
例 The man **blurted** out the truth that he was that secret man. 该男子不慎说出了他就是神秘男人的真相。
搭 blurt sth out 脱口而出

---

secrete
/ sɪˈkriːt /

阅 | 填

释 *v.* 隐藏，隐匿；分泌 hide away; produce and release a substance into an organism
例 The farmer **secreted** all his savings under the bed mattress, only to find that they were all bitten into small pieces by the rats. 这位农民把毕生积蓄都藏在床垫下面，岂料全被老鼠啃成了碎片。
派 secretion *n.* 隐藏；分泌

---

pillage
/ ˈpɪlɪdʒ /

阅

释 *v.* 抢劫，劫掠 plunder
例 The invading troops **pillaged** every village they went and left them in ruins. 侵略军洗劫了他们到过的每一个村庄，只留下一片废墟。
派 pillager *n.* 掠夺者

---

trifling •
/ ˈtraɪflɪŋ /

阅 | 填

释 *adj.* 琐碎的，微不足道的 trivial; unimportant
例 She was never a participant in the **trifling** talk. 她从来不参与无聊的谈话。
派 trifle *v.* 轻视；玩弄

---

chafe
/ tʃeɪf /

释 *v.* 擦热，擦痛 warm by rubbing; make sore (by rubbing)
例 The new shoes **chafed** her heels. 新鞋子把她脚后跟都擦痛了。

---

levitate
/ ˈlevɪteɪt /

释 *v.* 轻轻浮起，漂浮于空中 float in the air (especially by magical means)
例 Wendy often dreams that she can **levitate** someday just like Peter Pan. 温蒂梦想有一天她可以像彼得·潘一样漂在空中。
派 levitation *n.* 升空，漂浮

---

empirical
/ ɪmˈpɪrɪkl /

阅 | 填

释 *adj.* 经验主义的 based on experience
例 He depends heavily on these **empirical** data to get the results. 他非常依赖这些经验数据，想从中得到结果。
派 empirically *adv.* 经验主义地

---

impoverished
/ ɪmˈpɑːvərɪʃt /

填

释 *adj.* 贫困的，赤贫的 poor
例 They tried to develop the new business mode in the **impoverished** areas of the city. 他们试图在城市贫民区发展这种新的商业模式。
派 impoverish *v.* 使贫穷

---

tome
/ toʊm /

填

释 *n.* 大部头的书，大册书 large volume
例 He was absorbed in pouring over Chinese ancient **tomes** every day during undergraduate studies. 他在大学期间每天专注于研读中国古书。

---

maternal
/ mə'tɜːrnl /

阅

释 *adj.* 母亲的，母性的 motherly
例 Mary's feelings towards her little nephew were almost **maternal**. 玛丽对她小侄子的感情是近乎母亲般的。
派 maternalism *n.* 纵容，溺爱

reparation
/ ˌrepə'reɪʃn /

阅

释 *n.* 赔偿，弥补 amends; compensation
例 The judge concluded that the defendant must make **reparation** for all the harm done to the victim within three months. 法官判定被告必须于三个月之内对给受害者带来的一切伤害作出赔偿。

complicity
/ kəm'plɪsəti /

阅 | 填

释 *n.* 串通，共谋 participation; involvement
例 She suspected him of **complicity** in the murder. 她怀疑他参与了谋杀。
搭 complicity in sth 合谋某事 **派** complicit *adj.* 串通一气的，有同谋关系的

enormity
/ ɪ'nɔːrməti /

阅 | 填

释 *n.* （问题、后果等的）巨大，艰巨 hugeness (in a bad sense)
例 He knew his **enormity** of his crime and committed suicide. 他自知罪恶深重，于是自杀身亡。

perverse
/ pər'vɜːrs /

阅

释 *adj.* 固执错误的，不合常理的；堕落的，不正当的 stubbornly wrong-headed; wicked and perverted
例 When the boy was in a **perverse** mood, he would do the opposite of whatever his parents asked him. 这个男孩陷入任性情绪的时候，不管父母让他做什么，他都会做相反的事情。
派 perversely *adv.* 倔强地 perversion *n.* 歪曲，曲解 perversity *n.* 刚愎，任性

derelict
/ 'derəlɪkt /

释 *adj.* 抛弃的；玩忽职守的，疏忽的 abandoned; negligent *n.* 废弃物，弃船 abandoned property, especially a ship abandoned at sea
例 Several **derelict** cars are fished out of the canal every month. 每月都从运河里捞出数辆废弃的汽车。

asylum
/ ə'saɪləm /

阅

释 *n.* 避难所；庇护 place of refuge or shelter; protection
例 The **asylum** seekers slipped into that country asking for political protection. 人们偷渡到那个国家寻求政治庇护。
搭 asylum seeker 寻求（政治）避难者

murky
/ 'mɜːrki /

阅

释 *adj.* 昏暗的；烟雾弥漫的；隐晦的，含糊的 dark and gloomy; thick with fog; vague
例 It happened at London Tower Bridge one **murky** December afternoon. 这发生在12月一个阴沉下午的伦敦塔桥上。
派 murkily *adv.* 阴沉地，暗淡地

potable
/ 'poʊtəbl /

阅 | 填

释 *adj.* 适于饮用的 suitable for drinking
例 The lack of **potable** water is the biggest livelihood issue. 缺乏饮用水是最大的民生问题。
搭 potable water 饮用水 **派** potability *n.* 可饮用性

□ maternal　　□ reparation　　□ complicity　　□ enormity　　□ perverse　　□ derelict
□ asylum　　□ murky　　□ potable

eschew
/ ɪs'tʃuː /
阅 | 填

释 **v.** 回避，避开 avoid
例 Sensitive issues must be **eschewed** during the meeting. 会议上要回避敏感问题。

---

loiter / 'lɔɪtər /

释 **v.** 闲荡，虚度；徘徊 hang around; linger
例 Some dropouts often **loiter** at the entrance of the school. 一些辍学者经常在学校门口游荡。
派 loiterer n. 闲逛的人，混日子的人

---

surreptitious ■
/ ˌsɜːrəp'tɪʃəs /

阅

释 **adj.** 秘密的；偷偷摸摸的 secret; furtive; sneaky; hidden
例 The staff exchanged **surreptitious** glances but said nothing after the boss announced some new harsh rules. 当老板宣布了几条苛刻的新规定后，员工都面面相觑，谁也没有作声。

---

elliptical
/ ɪ'lɪptɪkl /

填

释 **adj.** 椭圆的；（文章或言辞）晦涩的 oval; ambiguous, either purposely or because key words have been left out
例 The novel is characterized by an **elliptical** style of writing. 这部小说以其晦涩难懂的文风为特征。

---

armada
/ aːr'maːdə /

释 **n.** 舰队 fleet of warships
例 The Spanish **Armada** was defeated by the British navy in 1588. 1588年西班牙无敌舰队被英国海军打败了。
搭 invincible armada 无敌舰队

---

rout
/ raʊt /
填

释 **v.** 打败；击溃 stampede; drive out
例 He was removed from the office shortly after his army was **routed** in the battle. 由于他的军队在这次战役中惨遭失败，他随后被免职了。

---

emaciated ●
/ ɪ'meɪʃieɪtɪd /
阅

释 **adj.** 极其消瘦的，憔悴的 thin and wasted
例 She was very **emaciated** after a long illness. 久病之后，她非常憔悴。
派 emaciation n. 瘦弱，憔悴

---

inexorable ●
/ ɪn'eksərəbl /

阅

释 **adj.** 无动于衷的；无情的 relentless; unyielding; implacable
例 He faced an **inexorable** opponent in the final round. 他在决赛中面对的是一个无情的对手。
派 inexorably adv. 不可阻挡地；无情地

---

indiscriminate ■
/ ˌɪndɪ'skrɪmɪnət /
阅 | 填

释 **adj.** 不加选择的；杂乱无章的，混乱的 choosing at random; confused
例 She is wildly **indiscriminate** in her reading. 她什么书都读。
派 indiscriminately adv. 任意地；不加区别地；不加选择地

---

salient
/ 'seɪliənt /

阅 | 填

释 **adj.** 显著的；突出的；跳跃的 protruding; strikingly conspicuous; jumping
例 By way of skimming and scanning, a good reader can quickly grasp the **salient** points of a passage. 通过寻读和略读，好的读者可以很快掌握一篇文章的突出要点。

□ eschew　　□ loiter　　□ surreptitious　　□ elliptical　　□ armada　　□ rout
□ emaciated　　□ inexorable　　□ indiscriminate　　□ salient

onerous
/ ˈɑːnərəs /

阅 | 填

释 *adj.* 繁重的，艰巨的 burdensome
例 My household duties were extremely **onerous** because of my big family. 因为我有个大家庭，所以家务是非常繁重的。
派 onerously *adv.* 繁重地，艰巨地

---

decollete
/ ˌdeɪkɑːlˈteɪ /

释 *adj.*（女服）露肩的；穿露肩衣服的 having a low-necked dress
例 Students are not allowed to wear **decollete** dress at school. 在校学生不允许穿露肩的衣服。

---

egoism
/ ˈegoʊɪzəm /

阅

释 *n.* 自大行为，自我主义 excessive interest in one's self; belief that one should be interested in one's self rather than in others
例 Her **egoism** makes her lose all her friends. 她因自私自利而失去了所有的朋友。
派 egoist *n.* 自我主义者；自私自利者

---

approbation
/ ˌæprəˈbeɪʃn /

释 *n.* 批准，认可 approval
例 She is seeking her parents' **approbation** for her marriage. 她正在寻求父母对她婚姻的认可。
派 approbate *v.* 认可，承认

---

spurn ●
/ spɜːrn /

阅 | 填

释 *v.* 轻蔑地拒绝；唾弃 reject; scorn
例 At the end of the film, the heroine **spurned** the rich villain's advances and married a poor but kind-hearted teacher. 这部电影的结局是这样的：女主人公拒绝了富有的坏人的求婚，嫁给了贫穷但心地善良的教师。

---

ethnic
/ ˈeθnɪk /

阅 | 填

释 *adj.* 种族的 relating to races
例 There are 56 **ethnic** groups in China. 中国有56个民族。
派 ethnically *adv.* 民族上，人种上

---

acoustics
/ əˈkuːstɪks /

释 *n.* 声学；音响效果 science of sound; quality that makes a room easy or hard to hear in
例 The **acoustics** of the National Grand Theatre are excellent. 国家大剧院的音响效果非常好。
派 acoustic *adj.* 声音的；音响的

---

low
/ loʊ /

释 *v.* 牛叫 moo
例 On the hilltop, we could hear nothing except the cattle **low** occasionally. 在山顶上，我们除了偶尔可以听到牛叫，什么也听不到。

☐ onerous ☐ decollete ☐ egoism ☐ approbation ☐ spurn ☐ ethnic
☐ acoustics ☐ low

grievance
/ 'griːvəns /
阅 | 填

释 *n.* 委屈，不平 cause of complaint
例 Their **grievances** against the government finally resulted in a rebellion. 他们对政府的不满最终导致了叛乱。

inchoate
/ ɪn'kouət /
填

释 *adj.* 开始的；不成熟的，未成形的 recently begun; rudimentary; elementary
例 He made some innovations in this **inchoate** field of visual studies. 他在视觉研究这个新兴的领域里做了些创新。

fortuitous
/ fɔːr'tuːɪtəs /

阅 | 填

释 *adj.* 偶然发生的，巧合的 accidental, by chance
例 The great invention which has changed the lifestyle of human actually came from a **fortuitous** finding. 这个改变了人类生活方式的伟大发明其实来自于一个偶然的发现。
派 fortuitously *adv.* 偶然发生地，巧合地

pulchritude
/ 'pʌlkrɪtjuːd /

释 *n.* 美丽，标致 beauty; comeliness
例 Her plain brown dress in no way detracted from her **pulchritude**. 她穿的普通棕色衣服丝毫没有影响她的美貌。
派 pulchritudinous *adj.* 美貌的

chaffing
/ tʃæfɪŋ/
阅

释 *adj.* 嘲弄的，玩笑的 bantering; joking
例 Sometimes your **chaffing** remarks may annoy your friends. 有时候你的玩笑话可能惹恼你的朋友。

catharsis
/ kə'θɑːrsɪs /

阅

释 *n.* 宣泄；通便 purging or cleansing of any passage of the body
例 She thinks that keeping a diary is a form of **catharsis**. 她认为写日记是一种宣泄方式。
派 cathartic *adj.* 宣泄的；通便的

agnostic
/ æg'nɑːstɪk /

释 *n.* 不可知论者 one who is skeptical of the existence or knowability of a good or any ultimate reality
例 That is an **agnostic** country, where people are not encouraged to believe in religion. 那是一个信奉不可知论的国家，不鼓励人们信仰宗教。
填
派 agnosticism *n.* 不可知论

bowdlerize
/ 'baudləraɪz /

阅

释 *v.* 删节 expurgate
例 What you are listening to is a **bowdlerized** version of a popular American song. 你正在听的是一首美国流行歌曲的删节版。
搭 bowdlerized edition 删节版　　派 bowdlerization *n.* 删节

refurbish
/ ˌriː'fɜːrbɪʃ /

释 *v.* 创新；再磨光，使恢复光亮 renovate; make bright by polishing
例 The old parents intended to **refurbish** the flat for their son's wedding. 年迈的父母打算将这间公寓重新粉刷以备儿子结婚之用。

atrophy ●
/ 'ætrəfi /

阅

释 *v.* 萎缩 waste away
例 Lying in bed for three months, Jim's calf muscles have already **atrophied**. 在床上躺了三个月，吉姆的腿部肌肉已经萎缩了。
派 atrophic *adj.* 萎缩的

---

efface ●
/ ɪ'feɪs /
阅 | 填

释 *v.* 擦，抹去 rub out
例 Time will **efface** everything. 时间会冲淡一切。
搭 efface oneself 使自己不被人注意　　派 effacement *n.* 擦去，消失

---

wistful
/ 'wɪstfl /
阅 | 填

释 *adj.* 渴望的；愁闷的 vaguely longing; sadly thoughtful
例 She had a last **wistful** look at her family. 她留恋地最后看了一眼家人。
派 wistfully *adv.* 渴望地 wistfulness *n.* 渴望；愿望

---

ordain
/ ɔːr'deɪn /

释 *v.* 命令；任命，授权；注定 decree or command; grant holy orders; predestine
例 David was **ordained** a Catholic priest in 1978. 大卫于1978年被任命为天主教司铎。
派 ordination *n.* 授圣职礼

---

futile
/ 'fjuːtl /

阅 | 填

释 *adj.* 无用的，无效果的 useless; hopeless; ineffectual
例 It would be **futile** to stay up late and revise for the exam if you hadn't done any work in daily study. 平时没有好好学习的话，考试前熬夜复习也没有用。
派 futility *n.* 无用，徒劳，无价值

---

insensible
/ ɪn'sensəbl /

阅 | 填

释 *adj.* 失去知觉的；无反应的 unconscious; unresponsive
例 My hands became **insensible** in the freezing weather. 我的手在寒冷的天气里失去了知觉。
派 insensibly adv. 无知觉地

---

barren
/ 'bærən /

阅 | 填

释 *adj.* 贫瘠的；不结果实的；缺乏的 desolate; fruitless and unproductive; lacking
例 In the west of the country is vast **barren** desert land. 这个国家西部是广阔的荒漠。
搭 barren land 不毛之地　　派 barrenness *n.* 贫瘠

---

camouflage
/ 'kæməflɑːʒ /

阅 | 填

释 *v.* 伪装，掩饰 disguise; conceal
例 Soldiers **camouflaged** their trenches with branches. 战士们用树枝遮掩战壕。
搭 camouflage sth with sth 伪装，掩饰

---

hypocritical ■
/ ˌhɪpə'krɪtɪkl /

阅 | 填

释 *adj.* 伪善的；矫饰的 pretending to be virtuous; deceiving
例 What he says might not be the same with what he thinks, as he is a **hypocritical** person. 他说的和想的可能不一样，因为他是个伪善的人。
派 hypocrisy *n.* 虚伪，伪善

criterion ■
/ kraɪ'tɪriən /

阅 | 填

释 *n.* 标准 standard used in judging （复数形式为criteria）
例 Wealth is not the sole **criterion** of success in life. 财富不是衡量人生成功的唯一标准。

scourge
/ skɜːrdʒ /

阅 | 填

释 *n.* 苦难的根源；惩罚；鞭笞 cause of widespread devastation; severe punishment; whip
例 The new boss was the **scourge** of the inefficient. 新老板来了以后，不称职的人就遭殃了。

mawkish
/ 'mɔːkɪʃ /

释 *adj.* 自作多情的；感情脆弱的；多愁善感的 mushy and gushy; icky-sticky sentimental; maudlin
例 Whenever Alice and her boyfriend kissed each other and shed tears, her family would protest their **mawkish** behavior. 每当艾丽丝和她的男朋友亲吻并落泪时，她的家人就会抗议他们多愁善感的行为。
派 mawkishly *adv.* 多愁善感地

hybrid
/ 'haɪbrɪd /

阅 | 填

释 *n.* 杂种；混血儿；混合物 mongrel; mixed breed *adj.* 混合的；杂种的 mixed; crossbred
例 A mule is a **hybrid** of a horse and a donkey. 骡子是马和驴交配所生的杂种动物。
派 hybridism *n.* 杂种，杂交

imperceptible
/ ˌɪmpər'septəbl /

阅

释 *adj.* 难以察觉的 unnoticeable; undetectable
例 The slight change of temperature is almost **imperceptible** to most people. 这种轻微的温度变化对大多数人而言几乎难以察觉。
派 imperceptibly *adv.* 察觉不出地，难以察觉地

emanate
/ 'eməneɪt /

释 *v.* 发源于，来自 issue forth
例 The good idea **emanated** from the smart boy. 好主意是这个聪明的男孩想出的。
搭 emanate from sb/sth 来自某人或某物　　派 emanation *n.* 发散，放射

humane
/ hjuː'meɪn /

阅 | 填

释 *adj.* 仁慈的，人道的 marked by kindness or consideration
例 We need to build up a **humane** society where everyone can get the help he needs. 我们需要建立一个人人都能得到所需帮助的人道社会。
派 humanity *n.* 人道，仁慈

denounce ■
/ dɪ'naʊns /

阅 | 填

释 *v.* 谴责，公开抨击 condemn; criticize
例 Union leaders **denounced** the reform. 工会领袖们谴责这项改革。
派 denunciation *n.* 谴责，斥责

inconsequential ■
/ ɪnˌkɑːnsɪˈkwenʃl /

阅 | 填

释 *adj.* 无关紧要的 insignificant; unimportant
例 Don't spend too much time on the **inconsequential** details. 不要在无关紧要的细节上花太多时间。
派 inconsequentially *adv.* 不重要地，微不足道地

anthology
/ ænˈθɑːlədʒi /

释 *n.* 选集，文选 book of literary selections by various authors
例 Chairman Mao is also famous for his **anthology** of poetry. 毛主席也因他的诗歌选集而闻名。
派 anthologize *v.* 编选集

confrontation
/ ˌkɑːnfrʌnˈteɪʃn /

阅 | 填

释 *n.* 面对；对抗 act of facing someone or something; encounter, often hostile
例 We do not intend to widen the **confrontation**. 我们并不想加剧对抗。
派 confront *v.* 面对，遇到 confrontational *adj.* 对抗的，对抗性的

prompt
/ prɑːmpt /

阅

释 *v.* 提示，促使；（给演员）提白 cause; provoke; provide a cue for an actor
例 The birth of his daughter **prompted** him to earn more money. 女儿的出生促使他去挣更多的钱。
搭 prompt sb to do sth 促使某人做某事

cavil
/ ˈkævl /

释 *v.* 挑剔，吹毛求疵 make frivolous objections
例 It is not easy for a person to **cavil** at everything. 一个人不会对什么都挑剔。
搭 cavil at sth 挑剔

dormant
/ ˈdɔːrmənt /

阅 | 填

释 *adj.* 睡着的；休眠的，蛰伏的 sleeping; lethargic; latent
例 Returning to the old place, his long **dormant** memory stirred. 故地重游，他长期潜藏着的记忆被唤醒。

respiration
/ ˌrespəˈreɪʃn /

阅 | 填

释 *n.* 呼吸，呼吸作用 breathing; exhalation
例 Pregnant women had better receive frequent checks on their **respiration**, blood and pulse. 孕妇最好经常接受呼吸、血液和脉搏等方面的检查。
派 respiratory *adj.* 呼吸的

abash
/ əˈbæʃ /

阅 | 填

释 *v.* 使尴尬，使羞愧 embarrass
例 He felt very **abashed** at the teacher's criticism. 他受到老师的批评后，感到非常羞愧。
搭 be abashed at/by 因…感到羞愧

eon
/ ˈiːən /

释 *n.* 长时间段；时代 long period of time; an age
例 It took **eons** for creatures to evolve. 生物的进化需要很长时间。

fluctuate
/ ˈflʌktʃueɪt /

阅 | 填

释 *v.* 波动；变动 waver; shift
例 The stock price of this corporation **fluctuated** sharply in recent days. 公司股价近几天波动幅度很大。
派 fluctuation *n.* 波动

☐ inconsequential ☐ anthology ☐ confrontation ☐ prompt ☐ cavil ☐ dormant
☐ respiration ☐ abash ☐ eon ☐ fluctuate

burlesque
/ bɜːr'lesk /

释 *v.* 模仿嘲弄 give an imitation that ridicules
例 It is considered impolite for students to **burlesque** teachers. 学生模仿老师被认为是不礼貌的。

---

diva
/ 'diːvə /

释 *n.* 歌剧中的女主角；出众的女歌唱家 operatic singer; prima donna
例 She was world-famous as a **diva**. 她是闻名世界的女歌唱家。

---

virtuoso ■
/ ˌvɜːrtʃu'ousou /

阅

释 *n.* 艺术名家，艺术大师 highly skilled artist
例 And in time Paganini resumed his career as a touring **virtuoso**. 帕格尼尼又适时地重操了巡回演奏的旧业。
派 virtuosity *n.* 精湛技巧

---

blighted ●
/ blaɪtɪd /

阅 | 填

释 *adj.* 枯萎的；毁灭的 suffering from a disease; destroyed
例 Viewing from the air, you can see the extent of the **blighted** area. 从空中你可以看到衰落区的范围。
搭 blighted area 衰落区   派 blight *v.* 枯萎；摧毁

---

arbitrator
/ 'aːrbɪtreɪtər /

释 *n.* 公断人 judge
例 The **arbitrator** must be objective and impartial. 公断人必须客观且公正。
派 arbitration *n.* 仲裁，公断

---

adorn
/ ə'dɔːrn /

阅 | 填

释 *v.* 装饰 decorate
例 They decided to **adorn** their living room with wallpaper. 他们决定用墙纸装饰客厅。
搭 adorn sth/sb with sth 用…装饰或装扮…   派 adornment *n.* 装饰，装扮

---

affected
/ ə'fektɪd /

阅 | 填

释 *adj.* 假装的，做作的 artificial; pretended
例 His **affected** manners to be noble annoyed all of us. 他假装高贵的姿态惹恼了我们所有人。
搭 affected laugh/smile 假笑，不自然的微笑
派 affectation *n.* 装模作样，矫情

---

fecundity
/ fɪ'kʌndəti /

释 *n.* 多产；生殖旺盛 fertility; fruitfulness
例 Children are usually of **fecundity** of imagination. 孩子们通常想象力丰富。

---

archaic ■
/ aːr'keɪɪk /

阅

释 *adj.* 古老的 antiquated
例 There are many **archaic** English words in Shakespeare's works. 莎士比亚的作品中有许多古英语词汇。
派 archaian *adj.* 太古的

---

foreboding
/ fɔːr'boudɪŋ /
阅

释 *n.* 不祥之兆，凶兆 premonition of evil
例 The tarot cards showed a **foreboding** of danger. 塔罗牌显示出危险的不祥之兆。

---

devotee
/ ˌdevəˈtiː /
阅 | 填

释 *n.* 热心之士；爱好者 enthusiastic follower
例 A **devotee** for the past 20 years, she teaches yoga to disabled children. 她练习瑜伽已经20年了，（现在）还向残疾儿童教授瑜伽。

generality
/ ˌdʒenəˈræləti /
阅

释 *n.* 通则，概论 vague statement
例 His speeches always develop from **generalities** to specific details. 他的讲话通常都是先笼统地谈一谈，然后再说具体细节。

interment
/ ɪnˈtɜːrmənt /

释 *n.* 埋葬，葬礼 burial
例 She told herself to stop crying and move on after his **interment**. 在他的葬礼后，她告诉自己停止哭泣，继续好好生活。

smirk
/ smɜːrk /

阅

释 *n.* 得意的笑 conceited smile
例 Christopher made no effort to conceal his **smirk** when the teacher reprimanded his rival in love. 当老师批评自己的情敌时，克里斯托弗毫不掩饰自己得意的笑容。

protocol
/ ˈproʊtəkɔːl /

释 *n.* 草案，协议 diplomatic etiquette
例 Minor breaches of **protocol** could cause diplomatic disaster. 对协议的轻微的违背都有可能造成外交灾难。
派 protocolist *n.* 拟定议定书者

engender
/ ɪnˈdʒendər /
阅 | 填

释 *v.* 引起，产生 cause; produce
例 The driver's carelessness **engendered** a terrible car accident. 司机的粗心大意导致了可怕的车祸。

compunction
/ kəmˈpʌŋkʃn /

阅 | 填

释 *n.* 懊悔，后悔；内疚 remorse; guilt
例 I have no **compunction** about doing so. 这样做我没有感到内疚。
搭 have no compunction about 对…没有内疚，对…没有愧疚
派 compunctious *adj.* 后悔的；内疚的

hoary
/ ˈhɔːri /

阅

释 *adj.* 须发已白的，年老的；古老的 white with age; ancient
例 He still finds the **hoary** old joke funny. 他仍然觉得那个老掉牙的笑话很好笑。
搭 hoary hair 白发，灰发
派 hoariness *n.* 灰白；老年；古老

abbreviate
/ əˈbriːvieɪt /
阅 | 填

释 *v.* 缩短，缩略 shorten
例 He **abbreviated** his first name to Mike. 他将自己的名字缩写为迈克。
搭 abbreviate sth to sth 把…缩短为… 派 abbreviation *n.* 简写词，缩略语

partition
/ paːrˈtɪʃn /

阅

释 *v.* 分割，分成部分 divide into parts
例 The couple **partitioned** the living room into two small bedrooms. 这对夫妻把客厅分割成两个小卧室。
派 partitionist *n.* （政治）分裂主义者

---

guise / gaɪz / 阅	释 *n.* 外观；装束 appearance; costume 例 She turned up in the Holloween party in a **guise** of Winnie the Pooh. 她扮成小熊维尼出现在万圣节聚会上。 搭 in the guise of 伪装成…
crevice / 'krevɪs / 阅｜填	释 *n.* 裂缝 crack; fissure 例 Some tiny plants grow in the **crevice** of the stone wall. 一些小植物从石墙的裂缝中长出来。
noisome / 'nɔɪsəm / 	释 *adj.* 恶臭的，有害的 foul-smelling; unwholesome 例 His **noisome** reputation for lechery had already begun to spread. 他好色的恶名已经四处传播开了。
collage / kə'lɑːʒ / 	释 *n.* 拼贴画 work of art put together from fragments 例 She likes choosing old newspaper and photographs to make **collages**. 她喜欢用旧报纸和旧照片来制作拼贴画。
apparatus / ˌæpə'rætəs / 阅	释 *n.* 器械，设备 equipment 例 Specialized **apparatus** is used to protect the nuclear reactor. 有专门的设备来保护这个核反应堆。
debris / də'briː / 阅｜填	释 *n.* 碎片 rubble 例 A number of people were killed by flying **debris**. 许多人被飞射的碎片击中身亡。
surpass ■ / sər'pæs / 阅｜填	释 *v.* 超越，胜过 exceed 例 We were confident with her abilities, but when she won the first prize in the speech contest all our expectations were **surpassed**. 尽管我们对她的实力充满了信心，但是当她赢得了演讲比赛的冠军时，还是超出了我们所有人的期待。 派 surpassing *adj.* 出色的；卓越的
nomadic / nou'mædɪk / 阅｜填	释 *adj.* 游牧的，流浪的 wandering 例 You have semi-**nomadic** shepherds. You have city dwellers. 这里有半游牧的牧民，也有城市居民。 派 nomad *n.* 游牧民，流浪者
graphic / 'græfɪk / 阅	释 *adj.* 图解的；描写生动的 pertaining to the art of delineating; vividly described 例 The report gave a **graphic** description of the accident. 这篇报道对事故作了生动的描述。 派 graphically *adv.* 生动地
disapprobation / ˌdɪsˌæprə'beɪʃn / 阅	释 *n.* 不以为然；非难 disapproval; condemnation 例 He was interrupted in a speech by clamors of **disapprobation**. 他的演说因反对的叫嚣声而中断。

punitive
/ ˈpjuːnətɪv /

释 *adj.* 惩罚性的 punishing
例 The plaintiff was awarded **punitive** damages in the sex discrimination case. 在这起性别歧视案中，原告获得惩罚性损失赔偿。
搭 punitive justice 因果报应　派 punitiveness *n.* 惩办主义

---

unprecedented ●
/ ʌnˈpresɪdentɪd /

阅 | 填

释 *adj.* 空前的，没有先例的 novel; unparalleled
例 The mission has been an **unprecedented** success. 这次的任务是一次空前的成功。
派 unprecedentedly *adv.* 空前地

---

sententious
/ senˈtenʃəs /

释 *adj.* 简洁的；警句的 terse; concise; aphoristic
例 What impressed me most about this writer is his **sententious** style of speech. 这位作家留给我的最深印象是他善于使用简洁的语句。
派 sententiousness *n.* 简洁 sententiously *adv.* 简洁地

---

egress
/ ˈiːgres /
填

释 *n.* 出口；外出，外出权 exit; way out; (right of) going out
例 They found no **egress** and had to stay in the forest. 他们没有找到出口，只得待在森林里。

---

lunge
/ lʌndʒ /

释 *v.* 冲，扑 quickly dive forward; thrust
例 Mark **lunged** forward to try to hit me. 马克猛冲向前，企图打我。

---

attrition
/ əˈtrɪʃn /

释 *n.* 消耗；人员自然缩减；磨损 gradual decrease in numbers; reduction in the work force without firing employees; wearing away of opposition by means of harassment
例 They are facing a serious **attrition** due to internal friction. 他们正在遭遇内耗。
搭 attrition rate 损耗率，磨损率　派 attritional *adj.* 消耗的，磨损的

---

founder
/ ˈfaʊndər /

阅 | 填

释 *v.* 失败；沉没 fail completely; sink *n.* 创建者，缔造者 person who establishes (an organization, business)
例 Our plan **foundered** on a lack of financial support. 我们的计划因为缺少资金支持而失败。// Steve Jobs is one of the **founders** of Apple Inc. 史蒂夫·乔布斯是苹果公司的创始人之一。

---

disavowal
/ ˌdɪsəˈvaʊəl /
填

释 *n.* 否认，不承认 denial; disclaiming
例 Your attitude looks more like **disavowal**. 你的这种态度看起来更像推卸（责任）。
派 disavow *v.* 否认，否定

---

impetus
/ ˈɪmpɪtəs /
阅

释 *n.* 推动力，促进，冲力 incentive; stimulus; moving force
例 The change in exchange rate may give an **impetus** to trade. 汇率的变化可能会促进贸易。
搭 impetus for/to sth 推进，刺激

---

cavalier
/ ˌkævəˈlɪr /

阅

释 *adj.* 随便的；傲慢的 offhand or casual; haughty
例 As head of the project, you should never take a **cavalier** attitude toward the authenticity of data. 作为项目负责人，你永远也不能对数据的真实性采取无所谓的态度。
搭 cavalier perspective 散点透视

enumerate
/ ɪˈnuːməreɪt /
阅 | 填

释 *v.* 列举，枚举 list; mention one by one
例 The teacher **enumerated** many good examples. 老师列举了许多好例子。

indigent
/ ˈɪndɪdʒənt /
阅 | 填

释 *adj.* 贫乏的，穷困的 poor; destitute
例 He grew up in an **indigent** area of New York. 他在纽约的一个贫民区长大。
派 indigence *n.* 贫乏，穷困

malapropism
/ ˈmæləprɑːpɪzəm /

释 *n.* 荒唐的用词错误 comic misuse of a word
例 There is a **malapropism** in her report. 她的报告里有一处词语的滑稽误用。

inequity
/ ɪnˈekwəti /

阅

释 *n.* 不公正，偏私 unfairness
例 Income **inequity** has been one of the main obstacles to economic development. 收入不公平是经济发展的主要阻碍之一。
派 inequitable *adj.* 不公正的，偏私的

inaugurate
/ ɪˈnɔːgjəreɪt /

阅

释 *v.* 开始；就职 start; initiate; install in office
例 He will be **inaugurated** as the new CEO next month. 他下个月将成为公司新任总裁。
派 inaugural *adj.* 开始的；开幕的；就任的

perdition
/ pɜːrˈdɪʃn /

释 *n.* 被罚入地狱；彻底毁灭 damnation; complete ruin
例 Drinking alcohol every day, he was on the brink of **perdition**. 他每天都喝酒，濒临毁灭的边缘。

cabal
/ kəˈbaːl /

阅

释 *n.* 阴谋集团 small group of persons secretly united to promote their own interests
例 Can you imagine that he is a member of a government **cabal**? 你能想象他是政府阴谋集团的一分子吗？

severity
/ sɪˈverəti /
阅 | 填

释 *n.* 严肃，严格，严重 harshness; intensity; sternness; austerity
例 The new settlers survived the **severity** of the first winter thanks to the natives. 多亏了当地的土著居民，新来的移民顺利度过了第一个严冬。

downcast
/ ˈdaʊnkæst / 阅

释 *adj.* 沮丧的，悲哀的 disheartened; sad
例 He was always cheerful and optimistic and never **downcast**. 他总是高兴乐观，从不垂头丧气。

122
□ cavalier   □ enumerate   □ indigent   □ malapropism   □ inequity   □ inaugurate
□ perdition   □ cabal   □ severity   □ downcast

sumptuous
/ ˈsʌmptʃuəs /

释 *adj.* 豪华的，盛大的 lavish; rich

例 A **sumptuous** feast was held by the General Administration of Sport to celebrate the Chinese delegates' outstanding performances at the Olympic Games. 国家体育总局举行了盛宴以庆祝中国代表团在奥运会上的优异表现。

派 sumptuousness *n.* 豪华，奢侈

阅

testy
/ ˈtesti /

释 *adj.* 易怒的，暴躁的 irritable; short-tempered

例 Grandmother became very **testy** during the days before her death. 祖母在去世前的那些日子里变得非常暴躁。

派 testiness *n.* 易怒，暴躁

阅

offensive
/ əˈfensɪv /

释 *adj.* 攻击的，无礼的，讨厌的 attacking; insulting; distasteful

例 How can this young man make such **offensive** remarks? 这个年轻人怎么能制造出这样的攻击性言论？

派 offense *n.* 进攻

阅 | 填

absolve
/ əbˈzɑːlv /

释 *v.* 赦免 pardon (an offense)

例 God will **absolve** you from all your sins. 上帝会赦免你所有的罪行。

搭 absolve sb from/of a sin 赦免某人的罪　派 absolution *n.* 宽恕，赦免

阅 | 填

adversity ■
/ ədˈvɜːrsəti /

释 *n.* 贫穷；不幸 poverty; misfortune

例 In time of **adversity**, real friends will never desert you. 患难时，真正的朋友永远不会弃你而去。

阅 | 填

vital
/ ˈvaɪtl /

释 *adj.* 生机勃勃的；重大的；生命的 vibrant and lively; critical; living, breathing

例 The port is **vital** to supply relief to millions of drought victims. 这个港口对向数百万旱灾灾民提供救援物资是至关重要的。

派 vitally *adv.* 极其；紧要地；生死攸关地

阅

implicate
/ ˈɪmplɪkeɪt /

释 *v.* 使牵连其中；暗示 incriminate; show to be involved

例 The police thought that he had been highly **implicated** in the murder. 警方认为他和谋杀案有很大联系。

搭 implicate in sth 与…有牵连

阅 | 填

Word List 12

attest
/ əˈtest /
阅 | 填

释 *v.* 证明 testify, bear witness
例 I can **attest** to his absolute innocence. 我能证明他绝对是无辜的。
搭 attest to sth 证实，证明　　派 attestation *n.* 证词

idolatry
/ aɪˈdɑːlətri /

释 *n.* 偶像崇拜；盲目崇拜 worship of idols; excessive admiration
例 **Idolatry** will have a bad influence on the healthy growth of teenagers. 盲目崇拜会对青少年的健康成长产生不利影响。
派 idolatrous *adj.* 崇拜偶像的

advocacy
/ ˈædvəkəsi /
阅 | 填

释 *n.* 支持，拥护 support
例 He is well-known for his **advocacy** of civil rights. 他以倡导民权闻名。
搭 advocacy of sth（对行动、信念等的）支持，拥护

rift
/ rɪft /
阅

释 *n.* 裂缝，裂口 opening; break
例 There is a growing **rift** between the young couple who live in separated places. 由于两地分居，这对年轻夫妻间的裂痕日益扩大。

ostracize
/ ˈɑːstrəsaɪz /

填

释 *v.* 放逐；排斥 exclude from public favor; ban
例 She claims she's being **ostracized** by some members of her office. 她声称受到办公室一些人的排挤。
派 ostracism *n.* 放逐；排斥

eloquence ■
/ ˈeləkwəns /
阅 | 填

释 *n.* 能言善辩 expressiveness; persuasive speech
例 Facts speak louder than **eloquence**. 事实胜于雄辩。
派 eloquent *adj.* 有口才的，善辩的

pecuniary
/ pɪˈkjuːnieri /

阅

释 *adj.* 钱的，金钱方面的 pertaining to money, financial
例 He refused all **pecuniary** aid from his parents and decided to start from scratch. 他拒绝了父母的所有金钱资助，决定白手起家。
搭 pecuniary resources 财力
派 pecuniarily *adv.* 在金钱上，在金钱方面

heinous
/ ˈheɪnəs /
阅

释 *adj.* 可憎的，极可恶的 atrocious; hatefully bad
例 He has committed **heinous** crime. 他已经犯下了十恶不赦的罪行。
派 heinously *adv.* 可憎地

turncoat / ˈtɜːrnkoʊt / 阅	释 **n.** 背叛者，变节者 traitor 例 The **turncoat** was sentenced to death. 叛徒被判处死刑。
stem / stem / 阅	释 **v.** 遏制；制止 check the flow **v.** 出自；来源于 arise from 例 He used a ball of cotton to **stem** the flow of water from a cracked pipe. 他用一团棉花阻止水从破裂的水管中流出。// This belief that everybody can get ahead in life through hard work **stems** from Confucianism. 这种人人都能通过努力取得成功的信念来自于儒家思想。
consolidation / kənˌsɑːlɪˈdeɪʃn / 阅｜填	释 **n.** 联合；巩固 unification; process of becoming firmer or stronger 例 The unsecured debt **consolidation** loans apply to the tenant. 无担保的债务合并贷款适用于房客。 派 consolidate **v.** 巩固
anguish / ˈæŋgwɪʃ /	释 **n.** 剧痛；极度的痛苦 acute pain; extreme suffering 例 The old overseas Chinese felt great **anguish** hearing his hometown was seized by the enemy. 听说家乡被敌军占领了，这位老华侨感到非常痛苦。 派 anguished **adj.** 极其痛苦的
congenital / kənˈdʒenɪtl / 阅｜填	释 **adj.** 天生的，先天的 existing at birth 例 The baby died of **congenital** heart disease. 这名婴儿死于先天性心脏病。
beam / biːm / 阅	释 **n.** 光束；木梁；电波 ray of light; long piece of metal or wood; course of a radio signal **v.** 面露喜色，满脸堆笑 smile radiantly 例 Suddenly she saw a **beam** of torch flashing in the dark. 突然她看到黑暗中闪过一束手电的光。// The new leaders **beamed** at the journalists at the press conference. 新闻发布会上新一届领导人笑容满面地面对记者。 搭 laser beam 激光；beam at sb 对…笑容满面 派 beamed **adj.** 有木梁的
hallucination / həˌluːsɪˈneɪʃn /	释 **n.** 幻觉，幻想 delusion 例 The patient complained that he had been having **hallucinations**. 病人抱怨说他总是产生幻觉。
check / tʃek / 阅	释 **v.** 停止；抑制，遏制 stop motion; curb or restrain 例 You'd better **check** your anger, Jane, after all she is your mom. 你最好忍住怒火，简，毕竟她是你的妈妈。
tiller / ˈtɪlər /	释 **n.**（船的）舵柄 handle used to move boat's rudder (to steer) 例 After the ship was capsized, what the old man left were two oars and a **tiller**. 船翻后，老人只剩下两把桨和一个舵柄。

deploy
/ dɪ'plɔɪ /

释 *v.* 拉长战线，展开 spread out [troops] in an extended though shallow battle line

例 The general ordered his men to **deploy** in order to meet the offensive of the enemy. 将军命令他的士兵展开阵形以抗击敌人的进攻。

派 deployment *n.* 调度，部署

---

sphinx-like
/ 'sfɪŋks,laɪk /

释 *adj.* 神秘的 enigmatic; mysterious

例 The more **sphinx-like** she is, the more curious he is about her. 她越神秘，他对她便越充满好奇。

---

irrevocable
/ ɪ'revəkəbl /

阅

释 *adj.* 不能改变的；不可撤销的 unalterable; irreversible

例 We only accept the confirmed and **irrevocable** letter of credit as payment. 我们只接受保兑的、不可撤销的信用证作为付款方式。

派 irrevocability *n.* 不能挽回的事

---

compute
/ kəm'pjuːt /

释 *v.* 计算，估算 calculate; reckon

例 It is hard to **compute** the losses caused by the earthquake. 很难估算地震造成的损失。

派 computation *n.* 计算，估计

---

progeny
/ 'prɑːdʒəni /

阅

释 *n.* 子孙，后裔 children; offspring

例 We have to stop ruining the environment for the benefit of our **progeny**. 为了子孙后代的利益，我们必须停止破坏环境。

---

nurture ■
/ 'nɜːrtʃər /

阅 | 填

释 *v.* 养育，教养，培养 nourish; educate; foster

例 Parents try their best to **nurture** and raise their child to adulthood. 父母尽自己最大努力养育孩子长大成人。

派 nurturer *n.* 养育者；营养物

---

repertoire
/ 'repərtwɑːr /

释 *n.* （准备好演出的）节目单 list of works of music, drama, etc., a performer is prepared to present

例 Many classic comedies are included in the theatre's **repertoire** for the following season. 在该剧院下一个演出季的节目中，包含很多经典喜剧。

---

posthumous
/ 'pɑːstʃəməs /

阅

释 *adj.* 死后的；遗腹的，死后出版的 after death (as of child born after father's death or book published after author's death)

例 Not until a **posthumous** collection of his articles was published did the critics recognize his great talent. 直到他去世后作品集出版，评论家们才意识到他的杰出才华。

搭 confer posthumous honors on 追赠，谥封

派 posthumously *adv.* 于身后，于死后

---

derivative ■
/ dɪ'rɪvətɪv /

阅 | 填

释 *adj.* 引申的，推论的 unoriginal; derived from another source

例 This is a **derivative** model of the Citroen. 这是雪铁龙系列的派生车型。

派 derivation *n.* 引出；来历；词源；派生词

□ deploy　　□ sphinx-like　　□ irrevocable　　□ compute　　□ progeny　　□ nurture
□ repertoire　　□ posthumous　　□ derivative

hypothetical ■
/ ˌhaɪpə'θetɪkl /

阅 | 填

释 *adj.* 假定的，基于假设的 based on assumptions or hypotheses; supposed
例 Your plan will not work under this kind of **hypothetical** situation. 你的计划在这种假定情况下就不会起作用了。
派 hypothesis *n.* 假设

---

perfunctory ●
/ pər'fʌŋktəri /

阅 | 填

释 *adj.* 敷衍的，例行的 superficial; not thorough; lacking interest, care, or enthusiasm
例 His speech received **perfunctory** applause. 他的讲话得到了敷衍的掌声。
派 perfunctorily *adv.* 敷衍地，表面地

---

sophomoric
/ ˌsɑːfə'mɔːrɪk /

填

释 *adj.* 一知半解的 immature; half-baked, like a sophomore
例 His **sophomoric** arguments in the TV program triggered heated discussion nationwide. 他在电视节目中一知半解的观点在全国范围内引发了热烈的讨论。

---

marital
/ 'mærɪtl /

阅

释 *adj.* 婚姻的 pertaining to marriage
例 Jim was keen to make Paris his **marital** home. 吉姆渴望婚后把家安在巴黎。
派 maritally *adv.* 婚姻上作为夫妇

---

peruse
/ pə'ruːz /

阅 | 填

释 *v.* 精读，细读 read with care
例 When I first began to **peruse** these files, I was puzzled and sometimes a little annoyed. 我刚开始细读这些档案的时候，有些困惑，有时还有点厌烦。
派 perusal *n.* 精读，熟读

---

booming
/ 'buːmɪŋ /

阅 | 填

释 *adj.* 低沉有回响的；繁荣的 deep and resonant; flourishing, thriving
例 The manager reports that their sales are **booming**. 经理汇报说他们的销售额在快速增长。
搭 booming income 高收入；booming market 景气的市场
派 boom *v.* 发出深沉而有回响的声音；使繁荣

---

bacchanalian
/ ˌbækə'neɪliən /

释 *adj.* 喝醉的；狂欢的 drunken
例 The emperor refused to attend the **bacchanalian** orgy. 皇帝拒绝参加醉酒狂饮的宴会。
派 bacchanalia *n.* （古罗马）酒神节；纵酒狂欢

---

methodical ■
/ mə'θɑːdɪkl /

释 *adj.* 系统的 systematic
例 My father is a very **methodical** person and does everything carefully, thoroughly, and in order. 我的父亲是一个非常有条理的人，做什么事都认真、仔细、有序。
派 methodically *adv.* 有条理地，有条不紊地

---

apprenticeship
/ əˈprentɪʃɪp /

阅

释 *n.* 学徒年限 time spent as a novice learning a trade from a skilled worker
例 Serving his **apprenticeship**, he's learnt a lot from the technician. 学徒期间他从技师那里学到了很多东西。
搭 apprenticeship education 学徒教育　派 apprentice *n.* 学徒

---

predispose
/ ˌpriːdɪˈspəʊz /

阅

释 *v.* 预先安排，使偏向于 give an inclination toward; make susceptible to
例 Violent parents **predispose** children to being insecure and violent. 如果父母很暴力，孩子就容易缺乏安全感并且有暴力倾向。
搭 predispose sb to sth 使某人易患…病；使某人倾向于做某事
派 predisposed *adj.* 先有倾向的

---

loquacious
/ ləˈkweɪʃəs /

阅 | 填

释 *adj.* 多话的，饶舌的 talkative
例 The normally **loquacious** Mr White has said little this time. 平常话多的怀特先生这次几乎没说什么。
派 loquacity *n.* 多话，饶舌

---

amorphous ●
/ əˈmɔːrfəs /

阅 | 填

释 *adj.* 无组织的，无定形的 formless; lacking shape or definition
例 The task was assigned to him a week ago, but up to now his plan is still **amorphous**. 任务分配给他已经一周的时间了，但直到现在连个计划的影子都没有呢。
派 amorphousness *n.* 无定形，无结构

---

escapade
/ ˌeskəˈpeɪd /

释 *n.* 恶作剧；冒险（越轨）行为 prank; flighty conduct
例 It is so lucky that he wasn't hurt by his **escapade**. 他没有因为他的冒险行为而受伤真是太幸运了。

---

benediction
/ ˌbenɪˈdɪkʃn /

释 *n.* 祝福，祈祷 blessing
例 They got married with all their relatives' **benediction**. 他们带着所有亲戚的祝福结婚了。
派 benedictional *adj.* 使人幸福的；赐福的

---

fraudulent
/ ˈfrɔːdʒələnt /

阅 | 填

释 *adj.* 欺诈的，欺骗的 cheating, deceitful
例 The company will eventually suffer from its **fraudulent** advertising. 这个公司最终会因为虚假宣传而遭到报应的。
派 fraudulently *adv.* 欺骗地

---

rigorous
/ ˈrɪɡərəs /

阅 | 填

释 *adj.* 严格的，严厉的，严酷的 severe; harsh; demanding; exact
例 The police employed a total of 300 policemen and undertook a three-day **rigorous** search throughout the whole village but didn't find any clues. 警方共动用了300名警员，对整个村庄进行了为期三天的彻底搜寻，但是没有找到任何蛛丝马迹。
派 rigorously *adv.* 严厉地；残酷地　rigorousness *n.* 残酷；严厉

---

bumptious
/ ˈbʌmpʃəs /

释 *adj.* 傲慢的，自负的 self-assertive
例 He got that nickname because of his **bumptious** airs. 由于他总是摆出一副自以为是的架势，所以得此绰号。
派 bumptiousness *n.* 冒失，狂妄

☐ apprenticeship ☐ predispose ☐ loquacious ☐ amorphous ☐ escapade ☐ benediction
☐ fraudulent ☐ rigorous ☐ bumptious

frenetic
/ frə'netɪk /

阅 | 填

释 *adj.* 发狂的，狂热的 frenzied, frantic
例 I will never participate in such a **frenetic** activity. 我绝对不会参加如此疯狂的活动。
派 frenetically *adv.* 发狂地

exuberance ■
/ ɪg'zuːbərəns /

阅

释 *n.* 丰富，茂盛；热情洋溢；精神焕发 overflowing abundance; joyful enthusiasm; flamboyance
例 She was eager to share her **exuberance** with her parents. 她急于和她的父母分享她的快乐。

fell ●
/ fel /

释 *adj.* 残暴的；致命的 cruel; deadly *v.* 砍伐（树木）；击倒 cut or knock down; bring down (with a missile)
例 They beat back the **fell** enemies and won the battle. 他们击退了凶残的敌人，并赢得了战斗的胜利。// It's difficult for the boy to **fell** such a big tree. 砍倒如此大的一棵树对于那个男孩来说太难了。

reimburse
/ ˌriːɪm'bɜːrs /

阅

释 *v.* 偿还，偿付 repay
例 The logistics company promises to **reimburse** the customers for any loss or damage. 该物流公司承诺赔偿顾客受到的任何损失和损坏。
搭 reimburse sth (to sb); reimburse sb (for sth) 补偿某人；偿还某物
派 reimbursement *n.* 偿还，赔偿

quail
/ kweɪl /

填

释 *v.* 畏惧；沮丧 cower; lose heart
例 I **quail** at the thought of delivering a speech in public. 我只要一想到要在大庭广众之下发表演讲就害怕。
搭 quail at/before sb/sth 在…面前感到或显露恐惧、畏缩

apparition
/ ˌæpə'rɪʃn /

阅 | 填

释 *n.* 鬼，幽灵 ghost; phantom
例 In her dream she saw the **apparition** of her dead husband. 她在梦中见到了已故丈夫的幽灵。
派 apparitional *adj.* 幽灵（似）的

esteem
/ ɪ'stiːm /

阅 | 填

释 *v.* 尊敬，敬重 respect; value
例 I **esteem** him for his courage. 我敬佩他的勇气。

sartorial
/ sɑːr'tɔːriəl /

释 *adj.* 裁缝的，缝纫的 pertaining to tailors
例 This magazine aims at the successful businessmen by offering them critical **sartorial** advice as well as guidance. 这本杂志面向成功的商务男士，给予他们在穿着方面的中肯建议和指导。
派 sartorially *adv.* 在服装方面

unpalatable
/ ʌn'pælətəbl /

释 *adj.* 味道差的；令人不快的 distasteful; disagreeable
例 Just as bitter medicine cures sickness, so **unpalatable** advice benefits conduct. 良药苦口利于病，忠言逆耳利于行。
派 unpalatability *n.* 不适口性

□ frenetic   □ exuberance   □ fell   □ reimburse   □ quail   □ apparition
□ esteem   □ sartorial   □ unpalatable

swelter
/ 'sweltər /

释 *v.* 热昏；中暑 be oppressed by heat
例 It's sweltering in summer and chilling in winter here. I cannot put up with it any more! 这儿夏天热得要命，冬天又冷得够呛。我实在受不了了！

seamy
/ 'siːmi /

释 *adj.* 丑恶的 sordid; unwholesome
例 The video that has been widely spread on the Internet recently revealed the seamy side of some officials' lives. 最近在网上广为流传的视频揭露了一些官员的丑陋生活。

decrepit
/ dɪ'krepɪt /
阅 | 填

释 *adj.* 破旧的，年久失修的；衰老的 worn out by age
例 He didn't like decrepit, predictable things. 他不喜欢破旧、无趣的东西。

willful
/ 'wɪlfl /

释 *adj.* 故意的；固执的，任性的 intentional; headstrong
例 A judge convicted the defendant of willful murder. 法官宣判被告犯有故意杀人罪。
搭 willful misconduct 故意违犯；渎职
派 willfully *adv.* 故意地；任性固执地

pall
/ pɔːl /

释 *v.* 变得平淡、乏味 grow tiresome
例 Already the allure of meals in this private home cuisine had begun to pall. 这家私房菜的菜色已经不像以前那样诱人了。

transmute
/ trænz'mjuːt /

释 *v.* 使变形；使变质 change; convert to something different
例 Ancient people believed that ordinary metals can be transmuted into gold. 古代人认为普通金属可以变成黄金。
派 transmutable *adj.* 可变形的 transmutation *n.* 变形；变化

philistine
/ 'fɪlɪstiːn /

阅

释 *n.* 平庸的人，没有文化修养的人；市侩的人 narrow-minded person, uncultured and exclusively interested in material gain
例 You wouldn't expect a philistine to understand the value of arts. 你不能指望一个庸俗的人理解艺术的价值。
派 philistinism *n.* 庸俗，没有文化修养

valedictory
/ ˌvælɪ'dɪktəri /

阅

释 *adj.* 告别的，告辞的 pertaining to farewell
例 He asked his secretary to help prepare a valedictory address. 他让秘书帮忙起草一份告别演说。
派 valediction *n.* 告别演说；告别词

contravene
/ ˌkɑːntrə'viːn /

阅

释 *v.* 违反，反对，侵犯 contradict; oppose; infringe on or transgress
例 Her actions contravene the rules. 她的所作所为违反了规定。
派 contravention *n.* 违反，违背；矛盾；违法

paradox
/ 'pærədɑːks /

阅 | 填

释 *n.* 自相矛盾，似非而是 something contradictory in nature
例 It is quite a paradox that the more he wanted, the less he got. 他想要的越多，得到的就越少，这实在是很矛盾。
派 paradoxical *adj.* 自相矛盾的，似是而非的

assay
/ ə'seɪ /

释 *v.* 化验，分析 analyze; evaluate
例 The public asked the authorities to **assay** the food samples. 公众要求当局化验食品样品。
派 assayer *n.* 鉴定师，分析师

clandestine
/ klæn'destɪn /

阅｜填

释 *adj.* 秘密的 secret
例 Only his best friend knew his **clandestine** relationship with the actress. 只有他的一个挚友知道他和那位女演员的秘密关系。
搭 clandestine dealing 黑市交易；clandestine press 地下印刷所

compact
/ 'kɑːmpækt /

阅｜填

释 *n.* 契约；合同 agreement; contract *adj.* 挤满的，紧密的；坚实的；简洁的 tightly packed; firm; brief
例 The terms are made clear in the **compact**. 条款在合同里都表达得很清楚。// His body is short and **compact**, just suitable for wrestling. 他长得矮小结实，正适合摔跤。
派 compactly *adv.* 紧密地；简洁地

aesthetic ■
/ es'θetɪk /

阅｜填

释 *adj.* 艺术的；悦目的 artistic; pleasing
例 The decoration is very practical, but not very **aesthetic**. 装修很实用，但不太美观。
派 aesthete *n.* 审美家

quirk
/ kwɜːrk /

释 *n.* 急转；突发事件 startling twist; caprice
例 By a **quirk** of fate, her husband divorced her and fell in love with her close friend. 由于命运的捉弄，她丈夫跟她离婚了并爱上了她的闺中密友。

steep
/ stiːp /

释 *v.* 浸，泡，沉浸 soak; saturate
例 Be sure to **steep** vegetables in water for a while before they are cooked. 烹调蔬菜之前一定要先把蔬菜放在水里泡一会。
搭 steep sb/oneself/sth in sth 使…弥漫或充满…；使自己/某人精通某事物

filch
/ fɪltʃ /

阅

释 *v.* 偷窃，窃取 steal
例 He is punished by his mother for **filching** several notes from his mother's purse. 他因为从妈妈钱包里偷了一些钱而被她惩罚。

amulet
/ 'æmjʊlət /

释 *n.* 护身符 charm; talisman
例 The **amulet** she wore was passed down from her father. 她佩戴的护身符是父亲留给她的。

lachrymose
/ 'lækrɪmoʊs /

填

释 *adj.* 爱哭的；催泪的 producing tears
例 His voice has a **lachrymose** quality, which makes some audience depressed. 他悲伤的声音使一些观众感到忧伤。
派 lachrymosity *n.* 催泪

scale
/ skeɪl /
阅

释 *v.* 攀登 climb up; ascend
例 A group of boys **scaled** over the school gate and sneaked into an Internet bar. 一群男生翻过校门，溜进了一家网吧。

elixir
/ ɪˈlɪksər /
阅

释 *n.* 灵丹妙药 cure-all; something invigorating
例 People always dreamed to get the **elixir** of life to live forever. 人们总是梦想着会得到长生不老药，永世生存。

typhoon
/ taɪˈfuːn / 阅 | 填

释 *n.* 台风 tropical hurricane or cyclone
例 **Typhoon** often occurs in the western Pacific. 台风经常出现在西太平洋。

exhort
/ ɪɡˈzɔːrt /

释 *v.* 力劝 urge
例 Experts **exhort** people to be cautious when stepping into stock market. 专家告诫人们涉足股市要谨慎。

propitious
/ prəˈpɪʃəs /

阅 | 填

释 *adj.* 合适的，有利的 favorable; fortunate; advantageous
例 The fine weather today is **propitious** for climbing the mountain. 今天天气好，很适合爬山。
搭 propitious for 有利于…的；适合…的
派 propitiously *adv.* 吉利地；合适地

prone
/ proʊn /

阅 | 填

释 *adj.* 有…倾向的，易于…的 inclined to; prostrate
例 She was **prone** to insomnia when she had to get up very early the next morning. 第二天早上要很早起的话，她就容易失眠。
搭 be prone to 有…癖的，易…的，有…倾向的
派 proneness *n.* 倾向

intelligentsia
/ ɪnˌtelɪˈdʒentsɪə /

释 *n.* 知识界，知识阶层 the intelligent and educated classes [often used derogatorily]
例 Both his mother and his father are in the **intelligentsia**. 他的父母都是知识分子。

fret
/ fret /

阅

释 *v.* （使）烦恼，（使）焦急 to be annoyed or vexed
例 She **fretted** about the upcoming final exam. 她为即将到来的期末考试焦躁不安。
搭 fret about/over sth 为…烦恼，焦急

demure
/ dɪˈmjʊr /
阅

释 *adj.* 端庄的；腼腆的 grave; serious; coy
例 She gave him a **demure** smile. 她对他腼腆一笑。
派 demurely *adv.* 装成端庄地；认真地

viable ●
/ ˈvaɪəbl /

释 *adj.* 可行的，可实施的；能养活的 practical or workable; capable of maintaining life
例 David brought up a **viable** plan in the meeting. 大卫在会上提出了一个可行的计划。
派 viability *n.* 生存能力，发育能力；可行性

□ scale   □ elixir   □ typhoon   □ exhort   □ propitious   □ prone
□ intelligentsia   □ fret   □ demure   □ viable

constraint ■
/ kən'streɪnt /

阅

释 *n.* 强制，约束 compulsion; repression of feelings.
例 Constraint measurements must be taken to stop the demonstration. 我们应当采取强制措施停止游行。
派 constrain *v.* 强制，约束

transition
/ træn'zɪʃn /

阅

释 *n.* 过渡 going from one state of action to another
例 After the bloody civil war, the people needed a peaceful transition. 在充满血腥的内战之后，人们需要的是和平的过渡。
派 transitional *adj.* 过渡的

zeal
/ ziːl /

阅

释 *n.* 热心，热情，热诚 eager enthusiasm
例 He took on the assignment with great zeal. 他非常热情地承担了这项任务。
搭 zeal for sth 热心于…   **派** zealous *adj.* 热心的，热情的，积极的

viscid
/ 'vɪsɪd /

阅

释 *adj.* 黏的，黏质的 adhesive; gluey
例 A species of ground cherry native to Mexico, has an edible, yellow to purple viscid fruit. 一种原产于墨西哥的本地樱桃，可结出黄色到紫色的可食性浆果。

respite ●
/ 'respɪt /

阅 | 填

释 *n.* 延期，暂缓；缓刑 interval of relief; time for rest; delay in punishment
例 After working continuously on this program for a half year, the professor longed for two days of respite. 在为这个项目连续工作了半年之后，教授很想歇两天。
搭 respite from sth 暂时的缓解或放松

thermal
/ 'θɜːrml /

阅

释 *adj.* 热的，热量的 pertaining to heat
例 The establishment of a thermal power station provided a large number of jobs for the residents nearby. 热能发电站的建立为附近居民提供了大量的工作机会。

ebb
/ eb /

阅

释 *v.* 衰退，逐渐减少 recede; lessen *n.* （指潮水）退落 (of a tide) the flowing out
例 Our enthusiasm began to ebb after the long walk. 步行了很长时间后，我们的热情渐渐退去了。
搭 ebb away （尤指潮水）退落

outstrip
/ ˌaʊt'strɪp /

阅

释 *v.* 超过，胜过 surpass; outdo
例 Usain Bolt easily outstripped his white competitors to win the gold medal at the Olympic Games. 在奥运会上，尤塞恩·博尔特轻松地超过他的白人对手赢得了金牌。

dire
/ 'daɪər /

阅 | 填

释 *adj.* 可怕的，悲惨的 disastrous
例 The people here are reduced to dire poverty because of the natural disasters. 这里的人们由于自然灾害而处于可怕的贫穷之中。

ultimate
/ ˈʌltɪmət /

阅 | 填

释 *adj.* 最后的，终极的 final; not susceptible to further analysis
例 He promised to be with her to the **ultimate** ends of the world. 他承诺就算世界末日都和她在一起。
派 ultimately *adv.* 最后，终于

bellicose
/ ˈbelɪkouz /

阅 | 填

释 *adj.* 好斗的 warlike
例 Nobody likes his **bellicose** character. 没有人喜欢他好斗的性格。
派 bellicosity *n.* 好斗

equitable ●
/ ˈekwɪtəbl /

阅

释 *adj.* 公平合理的，公正的 fair; impartial
例 We should seek for an **equitable** solution to this problem. 我们应该为这个问题找到一个公平合理的解决方案。
派 equitableness *n.* 公平，正当

serpentine
/ ˈsɜːrpəntiːn /

释 *adj.* 蜿蜒的 winding; twisting
例 We drove on the **serpentine** mountain road, enjoying a panoramic view of the mountain. 我们行驶在蜿蜒的山路上，将山中美景尽收眼底。

circumspect
/ ˈsɜːrkəmspekt /

阅 | 填

释 *adj.* 小心的，慎重的 prudent; cautious
例 The accountant is very **circumspect**. 这名会计非常小心谨慎。
派 circumspection *n.* 细心，慎重

demean
/ dɪˈmiːn /

阅 | 填

释 *v.* 贬低身份，辱没 degrade; humiliate
例 I wouldn't **demean** myself to ask for favors from them. 我不会降低身份向他们求情。
派 demeaning *adj.* 降低身份的，有损人格的

stultify
/ ˈstʌltɪfaɪ /

释 *v.* 使显得愚笨；使变无效，使成为徒劳 cause to appear or become stupid or inconsistent; frustrate or hinder
例 I hate a rigid routine because it can **stultify** me and make me feel empty. 我讨厌刻板单调的生活，因为它使我显得愚笨，并令我感到空虚。
派 stultification *n.* 愚笨

charisma
/ kəˈrɪzmə /

阅 | 填

释 *n.* 超凡能力；魅力，领袖气质 divine gift; great popular charm or appeal of a political leader
例 The team leader has great personal **charisma**. 这名团队领袖有超凡的个人魅力。
派 charismatic *adj.* 有超凡魅力的，神赐能力的

glower
/ ˈglauər /

释 *v.* 怒目而视 scowl
例 He **glowered** at the children who played joke on him. 他怒视着对他恶作剧的孩子们。
搭 glower at sb/sth 对…怒目而视　派 gloweringly *adv.* 愤怒地（盯着）

134
☐ ultimate　☐ bellicose　☐ equitable　☐ serpentine　☐ circumspect　☐ demean
☐ stultify　☐ charisma　☐ glower

harangue
/ həˈræŋ /
阅

释 *n.* 长篇大论，喋喋不休 noisy speech *v.* 向…滔滔不绝地讲 spout
例 His **harangue** was really boring to me. 我觉得他的长篇大论非常无聊。
派 haranguer *n.* 高谈阔论者

demur
/ dɪˈmɜːr /

阅

释 *v.* 提出异议，反对；犹豫 object (because of doubts, scruples); hesitate
例 The majority were in favor of the plan, but a few **demurred**. 大多数人赞成这项计划，但也有几个人反对。
派 demurral *n.* 异议，反对；犹豫，顾虑

turmoil ■
/ ˈtɜːrmɔɪl /
阅 | 填

释 *n.* 骚动，混乱 great commotion and confusion
例 Waiting for the news, his mind was in **turmoil**. 等消息时，他心里七上八下。

intimacy
/ ˈɪntɪməsi /

释 *n.* 亲密，隐私，亲昵行为 closeness, often affectionate; privacy; familiarity
例 I was surprised by her abnormal **intimacy**. 我对她反常的亲昵行为感到惊讶。
阅 | 填
派 intimate *adj.* 亲密的

oust
/ aʊst /

释 *v.* 驱逐，罢黜 expel; drive out
例 They **ousted** him in a parliamentary vote of no confidence yesterday. 昨天，他们通过议会的不信任投票将他罢免。
派 ouster *n.* 驱逐，罢黜

livid
/ ˈlɪvɪd /

释 *adj.* 铅灰色；（被打得）青紫色的；狂怒的 lead-colored; black and blue; enraged
例 Her face was so **livid** with rage that we were afraid that she might faint. 她气得脸色铁青，我们都担心她会晕倒。
阅
派 lividity *n.* 铁青

quarry
/ ˈkwɔːri /

释 *n.* 猎物，追求目标 victim; object of a hunt *v.* 挖出 dig into
例 The police were secretly pursuing their **quarry** through the streets and lanes. 警察正在大街小巷到处秘密搜寻他们的目标。// The small village has been **quarried** for limestone for many years. 人们在这个小村庄开采石灰岩有好多年了。
搭 quarry A for B/B from A; quarry sth out of sth 从…采…

variegated
/ ˈverɪɡeɪtɪd /

阅

释 *adj.* 杂色的，斑驳的 many-colored
例 The python has a **variegated** pattern on its back. 这条巨蟒的背部有斑驳的图案。
派 variegation *n.* 彩色；上色；斑

arbiter
/ ˈaːrbɪtər /

释 *n.* 仲裁人，裁决人 a person with power to decide a dispute; judge
例 The captain is the **arbiter** of the crew disagreements. 船长是船员纠纷的仲裁人。
搭 arbiter of sth …的仲裁人　　派 arbitration *n.* 仲裁，公断

penchant
/ ˈpentʃənt /

阅 | 填

释 *n.* 嗜好，爱好 strong inclination; liking
例 She has a **penchant** for gossiping about others behind their backs. 她喜欢在背后对别人说三道四。
搭 have a penchant for 有…爱好

gentility
/ dʒenˈtɪləti /

阅

释 *n.* 高贵的出身；文雅 those of gentle birth; refinement
例 She thinks decent taste is a mark of **gentility**. 她认为高雅的品位是高贵出身的标志。

credulity ■
/ krɪˈduːləti /

阅 | 填

释 *n.* 轻信，易受骗 belief on slight evidence; gullibility; naivete
例 Advertisers like to take advantage of young people's **credulity**. 广告商喜欢利用年轻人容易轻信的弱点。
派 credulous *adj.* 轻信的；因轻信而产生的

stipulate
/ ˈstɪpjuleɪt /

阅 | 填

释 *v.* 规定；保证 make express conditions; specify
例 It is **stipulated** by the government that Chinese people have seven days off work during the Spring Festival. 政府规定中国公民在春节期间享有七天法定假日。
派 stipulation *n.* 规定；条款

imperturbable
/ ˌɪmpərˈtɜːrbəbl /

释 *adj.* 沉着的，冷静的 calm; placid; composed
例 It is vital to remain **imperturbable** in danger. 在危险时刻保持冷静很重要。
派 imperturbability *n.* 沉着，冷静

invert ■
/ ɪnˈvɜːrt / 填

释 *v.* 使里外反向或上下颠倒 turn upside down or inside out
例 After a while, she **inverted** the pancake. 过了一会，她把饼翻了过来。

liberator
/ ˈlɪbəreɪtər /

释 *n.* 解放者，释放者 one who sets free
例 They are not **liberators** but invaders. 他们不是解放者而是侵略者。
派 liberate *v.* 解放；释放

figment
/ ˈfɪɡmənt /

阅

释 *n.* 臆造的事物，虚构的事 invention; imaginary thing
例 Being the winner of this competition is just a **figment** of hers. 赢得了这场竞赛只是她虚构的事。

paroxysm
/ 'pærəksɪzəm /

释 *n.*（痛苦、大笑、狂怒）发作 fit or attack (of pain, laughter, rage)
例 When he discovered his best friend's betrayal, he exploded in a **paroxysm** of rage. 当他发现最好的朋友背叛了他，他勃然大怒。
派 paroxysmal *adj.* 阵发的，突发性的

prune
/ pru:n /

阅

释 *v.* 修剪；删改 cut away; trim
例 The government has to **prune** its role in macroeconomic management to a bare minimum. 政府必须将其在宏观经济管理中的作用减到最小。
搭 prune down 剪除，伐除；prune away/off 砍去
派 pruner *n.* 修枝剪刀；修剪树枝者

ornate ●
/ ɔːrˈneɪt /

阅 | 填

释 *adj.* 装饰华丽的，过分修饰的 excessively or elaborately decorated
例 It was the big dining-room with its massive fireplace and **ornate** ceiling. 这是带有巨大壁炉和华美天花板的宽敞餐厅。
派 ornately *adv.* 华丽地，装饰地

imponderable
/ ɪmˈpɑːndərəbl /
阅

释 *adj.* 无法精确估量的 not able to be determined precisely
例 Human can never compete with the **imponderable** forces of nature. 人类永远也无法与大自然无穷的力量抗衡。

denizen
/ 'denɪzn /
阅 | 填

释 *n.* 居民；常客，老主顾 inhabitant or resident; regular visitor
例 Because of the company business she has become a **denizen** of New York. 由于公司业务的关系，她已经成了纽约的常客。

spasmodic
/ spæzˈmɑːdɪk /

阅 | 填

释 *adj.* 断断续续的，间歇性的 fitful; periodic
例 What you need is regular exercise rather than **spasmodic** bouts of exercise. 你需要的是有规律的运动，而非一曝十寒的运动。
派 spasmodically *adv.* 发作性地；痉挛性地

obsequious
/ əbˈsiːkwiəs /

阅 | 填

释 *adj.* 卑躬的，奉承的 slavishly attentive; servile; sycophantic
例 The shop assistant looked at the two rich ladies with an **obsequious** air. 店员看着两位阔太太，满脸谄媚的神情。
派 obsequiously *adv.* 谄媚地，奉承地

remnant
/ 'remnənt /

释 *n.* 残余，剩余 remainder
例 Finally the **remnants** of the defeated army had no choice but to surrender to the opponents. 最终，被击溃的部队残余别无选择，只好向敌方投降。

amiss
/ əˈmɪs /

释 *adj.* 有毛病的，出差错的 wrong; faulty
例 Seeing the boss frown, the employees wonder if their work was **amiss**. 看到老板皱眉，员工们担心自己的工作是否出现了差错。

mollify ●
/ 'mɑːlɪfaɪ /

阅 | 填

释 *v.* 使平息，安抚 soothe
例 The airline customer service representative tried to **mollify** the angry passengers by apologizing. 航空公司客服代表试图通过道歉安抚愤怒的乘客。
派 mollification *n.* 减轻，抚慰

---

forensic
/ fə'rensɪk /

阅

释 *adj.* 适于法庭的，公开辩论的 suitable to debate or courts of law
例 He is a famous **forensic** psychiatrist. 他是一名著名的司法精神病学家。
派 forensics *n.* 辩论学，辩论术

---

bait
/ beɪt /

阅

释 *v.* 骚扰；戏弄 harass; tease
例 Her boss intended to **bait** her, resulting in flat refusal. 老板想戏弄她，但遭到了断然拒绝。

---

servile ■
/ 'sɜːrvl /

阅 | 填

释 *adj.* 奴性的；卑屈的 slavish; cringing
例 His **servile** attitude towards the boss is spurned by many of his colleagues. 他对老板阿谀逢迎的态度遭到了很多同事的唾弃。
派 servility *n.* 卑屈 servilely *adv.* 屈从地

---

orthodox
/ 'ɔːrθədɑːks /

阅

释 *adj.* 传统的，正统的 traditional; conservative in belief
例 Carl gained a reputation for his **orthodox** views. 卡尔正统的观点使他为人称道。
派 orthodoxy *n.* 正统；正教；正统说法

---

embroider
/ ɪm'brɔɪdər /

释 *v.* 刺绣；对…加以渲染 to decorate cloth with needlework; to ornament with fancy or fictitious details
例 She can **embroider** beautiful flowers on the cushion. 她会在垫子上绣出漂亮的花儿。
搭 embroider A (on B); embroider A (with B) 在…上刺绣；用…刺绣
派 embroidery *n.* 刺绣

---

infantile
/ 'ɪnfəntaɪl /

释 *adj.* 幼稚的 childish
例 Your act was **infantile**. 你的行为很幼稚。
派 infantilize *v.* 当做幼儿对待

---

industrious
/ ɪn'dʌstriəs /

阅

释 *adj.* 勤勉的，刻苦的 diligent; hard-working
例 She is an **industrious** student. 她是一个刻苦的学生。
派 industry *n.* 勤勉

---

heresy ■
/ 'herəsi /

阅

释 *n.* 异端邪说，异教 opinion contrary to popular belief; opinion contrary to accepted religion
例 The government should improve public education to help people avoid being cheated by **heresy**. 政府应该加强公共教育，帮助人们避免被邪教欺骗。
派 heretical *adj.* 异端的，异教的

□ mollify □ forensic □ bait □ servile □ orthodox □ embroider
□ infantile □ industrious □ heresy

arable ●
/ 'ærəbl /

释 *adj.* 适于耕种的 fit for growing crops

例 The first settlers found the fields were not **arable** to grow crops. 先驱者们发现这些土地不适合种植庄稼。

搭 arable area 可耕地　**派** arability *n.* 适合耕种，可耕性，适耕状态

insurgent
/ ɪn'sɜːrdʒənt /

释 *adj.* 起义的，叛乱的 rebellious

例 The **insurgent** group was moving straight towards the North. 叛军在直线向北前进。

派 insurgency *n.* 起义，暴动；叛变

robust ■
/ roʊ'bʌst /

阅 | 填

释 *adj.* 精力充沛的；强壮的 vigorous; strong

例 After taking overloaded professional exercises for more than six months, he grew into a **robust** man. 在经过六个多月超负荷的专业训练后，他成为了一个身强力壮的男子。

派 robustness *n.* 健壮 robustly *adv.* 强壮地

buccaneer
/ ˌbʌkə'nɪr /

释 *n.* 海盗 pirate

例 They fished a boat out of water which might be left by the **buccaneers**. 他们从水里打捞出一艘船，有可能是海盗留下的。

affirmation ■
/ ˌæfər'meɪʃn /

阅 | 填

释 *n.* 断言，肯定；（法庭）证词 positive assertion; confirmation; solemn pledge by one who refuses to take an oath

例 The president issued an **affirmation** of his faith in positive economy. 总统表达了对经济形势好转的坚定信心。

派 affirm *v.* 断言，坚持声称；（在法庭上不经宣誓而）郑重陈词

grueling
/ 'gruəlɪŋ /

阅

释 *adj.* 折磨的，使筋疲力尽的 exhausting

例 For her, sociality is a **grueling** activity. 对她来说社交是个让人筋疲力尽的活动。

派 gruelingly *adv.* 紧张地，激烈地

terse ■
/ tɜːrs /

填

释 *adj.* 简洁的，扼要的 concise; abrupt; pithy

例 It is reported that the newly-elected premier is best at making **terse** impromptu speeches in English. 据报道，新任总理尤其擅长用英语发表简练的即兴演讲。

派 terseness *n.* 简洁；精练

sheer
/ ʃɪr /

阅 | 填

释 *adj.* 透明的；峻峭的；绝对的 very thin or transparent; very steep; absolute

例 She won the champion in the beauty contest by **sheer** chance. 她能赢得这次选美比赛完全是出于偶然。

categorical
/ ˌkætə'gɔːrɪkl /

阅

释 *adj.* 绝对的 without exceptions; unqualified; absolute

例 The girl gave a **categorical** assurance that she would never see the man. 女孩儿保证她绝对不会再见这个男子了。

搭 categorical judgement 直言判断　**派** categorically *adv.* 绝对地，断然地

---

egregious
/ ɪˈgriːdʒɪəs /
阅

释 *adj.* 极端恶劣的；令人震惊的 notorious; conspicuously bad or shocking
例 He was an **egregious** idler. 他懒得令人吃惊。
派 egregiously *adv.* 无比地；惊人地

accelerate
/ əkˈseləreɪt /
阅 | 填

释 *v.* 加速 move faster
例 Suddenly, the car in front of us **accelerated**. 我们前面的那辆车突然加速了。
派 acceleration *n.* 加速

protrude
/ prəʊˈtruːd /

释 *v.* 突出 stick out
例 She didn't notice the screw **protruding** from the bench. 她没注意到凳子上突起的螺丝。
搭 protrude from 从…伸出来   派 protrusion *n.* 突出，伸出

viscous
/ ˈvɪskəs /
阅

释 *adj.* 有黏性的 sticky; gluey
例 Gases are much less **viscous** than liquids. 气体的黏滞性大大小于液体。
派 viscidity *n.* 黏性；【物】黏质

abet
/ əˈbet /

释 v. 教唆（犯罪）；煽动 aid, usually in doing something wrong; encourage
例 His wife **abetted** him in some illegal activities. 他的妻子怂恿他进行非法活动。
搭 abet sb (in sth) 怂恿某人做某事   派 abettor *n.* 教唆犯

knave
/ neɪv /
阅

释 *n.* 狡诈的人，恶棍，无赖 untrustworthy person; rogue; scoundrel
例 Robert has shown himself a very **knave**. 罗伯特表现得像一个十足的恶棍。
派 knavery *n.* 流氓行为

licentious
/ laɪˈsenʃəs /

释 *adj.* 放肆的，放荡的 amoral; lewd and lascivious; unrestrained
例 The old man felt uncomfortable for the young singer's **licentious** behaviour. 老人对那名年轻歌星放肆的行为感到不舒服。
派 licentiously *adv.* 放荡地

mobile
/ ˈməʊbl /
阅 | 填

释 *adj.* 可移动的，不固定的 movable; not fixed
例 The **mobile** blood bank operated by the Red Cross visited our university today. 由红十字会经营的移动血站今天到我们学校来了。
派 mobility *n.* 流动性，移动性

sanction ■
/ ˈsæŋkʃn /
阅 | 填

释 *v.* 批准，同意 approve; ratify
例 The blogger states that all his articles are prohibited to be reprinted without being **sanctioned**. 这位博主声明，未经过他本人同意，他的任何文章均不能被转载。

exemplary ■
/ ɪɡ'zempləri /
阅 | 填

释 *adj.* 典范的，（可作）楷模的 serving as a model; outstanding
例 She was awarded an **exemplary** teacher. 她荣获了模范教师的称号。
派 exemplarily *adv.* 作为模范地

---

theoretical
/ ˌθiːə'retɪkl /
阅

释 *adj.* 理论上的，空谈的；假设的 not practical or applied; hypothetical
例 With both **theoretical** knowledge and practical experience in this field, he is best-qualified for the position. 他在这个领域既有理论知识又有实践经验，所以这个职位对他来说再适合不过了。

---

vernacular
/ vər'nækjələr /
阅

释 *n.* 日常用语；白话 living language; natural style
例 He paraphrased the ancient Chinese prose in **vernacular** language. 他把这篇中国古代散文译成了白话文。

---

atypical
/ ˌeɪ'tɪpɪkl /
阅 | 填

释 *adj.* 非典型的，反常的 not normal
例 The appearance of swallows in the North in winter is an **atypical** phenomenon. 冬天，燕子出现在北方是一种反常现象。
搭 atypical child 异常儿童　　派 atypicality *n.* 反常

---

meditation
/ ˌmedɪ'teɪʃn /
阅 | 填

释 *n.* 沉思，冥想 reflection; thought
例 Nick reached his decision only after much **meditation**. 只有在深思熟虑后，尼克才作出决定。
派 meditate *v.* 沉思；考虑

---

glimmer
/ 'ɡlɪmər /
填

释 *v.* 隐约闪现，闪烁 shine erratically; twinkle
例 The candle **glimmered** faintly in the dark. 烛光在黑暗中微弱地闪烁着。
派 glimmering *n.* 微光，微弱的闪光

---

mellifluous
/ me'lɪfluəs /
阅 | 填

释 *adj.* 流畅的；优美动听的 sweetly or smoothly flowing; melodious
例 French is a **mellifluous** language. 法语是一种优美动听的语言。
派 mellifluence *n.* 流畅；优美

---

simper
/ 'sɪmpər /

释 *v.* 假笑；痴笑 smirk; smile affectedly
例 When I told him the exciting news, he simply **simpered** without saying a word. 当我告诉他那个令人激动的消息时，他只是傻笑着，一言不发。
派 simperingly *adv.* 假笑地

---

flair
/ fler /
阅 | 填

释 *n.* 才能，本领 talent
例 She has a **flair** for music. 她有音乐天赋。
搭 flair for sth …方面的天赋

---

kernel
/ 'kɜːrnl /
阅 | 填

释 *n.* 中心，要点；果核，果仁 central or vital part; whole seed (as of corn)
例 The **kernel** of his problem is lack of financial support. 他的核心问题是缺少经济支持。
派 kernelled *adj.* 有核的

---

canter / ˈkæntər / 阅	释 *n.* 慢跑 slow gallop 例 Feeling that he was safe, the man slowed his horse to a **canter**. 感觉自己安全后，该男子控制速度让马慢跑。
swarm / swɔːrm / 阅	释 *n.* 一大群；蜂群 dense moving crowd; large group of honeybees 例 If you visit Tian'anmen Square on National Day, chances are that you can see nothing but **swarms** of people. 如果你在国庆节那天去天安门广场的话，很有可能除了人群以外什么也看不到。
antecedent / ˌæntɪˈsiːdnt / 填	释 *n.* 前事，前情；祖先 a preceding event or circumstance that influences what comes later; ancestors or early background 例 None of us knew the **antecedents** of that man who just moved to our village last week. 那个人是上周才搬到我们村的，没人知道他之前的事。
temporize / ˈtempəraɪz / 阅｜填	释 *v.* 应付，拖延 act evasively to gain time; avoid committing oneself 例 The local government is still **temporizing** in the face of the obvious disaster. 面对显而易见的灾难，当地政府却还在拖延时间。
resentment / rɪˈzentmənt / 阅｜填	释 *n.* 怨恨，愤恨 indignation; bitterness; displeasure 例 He could hardly hide his **resentment** of being labeled "a grind". 每当被人称为"书呆子"时，他都难以掩饰自己的怨恨之情。
proliferation ■ / prəˌlɪfəˈreɪʃn / 阅｜填	释 *n.* 迅速增长；扩散；增殖 rapid growth; spread; multiplication 例 Recent years have witnessed the **proliferation** of commercial, cultural, travel and other contacts between Africa and China. 近年来，非洲和中国之间的商业、文化、旅游及其他交往发展迅猛。 派 proliferate *v.* 使激增，使扩散
indeterminate / ˌɪndɪˈtɜːrmɪnət / 填	释 *adj.* 不确定的，不明的，模糊的 uncertain; not clearly fixed; indefinite 例 She is going to be away from Beijing for an **indeterminate** period of time. 她要离开北京一段时间，但不确定是多久。 派 indeterminacy *n.* 不确定，不明确
impel / ɪmˈpel / 阅	释 *v.* 推动，驱使 drive or force onward 例 Loneliness **impelled** her to acquire the habit of keeping diaries. 孤独使她养成了写日记的习惯。 搭 impel sb to do sth 驱使/迫使某人做某事
malingerer / məˈlɪŋgərər /	释 *n.* 装病以逃避责任者，装病的人 one who feigns illness to escape duty 例 The general ordered the major to punish all **malingerers**. 将军命令少校惩罚所有装病的人。 派 malinger *v.*（尤指为逃避工作）诈病，装病

coincidence / kəʊˈɪnsɪdəns / 阅|填	释 *n.* 巧合 two or more things occuring at the same time by chance 例 What a coincidence! You also know my friend Larry. 真巧，你也认识我的朋友拉里。 搭 What a coincidence! 真巧！ a remarkable coincidence 惊人的巧合 派 coincidental *adj.* 巧合的
bigotry / ˈbɪgətri / 阅|填	释 *n.* 固执，顽固 stubborn intolerance 例 Since he was brought up in a democratic atmosphere, he could not understand the bigotry that his classmate expressed. 因为在民主环境里长大，所以他不能理解同学表现出来的这种固执。
savant / sæˈvɑːnt /	释 *n.* 学者；专家 learned scholar 例 Savants' opinions on the composition of the lunar surface differ greatly. 专家对于月球表面构造的见解大不相同。
parched / pɑːrtʃt /	释 *adj.* 焦干的，干透的 extremely dry; very thirsty 例 The parched crops were expecting a sweet rain. 焦干的庄稼期待甘霖。 派 parch *v.* 焦干，烤干
arcade / ɑːrˈkeɪd / 阅	释 *n.* 有拱廊的街道（两旁常设商店） a covered passageway, usually lined with shops 例 The shoppers like staying in the shade of the arcade during summer. 夏天，商贩们喜欢待在廊荫下。 派 arcaded *adj.* 成为拱廊街道的，有列拱的
predicament / prɪˈdɪkəmənt / 阅	释 *n.* 困境，窘境 tricky or dangerous situation; dilemma 例 I was almost in the same predicament I was 2 years ago. 我几乎处于跟两年前一样的困境。 搭 in a predicament 处于困境中
embargo / ɪmˈbɑːrgoʊ / 阅	释 *n.* 贸易禁令，禁运 ban on commerce or other activity 例 It was embargo ending trade with Cuba. 贸易禁止终止了与古巴的贸易往来。 搭 embargo on sth 禁运…
flit / flɪt /	释 *v.* 掠过；迅速飞过；闪现 fly; dart lightly; pass swiftly by 例 Birds like flitting from tree to tree. 鸟儿们喜欢在树间飞来飞去。 搭 flit from A to B; flit between A and B 从…轻快地飞到…；在…间迅速飞跃
scintillate / ˈsɪntɪleɪt / 阅	释 *v.* 发出火花，闪耀光芒 sparkle; flash 例 His every sound, action and smile scintillates wit. 他的一举一动，一颦一笑都散发着智慧的光芒。 派 scintillating *adj.* 焕发才智的 scintillation *n.* 闪烁；才华横溢

besiege

/ bɪˈsiːdʒ /

阅

释 *v.* 包围；烦扰 surround with armed forces; harass (with requests)

例 The film star was **besieged** by the press for his affair. 这位电影明星因绯闻被媒体纠缠。

搭 besiege sb with sth（用大量提问等）使某人应接不暇

派 besiegement *n.*（被）围困，（被）围攻

---

cloister

/ ˈklɔɪstər /

阅

释 *n.* 修道院 monastery or convent

例 It is a common belief that a monk ought to confine himself to his **cloister**. 大家都认为和尚应该只生活在寺庙里。

派 cloistered *adj.* 隐居的，与世隔绝的

---

repellent

/ rɪˈpelənt /

阅

释 *adj.* 排斥的；令人反感的 driving away; unattractive

例 His selfishness is so **repellent** to me that I don't want to see him again in my whole life. 我讨厌他那么自私，这辈子再也不想见到他。

---

asperity

/ æˈsperəti /

阅

释 *n.* 刻薄，严厉 sharpness (of temper)

例 He criticized his son with **asperity**. 他严厉地批评了儿子。

搭 with asperity 严厉地

---

derange

/ dɪˈreɪndʒ /

阅

释 *v.* 使发狂；扰乱，捣乱 make insane; disarrange

例 Few men were present to **derange** the harmony of the wilderness. 极少有人去破坏野外的和谐。

派 derangement *n.* 精神错乱，发狂

---

permeable

/ ˈpɜːrmiəbl /

阅 | 填

释 *adj.* 可穿透的，可渗透的 penetrable; porous; allowing liquids or gas to pass through

例 You'd better wear clothes made out of **permeable** fabric for long-distance running. 长跑的时候最好穿透气材质的衣服。

搭 permeable to 能渗透的，可渗透的   派 permeability *n.* 渗透，渗透性

---

mannered

/ ˈmænərd /

阅 | 填

释 *adj.* 不自然的，矫饰的 affected; not natural

例 All the students hate Tina's **mannered** voice. 所有学生都讨厌蒂娜矫揉造作的声音。

派 mannerist *n.* 矫揉造作者

---

foil

/ fɔɪl /

阅

释 *n.* 烘托，衬托 contrast *v.* 挫败；阻止 defeat; frustrate

例 Her sister's mediocre grades was a **foil** for her intelligence. 她妹妹中等的成绩衬托出她的聪明。// My brother felt really angry because his plan was **foiled** by me. 我弟弟很生气，因为我阻挠了他的计划。

搭 be a foil for sb/sth …的陪衬物

---

maim

/ meɪm /

阅 | 填

释 *v.* 使残废 mutilate; injure

例 The hospital was too small to take care of all who had been wounded or **maimed** in the earthquake. 这家医院太小，不能照顾所有在地震中受伤或致残的人。

派 maimer *n.* 残害他人者

□ besiege　　□ cloister　　□ repellent　　·　□ asperity　　□ derange　　□ permeable
□ mannered　　□ foil　　□ maim

slipshod / ˈslɪpʃɑːd /	释 *adj.* 不整饰的；懒散的；草率的 untidy or slovenly; shabby 例 The skilled carpenter enjoys high reputation among the villagers far and wide for never doing **slipshod** work. 这位技艺精湛的木匠干活从不马虎，在各地村民中享有盛名。
capricious ■ / kəˈprɪʃəs / 阅 | 填	释 *adj.* 变化无常的，多变的 unpredictable; fickle 例 In fall, the weather is so **capricious** that you just do not know what kind of clothes to wear. 秋天的天气如此变化无常，你都不知道该穿什么样的衣服。 派 capriciousness *n.* 变化无常，变幻莫测
negligence / ˈneglɪdʒəns / 阅	释 *n.* 疏忽，粗心大意 neglect; failure to take reasonable care 例 The traffic accident yesterday was due to **negligence**. 昨天的交通事故是由于粗心大意造成的。 派 negligent *adj.* 疏忽的；粗心大意的
bizarre / bɪˈzɑːr / 阅 | 填	释 *adj.* 奇异的，古怪的 fantastic; violently contrasting 例 In the costume ball, Jennet wore a **bizarre** dress. 化装舞会上，珍妮特穿了件奇怪的衣服。 派 bizarreness *n.* 稀奇古怪
instigate ■ / ˈɪnstɪgeɪt / 阅 | 填	释 *v.* 激起，怂恿，煽动 urge; start; provoke 例 The quarrel between the two children was **instigated** by their cousin. 两个孩子之间的争吵是由他们的堂/表兄弟煽动的。
tenet / ˈtenɪt / 阅	释 *n.* 信条，原则 doctrine; dogma 例 Humanity, justice, propriety and wisdom, faith are five basic **tenets** of Confucianism. 仁义礼智信是儒家思想的五个基本信条。
sedate / sɪˈdeɪt / 阅	释 *adj.* 镇静的，稳重的 calm and composed; dignified 例 The hopeless single mother who attempted to commit suicide didn't become **sedate** until psychologists came and offered help. 这位企图自杀的单身妈妈一直情绪激动，直到心理医生对其进行了心理疏导，才逐渐镇静下来。 派 sedation *n.* 镇静作用；镇静状态 sedateness *n.* 镇静
mystify / ˈmɪstɪfaɪ / 阅 | 填	释 *v.* 蒙蔽，迷惑 bewilder purposely 例 The patient must have been totally **mystified** by the doctor's explanation. 病人一定是被医生的解释完全搞晕了。 派 mystification *n.* 神秘化；困惑不解
efficacy / ˈefɪkəsi / 阅	释 *n.* 有效性，功效 power to produce desired effect 例 The researchers are testing the **efficacy** of the new drug. 研究者们正在测试新药的功效。

gibe

/ dʒaɪb /

阅 | 填

释 *v.* 嘲笑，奚落 mock; taunt; scoff at

派 gibe at sb 嘲笑某人

例 **Gibing** at the achievements of others can only show your inferiority. 嘲笑别人的成就只能证明你的自卑。

Notes

shyster
/ ˈʃaɪstər /

释 *n.* 不择手段的律师；奸诈的人 lawyer using questionable methods
例 It is acknowledged that it's anything but easy to find a lawyer who is not a **shyster** these days. 人们普遍认为现如今要找一位诚实的律师太难了。

matriculate
/ məˈtrɪkjuleɪt /

阅

释 *v.* 被录取入学 enroll (in college or graduate school)
例 I had to **matriculate** if I wanted to get a master degree. 如果我想得到硕士学位，必须先被录取入学。
派 matriculant *n.* 报考者

chameleon
/ kəˈmiːliən /

阅

释 *n.* 变色龙 lizard that changes color in different situations
例 Like the **chameleon**, this kind of butterfly can change its color. 像变色龙一样，这种蝴蝶也会变色。
派 chameleonic *adj.* 变色龙似的，反复无常的

contract ■
/ kənˈtrækt /

阅 | 填

释 *v.* 收缩；订约；感染 compress or shrink; make a pledge; catch a disease
例 By moving into smaller quarters he hopes shortly to **contract** his expenses. 他搬进了较小的住房，希望不久就会减少自己的开销。

thespian
/ ˈθespiən /

释 *adj.* 戏剧的 pertaining to drama
例 The ad on the bulletin board says that the school's **thespian** club is now recruiting members. 布告栏里的广告上写着：学校的戏剧社团正在招收团员。

impede ■
/ ɪmˈpiːd /

阅 | 填

释 *v.* 妨碍；拖延 hinder; block; delay
例 Our plan was **impeded** by the heavy snow. 我们的计划因大雪而拖延了。
派 impedance *n.* 阻抗

credence
/ ˈkriːdns /

阅 | 填

释 *n.* 信任 belief
例 I do not give much **credence** to the gossip. 我不太相信那个传言。
搭 give credence to 相信…，以为…可信

winnow
/ ˈwɪnoʊ / 阅 | 填

释 *v.* 筛掉（米糠等）；辨别，甄别 sift; separate good parts from bad
例 We should **winnow** out the errors in logic. 我们应该排除逻辑上的错误。

limpid
/ ˈlɪmpɪd /

填

释 *adj.* 清澈的，清晰的 clear; transparent; lucid
例 That little boy has a pair of **limpid** blue eyes. 那个小男孩有一双清澈的蓝眼睛。
派 limpidity *n.* 清澈，透明

□ shyster   □ matriculate   □ chameleon   □ contract   □ thespian   □ impede
□ credence   □ winnow   □ limpid

summation
/ sʌ'meɪʃn /

释 *n.* 合计；总结 act of finding the total; summary
例 The introduction of the book is a vivid **summation** of American literature history. 这本书的导论是对美国文学史的生动概括。

---

circumvent
/ ,sɜːrkəm'vent /
阅 | 填

释 *v.* 智取；包围 outwit; baffle
例 Our army could always **circumvent** the enemy. 我军总能智胜敌人。
派 circumvention *n.* 规避；陷害；绕行

---

stringent
/ 'strɪndʒənt /

填

释 *adj.* 严厉的，严苛的 severe; rigid; constricted
例 Many citizens appeal to a **stringent** ban on smoking in public places. 很多市民呼吁严禁在公共场所吸烟。
派 stringency *n.* 严格

---

voluble ●
/ 'vaːljəbl /
阅 | 填

释 *adj.* 流利的，健谈的 fluent; glib; talkative
例 Kent is a **voluble**, sociable man. 肯特是个能说会道、善于交际的人。
派 volubility *n.* 流利；健谈

---

trough
/ trɔːf /

释 *n.* 槽，饲料槽；波谷，低谷 container for feeding farm animals; lowest point (of a wave, business cycle, etc.)
例 The hungry horses eat up the grass in the **trough**. 饥饿的马儿们吃光了槽里的草。

---

odious ●
/ 'oʊdiəs /

释 *adj.* 可憎的，可恶的 hateful; vile
例 My new neighbor is certainly the most **odious** man I have ever met. 我的新邻居无疑是我见过的最可恶的人。
派 odiously *adv.* 讨厌地，可恨地

---

petulant
/ 'petʃələnt /

阅

释 *adj.* 脾气坏的 touchy; peevish
例 She is quick to be **petulant** over telephone messages left unanswered and favours left undone. 如果遇到电话信息不回、又不帮忙的情况，她就很容易发脾气。
派 petulantly *adv.* 脾气坏地 petulance *n.* 发脾气，暴躁

---

aberrant
/ æ'berənt /

阅 | 填

释 *adj.* 异常的，脱轨的 abnormal or deviant
例 He displayed some **aberrant** behavior, which worried his mother. 他表现出一些反常行为，这让他妈妈很担心。
派 aberration *n.* 偏差；失常；越轨

---

abominable
/ ə'baːmɪnəbl /

释 *adj.* 讨厌的，令人憎恶的；极坏的 detestable; extremely unpleasant; very bad
例 It is said that the sanitary conditions in this restaurant are **abominable**. 据说，这家餐馆的卫生状况非常糟糕。
派 abominably *adv.* 恶劣地，令人厌恶地

□ summation   □ circumvent   □ stringent   □ voluble   □ trough   □ odious
□ petulant   □ aberrant   □ abominable

obtuse	释 *adj.* 钝的，不锋利的；愚笨的 blunt; stupid
/ əb'tuːs /	例 Billy was too **obtuse** to take the hint. 比利太愚笨了，没有理解这种暗示。
阅	派 obtuseness *n.* 感觉迟钝

agglomeration	释 *n.* 集合；结块，成团 collection; heap
/ ə‚glɑːməˈreɪʃn /	例 The singer's new album is a bizarre **agglomeration** of styles. 这名歌手的新专辑不同寻常地集各种风格于一体。
	派 agglomerate *v.*（使）成团，（使）聚结

partisan ■	释 *adj.* 偏袒的；党派的 one-sided, prejudiced, committed to a party
/ ˈpɑːrtəzn /	例 You must listen to both points of view and try not to be **partisan**. 你必须兼听双方观点，尽量做到不偏不倚。
阅｜填	派 partisanship *n.* 党派性，党派偏见

manifest	释 *adj.* 显然的，明白的 evident; visible; obvious
/ ˈmænɪfest /	例 The teacher was pleased at Daniel's **manifest** improvement. 丹尼尔有了明显进步，老师为此感到高兴。
阅｜填	派 manifestly *adv.* 明白地

barrage	释 *n.* 弹幕，火力网；连珠炮似的一大堆（问题、批评等）barrier laid down by artillery fire; an overwhelming, concentrated outpouring, as of words
/ bəˈrɑːʒ /	例 The enemies began to attack under cover of a **barrage**. 敌人开始在炮火的掩护下进攻了。
阅	搭 barrage balloon 拦截气球；a barrage of questions 连珠炮似的问题

optional	释 *adj.* 随意的，可选择的 not obligatory; left to one's choice
/ ˈɑːpʃənl /	例 The course, Economic Law, consists of five core modules and three **optional** modules. 经济法这门课程包括五个必修模块和三个选修模块。
阅｜填	派 option *n.* 选择（的自由）；选项；选择权；选择能力

connivance	释 *n.* 共谋；纵容；默许 assistance; pretense of ignorance of something wrong; permission to offend
/ kəˈnaɪvəns /	例 He tried to bribe the police into **connivance**. 他企图收买警察放他一马。
	派 connive *v.* 共谋；纵容；默许

invigorate	释 *v.* 鼓舞，使有活力 energize; stimulate
/ ɪnˈvɪɡəreɪt /	例 The fresh air **invigorated** me. 清新的空气令我精神焕发。
阅	派 invigorated *adj.* 精神焕发的 invigorating *adj.* 令人精神焕发的

conciliatory ■	释 adj. 调和的；抚慰的 reconciling; soothing
/ kənˈsɪliətɔːri /	例 The meeting between two parities ended on a **conciliatory** and friendly note. 双方的会晤以和解而友好的调子结束。
	派 conciliate *v.* 调和；安慰

auxiliary
/ ɔːɡˈzɪliəri /

阅

释 *adj.* 辅助的 giving additional or subsidiary help
例 To prepare for the emergency, they opened an **auxiliary** account in the bank. 为应对突发情况，他们在银行开设了一个辅助账户。
搭 auxiliary account 辅助账户

---

atavism
/ ˈætɪvɪzəm /

释 *n.* 隔代遗传，返祖现象 reversion to an earlier type; throwback
例 The scientist explained this phenomenon from **atavism**. 科学家们从隔代遗传的角度来解释这种现象。
派 atavistic *adj.* 隔代遗传的，返祖性的

---

infer
/ ɪnˈfɜːr /

阅 | 填

释 *v.* 推断，推论出 deduce; conclude
例 The smart girl can **infer** the meaning of a new word from the context. 这个聪明的女孩能够从上下文推断出生词的意思。
搭 infer sth from sth 从…推断   派 inference *n.* 推理；推论；推断

---

prolific ■
/ prəˈlɪfɪk /

阅 | 填

释 *adj.* 多产的，丰富的 abundantly fruitful
例 Before birth control, Chinese families are usually **prolific** of children, especially in rural areas. 计划生育前，中国家庭一般都有多个子女，特别是在农村地区。
搭 prolific of 多产…的；prolific in 富于…的
派 prolifically *adv.* 多产地，丰富地

---

transparent
/ trænsˈpærənt /

阅 | 填

释 *adj.* 显然的，明晰的；透明的 easily detected; permitting light to pass through freely
例 The accounts of the Property Management Company must be made **transparent** to all the owners. 物业公司的账户必须对所有业主透明。
派 transparency *n.* 透明，透明度

---

invoke
/ ɪnˈvoʊk /
阅 | 填

释 *v.* 祈求 call upon; ask for
例 With the strong wish for her parents to be safe, she **invoked** God. 她求神保佑她的父母平安。

---

amplify
/ ˈæmplɪfaɪ /

阅 | 填

释 *v.* 放大；增强 broaden or clarify by expanding; intensify; make stronger
例 The amplifier proved to be powerful enough to **amplify** the President's voice for people to hear. 结果证明，这台扩音器的功能很强大，足以让人们听到总统的声音。
派 amplification *n.* 放大，增强 amplifier *n.* 扩音器；放大器

---

finicky
/ ˈfɪnɪki /

释 *adj.* 过于挑剔的；难讨好的 too particular; fussy
例 It's not easy to make friends with others if one is too **finicky**. 一个人过于挑剔则不易交到朋友。

---

delete
/ dɪ'liːt /

阅 | 填

释 *v.* 划掉，删掉 erase; strike out
例 I selected a file and pressed the **delete** key. 我选定了一个文件，按下了删除键。
派 deletion *n.* 删掉

toady
/ 'toʊdi /

阅 | 填

释 *n.* 谄媚者，拍马屁的人 servile flatterer; yes man
例 **Toadies** who can receive special treatment by their bosses exist in any companies. 在任何一个公司，都有受到上司特别待遇而得宠的拍马屁的人。

portly
/ 'pɔːrtli /

释 *adj.* 健壮的，魁伟的；肥胖的 stately; stout
例 He often made fun of his **portly** figure. 他经常拿自己肥胖的身材开玩笑。
派 portliness *n.* 肥胖，肥大

amiable
/ 'eɪmiəbl /

阅 | 填

释 *adj.* 和蔼可亲的，亲切的，友好的 agreeable; lovable; warmly friendly
例 The Browns kept a very good relationship with their **amiable** neighbors. 布朗一家同亲切的邻居之间关系友好。
搭 amiable conversation 友好交谈
派 amiability *n.* 和蔼可亲，亲切，友善

flippant
/ 'flɪpənt /
阅 | 填

释 *adj.* 轻浮的，无礼的 lacking proper seriousness
例 A real gentleman will never be **flippant**. 真正的绅士从来不轻浮无礼。
派 flippancy *n.* 无礼，轻率

exigency
/ 'eksɪdʒənsi /

释 *n.* 紧急情况 urgent situation
例 Economic **exigency** obliged the government to act. 经济的紧急状态迫使政府采取行动。

scrupulous ■
/ 'skruːpjələs /

阅 | 填

释 *adj.* 小心谨慎的，严格认真的 conscientious; extremely thorough
例 He is **scrupulous** and friendly, popular with his staff. 他工作一丝不苟，为人和善，深受员工的爱戴。
派 scrupulously *adv.* 严谨地；小心翼翼地

piety ■
/ 'paɪəti /

阅

释 *n.* 虔诚，虔敬 religious devotion; godliness
例 The rigid observation of filial **piety** is the keystone of morality in a traditional Chinese family. 恪守孝道是传统中国家庭的道德核心。
搭 filial piety 孝顺，孝心
派 pietistic *adj.* 虔诚的，信神的

encumber
/ ɪn'kʌmbər /

阅

释 *v.* 妨碍，拖累 burden
例 The man was **encumbered** with a big family. 这个男人被大家庭所拖累。
搭 encumber sb/sth (with sth)（用某物）妨碍或阻碍某人或某物自由活动
派 encumbrance *n.* 阻碍物，累赘

heterodox

/ ˈhetərədɑːks /

阅

释 *adj.* 非正统的，异端的 unorthodox; unconventional

例 His theory was considered to be **heterodox** at that time. 在那时，他的理论被视为异端邪说。

派 heterodoxy *n.* 非正统；异端

---

autocratic

/ ˌɔːtəˈkrætɪk /

阅 | 填

释 *adj.* 独裁的，专制的 having absolute, unchecked power; dictatorial

例 The **autocratic** king pretended to be easy-going. 这个独裁君王假装自己很随和。

派 autocrat *n.* 独裁统治者；独断专行的人

---

gnarled

/ nɑːrld /

释 *adj.* 多节的或扭曲的 twisted

例 He tried very hard to climb on that **gnarled** trunk. 他十分努力地想爬上那扭曲的树干。

---

berate

/ bɪˈreɪt /

释 *v.* 痛斥，严责 scold strongly

例 The writer **berated** those who betrayed their mother land in the essay. 作者在文章中痛斥了那些出卖祖国的人。

---

delectable

/ dɪˈlektəbl /

释 *adj.* 使人愉快的；美味的 delightful; delicious

例 What **delectable** food you cook! 你做的食物真好吃！

派 delectation *n.* 愉快；款待；享受

---

theocracy

/ θiˈɑːkrəsi /

释 *n.* 神权政治，神权政体 government run by religious leaders

例 During the Renaissance, humanistic artists opposed **theocracy** with human rights and pursued comprehensive development of human nature. 文艺复兴时期，人文主义艺术家以人权反对神权，追求人性的全面发展。

派 theocratic *adj.* 神权的

---

exacerbate ■

/ ɪgˈzæsərbeɪt /

阅 | 填

释 *v.* 使恶化，使加重 worsen; embitter

例 A warming climate can **exacerbate** air pollution. 气候变暖可能会加剧空气污染。

派 exacerbation *n.* 恶化

---

vapid

/ ˈvæpɪd /

阅

释 *adj.* 索然无味的，枯燥的 dull and unimaginative; insipid and flavorless

例 His speech was **vapid** in the extreme. 他的演说乏味至极。

派 vapidly *adv.* 无生气地；无趣地

---

mortician

/ mɔːrˈtɪʃn /

释 *n.* 丧葬承办者，殡葬业者 undertaker

例 What he said was tinctured with prejudice against **morticians**. 他说的话对殡葬业者带有偏见。

派 mortuary *adj.* 死的，埋葬的

152
□ heterodox □ autocratic □ gnarled □ berate □ delectable □ theocracy
□ exacerbate □ vapid □ mortician

bourgeois /ˌbʊrˈʒwɑː/ 阅	释 *n.* 中产阶级 middle class *adj.* 渴求名利的；平庸的 selfishly materialistic; dully conventional 例 We can't understand why some fine ladies will **become** very bourgeois after marriage. 我们不能理解为什么有些淑女结婚后会变得非常庸俗。 搭 bourgeois attitudes 世俗的态度；bourgeois tastes 世俗的趣味
cosmopolitan /ˌkɑːzməˈpɑːlɪtən/ 阅 | 填	释 *adj.* 老练的 sophisticated 例 He is a cosmopolitan diplomat. 他是名经验丰富的外交官。
promulgate /ˈprɑːmlɡeɪt/ 阅	释 *v.* 发布，公布 proclaim a doctrine or law; make known by official publication 例 The state standard of occupation health should be **promulgated** to prevent against occupational diseases. 应该颁布国家职业卫生标准以防治职业病。 派 promulgation *n.* 颁布
pomposity /pɑːmˈpɑːsəti/ 阅	释 *n.* 妄自尊大 self-important behavior; acting like a stuffed shirt 例 He always put on an air of **pomposity** when giving speech. 他演讲时总是装出一副自大的样子。 派 pompous *adj.* 自大的，自负的
ineffable ● /ɪnˈefəbl/ 阅 | 填	释 *adi.* 不可言喻的；避讳的，禁忌的 unutterable; cannot be expressed in speech 例 Don't mention her! It is an **ineffable** name. 别提她！这是个需要避讳的名字。 派 ineffably *adv.* 不可言喻地
cull /kʌl/ 阅 | 填	释 *v.* 挑选，去掉 pick out; reject *n.* 杂质 something picked out from others, especially something rejected because of inferior quality 例 It is usually good practice to **cull** the poorest plant. 通常好的方法是挑出最弱的苗木。
protuberance /proʊˈtuːbərəns/	释 *n.* 隆起，结节 protrusion; bulge 例 She had to have an surgery as soon as possible to remove the cancerous **protuberance**. 她必须尽快做手术切除癌肿。 派 protuberant *adj.* 隆起的，凸出的
enervate /ˈenərveɪt/ 阅 | 填	释 *v.* 使无力，使无精打采 weaken 例 She suffered from long **enervating** illness. 长期而使人衰弱的疾病让她很受折磨。 派 enervated *adj.* 衰弱的，无精打采的

retrieve
/ rɪˈtriːv /

阅 | 填

释 *v.* 恢复；取回；找回 recover; find and bring in
例 She made every attempt to **retrieve** her honor but all ended up with failure. 她想尽一切办法恢复自己的名声但都以失败告终。
搭 retrieve sth from sb/sth 重新获得某物；取回某物
派 retrievable *adj.* 可取回的；可检索的 retrieval *n.* 检索；恢复；取回

---

lackluster
/ ˈlæklʌstər /

阅 | 填

释 *adj.* 死气沉沉的 dull
例 The audience were extremely disappointed by the **lackluster** performance. 观众对这场乏味的表演极其失望。

---

dissimulate
/ dɪˈsɪmjuleɪt /

释 *v.* 假装，掩饰（感情、动机等）pretend; conceal by feigning
例 He tried to **dissimulate** his fear and appeared in the darkness. 他试图掩饰恐惧，出现在黑暗中。
派 dissimulation *n.* 假装，掩藏

---

blasé
/ blɑːˈzeɪ /

释 *adj.* 厌倦于享乐的 bored with pleasure or dissipation
例 Since Laura had been abroad many times, she was **blasé** about the suggestion. 因为已经出过国好多次了，所以劳拉对这个建议不屑一顾。
搭 blasé about sth 对…不稀罕

---

recipient
/ rɪˈsɪpiənt /

阅 | 填

释 *n.* 接受者 receiver
例 Although the dustman is old and poor, he **refuses** to be a recipient of gifts. 这位清洁工虽然又老又穷，但他拒绝接受别人的馈赠。

---

clique
/ kliːk /

阅

释 *n.* 小集团，派系 small exclusive group
例 They didn't like to play with him because he didn't belong to their **clique**. 他们不愿和他一起玩儿，因为他不是他们小集团的成员。

---

camaraderie
/ ˌkɑːməˈrɑːdəri /

阅

释 *n.* 同志之爱，友情 good-fellowship
例 The **camaraderie** among fellow staff was the most valuable. 同事间的友情最宝贵。

---

shun
/ ʃʌn /

阅 | 填

释 *v.* 避开，躲避 keep away from
例 Renowned as he is, the basketball player always **shuns** spotlight and publicity. 尽管很有名，但这位篮球运动员总是避开聚光灯，不愿出风头。

---

virulent ●
/ ˈvɪrələnt /

阅

释 *adj.* 剧毒的；恶毒的，充满敌意的 extremely poisonous; hostile; bitter
例 She is very **virulent** about Jews. 她对犹太人恨之入骨。
派 virulently *adv.* 恶毒地 virulence *n.* 毒力；毒性；恶意

---

gale
/ geɪl /

释 *n.* 大风，一阵风；情感爆发 windstorm; gust of wind; emotional outburst (laughter, tears)
例 A **gale** would be extremely dangerous for sailing. 在大风中航海极其危险。

☐ retrieve ☐ lackluster ☐ dissimulate ☐ blasé ☐ recipient ☐ clique
☐ camaraderie ☐ shun ☐ virulent ☐ gale

cognate / ˈkɑːgneɪt / 阅丨填	释 *adj.* 同词源的，同类的 related linguistically; allied by blood; similar or akin in nature 例 Cognate object is a special language phenomenon. 同源宾语是一种特殊的语言现象。 搭 cognate object 同根宾语；cognate words 同源词，同根词
censor / ˈsensər / 阅	释 *n.* 审查员 overseer of morals; person who reads to eliminate inappropriate remarks 例 The **censor** demanded that some dirty words be clipped. 审查员要求删去某些脏话。
innate ■ / ɪˈneɪt / 阅	释 *adj.* 先天的，天生的 inborn 例 He was famous in the town because of his **innate** talent for music. 他因为音乐天赋而在城里出名。 搭 innate capacity 天赋才能；innate immunity 先天免疫，自然免疫 派 innately *adv.* 天赋地；内在地，固有地
facilitate ■ / fəˈsɪlɪteɪt / 阅丨填	释 *v.* 有助于，使容易 help bring about; make less difficult 例 To keep on taking exercises every morning will **facilitate** one's health. 坚持每天晨练有助于身体健康。 派 facilitator *n.* 促进者，帮助者
concomitant / kənˈkɑːmɪtənt /	释 *n.* 伴随物 that which accompanies 例 Loss of memory is a natural **concomitant** of old age. 记忆力减退是与老年相伴出现的。
assail / əˈseɪl / 阅	释 *v.* 攻击 assault 例 They fiercely **assailed** their political rivals. 他们猛烈攻击了自己的政治对手。 派 assailment *n.* 攻击
repository / rɪˈpɑːzətɔːri / 阅	释 *n.* 储藏室 storehouse 例 My history teacher knows all the western history and is a **repository** of interesting facts. 我的历史老师对西方历史了如指掌，而且知道很多趣事。
benefactor / ˈbenɪfæktər / 阅丨填	释 *n.* 捐助者；赞助人 gift giver; patron 例 To many Chinese universities, Shao Yifu is a generous **benefactor**. 对中国的很多大学来说，邵逸夫是一名慷慨的捐款人。
feral / ˈferəl /	释 *adj.* （动物）野生的 not domestic; wild 例 There are many **feral** cats and dogs in that area. 那个地区有很多野猫和野狗。

equivocal ■
/ ɪ'kwɪvəkl /

阅 | 填

释 *adj.* 模棱两可的，模糊的 ambiguous; intentionally misleading
例 She gave an **equivocal** reply to the tough question. 她给了那个尖锐的问题一个模糊的回答。
派 equivocality *n.* 歧义；模棱两可

execrable
/ 'eksɪkrəbl /

释 *adj.* 极坏的，极差的 very bad
例 They fulfilled the task while suffering from the **execrable** environment. 他们忍受着恶劣的环境完成了任务。
派 execrably *adv.* 恶劣地，可恨地

faction
/ 'fækʃn /

阅 | 填

释 *n.* 派别；小团体；派系斗争 party; clique; dissension
例 We belong to different **factions**, and we have different ideas. 我们属于不同的派别，有不同的观点。

obnoxious
/ əb'nɑːkʃəs /

阅

释 *adj.* 使人讨厌的，可憎的 offensive; objectionable
例 Her disgusting table manners made her **obnoxious** to us. 她那令人厌恶的吃相使我们反感。
派 obnoxiously *adv.* 令人讨厌地，可憎地

verge
/ vɜːrdʒ /

阅 | 填

释 *n.* 边缘，界限 border; edge
例 The company is on the **verge** of bankruptcy. 该公司快要破产了。
搭 on the verge of 濒临于，接近于

squalor
/ 'skwɑːlər /

释 *n.* 肮脏；悲惨 filth; dirty, neglected state; degradation
例 What impressed the princess most when she paid a visit to the African countries was the **squalor** of the conditions in which most ordinary citizens were living. 王妃访问非洲国家时，让她触动最深的是很多平民老百姓生活在脏乱不堪的环境里。
派 squalid *adj.* 污秽的，肮脏的

trenchant
/ 'trentʃənt /

阅 | 填

释 *adj.* 有力的，有效的；刻薄的，锋利的 forceful and vigorous; cutting
例 Some politicians can't stand **trenchant** criticism. 有些政治家受不了刻薄的批评。
派 trenchantly *adv.* 有力地；犀利地

delineate ■
/ dɪ'lɪnɪeɪt /

阅 | 填

释 *v.* 描绘，描写，勾勒 portray; depict; sketch
例 Biography must to some extent **delineate** characters. 传记必须在一定程度上描绘人物。
派 delineation *n.* 描绘，描写

agent
/ 'eɪdʒənt /

阅 | 填

释 *n.* 媒介；代理人；执行官 means or instrument; personal representative; person acting in an official capacity
例 Our **agent** in China will deal with all relevant businesses. 我们在中国的代理商将经办所有相关业务。

156
□ equivocal   □ execrable   □ faction   □ obnoxious   □ verge   □ squalor
□ trenchant   □ delineate   □ agent

comparable / ˈkɑːmpərəbl / 阅｜填	释 *adj.* 类似的 similar 例 People doing similar jobs should receive **comparable** pay. 同工应该同酬。 搭 be comparable to/with sb/sth 与某人/某物类似的/可比较的 派 comparability *n.* 相似性，可比较性
offhand / ˌɔːfˈhænd / 阅	释 *adj.* 随便的，唐突的 casual; done without prior thought 例 He was rather **offhand** with me. 他对我未免太随便了。 派 offhandedly *adv.* 立即地，即席地
ravel / ˈrævl / 阅	释 *v.* 使混乱，使纠缠；解开，松开 fall apart into tangles; unravel or untwist; entangle 例 The cat **raveled** the ball of wool up. 猫把毛线团弄乱了。
whinny / ˈwɪni /	释 *v.* 马嘶，嘶叫 neigh like a horse 例 The horse **whinnied** before setting out. 出发之前马发出一声嘶鸣。
diminution ■ / ˌdɪmɪˈnuːʃn / 阅｜填	释 *n.* 缩减，降低 lessening; reduction in size 例 They are hoping for a small **diminution** in taxes. 他们希望税捐略微减少。
qualms / kwɑːms / 阅	释 *n.* 担忧，不安，良心责备 misgivings; uneasy fears, especially about matters of conscience 例 I have always been working hard, so I feel no **qualms** about taking several days off. 我工作一直都很努力，所以不会为请几天假而感到不安。
rudimentary / ˌruːdɪˈmentri / 阅｜填	释 *adj.* 未充分发展的；基本的；初步的 not developed; elementary; crude 例 Although my two-year-old daughter's vocabulary is limited to some **rudimentary** words, she can always make herself understood. 尽管我两岁大的女儿只会一些很基本的词语，但是我们总能听懂她的意思。
embody / ɪmˈbɑːdi / 阅｜填	释 *v.* 体现（思想、原则等）；包括，收录 express or give visible form to (ideas, feelings, etc.); make concrete; incorporate 例 She **embodies** all the best qualities of a nurse. 她体现了护士应有的一切优秀品质。 搭 embody sth (in sth) 体现（想法、感情等） 派 embodiment *n.* 典型，化身
bombastic ● / bɑːmˈbæstɪk / 阅｜填	释 *adj.* 夸大的，言过其实的 pompous; using inflated language 例 The public do not believe the **bombastic** speaker. 公众不相信这位大放厥词的演说家。 派 bombast *n.* 浮夸的言辞

recession / rɪˈseʃn / 阅｜填	释 *n.* 撤回，退却；（经济）衰退，不景气 withdrawal; retreat; time of low economic activity 例 The economic **recession** in this country led to such problems as unemployment and inflation. 这个国家的经济衰退导致了诸如失业、通货膨胀之类的诸多问题。 派 recessionary *adj.* （经济）萧条的，疲软的
contraband / ˈkɑːntrəbænd /	释 *n.* 违法交易 illegal trade; smuggling *adj.* 违禁的，非法买卖的 distributed or sold illicitly 例 Most of the city markets were flooded with **contraband** goods. 大多数的城市市场上都充斥着走私货。

Notes

pathos / ˈpeɪθɑːs / 阅	释 *n.* 伤感；伤感力 tender sorrow; pity; quality in art or literature that produces these feelings 例 Humor and **pathos** proved compatible in this movie. 幽默和伤感在这个电影里表现得很和谐。
expiate / ˈekspieɪt /	释 *v.* 补偿，赎罪 make amends for (a sin) 例 He gave the victim a lot of money, but he still thought he couldn't **expiate** his guilt. 他给了受害者很多钱，但他还是觉得无法弥补他的过失。
assumption / əˈsʌmpʃn / 阅 | 填	释 *n.* 假设；承担，担任 something taken for granted; taking over or taking possession of 例 The new president's **assumption** of office took place yesterday. 新总统是昨天就职的。 搭 assumption of sth（对责任等的）承担 派 assume *v.* 假设；承担，担任
presentiment / prɪˈzentɪmənt /	释 *n.* 预感 feeling something will happen; anticipatory fear; premonition 例 Seeing Bella off at the airport, Bruce had a sudden **presentiment** that he would never see her again. 在机场送别贝拉时，布鲁斯突然有种预感，以后将再也见不到她了。
prerogative / prɪˈrɑːgətɪv /	释 *n.* 特权；毋庸置疑的权利 privilege; unquestionable right 例 A pregnant woman has the **prerogative** of arriving late for work. 孕妇有上班迟到的特权。 搭 within one's prerogative to do 某人有特权/自由做⋯ 派 prerogation *n.* 特权
condole / kənˈdoʊl / 阅 | 填	释 *v.* 慰问，吊唁 express sympathetic sorrow 例 He wrote to **condole** with his friend on the death of his father. 他写信给他的朋友，对其父亲的去世表示哀悼。 派 condolence *n.* 哀悼；慰问
sophistry / ˈsɑːfɪstri / 阅	释 *n.* 诡辩 seemingly plausible but fallacious reasoning 例 **Sophistry** of a candidate contributes more to a political campaign than his or her economic literacy. 政治竞选更多地取决于诡辩的能力而不在于是+否懂经济。

□ pathos   □ expiate   □ assumption   □ presentiment   □ prerogative   □ condole
□ sophistry

rigor ■
/ ˈrɪgər /

阅 | 填

释 *n.* 严格，严酷 severity
例 The judges suggested that his doctor's thesis is lack of analytical **rigor** and should be disqualified. 评委认为他的博士论文缺乏分析事物的严密性，所以应评为不合格。
派 rigorous *adj.* 严格的，严厉的；严密的；严酷的

---

incidental ●
/ ˌɪnsɪˈdentl /

阅

释 *adj.* 非主要的；伴随发生的 not essential; minor
例 As well as improving efficiency, the new scheme will bring other **incidental** advantages. 这个新体制不仅能够提高效率，还能带来其他额外的好处。
搭 incidental to sth 附带发生的　　派 incidentally *adv.* 偶然地；附带地

---

plagiarize
/ ˈpleɪdʒəraɪz /

阅 | 填

释 *v.* 剽窃，抄袭 steal another's ideas and pass them off as one's own
例 Katy was accused of **plagiarizing** a term paper and expelled from the college. 凯蒂被指责学期论文剽窃，并被学校开除。
派 plagiarism *n.* 剽窃，抄袭

---

nocturnal
/ nɑːkˈtɜːrnl /

阅

释 *adj.* 夜晚的，夜间发生的 done at night
例 **Nocturnal** animals such as bats and owls only come out at night. 夜行动物，如蝙蝠和猫头鹰，只在夜里才出来。
派 nocturnally *adv.* 每夜，在夜里

---

inane ■
/ ɪˈneɪn /

填

释 *adj.* 愚蠢的；无意义的，空洞的 silly; senseless
例 The **inane** chatter on TV made me feel bored. 电视上无聊的闲扯让我觉得很烦。
派 inanely *adv.* 愚蠢地；无聊地 inanity *n.* 愚蠢；浅薄；无聊

---

wrench
/ rentʃ /

阅 | 填

释 *v.* 扭拉，扭转 pull; strain; twist
例 He had to **wrench** the lid off the barrel. It was stuck tight. 他必须把桶盖拧下来，它卡得太紧了。

---

suavity
/ ˈswɑːvɪtɪ /

释 *n.* 温和；文雅 urbanity; polish
例 Don't be fooled by his superficial **suavity**! Actually he is as rough as a villain. 不要被他表面的温文尔雅欺骗。事实上他是个粗野狂暴的恶棍。

---

coddle
/ ˈkɑːdl /

阅 | 填

释 *v.* 溺爱 treat gently
例 Usually the parents tend to **coddle** their youngest child. 通常父母容易溺爱最小的孩子。

---

aftermath
/ ˈæftərmæθ /

释 *n.* 结果，后果 consequences; outcome; upshot
例 People wondered what **aftermath** the economic crisis would bring to the global economy. 人们在担心经济危机会给全球经济带来什么样的后果。

☐ rigor　　☐ incidental　　☐ plagiarize　　☐ nocturnal　　☐ inane　　☐ wrench
☐ suavity　　☐ coddle　　☐ aftermath

rancid

/ 'rænsɪd /

释 *adj.* 如陈腐脂肪味的，腐臭的 having the odor of stale fat

例 The **rancid** smell of the eggs was too disgusting! 这些鸡蛋的腐臭味太令人作呕了。

派 rancidness *n.* 腐臭

---

archive

/ 'ɑːrkaɪv /

阅

释 *n.* 档案；档案室 public records; place where public records are kept

例 He is studying the archaeological **archives** in the museum. 他正在博物馆研究考古学档案。

---

pediatrician

/ ˌpiːdiə'trɪʃn /

释 *n.* 儿科医生 expert in children's diseases

例 The mother cared so much about her baby's health that she consulted the **pediatrician** about anything. 这个母亲特别在乎自己孩子的健康，什么事都要咨询儿科医生。

派 pediatrist *n.* 儿科医师

---

imminent

/ 'ɪmɪnənt /

阅 | 填

释 *adj.* 即将来临的；逼近的 near at hand; impending

例 The country is in **imminent** danger of invasion. 国家面临着被入侵的危险。

搭 in imminent danger of 面临着…的危险

派 imminence *n.* 紧急，危急，危险的迫近

---

thrive ■

/ θraɪv /

阅 | 填

释 *v.* 兴旺，繁荣 prosper; flourish

例 To everyone's surprise, the humble small company developed into a **thriving** joint venture. 令所有人都感到意外的是，这个毫不起眼的小公司发展成了一个欣欣向荣的合资企业。

---

provident

/ 'prɑːvɪdənt /

阅 | 填

释 *adj.* 顾及将来的；节俭的 displaying foresight; preparing for emergencies; thrifty

例 Those who have no **provident** considerations can hardly avoid worries near at hand. 人无远虑，必有近忧。

搭 provident of... 节俭，节省　　派 providently *adv.* 有远虑地

---

slight

/ slaɪt /

阅

释 *n.* 轻蔑；怠慢 insult to one's dignity; snub

例 He suffered a **slight** from her when he proposed to her. 他向她求婚时，遭到了她的蔑视。

搭 slight to/on sb/sth 冒犯他人的行为、言语等；蔑视；侮辱

派 slightingly *adv.* 疏忽地；轻视地

---

parody ●

/ 'pærədi /

阅 | 填

释 *n.* 诙谐的模仿，拙劣的模仿 humorous imitation; spoof; takeoff; travesty

例 Some netizens managed to get a high click rate through **parodies** of celebrities. 一些网民通过滑稽地模仿名人获得了高点击率。

---

impalpable

/ ɪm'pælpəbl /

阅 | 填

释 *adj.* 感触不到的，摸不到的；难理解的 imperceptible; intangible

例 The character became **impalpable** in the last few chapters of the book. 这本书的最后几个章节中这个人物变得难以捉摸。

派 impalpably *adv.* 不能感知地，难以理解地

---

dissection /daɪˈsekʃn / 阅	释 *n.* 分析；解剖 analysis; cutting apart in order to examine 例 He never forgot the first **dissection** as a doctor. 他永远都不会忘记作为医生第一次解剖时的经历。
rendition / renˈdɪʃn / 阅	释 *n.* 翻译；演唱 translation; artistic interpretation of a song, etc. 例 The audience were cheered by the actors' spirited **rendition** of the play *Romeo and Juliet*. 演员们在《罗密欧与朱丽叶》这部戏剧中充满生气的表演使观众为之欢呼。
hazy / ˈheɪzi / 阅	释 *adj.* 朦胧的，模糊的 slightly obscure 例 I only have **hazy** memory about my childhood. 我对我的童年只有模糊的印象。 搭 be hazy about sth 不清楚，不了解　派 hazily *adv.* 有薄雾地；朦胧地
justification / ˌdʒʌstɪfɪˈkeɪʃn / 填	释 *n.* 正当的理由；辩护；开释 good or just reason; defense; excuse 例 You have no **justification** for deserting your frail and elderly parents. 你没有理由抛弃你年老体弱的父母。 派 justificatory *adj.* 辩护的；认为正当的
roster / ˈrɑːstər / 阅	释 *n.* 名簿，花名册 list 例 Our dean put himself first on this year's **roster** for office chores. 我们主任把他自己排在了今年办公室值日表的第一位。
vendor / ˈvendər / 阅	释 *n.* 小贩，供应商 seller 例 This new packaging offers advantages to both the **vendor** and the customer. 这种新的包装对供应商和客户都有好处。
amphitheater / ˈæmfɪθiːətər / 	释 *n.* 圆形（露天）剧场，阶梯式座位区 oval building with tiers of seats 例 The audience in the **amphitheater** burst into warm applause as soon as the pianist completed his play. 钢琴家演奏一结束，剧场中的观众就爆发出了热烈的掌声。 派 amphitheatric *adj.* 圆形剧场（式）的
abstinence / ˈæbstɪnəns / 阅 | 填	释 *n.* 节制，节食，戒酒 restraint from eating or drinking 例 The doctor recommended total **abstinence** from strong drink. 医生建议完全戒除烈性酒。 派 abstain *v.* 自制，戒除 abstinent *adj.* 节制的，禁欲的
facetious / fəˈsiːʃəs / 阅 | 填	释 *adj.* 滑稽的；幽默的 joking (often inappropriately); humorous 例 Being **facetious** without caring the situations sometimes may be hurtful. 不分场合的乱开玩笑有时会伤人。 派 facetiously *adv.* 爱开玩笑地，滑稽地

partiality / ˌpɑːrʃiˈæləti /	释 **n.** 偏爱，偏见 inclination, bias 例 The commentator couldn't help showing **partiality** to his favorite team. 解说员禁不住流露出对自己最喜欢的球队的偏爱。 搭 partiality to sb/for sth 对某人/某物偏爱 派 partial *adj.* 偏爱的，偏心的
odyssey / ˈɑːdəsi / 阅	释 **n.** 长途的冒险旅行 long, eventful journey 例 Her **odyssey** of revenge was finished. 她复仇的漫长历程结束了。 派 odyssean *adj.*（荷马史诗）《奥德赛》式的
bicker / ˈbɪkər / 填	释 **v.** 斗嘴 quarrel 例 Although they often **bicker**, they are best friends. 虽然他俩总是争吵，但他们却是最好的朋友。 搭 bicker about/over sth（为小事）斗嘴，争吵 派 bickering *n.* 争吵，争论
cistern / ˈsɪstərn /	释 **n.** 蓄水池，水箱 reservoir or water tank 例 Wastewater from the production process flows to a **cistern**. 生产过程中产生的废水流入了蓄水池。
cubicle / ˈkjuːbɪkl / 阅丨填	释 **n.** 小卧室 small compartment partitioned off; small bedchamber 例 I like to decorate my **cubicle** with pictures of my family and friends. 我喜欢用家人和朋友的照片装饰我的小卧室。
ingenuous / ɪnˈdʒenjuəs / 阅	释 **adj.** 率真的，无心计的 naive and trusting; young; unsophisticated 例 Her **ingenuous** smile made him smitten with her. 她单纯的笑容俘虏了他。 派 ingenuously *adv.* 率直地，天真地
advent / ˈædvent / 阅丨填	释 **n.** 出现，到来 arrival 例 The shooting of the buds indicates the **advent** of the spring. 植物抽芽预示着春天的到来。 搭 the advent of sth/sb（尤指重要事件或人物的）出现，到来
pungent / ˈpʌndʒənt / 阅	释 **adj.**（指气味、味道）刺激性的；尖锐的 stinging; sharp in taste or smell; caustic 例 The **pungent** oil smoke filled the kitchen. 厨房里充满了刺鼻的油烟味。 派 pungency *n.* 辛辣，刺激性
plagiarism / ˈpleɪdʒərɪzəm / 阅丨填	释 **n.** 剽窃，抄袭 theft of another's ideas or writings passed off as original 例 The professor recognized many **plagiarisms** in his paper and failed him. 教授发现他的论文中有多处剽窃，因此没让他及格。 派 plagiarist *n.* 剽窃者

affinity
/ əˈfɪnəti /

阅 | 填

释 *n.* 密切关系 kinship
例 She felt a great **affinity** with people suffering from the disaster. 她深切关注受灾群众的痛苦。
搭 have an affinity with sb/sth 与…关系密切
派 affinitive *adj.* 密切相关的，关系紧密的

---

ingénue
/ ˈændʒənuː /

释 *n.* （扮演）天真无邪的少女（女演员）的 an artless girl; an actress who plays such parts
例 She played the part of an **ingénue** in her first performance. 她在第一次演出中扮演了一个天真无邪的少女。

---

throng
/ θrɑːŋ /

阅

释 *n.* 聚集的人群 crowd
例 A **throng** of fans were gathering in front of the Xinhua Bookstore, waiting to see the Nobel Prize winner. 大批粉丝聚集在新华书店门前，等着见到诺贝尔奖得主。

---

insolvent ●
/ ɪnˈsɑːlvənt /

阅 | 填

释 *adj.* 破产的；无法偿还债务的 bankrupt; unable to repay one's debts
例 This nation's second biggest bank was **insolvent** because of the government's unadvisable policy. 由于政府不当的政策，这个国家的第二大银行破产了。
派 insolvency *n.* 破产，无力偿还

---

insularity ■
/ ˌɪnsəˈlærəti /

释 *n.* (思想、观点等的)偏狭；与外界隔绝 narrow-mindedness; isolation
例 His early years in a remote village resulted in his **insularity**. 他早年在偏远山村的生活导致他思想狭隘。
派 insular *adj.* 偏狭的；孤立的，与世隔绝的

---

retrospective
/ ˌretrəˈspektɪv /

阅 | 填

释 *adj.* 回顾的 looking back on the past
例 There will be a **retrospective** exhibition of the 19th century impressionist painters at the museum this weekend. 本周末将在博物馆举行19世纪印象派画家的作品回顾展。
派 retrospectively *adv.* 回顾地

---

enduring
/ ɪnˈdʊrɪŋ /

阅 | 填

释 *adj.* 持久的，持续的 lasting; surviving
例 We all hope for an **enduring** peace. 我们都希望拥有持久的和平。
派 enduringly *adv.* 持久地

---

dispassionate
/ dɪsˈpæʃənət /

阅 | 填

释 *adj.* 冷静的；不带偏见的 calm; impartial
例 The critic gave a **dispassionate** comment on the writer's work. 评论家就这位作者的作品给出了客观评价。
派 dispassionately *adv.* 平心静气地；不带偏见地

---

incongruous ■
/ ɪnˈkɑːŋgruəs /

阅 | 填

释 *adj.* 不调和的；不适宜的 not fitting; absurd
例 You should apologize for your **incongruous** manners. 你应该为你失当的举止道歉。
派 incongruity *n.* 不协调，不一致；不适宜

---

yield / jiːld / 阅	释 *v.* 投降，屈服 give in; surrender *n.* 产量，收成，收益 amount produced; crop; income on investment 例 The wounded soldier refused to **yield** to his enemy. 受伤的战士拒绝向敌人投降。// The orange trees gave a high **yield** last year. 去年柑橘产量很高。
mincing / ˈmɪnsɪŋ /	释 *adj.* 装模作样的，矫揉造作 affectedly dainty 例 Nancy came to my office with **mincing** footsteps. 南希迈着矫揉造作的脚步来到我的办公室。 派 mince *v.* 装腔作势地走或说
revoke / rɪˈvoʊk / 阅 | 填	释 *v.* 撤回，废除；吊销 cancel; retract 例 The *Traffic Law* stipulates that driving license will be **revoked** in case of escaping from crash. 交通法规定肇事逃逸可吊销驾照。
obstetrician / ˌɑːbstəˈtrɪʃn /	释 *n.* 产科医生 physician specializing in delivery of babies 例 Tom, a capable **obstetrician**, delivers thousands of babies. 汤姆是个医术高明的产科医生，他接生了成千上万个婴儿。 派 obstetrics *n.* 产科学
haughtiness ■ / ˈhɔːtinəs / 阅 | 填	释 *n.* 傲慢，不逊 pride; arrogance 例 Her **haughtiness** was the reason that kept people away from her. 她的傲慢使得人们都远离她。 派 haughty *adj.* 傲慢的
kaleidoscope / kəˈlaɪdəskoʊp / 阅	释 *n.* 万花筒 tube in which patterns made by the reflection in mirrors of colored pieces of glass, etc., produce interesting symmetrical effects 例 A **kaleidoscope** is an optical toy which most people like very much. 万花筒是一种光学玩具，很多人都喜欢。 派 kaleidoscopic *adj.* 万花筒似的；千变万化的
maxim / ˈmæksɪm / 阅 | 填	释 *n.* 格言，座右铭 proverb; a truth pithily stated 例 I believe in the **maxim**—You have to believe in yourself. That's the secret of success. 我相信这样一条箴言——你必须相信自己，这是成功的关键。
sinuous / ˈsɪnjuəs / 阅 | 填	释 *adj.* 蜿蜒的；错综复杂的；不老实的 winding; bending in and out; not morally honest 例 The silent and **sinuous** approaching of a snake was thrilling. 一条蛇无声地扭动着身躯，令人毛骨悚然。 派 sinuosity *n.* 蜿蜒；弯曲
controvert / ˈkɑːntrəvɜːrt / 阅	释 *v.* 反驳，驳斥 oppose with arguments; attempt to refute; contradict 例 The statement of the last witness **controverted** the evidence of the first two. 最后一个证人的陈述反驳了前两人的证词。 派 controversial *adj.* 有争议的，有争论的

dismiss ■
/ dɪsˈmɪs /

阅|填

释 *v.* 不考虑；不接受 put away from consideration; reject
例 Tom was **dismissed** as a dreamer. 人们认为汤姆是个空想家而不去理会他。
搭 dismiss sb/sth (as sth) 对某人或某事物不予理会
派 dismissal *n.* 开除；不予理会

---

ostensible
/ ɑːˈstensəbl /

阅|填

释 *adj.* 表面的，假装的 apparent; professed; pretended
例 The senator's **ostensible** purpose was charity; in fact, his real goal was to get the vote. 这位议员表面的目的是做善事，实际目标是得到选票。
派 ostensibly *adv.* 表面上地

---

shroud
/ ʃraʊd /

阅|填

释 *v.* 遮蔽，隐藏；用裹尸布裹 hide from view; wrap for burial
例 The vast majority of Chinese cities were **shrouded** in heavy haze yesterday. 昨天，中国大部分城市都笼罩在严重的雾霾之中。
搭 shroud sth in sth 用某物覆盖或遮蔽他物

---

disparate
/ ˈdɪspərət /

阅

释 *adj.* 根本不同的；不相干的 basically different; unrelated
例 The results of the experiments were quite **disparate**. 实验的结果各不相同。
派 disparately *adv.* 不相干地

---

mesmerize
/ ˈmezməraɪz /

阅

释 *v.* 施催眠术 hypnotize
例 He was **mesmerized** by the psychologist. 他被心理医生施了催眠术。
派 mesmerization *n.* 施催眠术

---

garrulous ■
/ ˈɡærələs /

阅|填

释 *adj.* 饶舌的，多嘴的 loquacious; wordy; talkative
例 Some people become **garrulous** after a few glass of wine. 有些人几杯酒下肚后就变得话多起来。
派 garrulity *n.* 饶舌，多言，多嘴

---

consummate
/ ˈkɑːnsəmət /

阅|填

释 *adj.* 圆满的，完整的 complete *v.* 完成 complete
例 This permits sufficient time to **consummate** the transaction. 这便有足够的时间完成交易了。

---

erudite ■
/ ˈerudaɪt /

阅|填

释 *adj.* 博学的，有学问的 learned; scholarly
例 He is an **erudite** man, but also arrogant. 他是个博学的人，但同时也有点傲慢。

---

inclined
/ ɪnˈklaɪnd /

阅

释 *adj.* 倾向的；倾斜的 tending or leaning toward; bent
例 I'm rather **inclined** to finish all my work before traveling. 我很想在旅行前把所有活儿干完。
搭 be inclined to do sth 想要做某事，有…的倾向

---

pulverize
/ ˈpʌlvəraɪz /

释 *v.* 研磨成粉 crush or grind into dust
例 He **pulverized** the tablets into a fine powder to feed the sick cat. 他把药片磨成细粉，给那只病猫服下。
派 pulverization *n.* 粉碎，粉化

---

staccato
/ stə'kɑːtoʊ /

释 *adj.* 断音的；不连贯的；断续的 played in an abrupt manner; marked by abrupt sharp sound

例 The teacher became so angry that he shouted a series of **staccato** orders when the class was in chaos. 教室里乱得一团糟，老师很生气，断断续续地大声下了几道命令。

din
/ dɪn /

释 *n.* 喧嚣，嘈杂声 continued loud noise *v.* 喧闹；絮絮不休地说 to assail with loud continued noise; to impress by insistent repetition

例 The children were making an awful **din** and I told them to pack it up. 孩子们喧闹不休，我叫他们停下来。

hallowed
/ 'hæloʊd /
阅 | 填

释 *adj.* 神圣化的，神圣的 blessed; consecrated

例 You are not allowed to enter in the **hallowed** ground. 你不可以进入圣地。

派 hallow *v.* 使成为神圣，把…视为神圣

luscious
/ 'lʌʃəs /

释 *adj.* 美味的，甘美的 pleasing to taste or smell

例 The ripe apricot is **luscious**. 成熟的杏很美味。

indicative
/ ɪn'dɪkətɪv /

阅

释 *adj.* 暗示的，预示的 suggestive; implying

例 Some people believe that nightmares are **indicative** of good luck. 有些人认为噩梦预示着好运。

搭 be indicative of sth 暗示…

proponent
/ prə'poʊnənt /
阅 | 填

释 *n.* 支持者；拥护者 supporter; backer; opposite of opponent

例 Professor Mike is one of the leading **proponents** of tax cut. 迈克教授是减免税收的主要拥护者之一。

smelt
/ smelt /

释 *v.* 熔解（矿石）；熔炼（矿石） melt or blend ores, changing their chemical composition

例 Scientists have found a way to **smelt** iron with coke, thus greatly improving the quality of iron. 科学家找到了用焦炭熔炼铁的方法，这样大大改善了铁质。

evocative
/ ɪ'vɑːkətɪv /

阅

释 *adj.* 唤起感情（记忆）的 tending to call up (emotions, memories)

例 The song was **evocative** of my childhood. 那首歌唤起了我对童年的回忆。

搭 evocative of sth 唤起对某物的回忆

派 evocatively *adv.* 唤起回忆地，引起共鸣地

soluble
/ 'sɑːljəbl /

释 *adj.* 可溶解的；可解决的 able to be dissolved; able to be explained

例 Crystal sugar is **soluble** in water; put a crystal sugar cube in hot water and it will soon dissolve. 冰糖是可溶于水的物质；把一块冰糖放入热水中，很快就会溶解。

派 solubility *n.* 溶解度；溶度

intrepid ■
/ ɪn'trepɪd /

阅 | 填

释 *adj.* 无畏的，勇猛的 fearless
例 The intrepid explorer is traveling in the desert. 那位勇敢的探险家正在沙漠旅行。
派 intrepidity *n.* 无畏，大胆

aptitude
/ 'æptɪtuːd /

阅 | 填

释 *n.* 恰当；天资，才能 fitness; talent
例 The little girl shows a great aptitude for music. 小女孩在音乐上表现出很高的天赋。
搭 aptitude for …方面的天赋　派 aptitudinal *adj.* 聪明的，有天赋的

plausible
/ 'plɔːzəbl /

阅 | 填

释 *adj.* 似乎是真的，貌似有道理的；华而不实 having a show of truth but open to doubt; specious
例 You need to come up with a more plausible excuse for not attending the party. 你得想出一个听起来更合理的理由不去参加那个聚会。
派 plausibly *adv.* 似真地　plausibility *n.* 似乎有理，善辩

acumen
/ 'ækjəmən /
阅 | 填

释 *n.* 敏锐，聪明 mental keenness
例 We need someone with sharp business acumen to be our agent. 我们需要有精明的商业头脑的人做我们的代理商。

abstain
/ əb'steɪn /

阅

释 *v.* 自制，戒除 refrain; hold oneself back voluntarily from an action or practice
例 Having been told the effect of alcohol on his health, he decided to abstain from drinking. 在得知酒精对自己健康状况的影响后，他决定戒酒。
搭 abstain from sth 戒除（尤指烟酒）　派 abstinence *n.* 节制，节欲

lax
/ læks /

释 *adj.* 疏忽的，松懈的 careless
例 Jack is lax in his duties now and then. 杰克对本职工作常常马虎松懈。
派 laxity *n.* 松弛，散漫

temporal
/ 'tempərəl /
阅 | 填

释 *adj.* 暂时的；现世的；世俗的 not lasting forever; limited by time; secular
例 Different religious groups have different temporal powers. 不同的宗教团体有不同的世俗方面的权力。

saunter
/ 'sɔːntər /

填

释 *v.* 闲逛，漫步 stroll slowly
例 One day as Churchill was sauntering through the garden, he chanced upon his sister-in-law sketching with watercolors. 有一天，丘吉尔在花园里漫步时，正好见到他嫂子在画水彩画。

proletarian
/ ˌproʊlə'teriən /

释 *n.* 无产者，工人 member of the working; blue collar person
例 According to *Capital* by Carl Marx, the bourgeoisie exploited the proletarians to accumulate wealth. 根据卡尔·马克思的《资本论》的观点，资产阶级靠剥削无产阶级来积累财富。
派 proletariat *n.* 工人阶级，无产阶级

168
□ intrepid　　□ aptitude　　□ plausible　　□ acumen　　□ abstain　　□ lax
□ temporal　　□ saunter　　□ proletarian

mendacious
/ menˈdeɪʃəs /
填

释 *adj.* 不诚实的，爱扯谎的 lying; habitually dishonest
例 Be careful; don't believe a word she said since she was **mendacious**. 小心，别相信她说的任何话，因为她爱扯谎。
派 mendacity *n.* 虚伪；谎言

regeneration
/ rɪˌdʒenəˈreɪʃn /
阅 | 填

释 *n.* 重建；再生 renewal or restoration (of a bodily part); spiritual rebirth
例 The newly-appointed mayor places great emphasis on the economic and cultural **regeneration** of the local area. 新上任的市长着重当地经济和文化的复兴。
派 regenerative *adj.* 再生的；更新的

orient
/ ˈɔːriənt /

释 *v.* 给…定方向；使适应 get one's bearings; adjust
例 Cathy spent her first day in London **orienting** herself to the city. 凯茜用在伦敦的第一天来做城市定位。
派 orientability *n.* 可定向性

renovate
/ ˈrenəveɪt /
阅

释 *v.* 修复，整修；更新，革新 restore to good condition; renew
例 In order to attract more tourists, the Former Residence of Lu Xun has been **renovated** for several times. 为了吸引更多游客，鲁迅故居被修复了好几次。
派 renovation *n.* 修复；革新

discord
/ ˈdɪskɔːrd /
阅 | 填

释 *n.* 不协调，冲突 conflict; lack of harmony
例 There is **discord** between the good friends. 这对好朋友之间有些不和。
搭 an/the apple of discord 争端，祸根
派 discordance *n.* 不和，纷争

vignette
/ vɪnˈjet /

释 *n.* 小插图；小品文 picture; short literary sketch
例 The multimedia experience **vignette** was very lively. 多媒体体验插图很生动。

august
/ ˈɔːɡəst /

释 *adj.* 威严的，宏伟的 impressive; majestic
例 Visitors are impressed by the **august** atmosphere in the Forbidden City. 游客对故宫（也称"紫禁城"）的宏伟气势印象深刻。
派 augustly *adv.* 庄严地，威严地

perpetuate ■
/ pərˈpetʃueɪt /
阅 | 填

释 *v.* 使长存，使永恒 make something last; preserve from extinction
例 He believes that the welfare system helps to **perpetuate** failure and poverty. 他认为福利体系会使失败和贫穷持续下去。
派 perpetuation *n.* 永存，不朽

subsidiary
/ səbˈsɪdieri /
阅

释 *n.* 附属物，（尤指）附属公司；补充物 something secondary in importance or subordinate; auxiliary
例 The company invested huge amount of money in its foreign **subsidiary**. 这家公司投巨资于它在国外的子公司。

cataclysm

/ ˈkætəklɪzəm /

阅丨填

释 **n.** 灾难；大洪水 violent upheaval; deluge
例 The earthquake in Wenchuan was a **cataclysm** to the whole nation. 汶川地震对整个国家来说是个灾难。
派 cataclysmic *adj.* 大变动的；洪水的

adventitious

/ ˌædvenˈtɪʃəs /

阅

释 **adj.** 偶然的 accidental; casual
例 He has never expected an **adventitious** meeting with his old friend in such a way. 他从未想过会以那样的方式与老朋友偶遇。
派 adventitiously *adv.* 偶然地

Notes

claustrophobia
/ ˌklɔːstrəˈfoʊbiə /
阅

释 *n.* 幽闭恐怖症 fear of being locked in
例 He is ashamed of being a **claustrophobia** sufferer. 他因患有幽闭恐怖症而感到羞愧。

conjure
/ ˈkʌndʒər /
阅

释 *v.* 召唤；变戏法；想象 summon a devil; practice magic; imagine or invent
例 His wife can **conjure** up a good meal in half an hour. 他妻子能在半小时内变戏法似地做出一顿美餐。
派 conjuration *n.* 魔法；祈祷；咒语

feasible ■
/ ˈfiːzəbl /
阅 | 填

释 *adj.* 可行的，行得通的 practical
例 We were confident because we had come up with a **feasible** plan. 我们充满信心，因为我们已经想出了一个可行的计划。
派 feasibility *n.* 可行性，可能性

relic
/ ˈrelɪk /
阅 | 填

释 *n.* 遗物，遗迹；纪念物 surviving remnant; memento
例 Hundreds of thousands of people go to visit the Museum of War **Relics** on every December 13th. 每年的12月13日都有无数人参观战争遗迹纪念馆。

amble
/ˈæmbl/
阅 | 填

释 *n.* 漫步，缓行 moving at an easy pace
例 People like walking outside at an **amble** after dinner. 人们喜欢在晚饭后出去漫步。
搭 at an amble 漫步，缓行　　　派 ambler *n.* 溜步的马；慢慢走的人

reserve ■
/ rɪˈzɜːrv /
阅 | 填

释 *n.* 保守；矜持 self-control; formal but distant manner
例 His natural **reserve** makes him feel isolated and unconfident. 天生的内敛性格让他感到孤独和不自信。
派 reserved *adj.* 矜持的，寡言的

unconscionable
/ ʌnˈkɑːnʃənəbl /
阅 | 填

释 *adj.* 肆无忌惮的；不合理的，过度的 unscrupulous; excessive
例 Many people consider it **unconscionable** to sacrifice animals in a religious ritual. 很多人认为在宗教仪式上献祭动物是不合理的。
派 unconscionably *adv.* 无节制地；过度地

tightwad
/ ˈtaɪtwɑːd /

释 *n.* 吝啬鬼 excessively frugal person; miser
例 Joanna is a **tightwad** for she never paid the bill when eating out with friends. 乔安娜是一个吝啬鬼，她和朋友外出吃饭时从不买单。

burly

/ ˈbɜːrli /

释 *adj.* 魁梧的，强壮的 husky; muscular

例 John has grown into a **burly** young man. 约翰已经成长为身材魁梧的年轻人。

---

voluminous

/ vəˈluːmɪnəs /

阅 | 填

释 *adj.* 巨大的，体积大的 bulky; large

例 This movie has received **voluminous** comments since it was released. 这部影片自发布以来受到了不计其数的各种评论。

派 voluminousness *n.* 浩瀚，广博

---

static ■

/ ˈstætɪk /

阅

释 *adj.* 静态的；固定的 unchanging; lacking development

例 Housing prices are now soaring again after several **static** months. 房价稳定了几个月后，现在又急速上涨。

---

append

/ əˈpend /

阅 | 填

释 *v.* 附加 attach

例 He **appended** a list to the presents for the Duke. 他在给公爵的礼物上附了一张清单。

搭 append sth to sth 将…附加到…　　派 appendix *n.* 附录；附加物

---

saccharine

/ ˈsækəriːn /

阅

释 *adj.* 极甜的（尤作贬义）；讨好的，奉承的 cloyingly sweet; adulatory

例 Every **saccharine** smile on his face reveals his flattery nature. 他脸上露出的每一个谄笑都反映了他阿谀奉承的本性。

---

scamp

/ skæmp /

释 *n.* 流氓 rascal

例 The mother was heart-broken and completely bedridden when she learned that her well-behaved son befriended a gang of **scamps**. 在得知自己一向乖巧的儿子和一伙流氓结为朋友后，这位母亲伤心过度，卧床不起。

---

eddy

/ ˈedi /

释 *n.*（风、尘、水等的）旋涡 swirling current of water, air, etc.

例 **Eddies** of dust swirled in the road. 路上尘埃滚滚。

---

frugality ■

/ fruˈɡæləti /

阅 | 填

释 *n.* 节俭，俭省 thrift, economy

例 **Frugality** is one of the traditional virtues of the Chinese. 节俭是中国人的传统美德之一。

---

gavel

/ ˈɡævl /

阅

释 *n.* 槌，槌棒 hammerlike tool; mallet

例 The judge rapped the **gavel** on the desk, trying to bring order back to the court. 法官用木槌敲击桌子，试图让法庭恢复秩序。

---

slag

/ slæɡ /

释 *n.* 炉渣，矿渣 residue from smelting metal; dross; waste matter

例 Many breakwaters are built on a foundation of **slag** which provides a good environment for aquatic wildlife in the river. 许多防浪堤都是建在矿渣上的，这能为水中的生物营造良好的生活环境。

□ burly　　□ voluminous　　□ static　　□ append　　□ saccharine　　□ scamp
□ eddy　　□ frugality　　□ gavel　　□ slag

ingratiate / ɪnˈgreɪʃieɪt /	释 **v.** 迎合，讨好 make an effort to become popular with 例 He was willing to do anything to **ingratiate** himself with the royal family members. 为了讨好王室成员，他什么都愿意做。 派 ingratiation *n.* 逢迎，讨好
outwit / ˌaʊtˈwɪt /	释 **v.** 智胜，骗取 outsmart; trick 例 To be the headmaster, he had first to **outwit** his rivals. 要想赢得校长之位，他必须首先智胜他的竞选对手。 派 wit *n.* 智慧，才智
epitome / ɪˈpɪtəmi / 阅丨填	释 **n.** 典范，典型 perfect example or embodiment 例 He is the **epitome** of success. 他是成功的典范。
colossal / kəˈlɑːsl / 阅丨填	释 **adj.** 巨大的 huge 例 The tall buildings are **colossal** but unpractical. 那些高层建筑很庞大但不实用。 搭 colossal figure 巨型画像或雕塑像
dismember / dɪsˈmembər /	释 **v.** 肢解，撕碎 cut into small parts 例 The civil war **dismembered** the country. 内战使这个国家四分五裂。 派 dismemberment *n.* 肢解
pellucid / pəˈluːsɪd / 阅	释 **adj.** 透明的，清澈的；易懂的 transparent; limpid; easy to understand 例 The professor gave us a **pellucid** explanation for the obscure poem. 教授给我们清楚地解释了那首晦涩的诗。 派 pellucidly *adv.* 透明地；易懂地
swindler / ˈswɪndlər / 阅	释 **n.** 骗子 cheat 例 The so-called "minister" swindled in four provinces for more than three years before he was publicly exposed as a **swindler** last month. 这位所谓的"部长"行骗于四省长达三年多，他的骗子身份直到上个月才被公诸于众。
rankle / ˈræŋkl /	释 **v.** 激怒，使愤恨 irritate; fester 例 What really **rankled** him was his daughter's eloping with a 60-year-old man. 真正激怒他的是他的女儿和一个60岁的老头私奔了。
slough / slʌf /	释 **v.** 脱落 cast off 例 The snake will **slough** off its skin when spring arrives. 一到春天，蛇就会蜕皮。 搭 slough sth off 摆脱，抛弃（某事物）
crop / krɑːp /	释 **v.** 剪修 cut off unwanted parts of a photograph; graze 例 Some people use lawn mowers to **crop** the weeds growing in their lawns. 有些人会用割草机来修剪草坪里生长的杂草。

nautical
/ ˈnɔːtɪkl /
阅

释 *adj.* 航海的，海上的 pertaining to ships or navigation
例 Logbook is a **nautical** term. "航海日志"是航海术语。
派 nautically *adv.* 在航海方面

withhold
/ wɪðˈhoʊld / 阅

释 *v.* 拒绝，保留 refuse to give; hold back
例 I have nothing to **withhold** from you. 我没有对你隐瞒什么。

interrogate
/ ɪnˈterəɡeɪt /

填

释 *v.* 询问；审问 question closely; cross-examine
例 The witness was **interrogated** by the police about the accident. 警察对事故的目击者进行了询问。
派 interrogation *n.* 询问；审问

artifact ■
/ ˈɑːrtɪfækt /

阅 | 填

释 *n.* 人工制品 object made by human beings, either handmade or mass-produced
例 The jades sold in the markets are mainly **artifacts**. 市场上的玉石主要都是人工制品。
派 artifactual *adj.* 人工的

curator
/ kjʊˈreɪtər /
阅

释 *n.* 监督人 superintendent; manager
例 The **curator** was to be jointly appointed by two parties. 监督人将由诉讼双方共同指定。

compromise
/ ˈkɑːmprəmaɪz /

阅 | 填

释 *v.* 妥协；危害 adjust or settle by making mutual concessions; endanger the interests or reputation of
例 After fierce discussions, these two countries finally **compromised** with each other. 经过激烈的讨论，这两个国家最终达成了妥协。
搭 compromise with sb 向某人妥协

asunder
/ əˈsʌndər /

释 *adv.* 成碎片；分离 into parts; apart
例 There is little we can do if we are split **asunder**. 如果不团结我们就做不成任何事情。

comatose
/ ˈkoʊmətoʊs /

阅

释 *adj.* 昏迷的，昏睡状态的 in a coma; extremely sleepy
例 These students were **comatose** during the old professor's lecture. 学生们在听老教授的课时都昏昏欲睡。
派 coma *n.* 昏迷

detonation
/ ˌdetəˈneɪʃn /
阅 | 填

释 *n.* 引爆，爆炸 explosion
例 The nuclear **detonation** has the possibility to destroy the entire Earth. 原子弹爆炸有可能毁灭整个地球。

idiom
/ ˈɪdiəm /

阅 | 填

释 *n.* 习语，成语；风格，特色 expression whose meaning as a whole differs from the meanings of its individual words; distinctive style
例 Most of the buildings in the small town are in the **idiom** of the Middle Ages. 这个小镇上的大多数建筑都是中世纪风格的。

174
□ nautical   □ withhold   □ interrogate   □ artifact   □ curator   □ compromise
□ asunder   □ comatose   □ detonation   □ idiom

qualified ■
/ ˈkwɑːlɪfaɪd /

释 *adj.* 有限制的，有条件的；有资格的 limited; restricted; having complied with the specific requirements or precedent conditions

例 With both a master's degree and ten years of working experience, she is extremely well **qualified** for the post. 她既拥有硕士学位，又有十年的工作经验，所以完全可以胜任这一职务。

搭 be qualified for sth 具有做某事的资格

阅

enrapture
/ ɪnˈræptʃər /

释 *v.* 使痴迷；使狂喜 please intensely

例 The tourists were **enraptured** by the view of a beautiful scenery. 看到美丽的景色，游客们心花怒放。

rhetoric
/ ˈretərɪk /

释 *n.* 修辞学；花言巧语 art of effective communication; insincere language

例 Some knowledge of **rhetoric** is a necessity for any linguists. 对于语言学家来说，了解一些修辞学方面的知识是必要的。

派 rhetorical *adj.* 修辞学的；修辞的

阅 | 填

gainsay
/ ˌɡeɪnˈseɪ /

释 *v.* 否认 deny

例 Although he failed, no one could **gainsay** his efforts. 他虽然失败了，但是没有人能够否认他的努力。

派 gainsaid *adj.* 被否认的

阅

quaint
/ kweɪnt /

释 *adj.* 离奇有趣的；古雅的；别致精巧的 odd; old-fashioned; picturesque

例 There are still many **quaint** old customs in the remote village. 这个偏远的小乡村仍然保留着很多稀奇古怪的旧风俗。

派 quaintness *n.* 离奇有趣；古怪的事物

阅

pert
/ pɜːrt /

释 *adj.* 无礼的，冒失的 impertinent; forward

例 Katie is a **pert** outgoing beautiful girl in her friends' eyes. 凯蒂在她朋友眼中是个冒失的、开朗的漂亮姑娘。

派 pertness *n.* 无礼，傲慢 pertly *adv.* 冒失地，傲慢地

mirage
/ məˈrɑːʒ /

释 *n.* 海市蜃楼；蜃景 unreal reflection; optical illusion

例 The lost explorer was fooled by a **mirage** in the desert. 迷路的探险家被沙漠中的海市蜃楼愚弄了。

阅 | 填

cogitate
/ ˈkɑːdʒɪteɪt /

释 *v.* 深思，慎重考虑 think over

例 I have to **cogitate** on the meaning of life. 我得好好考虑一下生命的意义。

搭 cogitate about/on sth 慎重考虑某事   派 cogitation *n.* 深思，思考

填

sagacious
/ səˈɡeɪʃəs /

释 *adj.* 有洞察力的；精明的；有远见的 perceptive; shrewd; having insight

例 A **sagacious** man has foresight and makes wise decisions under any circumstances. 一个精明的人在任何时候都能有远见卓识并作出英明的决定。

派 sagaciously *adv.* 精明地

阅 | 填

affix
/ əˈfɪks /

释 *v.* 使附于，粘贴；添加 fasten; attach; add on
例 Before sending the letter to the post office, we have to **affix** a stamp to the upper right corner of the envelope. 在把信件送到邮局之前，我们需要把邮票贴在信封的右上角。
搭 affix sth (to sth) 将某物粘贴（到…） 派 affixation *n.* 附加，附加法

---

avalanche
/ ˈævəlæntʃ /

阅 | 填

释 *n.* 雪崩 great mass of falling snow and ice
例 Even a cough can lead to **avalanche** in that area. 在那个地区，甚至一声咳嗽都能导致雪崩。
搭 avalanche effect 雪崩效应

---

manifesto
/ ˌmænɪˈfestoʊ /

释 *n.* （政策的）宣言，声明 declaration; statement of policy
例 The Democrats are currently drawing up their election **manifesto**. 民主党人目前正在起草竞选宣言。

---

disinterested
/ dɪsˈɪntrəstɪd /

阅 | 填

释 *adj.* 公正的，无私的 unprejudiced
例 The kind man has been offering **disinterested** aid to the poor family. 这位好心人一直在给那个贫穷的家庭提供无私的援助。
派 disinterestedly *adv.* 公正无私地

---

unseemly
/ ʌnˈsiːmli /

阅

释 *adj.* 不体面的，不适宜的，不得体的 unbecoming; indecent; in poor taste
例 His social position allows him of no **unseemly** behavior in public. 他的社会地位不容许他在公共场合有行为不妥之处。
派 unseemliness *n.* 不合适，不得体

---

grapple
/ ˈgræpl /

阅

释 *v.* 格斗，扭打 wrestle; come to grips with
例 The policeman **grappled** with the robber and took the gun from him. 警察和抢匪扭打在了一起，把枪夺了下来。
搭 grapple with sb/sth 与…扭打 派 grappler *n.* 格斗者

---

serendipity
/ ˌserənˈdɪpəti /

阅 | 填

释 *n.* 易发现珍宝的天赋或运气 gift for finding valuable or desirable things by accident; accidental good fortune or luck
例 It was **serendipity** that helped Newton find gravity. 是机缘巧合帮助牛顿发现了万有引力。

---

oscillate
/ ˈɑːsɪleɪt /

阅

释 *v.* 摆动，振荡；犹豫 vibrate pendulumlike; waver
例 The stock market **oscillated** on the day's reports from America. 股市因当天来自美国的报道出现了起伏。
派 oscillation *n.* 摆动，振荡

---

dapper
/ ˈdæpər /

释 *adj.* 整齐的 neat and trim
例 He was a young salesman, **dapper** in dress. 他是一位年轻的推销员，穿着干净利落。

---

parry
/ 'pæri /

释 *v.* 回避，避开 ward off a blow, deflect, dodge
例 Most men are unable to **parry** women's nagging and complaints. 大多数男人对女人的唠叨和牢骚无力招架。

---

primordial
/ praɪ'mɔːrdiəl /

释 *adj.* 最初的，原始的 existing at the beginning (of time) ; rudimentary
例 Living a better life is the **primordial** force that propels me forward. 过更好的生活是推动我前进的原始动力。
派 primordially *adv.* 原始地，最初地

---

annuity
/ ə'nuːəti /

释 *n.* 年金，养老金 yearly allowance
例 He will have a government **annuity** after he retires. 他退休后可以享受政府退休金。
派 annuitant *n.* 领取年金的人

---

gory
/ 'gɔːri /

释 *adj.* 血淋淋的 bloody
例 He said he would never forget the **gory** death scene he once witnessed. 他说他永远也不会忘记他曾经目睹的那个血淋淋的死亡现场。
派 gorily *adv.* 血淋淋地，残忍地，骇人听闻地

---

magnanimous
/ mæg'nænɪməs /

阅 | 填

释 *adj.* 宽宏大量的，有雅量的 generous; great-hearted
例 Edwin was too **magnanimous** to resent his colleague's offence to him. 埃德温宽宏大量，没有怨恨同事对他的冒犯。
派 magnanimity *n.* 宽宏大量

---

impunity
/ ɪm'pjuːnəti /

阅

释 *n.* 免于惩罚或损害 freedom from punishment or harm
例 People cannot break the rules with **impunity**. 违反规定要受惩罚。
搭 with impunity 免于惩罚，逃过惩罚

---

conflagration ■
/ ˌkaːnflə'greɪʃn /

阅 | 填

释 *n.* 大火 great fire
例 The fire brigade soon got the **conflagration** under control. 消防队很快就把火控制住了。

---

membrane
/ 'membreɪn /

阅 | 填

释 *n.* 膜，隔膜 thin soft sheet of animal or vegetable tissue
例 Each individual section of the garlic is covered with a thin, transparent **membrane**. 大蒜的每个部分都覆盖着薄而透明的膜。
派 membranous *adj.* 膜的，膜状的

---

log
/ laːg /

释 *n.*（航行）日志 record of a voyage or flight; record of day to day activities
例 The crew made an official complaint to the captain, which was recorded in the **log**. 全体船员都向船长正式投诉过，这件事在航海日志里有记录。

---

nepotism / 'nepətɪzəm /	释 *n.* 裙带关系，任用亲戚 favoritism (to a relative) 例 Our manager's son left his position with the company because he felt that his advancement was based on **nepotism** rather than ability. 我们经理的儿子离开了他所在公司的职位，因为他觉得他的晋升是基于裙带关系而不是能力。 派 nepotist *n.* 任人唯亲的人
effrontery / ɪ'frʌntəri / 填	释 *n.* 厚颜无耻 shameless boldness 例 He has the **effrontery** to borrow money from me. 他厚着脸皮来向我借钱。 搭 have/has the effrontery (to do sth) 厚着脸皮，居然
naivete / naː'iːvteɪ / 阅 | 填	释 *n.* 天真；质朴；纯真无邪；天真烂漫 quality of being unsophisticated; simplicity; artlessness; gullibility 例 The officer found the **naivete** of the young lady very attractive. 军官觉得这位姑娘的天真烂漫非常吸引人。 派 naive *adj.* 天真的；幼稚的
convoluted / 'kaːnvəluːtɪd / 阅 | 填	释 *adj.* 复杂的 coiled around; involved; intricate 例 He is able to explain **convoluted** theory in simple words. 他能用简单的语言解释复杂的理论。
flagrant ■ / 'fleɪɡrənt / 阅	释 *adj.* 罪恶昭彰的；明目张胆的；令人无法容忍的 conspicuously wicked; blatant; outrageous 例 Attacking children makes him flagrant. 他因为伤害孩子而恶名昭著。 派 flagrantly *adv.* 恶名昭著地
circuitous / sər'kjuːɪtəs / 阅	释 *adj.* 迂回的，绕行的 roundabout 例 Sometimes some cabdrivers will take on a **circuitous** route on purpose. 有时候出租车司机会故意绕路。 搭 circuitous route 迂回径路　　派 circuit *n.* 迂回路线
obsessive / əb'sesɪv / 阅	释 *adj.* 强迫性的；着迷的 related to thinking about something constantly; preoccupying 例 Leo had an **obsessive** drive to gain his parents' approval. 利奥非常渴望得到父母的嘉许。 派 obsession *n.* 着魔，萦绕；妄想
melancholy / 'melənkaːli / 阅 | 填	释 *adj.* 忧郁的，悲伤的 gloomy; morose; blue 例 Alan felt **melancholy** after his failure in love. 失恋后，艾伦感到很忧伤。 派 melancholic *n.* 忧郁症患者

□ nepotism　　□ effrontery　　□ naivete　　□ convoluted　　□ flagrant　　□ circuitous
□ obsessive　　□ melancholy

pathological
/ ˌpæθə'lɑːdʒɪkl /

释 *adj.* 病理学的；疾病的，病态的 related to the study of disease; diseased or markedly abnormal
例 She suffered from a **pathological** fear of social life. 她对社交生活有一种病态的恐惧。
派 pathology *n.* 病理学

sinecure
/ 'saɪnɪkjʊr /

阅

释 *n.* 挂名职务，闲职 well-paid position with little responsibility
例 Being appointed to be an honorary professor at the university is a **sinecure** for him since he doesn't have much responsibility. 被聘为这所大学的名誉教授只不过是一个挂名的职务而已，因为他没有多少职责。

cherubic
/ tʃə'ruːbɪk /

释 *adj.* 天使的，无邪的 angelic; innocent-looking
例 I like to look at your simple **cherubic** smile. I like to look at you showing your kindness as the angel. 我喜欢看你单纯无邪的笑容，我喜欢看你流露出天使般的善良。
派 cherub *n.* 可爱的小孩，乖小孩

encipher
/ ɪn'saɪfər /

阅

释 *v.* 把（电文等）译成密码 encode; convert a message into code
例 It is very difficult for the young man to **encipher** the messages. 年轻人很难把消息译成密码。

stilted
/ 'stɪltɪd /

阅 | 填

释 *adj.* 做作的，虚饰的 bombastic; inflated
例 The presider's speech sounded rather **stilted** and was disgusted with the participants. 会议主持人的讲话听起来很矫揉造作，使与会者很反感。
派 stiltedly *adv.* 做作地

asymmetric
/ ˌeɪsɪ'metrɪk /

释 *adj.* 不对称的 not identical on both sides of a dividing central line
例 To most people, their faces are **asymmetric**. 大多数人的脸是不对称的。
搭 asymmetric bars 高低杠　　派 asymmetry *n.* 不对称

adversary ■
/ 'ædvərseri /

阅 | 填

释 *n.* 敌手，对手 opponent
例 It is very useful to understand your **adversary**. 了解对手很有帮助。
派 adversarial *adj.* 敌手的，对手的

recount ■
/ rɪ'kaʊnt /

阅

释 *v.* 详细叙述；重新计算 narrate or tell; count over again
例 My grandfather loved to **recount** his adventures on the sea when he was alive. 我祖父生前喜欢跟人讲述他在海上的冒险故事。

feint
/ feɪnt /

释 *n.* 佯攻；移位；虚晃 trick; shift; sham blow
例 **Feint** is to lead the enemies to the encirclement. 佯攻是为了把敌人引入包围圈。

fanfare
/ 'fænfer /

释 *n.*（仪式等开始前吹奏的）小段响亮的喇叭乐 call by bugles or trumpets
例 He was warmly welcomed with a **fanfare** of trumpets. 他在小号声中受到热烈欢迎。

---

junta
/ ˈhʊntə /

释 *n.* 阴谋集团，私党 group of men joined in political intrigue; cabal
例 It is reported that a military **junta** took control of parts of the country yesterday. 据报道，昨天一个阴谋军权控制了这个国家的部分地区。

pander
/ ˈpændər /

阅

释 *v.* 拉皮条，迎合（不良需求）cater to the low desires of others
例 We enjoy the books which don't **pander** to popular taste. 我们喜欢不迎合大众口味的书。
派 panderer *n.* 拉皮条的人，淫媒者

bountiful
/ ˈbaʊntɪfl /

阅 | 填

释 *adj.* 丰富的；慷慨的 abundant; graciously generous
例 Thanks to the timely wind and rain, farmers have a **bountiful** supply of food this year. 因为风调雨顺，农民们今年有了富足的食物供应。
派 bounty *n.* 慷慨；施与物

bemused
/ bɪˈmjuːzd /

阅

释 *adj.* 困惑的；发呆的 confused; lost in thought; preoccupied
例 He studied the iPhone instruction with a **bemused** look on his face. 他一脸困惑地研究着苹果的使用说明书。
搭 bemused expression 困惑的表情   派 bemuse *v.* 使困惑

furlough
/ ˈfɜːrloʊ / 阅

释 *n.* 休假，放假 leave of absence; vacation granted to a soldier or civil servant
例 I have a two-month **furlough** every year. 我每年都有两个月的假期。

acuity
/ əˈkjuːəti /

填

释 *n.* 尖锐，敏锐 sharpness
例 Visual **acuity** examination is common in check-up. 视觉灵敏度检查在体检中很常见。
搭 acuity of color vision 色觉敏锐度

relish
/ ˈrelɪʃ /

阅 | 填

释 *v.* 爱好，喜欢 savor; enjoy *n.* 强烈的欣赏或喜欢 a strong appreciation or liking
例 I **relish** cooking at home rather than eating out. 我乐意在家做饭，不喜欢出去吃。

ghastly
/ ˈgæstli /

阅

释 *adj.* 可怕的，惊人的 horrible
例 Have you heard that he committed a **ghastly** crime before? 你听说过他以前犯下了很可怕的罪行吗？

embezzlement
/ ɪmˈbezlmənt /

阅

释 *n.* 盗用，挪用（款项）stealing money that belongs to your employer
例 The high official was found guilty of **embezzlement**. 这个高官被查出犯有盗用公款罪。
派 embezzler *n.* 挪用公款者

expansive
/ ɪkˈspænsɪv /

阅

释 *adj.* 友善健谈的；广阔的，膨胀的；扩张的 outgoing and sociable; broad and extensive; able to increase in size
例 He is as **expansive** as his father. 他和他父亲一样健谈。
派 expansively *adv.* 豪爽地，开朗地

bravado / brə'vɑ:doʊ / 阅	释 *n.* 虚张声势，逞能 swagger; assumed air of defiance 例 You know what? His acceptance of the difficult task was just an act of **bravado**. 你知道吗？他接受这项艰巨的任务不过是逞能的举动。
exempt / ɪg'zempt / 阅 | 填	释 *adj.* 被豁免的 not subject to a duty, obligation 例 He was **exempt** from PE lessons because of his disability. 他因有残疾而免修体育课。
equestrian / ɪ'kwestrɪən / 阅	释 *n.* 骑马的人，骑士 rider on horseback *adj.* 骑术的，马术的 connected with riding horses 例 The **equestrian** sport first became an Olympic event in 1900. 在1900年，马术首次成为了奥运会比赛项目。
expenditure / ɪk'spendɪtʃər / 阅	释 *n.* 开支，支出（额）；产出 payment or expense; output 例 I have been drawing in my **expenditure** since the beginning of this year in order to buy a car of my own. 为了买车，从今年年初我就一直在攒钱。
wake / weɪk / 阅	释 *n.* （船的）尾波；痕迹 trail of ship or other object through water; path of something that has gone before 例 Sometimes dolphins followed in the **wake** of the huge ship. 有时海豚会追随大船的尾波。
revile / rɪ'vaɪl / 阅	释 *v.* 辱骂，斥责 attack with abusive language; vilify 例 The crowd **reviled** the Italian football players for their disappointing performance at the World Cup. 观众因意大利足球运动员在世界杯上的差劲表现而斥责他们。
cerebral / sə'ri:brəl / 阅 | 填	释 *adj.* 大脑的；理智的 pertaining to the brain or intellect 例 The right **cerebral** hemisphere controls the left-hand side of human body. 人的右半脑控制着左半身。 搭 cerebral artery 脑动脉；cerebral palsy 大脑性瘫痪 派 cerebrum *n.* 大脑

Word List 17

condense / kən'dens / 阅|填	释 **v. 浓缩，精简** make more compact or dense; shorten or abridge; reduce into a denser form 例 I've tried to **condense** ten pages of comments into two. 我试图把十页长的评论文章精简成两页。 派 condensate *adj.* 浓缩的 condensation *n.* 冷凝；浓缩
quizzical / 'kwɪzɪkl / 阅|填	释 **adj. 戏弄的，揶揄的；有疑问的** teasing; bantering; mocking; curious 例 He continued commenting on her dressing style in a **quizzical** tone. 他以揶揄的口吻继续对她的着装风格评头论足。 派 quizzically *adv.* 取笑地
fidelity / fɪ'deləti / 阅|填	释 **n. 忠实** loyalty 例 **Fidelity** is one of the most important characters that a soldier should have. 忠诚是一名士兵应具备的最重要的品质之一。
stipend / 'staɪpend / 阅	释 **n. 薪水，薪俸** pay for services 例 The **stipend** for this position is rather appreciable. 这个职位的薪水相当可观。 派 stipendiary *adj.* 有薪俸的；受薪的
eccentric / ɪk'sentrɪk / 阅|填	释 **adj. 不合常规的；怪异的，古怪的** irregular; odd; whimsical; bizarre 例 The old man's **eccentric** conduct often makes himself misunderstood. 老人古怪的行为常常使自己被别人误解。 派 eccentrically *adv.* 古怪地，怪异地
pore / pɔːr / 阅|填	释 **v. 钻研，深思，细阅** study industriously; ponder; scrutinize 例 Ben was **poring** over maps and guidebooks in preparation for travelling to Maldives. 本正在研读地图和旅行指南，为去马尔代夫旅游作准备。 搭 pore over sth 熟读，钻研；pore one's eyes out 使眼睛过度疲劳
malignant / mə'lɪɡnənt / 阅	释 **adj. 恶毒的；恶性的，致命的** injurious; tending to cause death; aggressively malevolent 例 Betty developed a **malignant** stomach tumour. 贝蒂的胃里长了一个恶性肿瘤。 派 malignantly *adv.* 有害地；恶性地

fastidious ■ / fæˈstɪdɪəs / 阅	释 *adj.* 挑剔的，过分讲究的；难以取悦的 difficult to please; squeamish 例 He told the children that to be **fastidious** about food is harmful to health. 他告诉孩子们挑食不利于身体健康。 派 fastidiously *adv.* 过分挑剔地，一丝不苟地
plenitude / ˈplenɪtuːd / 阅	释 *n.* 充分，充足；完全 abundance; completeness 例 He inherited a **plenitude** of wealth after his father passed away. 他父亲 去世后，他继承了一大笔财产。 搭 a plenitude of 大量… 派 plenitudinous *adj.* 充足的
constituent / kənˈstɪtʃuənt / 阅 | 填	释 *n.* 选民，选举人 supporter 例 After consulting the lawyer, I was able to give the **constituent** some constructive suggestions. 向律师请教一番后，我才为那位选民提供了一些 建设性意见。
hypochondriac / ˌhaɪpəˈkɑːndriæk /	释 *n.* 疑病症患者，过分担心自身健康的人 person unduly worried about his health; worrier without cause about illness 例 Don't scare yourself! You have become a **hypochondriac** now. 别自己吓 唬自己！你现在都成了疑病症患者了。
venal / ˈviːnl /	释 *adj.* 可用金钱贿赂的 capable of being bribed 例 The **venal** officials accepted the bribe. 贪污的官员收受贿赂。 派 venally *adv.* 唯利是图地；以权谋私地；受贿地
inimical / ɪˈnɪmɪkl /	释 *adj.* 充满敌意的；有害的，不利的 unfriendly; hostile; harmful; detrimental 例 Smoking is **inimical** to health. 吸烟对健康有害。 派 inimically *adv.* 有敌意地，抵触地
pliant / ˈplaɪənt / 阅 | 填	释 *adj.* 柔顺的，温顺的，易被影响的 flexible; easily influenced 例 Lily was a **pliant** girlfriend, making herself available to Robin at all hours. 莉莉是个很温顺的女朋友，随时听候罗宾使唤。 派 pliantly *adv.* 柔顺地 pliancy *n.* 柔软，柔顺
extraneous ■ / ɪkˈstreɪniəs / 阅 | 填	释 *adj.* 无关的，不必要的 not essential; superfluous 例 Please don't talk about anything **extraneous** to the topic when we are having a meeting. 开会时请不要谈论任何与会议主题无关的事。 搭 extraneous to sth 与…无关的
lackadaisical / ˌlækəˈdeɪzɪkl / 阅 | 填	释 *adj.* 懒洋洋的；懒散的，散漫的 lacking purpose or zest; halfhearted; languid 例 They lost the game due to the **lackadaisical** attitude of a number of the principal players. 几名主力队员的懒散态度致使他们输了比赛。 派 lackadaisically *adv.* 无精打采地

ruse
/ ruːz /
阅

释 *n.* 计谋；策略 trick; stratagem
例 His foolish **ruse** was quickly exposed by his friends. 他的愚蠢伎俩很快就被朋友识破了。

summit
/ ˈsʌmɪt /
阅

释 *n.* 顶点，顶峰 utmost height or pinnacle; highest point (of a mountain, etc.)
例 After reaching the **summit** of his career at the age of twenty, the ballet dancer has been going downhill ever since. 这位芭蕾舞演员在20岁时到达事业的巅峰，但之后就一直在走下坡路。

tarantula
/ təˈræntʃələ /

释 *n.* （产于南欧等地的）狼蛛 venomous spider
例 An antitoxin is needed to get rid of the poison caused by the bite of the **tarantula**. 如果被狼蛛咬了，需要用抗毒素去除毒素。

muggy
/ ˈmʌgi /

释 *adj.* 闷热的，潮湿的 warm and damp
例 August in Beijing is often **muggy**. 八月的北京通常是闷热的。
派 mugginess *n.* 闷热

ire
/ ˈaɪər /
阅 | 填

释 *n.* 愤怒，怒火 anger
例 What the company did aroused the **ire** of local residents. 这个公司的所作所为激怒了当地的居民。

culminate
/ ˈkʌlmɪneɪt /
阅 | 填

释 *v.* 达到顶点 attain the highest point; climax
例 Proper cultivation and care will **culminate** in the best crop. 精心的耕种和培育会最终收获优良的庄稼。
搭 culminate in 达到顶点；以…告终　　派 culmination *n.* 顶点；高潮

importune
/ ˌɪmpɔːˈtuːn /
阅

释 *v.* 恳求，反复要求 beg persistently
例 The children **importuned** their mother for another story before sleep. 孩子们恳求妈妈睡前再讲一个故事。
搭 importune sb for sth 再三恳求某人做某事

denigrate
/ ˈdenɪgreɪt /

释 *v.* 诋毁，抹黑 blacken
例 I didn't intend to **denigrate** her reputation. 我不是想诋毁她的名誉。
派 denigration *n.* 诋毁

actuate
/ ˈæktʃueɪt /

释 *v.* 激励，促使 motivate
例 It was desire that **actuated** him to commit such a crime. 是欲望让他犯下这样的罪行。
派 actuation *n.* 刺激，冲动

punctilious
/ pʌŋkˈtɪliəs /
填

释 *adj.* 拘泥细节的，谨小慎微的 laying stress on niceties of conduct or form; minutely attentive fine points (perhaps too much so)
例 He was **punctilious** about every word he used in his report. 他对报告里的每个用词都谨小慎微。
搭 punctilious about 对…谨小慎微　　派 punctiliousness *n.* 谨小慎微

mundane ■ / mʌn'deɪn / 阅｜填	释 *adj.* 世界的，宇宙的；世俗的，平凡的 worldly as opposed to spiritual; everyday 例 We should learn to enjoy the **mundane** realities of life. 我们应当学会享受平凡的现实生活。 派 mundanely *adv.* 世俗地
clasp / klæsp / 阅	释 *n.* 扣环；紧握 fastening device; firm grip 例 He gave her hand a firm **clasp** as if it were the most precious. 他紧紧握住她的手，好像它是最宝贵的。
fervent / 'fɜːrvənt / 阅｜填	释 *adj.* 热情的，强烈的；热的 ardent; hot 例 The hall was full of **fervent** cheers. 大厅里充满了热烈的喝彩声。 派 fervently *adv.* 强烈地，热情地
strut / strʌt / 阅	释 *n.* 昂首阔步，神气活现的走路；支柱，撑木 pompous walk; swagger; supporting bar 例 People show contempt for his **strut** but he never realizes it. 人们鄙视他走路时趾高气扬的样子，但是他自己从未意识到这点。// When the bridge was on the verge of collapse, the villagers supported it with some **struts**. 这座桥摇摇欲坠时，村民们用柱子支撑它。
extrude / ɪk'struːd /	释 *v.* （通过模具）将（金属、塑料等）挤压成形；推出，掷出 shape (metal, plastic, etc.) by forcing it through a die; force or push out 例 We can use this machine to **extrude** rubber cushion. 我们可以用这台机器来压制橡胶垫。
paraphernalia / ,pærəfə'neɪliə /	释 *n.* 随身用具，设备 equipment, odds and ends 例 A drug-sniffing dog located more drug **paraphernalia** in Eric's house. 缉毒犬在埃里克的家里发现了更多的吸毒用具。
illusion / ɪ'luːʒn / 阅｜填	释 *n.* 错觉，假象 misleading vision 例 She has no **illusions** about his love any more. 她已经对他的爱不抱幻想了。 搭 have no illusions 不存幻想　　　派 illusional *adj.* 错觉的，幻影的
bungalow / 'bʌŋgəloʊ / 阅	释 *n.* 平房，小屋 small cottage 例 He had been living in a **bungalow** for 30 years before he moved into an apartment. 他搬到公寓之前在平房里住了30年。
litany / 'lɪtəni /	释 *n.* 连祷，应答祷告 supplicatory prayer 例 On this solemn day, the faithful responded with zeal to the prayers of the priest during the **litany**. 在这个庄严的日子里，信徒用热情回应了牧师的连祷。

numismatist
/ nuː'mɪzmətɪst /

释 *n.* 钱币、奖章收藏家 person who collects coins
例 His grandfather is the **numismatist** who has a splendid collection of antique coins. 他爷爷是个钱币收藏家，拥有极好的古币收藏。
派 numismatic *adj.* 钱币的；奖章的；钱币学的

---

tempestuous
/ tem'pestʃuəs /

释 *adj.* 有暴风雨的；暴乱的 stormy; impassioned; violent
例 The adventurer had to temporarily cancel his voyage on the Atlantic due to the **tempestuous** sea. 因为海面波涛汹涌，这位冒险家只好临时取消了他的大西洋航行计划。
派 tempestuousness *n.* 风暴

---

menial
/ 'miːniəl /

阅

释 *adj.* 适合奴仆做的；卑下的 suitable for servants; lowly; mean
例 Cinderella was forced to take a series of **menial** jobs. 灰姑娘被迫做些琐碎的杂活。
派 menially *adv.* 奴仆似地，奴颜婢膝地

---

deleterious ●
/ ˌdeləˈtɪriəs /
阅|填

释 *adj.* 有害的 harmful
例 Petty crime is having a **deleterious** effect on community life. 轻微罪行（如小偷小摸）正对社区生活产生有害影响。

---

touchstone
/ 'tʌtʃstoʊn /

阅

释 *n.* 试金石；标准 stone used to test the fineness of gold alloys; criterion
例 Owning both an apartment and a car has become the **touchstone** of an expectant husband for many urban women. 有车有房已成为很多都市女性衡量准老公的标准。

---

allusion
/ əˈluːʒn /

阅

释 *n.* 提及，暗示 indirect reference
例 He dislikes any **allusion** to his former failure in work. 他不喜欢任何人提及他在以前工作中曾经遭遇的失败。
搭 allusion to sb/sth 影射，暗提　　派 allusive *adj.* 影射的，暗指的

---

residue
/ 'rezɪduː /

释 *n.* 残余，渣滓；剩余遗产 remainder; balance
例 The old man requested in his will that his **residue** be given to his servant. 老人在遗嘱中将他的遗产赠送给了他的佣人。
派 residual *adj.* 残余的；剩余的

---

cardiologist ●
/ ˌkɑːrdiˈɑːlədʒɪst /

释 *n.* 心脏病学家 doctor specializing in the heart
例 He was cured by a famous **cardiologist**. 他是被著名的心脏病学家治好的。
派 cardiology *n.* 心脏病学

---

beguile ●
/ bɪˈgaɪl /

阅|填

释 *v.* 诱骗，欺骗；愉快地消磨时间 mislead or delude; pass time
例 The company used free gifts to **beguile** people into buying their products. 这家公司用赠品诱骗人们购买他们的产品。
搭 beguile sb into doing sth 诱骗某人做某事
派 beguiling *adj.* 诱人的；诱骗的

---

frustrate
/ ˈfrʌstreɪt /
阅 | 填

释 *v.* 挫败，阻挠 thwart; defeat
例 He tried to **frustrate** our plan. 他试图阻挠我们的计划。
派 frustrated *adj.* 被挫败的，被阻挠的 frustration *n.* 受挫，阻挠

sedition
/ sɪˈdɪʃn /

阅

释 *n.* 叛乱；煽动暴乱，骚乱 resistance to authority; insubordination
例 Openly he professed loyalty, but in secret he was fanning the flame of **sedition**. 他表面上伪装忠诚，暗地里却在煽动闹事。
派 seditious *adj.* 煽动性的；叛乱性的

languid
/ ˈlæŋgwɪd /
阅 | 填

释 *adj.* 倦怠的，没精打采的 weary; sluggish; listless
例 Her **languid** manner annoys the manager when there's work to be done. 有工作要做的时候，她那懒散的态度总叫经理感到恼火。
派 languidness *n.* 疲倦

aloft
/ əˈlɔːft /

释 *adv.* 在高处，在上空 upward
例 The monkeys climbed **aloft** to escape from the tiger's preying. 猴子爬到高处以躲避老虎的猎捕。

fugitive
/ ˈfjuːdʒətɪv / 阅

释 *adj.* 短暂的；流浪的 fleeting or transitory; roving
例 I was amazed by her **fugitive** smile. 我被她转瞬即逝的笑容惊呆了。

solicitous
/ səˈlɪsɪtəs /

阅 | 填

释 *adj.* 焦虑的；挂念的 worried; concerned
例 My husband was very **solicitous** about my daily life during my pregnancy. 在我怀孕期间，丈夫对我的饮食起居关怀备至。
搭 be solicitous for/about sth/sb 为（某人的福利、安康等）操心的，焦虑的
派 solicitously *adv.* 热心地；关切地

beatific
/ ˌbiːəˈtɪfɪk /

阅

释 *adj.* 祝福的；幸福的 giving bliss; blissful
例 Seeing the **beatific** smile on her child's face, the mother felt very gratified. 看到孩子脸上幸福的微笑，妈妈觉得很欣慰。
搭 beatific smile 幸福的微笑；beatific expression 幸福的表情
派 beatification *n.* 授福，赐福

bluster
/ ˈblʌstər /

阅

释 *v.* 咆哮；吓唬，胁迫 blow in heavy gusts; threaten emptily; bully *n.* 怒号；吓唬 a violent boisterous blowing; loudly boastful or threatening speech
例 "What on earth do you want to do?" he **blustered**. "你到底想干什么？" 他吼道。

sheaf
/ ʃiːf /

释 *n.* 麦捆；捆 bundle of stalks of grain; any bundle of things tied together
例 **Sheaves** of documents have accumulated on the manager's desk when he was on a business trip for several months. 经理出差的那几个月时间里，桌上堆满了文件。

□ frustrate　　□ sedition　　□ languid　　□ aloft　　□ fugitive　　□ solicitous
□ beatific　　□ bluster　　□ sheaf
187

lucrative
/ ˈluːkrətɪv /

阅 | 填

释 *adj.* 有利润的 profitable
例 Bill Gates has successfully turned his hobby into a **lucrative** business. 比尔·盖茨成功地把他的爱好变成了获利的生意。
派 lucratively *adv.* 有利润地

---

caption
/ ˈkæpʃn /

释 *n.* 标题；字幕 title; chapter heading; text under illustration
例 Most browsers show the title in the window **caption** bar. 大部分浏览器会在窗口标题栏显示该主题。
搭 caption blanking 标题消隐；caption adder 字幕叠加器；caption scanner 字幕放映机

---

attenuate
/ əˈtenjueɪt /

阅

释 *v.* 使变细，使变瘦；削弱 make thin; weaken
例 The signals are **attenuated** in the subway. 信号在地铁里减弱了。
派 attenuation *n.* 变薄，变细

---

affliction
/ əˈflɪkʃn /

阅 | 填

释 *n.* 痛苦，折磨 state of distress; cause of suffering
例 No matter what **affliction** befell her, Elizabeth decided not to give in. 不管遭受什么样的痛苦，伊丽莎白都下决心不屈服。
派 afflict *v.* 使痛苦，折磨

---

martinet
/ ˌmɑːrtnˈet /

释 *n.* 严格执行纪律（或规章制度）的人 strict disciplinarian
例 We discover that our new dean is a **martinet**. 我们发现新来的教务长非常严格。
派 martinetism *n.* 严格的训练，严格

---

reparable
/ rɪˈperəbl /

阅 | 填

释 *adj.* 可修缮的，可补救的 capable of being repaired
例 Unfortunately our car turned on the icy road and smashed into a big tree last week, but luckily, the loss to the car was **reparable**. 很不幸，我们的车上周在结冰的道路上打滑了，紧接着撞上了一棵大树，不过幸运的是车的损坏得以修复。

---

legerdemain
/ ˈledʒərdəmeɪn /

释 *n.* 戏法，骗术 sleight of hand
例 The magician demonstrated his common **legerdemain** by producing a rabbit from his hat. 魔术师展示他惯用的戏法——从他的帽子里变出一只兔子。
派 legerdemainist *n.* 魔术师

---

blandishment
/ ˈblændɪʃmənt /

阅

释 *n.* 奉承 flattery
例 Getting tired of his **blandishment**, Susan decided not to see his boyfriend any more. 厌倦了男友的甜言蜜语，苏珊决定再也不见他了。

solvent / 'sɑːlvənt / 阅	释 *adj.* 有偿付能力的 able to pay all debts *n.* 溶剂 substance that dissolves another 例 With a monthly income of only 2,000 yuan, it seems that I am never **solvent** and can barely make ends meet. 我每月就挣两千块钱，似乎永远也还不清债务，只能勉强维持生计。// A small amount of cleaning **solvent** can produce abundant foam in the water. 只放一点点洗洁精就能产生丰富的泡沫。 派 solvency *n.* 偿付能力
zealot ■ / 'zelət / 阅｜填	释 *n.* 狂热者 fanatic; person who shows excessive zeal 例 He has been a jazz **zealot** since he was young. 他从年轻时就酷爱爵士乐。
subpoena / sə'piːnə /	释 *n.* （传唤到庭作证的）传票 writ summoning a witness to appear 例 More than ten witnesses were brought to court with **subpoenas**. 十多个目击证人接到传票出庭作证。
adherent / əd'hɪrənt / 阅	释 *n.* 追随者，拥护者 supporter; follower 例 Are you an **adherent** to Communism？你是共产主义的拥护者吗？
quell ● / kwel / 阅｜填	释 *v.* 镇压，平息，使安静 extinguish; put down; quiet 例 The unrest that had lasted for quite a few months in Libya was finally **quelled** by the troops. 利比亚的军队最终平息了在该国持续了好几个月的动乱。
panoramic / ˌpænə'ræmɪk / 阅	释 *adj.* 全景的 related to an unobstructed and comprehensive view 例 The Shanghai Oriental Pearl Tower provides a **panoramic** view of the Bund. 从上海东方明珠塔能够看到外滩全景。 派 panorama *n.* 全景画，全景照片；一连串景象或事；概论
pacify / 'pæsɪfaɪ / 阅	释 *v.* 安抚，使安静 soothe; make calm or quiet; subdue 例 My little sister shrieked again, refusing to be **pacified**. 我的小妹妹又尖叫起来了，大家无法使她平静下来。 派 pacification *n.* 镇定；和解
peccadillo / ˌpekə'dɪloʊ /	释 *n.* 小毛病，小过失 slight offense 例 His extra-marital **peccadilloes** finally broke his marriage. 他婚外不检点的行为最终导致了婚姻破裂。
distend ● / dɪ'stend / 阅｜填	释 *v.* 使膨胀，使扩张 expand; swell out 例 Overeating **distended** his stomach. 大吃大喝撑大了他的胃。 派 distension *n.* 膨胀，胀大

chicanery
/ ʃɪˈkeɪnəri /
阅 | 填

释 *n.* 诡计；欺骗 trickery; deception
例 There is **chicanery** in the world but you cannot deny the fact that there is much more honesty. 这个世界是有欺骗，但你不能否认世界上更多的还是诚实。

precarious ●
/ prɪˈkeərɪəs /
阅 | 填

释 *adj.* 不确定的；危险的 uncertain; risky
例 The living conditions of the refugees were always **precarious**. 难民的生活环境一直很不安全。
派 precariously *adv.* 不安全地，危险地

cynosure
/ ˈsaɪnəʃʊr /

释 *n.* 引人注目者 the object of general attention
例 She was the **cynosure** of all eyes. 她是众目所瞩的人。

lustrous
/ ˈlʌstrəs /

释 *adj.* 有光泽的，光辉的 shining
例 Sophia has a head of thick, **lustrous**, wavy brown hair. 索菲娅有一头浓密、富有光泽的褐色鬈发。
派 lustrously *adv.* 光亮地；有光泽地

abstruse ■
/ əbˈstruːs /
阅 | 填

释 *adj.* 难以理解的，深奥的 obscure; profound; difficult to understand
例 Kant's *Critique of Pure Reason* is very **abstruse**. 康德的《纯理性批判》非常难懂。
派 abstruseness *n.* 难解，深奥

unfathomable
/ ʌnˈfæðəməbl /
阅 | 填

释 *adj.* 深不可测的，深奥的；无底的 incomprehensible; impenetrable
例 There is nothing as **unfathomable** as our mind. 没有什么像我们的思想一样深不可测。
派 unfathomably *adv.* 深不可测地

entourage
/ ˈɑːntuːrɑːʒ /
阅

释 *n.* 随从，随行人员 group of attendants; retinue
例 The president and his **entourage** were warmly welcomed. 总统及其随行人员受到了热烈欢迎。

alimony
/ ˈælɪmoʊni /

释 *n.*（离婚后的）赡养费，生活费 payments made to an ex-spouse after divorce
例 After divorce, Tom has been paying **alimony** to his ex-wife for several years. 离婚后的几年里，汤姆一直向前妻支付赡养费。

defame
/ dɪˈfeɪm /
阅 | 填

释 *v.* 诽谤，中伤 harm someone's reputation; malign; slander
例 We expect the politicians to **defame** each other in the next election year. 我们预料政客们将在下一个选举年互相诽谤。
派 defamation *n.* 诽谤，中伤

ample
/ ˈæmpl /
阅 | 填

释 *adj.* 充足的 abundant
例 As an excellent worker, James owns **ample** opportunity to get a higher position. 作为一名优秀员工，詹姆斯有很多升职的机会。
派 ampleness *n.* 充足，富裕

negligible
/ ˈneglɪdʒəbl /

阅 | 填

释 *adj.* 可以忽略的，微不足道的 so small, trifling, or unimportant that it may be easily disregarded

例 Because the damage to her car could be **negligible**, Michelle decided she wouldn't bother to report the matter to her insurance company. 因为米歇尔的车损伤不大，所以她决定不必花费时间将此事通知保险公司。

intuition
/ ˌɪntuˈɪʃn /

阅 | 填

释 *n.* 直觉，直觉力 immediate insight; power of knowing without reasoning

例 I always trust my **intuition**. 我总是相信自己的直觉。

派 intuitive *adj.* 直觉的

choreography
/ ˌkɔːriˈɑːɡrəfi /

阅

释 *n.* 编舞艺术；舞蹈编排 art of representing dances in written symbols; arrangement of dances

例 In the finals, the two dancers used their original **choreography**. 决赛中，两位舞蹈演员使用了他们的原创舞蹈编排。

派 choreographer *n.* 舞蹈者，舞蹈指导 choreographic *adj.* 舞蹈艺术的

tantrum
/ ˈtæntrəm /

阅

释 *n.* 发脾气，发怒 fit of petulance; caprice

例 I warned my daughter that she couldn't have anything if she got into a **tantrum**. 我告诫我女儿，如果她发脾气就别想得到任何东西。

anathema
/ əˈnæθəmə /

释 *n.* 诅咒；受诅咒的对象 solemn curse; someone or something regarded as a curse

例 For those employees, the new system is an **anathema**. 对于老雇员来说，这种新的体系是该被诅咒的。

派 anathematize *v.* 诅咒

resumption
/ rɪˈzʌmpʃn /

填

释 *n.* 重新开始，继续 taking up again; recommencement

例 The workers called for **resumption** of production after being forced to stop working for three weeks. 在被迫停工三个星期后，工人们呼吁重新开始生产。

派 resume *v.* 重新开始（某事物）

gloss over

阅

释 辩护，掩饰 explain away

例 You should admit rather than **gloss over** your mistake. 你应该承认而不是掩饰错误。

problematic
/ ˌprɑːbləˈmætɪk /

释 *adj.* 有问题的，有疑问的 doubtful; unsettled; questionable; perplexing

例 The new traffic regulation about running the yellow light is highly **problematic** in implementation. 关于闯黄灯的新交规在执行时有很大的问题。

派 problematically *adv.* 有疑问地，不确定地

inconsistency
/ ɪnkən'sɪstənsi /

阅 | 填

释 *n.* 前后不一致，矛盾 state of being self contradictory; lack of uniformity or steadiness
例 There is a logical **inconsistency** between your analysis and your conclusion. 你的分析和结论之间有一处逻辑矛盾。
派 inconsistent *adj.* 不一致的，前后矛盾的

---

complement
/ 'kɑːmplɪmənt /

阅 | 填

释 *v.* 补充，补足；与…相辅相成 complete; consummate; make perfect
例 The pair of the performers **complemented** each other perfectly. 那对表演者配合得堪称完美。

---

ambivalence ■
/ æm'bɪvələns /

阅 | 填

释 *n.* 矛盾情绪或态度 the state of having contradictory or conflicting emotional attitudes
例 "To be or not to be" reflects Hamlet's **ambivalence**. "生还是死"反映了哈姆雷特的矛盾心理。
搭 ambivalence towards/about sb/sth 对…持有矛盾的态度
派 ambivalent *adj.* 怀有矛盾情感的，矛盾的

---

platitude
/ 'plætɪtuːd /

阅 | 填

释 *n.* 老生常谈，陈词滥调 trite remark; commonplace statement
例 The manager talked some **platitudes** about the need to make sacrifices for the company's interest. 经理讲了些老生常谈的话，陈述为公司利益作出牺牲的必要性。
派 platitudinous *adj.* 平凡的，陈腐的

---

vacillate ■
/ 'væsəleɪt /

阅 | 填

释 *v.* 摇摆不定，犹豫不决 waver; fluctuate
例 Don't **vacillate** about asking for help if you need it. 如果需要的话，不要犹豫向别人寻求帮助。
派 vacillation *n.* 犹豫不决，踌躇

---

perceptive
/ pər'septɪv /

阅 | 填

释 *adj.* 有洞察力的，敏锐的，有感知的 insightful; aware; wise
例 Some people are just much more sensitive and **perceptive** in appreciating literature than others. 有些人就是在欣赏文学作品方面比别人更敏感更有洞察力。
派 perception *n.* 洞察力，悟性；感知能力 perceptively *adv.* 有洞察力地，敏锐地

---

accost
/ ə'kɑːst / 填

释 *v.* 搭讪，攀谈 approach and speak first to a person
例 Will you **accost** a stranger in the street？你会在街上和陌生人搭讪吗?

---

portend
/ pɔːr'tend /

阅

释 *v.* 预兆，预示 foretell; presage
例 The old man asked a fortune-teller to interpret what his dream might **portend**. 这个老人让算命先生解释他的梦会预兆什么。
派 portent *n.* 预兆，征兆

---

onset
/ 'ɑːnset /

阅 | 填

释 *n.* 开始；攻击 beginning; attack
例 Caught unprepared by the sudden **onset** of the storm, we rushed out of the house bringing the laundry in. 我们遇到了始料未及的暴风雨，赶紧冲出屋去把衣服收进来。

prod
/ prɑːd /

阅

释 *v.* 刺，戳；激起，督促 poke; stir up; urge
例 The heavily polluted air **prodded** the government into taking measures. 严重污染的空气促使政府采取措施。
搭 prod at/into 刺，戳；prod sb into doing sth 督促某人做某事
派 prodding *n.* 刺激，激励

vampire
/ 'væmpaɪər /

阅

释 *n.* 吸血鬼 ghostly being that sucks the blood of the living
例 On Halloween night, some children like to dress up as a **vampire**. 在万圣节夜晚，有些孩子们喜欢装扮成吸血鬼。

regimen
/ 'redʒɪmən /

释 *n.* 摄生法，养生法 prescribed diet and habits
例 Doctors warn that patients with diabetes should follow a strict **regimen**. 医生警告糖尿病患者应严格遵守养生之道。

Word List 18

vantage
/ ˈvæntɪdʒ /
阅

释 *n.* 有利的位置 position giving an advantage
例 The famous football team had no **vantage** to win the game. 那支著名的足球队已经没有优势赢得那场比赛了。

sully
/ ˈsʌli /
阅

释 *v.* 弄脏；玷污（名誉等） tarnish; soil
例 The official never **sullies** his hands by offering a bribe or accepting a bribe. 这位官员从不行贿受贿，清正廉洁。

bulwark
/ ˈbʊlwɜːrk /

释 *n.* 壁垒，防御工事；防御或保护的人 earthwork or other strong defense; person who defends
例 What do you think is the **bulwark** against the enemy? 你认为什么是御敌的强大武器？
搭 bulwark against sth 抵御某物

resurge
/ rɪˈsɜːrdʒ /
阅 | 填

释 *v.* 复活，苏醒 rise again
例 The Renaissance not only rediscovered the world but made politics **resurge**. 文艺复兴不仅重新发现了世界，也带来了政治学的复兴。
派 resurgent *adj.* 复兴的；复活的 resurgence *n.* 复活；复兴

gratify ■
/ ˈgrætɪfaɪ /
阅 | 填

释 *v.* 使满足 please
例 It **gratified** me to hear her play the piano. 听她弹钢琴让我感到很享受。
派 gratified *adj.* 高兴的，满足的

potentate
/ ˈpoʊtnteɪt /

释 *n.* 统治者，当权者 monarch; sovereign
例 The slaves rose in rebellion and guillotined the brutal **potentate**. 奴隶们揭竿而起，把残暴的统治者送上了断头台。

granulate
/ ˈgrænjəˌleɪt /

释 *v.* 成为粒状 form into grains
例 Compared to lump sugar, **granulated** sugar is better as seasoning. 比起块状的糖，粒状的糖更适合做调味料。
派 granule *n.* 颗粒

defuse
/ ˌdiːˈfjuːz /

释 *v.* 卸除（爆破装置的）引信；缓和或平息危险 remove the fuse of a bomb; reduce or eliminate a threat
例 The police cordon off the area until the bomb is **defused**. 警方封锁了这个区域直至拆除炸弹的引信为止。

unwitting
/ ʌn'wɪtɪŋ /
阅

释 *adj.* 无意的，不知情的 unintentional; not knowing
例 He kept the truth from his **unwitting** family. 他对不知情的家人隐瞒了真相。
派 unwittingly *adv.* 不知不觉地；不知情地；不经意地

miserly ■
/ 'maɪzərli /
填

释 *adj.* 吝啬的；贪婪的 stingy; mean
例 My boss is **miserly** with both his time and his money. 我的老板对时间和金钱都很吝啬。
派 miserliness *n.* 吝啬，贪婪

unkempt ●
/ ˌʌn'kempt /

释 *adj.* 不整洁的，（头发）蓬乱的 disheveled; uncared for in appearance
例 During the owners' absence the lawn became dreadfully **unkempt**. 主人们不在的时候，草坪变得凌乱不堪。

bereavement
/ bɪ'riːvmənt /
阅 | 填

释 *n.* 丧失（尤指亲友） state of being deprived of something valuable or beloved
例 She was so grieved because of a recent **bereavement**. 她近期因丧亲而十分悲痛。
派 bereave *v.* 使丧失（亲友等）

indignity
/ ɪn'dɪgnəti /
填

释 *n.* 轻蔑，侮辱行为 offensive or insulting treatment
例 He once suffered an **indignity** of being handcuffed in public. 他曾经在众目睽睽之下受到了双手被铐的侮辱。
搭 indignity of sth/of doing sth …的侮辱

adamant
/ 'ædəmənt /
阅 | 填

释 *adj.* 坚硬的；不屈不挠的 hard; inflexible
例 Her parents were **adamant** that they would not agree. 她的父母坚决不同意。
派 adamancy *n.* 坚硬，坚决

discerning ■
/ dɪ's3ːrnɪŋ /
阅 | 填

释 *adj.* 眼光敏锐的，有洞察力的 mentally quick and observant; having insight
例 She is a very **discerning** art critic. 她是位眼光敏锐的艺术评论家。
派 discern *v.* 识别；领悟，认识

import
/ 'ɪmpɔːrt /

释 *n.* 重要性；意思 importance; meaning
例 He failed to comprehend the **import** of history study. 他没有认识到学习历史的重要性。
搭 the import of sth …的重要性/含义

whimsical ■
/ 'wɪmzɪkl /
阅 | 填

释 *adj.* 反复无常的；异想天开的 capricious; fanciful
例 The **whimsical** creations allow the viewer to come to their own conclusions. 这些异想天开的创作给参观者留下了很大的想象空间。
派 whimsy *n.* 怪念头；反复无常

□ unwitting □ miserly □ unkempt ■ bereavement □ indignity □ adamant
□ discerning □ import □ whimsical

enosconce
/ ɪn'skɑːns /

释 *v.* 安顿 settle comfortably
例 He **ensconced** his family in the beautiful villa. 他们一家人在美丽的别墅里安顿了下来。
搭 ensconce oneself/sb in... 使自己/某人定居或安顿（在安全、舒适等的地方）

---

jocular ●
/ 'dʒɑːkjələr /

阅 | 填

释 *adj.* 爱开玩笑的，风趣的，滑稽的 said or done in jest
例 John's **jocular** personality makes him a very popular person in the office. 约翰风趣的个性使他在办公室广受欢迎。
派 jocularity *n.* 滑稽，戏谑，打趣

---

migratory
/ 'maɪɡrətɔːri /

释 *adj.* 迁移的，流浪的 wandering
例 Many **migratory** birds visit our hometown for a short time annually. 每年都有许多候鸟在我的家乡作短期逗留。
派 migrate *v.* 迁移，移动；随季节而移居

---

sacrilegious
/ ˌsækrə'lɪdʒəs /

阅

释 *adj.* 亵渎的，该受天谴的 desecrating; profane
例 In addition to deliberately destroying the church door, the suspect also committed a number of **sacrilegious** acts. 除了蓄意破坏教堂大门，犯罪嫌疑人还做出了诸多渎神之举。
派 sacrilegiously *adv.* 亵渎地

---

patriarch
/ 'peɪtriɑːrk /

释 *n.* 家长，族长 father and ruler of a family or tribe
例 The **patriarch** enjoyed absolute authority in many primitive tribes. 很多原始部落里族长有绝对权威。
派 patriarchy *n.* 家长制，族长政治 patriarchal *adj.* 家长的，族长的

---

billowing
/ 'bɪloʊɪŋ /

释 *adj.* 汹涌的 swelling out in waves; surging
例 Within half an hour, the two heavy smokers made the room filled with **billowing** clouds of cigarette smoke. 仅仅半个小时，这两个烟鬼就让房间里烟雾缭绕了。
派 billow *v.*（烟雾）涌出，汹涌向前

---

impinge
/ ɪm'pɪndʒ /

释 *v.* 侵犯；冲击，撞击 infringe; touch; collide with
例 You shouldn't allow your personal problems to **impinge** on your work. 你不应该让私人问题影响工作。
搭 impinge on/upon sth/sb 影响，妨碍某事/某人
派 impingement *n.* 侵犯；冲击

---

abstemious ■
/ əb'stiːmiəs /

填

释 *adj.* 饮食有节制的，适度的 sparing in eating and drinking; temperate
例 The vegetarians think **abstemious** diet can provide them with sufficient protein. 素食主义者认为，有节制的饮食可以为他们提供足够的蛋白质。
派 abstemiousness *n.* 适度，有节制

---

disarray
/ ˌdɪsəˈreɪ /

释 *n.* 混乱，紊乱 a disorderly or untidy state
例 Changing offices has left my papers in complete **disarray**. 办公室搬迁，我的文件全部乱了套。

swill
/ swɪl /

释 *v.* 痛饮 drink greedily
例 Ten years passed! I still remember the day when we **swilled** beer and talked freely on the graduation party. 十年过去了！但我还记得毕业晚会上我们开怀畅饮、畅所欲言的情景。

nebulous
/ ˈnebjələs /

阅

释 *adj.* 模糊的，朦胧的；星云的，星云状的 vague; hazy; cloudy
例 The notions we were able to form of the outer space beyond were exceedingly **nebulous**. 我们所能形成的对外太空的认识是非常模糊的。
派 nebulosity *n.* 朦胧星云状态，星云状物

misdemeanor
/ ˌmɪsdɪˈmiːnər /

释 *n.* 【律】轻罪 minor crime
例 Edward is charged with a **misdemeanor**, driving without a valid licence. 爱德华被控告犯了一项轻罪——无有效驾照驾驶。
派 demeanor *n.* 行为，举止

harbinger
/ ˈhɑːrbɪndʒər /

阅 | 填

释 *n.* 先驱；预兆 forerunner
例 The broken glass might be a **harbinger** of disaster. 碎掉的杯子可能预示着灾难。
搭 harbinger-of-spring 报春花

oblivion ■
/ əˈblɪviən /

阅 | 填

释 *n.* 湮没；遗忘 obscurity; forgetfulness
例 After three years of popularity, this movie had fallen into **oblivion**; no one bothered to see it anymore. 经过三年的流行，这部电影已经被遗忘了，没有人愿意再看它了。
派 oblivious *adj.* 不注意的；遗忘的

remission ●
/ rɪˈmɪʃn /

释 *n.* （痛苦、紧张等的）缓和；（负债、处分等的）豁免；宽恕 temporary moderation of disease symptoms; cancellation of a debt; forgiveness or pardon
例 Each year, about 10% of the college students from rural areas are granted **remission** of tuition fees owing to poverty. 每年大约有10%的来自农村的大学生因为家境贫寒而获准免除学费。

anoint
/ əˈnɔɪnt /

释 *v.* （尤指在授予王位等仪式上）涂油于（人）consecrate
例 The priest **anointed** the baby's forehead. 神父在婴儿的前额上施涂油礼。
搭 anoint sb (with sth) （用…）涂圣油/圣水于…
派 anointment *n.* 涂油

197

splice
/ splaɪs /

释 *v.* 接合 fasten together; unite
例 The video was **spliced** by fastening quite a few clips together. 这段视频是由几个片段拼凑在一起形成的。
搭 get spliced 结婚　　　　派 splicer *n.* （磁带、胶片等的）接合器

remonstrance
/ rɪˈmɑːnstrəns /

阅

释 *n.* 抗议 protest
例 The government's ignorance of the laid-off workers' **remonstrance** irritated the public. 政府对下岗工人的抗议置若罔闻，这激起了民众的愤慨。
派 remonstrate *v.* 抗议；抱怨

warrant
/ ˈwɔːrənt /

阅 | 填

释 *v.* 证明；批准，授权 justify; authorize
例 The police was **warranted** to arrest a person in contempt of court. 警方被授权逮捕藐视法庭的人。
搭 arrest warrant【律】逮捕证；search warrant【律】搜查证
派 warranted *adj.* 保证的；担保的

ramble ■
/ ˈræmbl /

阅 | 填

释 *v.* 漫游 wander aimlessly (physically or mentally)
例 Spring is the best season for people to **ramble** in the country. 春天是人们在乡间漫游的最佳季节。
派 rambler *n.* 漫步者；蔓生植物

unwieldy
/ ʌnˈwiːldi /

释 *adj.* 笨拙的；难处理的 awkward; cumbersome; unmanageable
例 This cupboard is too **unwieldy** to move. 这台橱柜太笨重了，很难搬动。
派 unwieldiness *n.* 笨拙；难处理

replica
/ ˈreplɪkə /

阅 | 填

释 *n.* 复制品 copy
例 The robber hijacked a little girl on the road, aiming his **replica** gun at the onlookers. 强盗在路上劫持了一个小女孩，拿着仿真枪对准围观者。

universal
/ ˌjuːnɪˈvɜːrsl /

阅 | 填

释 *adj.* 普遍的，通用的 characterizing or affecting all; present everywhere
例 Many people in history tried to create a common **universal** language for all peoples of the world. 历史上有许多人试图为世界各地的民族创造一种普遍通用的语言。
派 universally *adv.* 普遍地 universe *n.* 宇宙；世界；领域

concurrent
/ kənˈkɜːrənt /

阅 | 填

释 *adj.* 同时发生的 happening at the same time
例 National elections were **concurrent** with the outbreak of war. 在全国举行大选的同时，战争爆发了。
派 concurrence *n.* 同时发生

addendum
/ əˈdendəm /

释 *n.* 附录，补遗 an addition or supplement
例 Usually there will be **addenda** to English textbooks. 英语教材后通常都会有附录。

incompatible
/ ˌɪnkəm'pætəbl /

阅 | 填

释 *adj.* 无法共存的，不调和的 inharmonious
例 The new software is **incompatible** with the old operating system. 新软件和旧的操作系统不兼容。
搭 be incompatible with sth 与…不兼容，不调和，无法共存
派 incompatibility *n.* 不相容，不协调，不一致

lummox
/ 'lʌməks /

释 *n.* 愚蠢不中用者 big, clumsy, often stupid person
例 Because he was highly overweight and looked ungainly, William Brown often was considered as a slow-witted **lummox**. 由于威廉·布朗严重超重，而且看起来笨拙，他经常被人们认为是一个头脑迟钝的人。

encroachment
/ ɪn'kroʊtʃmənt /

释 *n.* 侵占，侵蚀 gradual intrusion
例 The man hates the **encroachment** on his time. 这个男人非常讨厌别人占用他的时间。

despise
/ dɪ'spaɪz /
阅 | 填

释 *v.* 鄙视，看不起 look on with scorn; regard as worthless or distasteful
例 Don't cheat at examinations, or your classmates will **despise** you. 考试不要作弊，否则你的同学会鄙视你。

accretion
/ ə'kriːʃn / 阅

释 *n.* 增长 growth; increase
例 Each culture, including Chinese culture, is built and enriched by the **accretion** of human activities and values. 每一种文化，包括中国文化，都是在人类行为和观念长期积淀的基础上形成和发展的。
搭 accretion learning 补充作业；accretion account 增殖账户

hackneyed ●
/ 'hæknid / 阅 | 填

释 *adj.* 陈腐的，陈词滥调的 commonplace; trite
例 This article is full of **hackneyed** expressions. 这篇文章充满了陈词滥调。

forgo
/ fɔːr'goʊ /

阅 | 填

释 *v.* 放弃，作罢 give up
例 Students studying for the university entrance examination always **forgo** their sleeping time in order to get more work done. 备战高考的学生们经常为了学习放弃睡觉的时间。

irascible
/ ɪ'ræsəbl /
阅 | 填

释 *adj.* 易怒的，性情暴躁的 irritable; easily angered
例 He became **irascible** after he moved to a new city. 他搬到新的城市之后变得性情暴躁。

invasive
/ ɪn'veɪsɪv /

填

释 *adj.* 扩散性的，侵袭的 tending to spread aggressively; intrusive
例 Her life was in danger because of the **invasive** cancer. 她因扩散性肿瘤而生命垂危。
派 invade *v.* 侵入

cordial ■
/ 'kɔːrdʒəl /

阅 | 填

释 *adj.* 热忱的 gracious; heartfelt
例 They gave him a **cordial** welcome on his arrival. 他到达时他们向他表示热诚欢迎。
派 cordially *adv.* 热情地，诚挚地

☐ incompatible ☐ lummox ☐ encroachment ☐ despise ☐ accretion ☐ hackneyed
☐ forgo ☐ irascible ☐ invasive ☐ cordial

innovation ■
/ ˌɪnə'veɪʃn /

阅 | 填

释 **n.** 改革，革新 change; introduction of something new
例 An entrepreneur will not succeed with the fear of **innovation**. 惧怕革新的企业家是不会成功的。
搭 innovation theory 创新理论　　派 innovate v. 创新

---

decipher
/ dɪ'saɪfər /

阅 | 填

释 **v.** 破译（密码电文等）interpret secret code
例 Scientists are studying wild dolphins to **decipher** their secret language. 科学家正在研究野生的海豚，以求破解它们的秘密语言。

---

irretrievable
/ ˌɪrɪ'triːvəbl /

释 **adj.** 不可挽回的，不能补救的 impossible to recover or regain; irreparable
例 We should draw a lesson from the failure which caused **irretrievable** losses. 这次失败造成了不可挽回的损失，我们应从中吸取教训。
派 irretrievably adv. 不能挽回地，不能补救地

---

credibility
/ ˌkredə'bɪləti /

阅 | 填

释 **n.** 可信性 believability
例 We need to ensure the **credibility** of our company. 我们必须保证公司的信誉。
派 credible adj. 可信的

---

prehensile
/ prɪ'hensl /

阅

释 **adj.** 能抓住的，能握住的 capable of grasping or holding
例 Well-tamed elephants can easily carry wood weighing hundreds of kilograms by their long **prehensile** proboscis. 经过驯服的大象可以轻松地用它们适于抓握的长鼻运送几百公斤的木材。

---

insurmountable
/ ˌɪnsər'maʊntəbl /

释 **adj.** 不能克服的，不能超越的 overwhelming; unbeatable; insuperable
例 We are now faced with an apparently **insurmountable** obstacle. 我们现在面临着一个似乎难以逾越的障碍。

---

microcosm
/ 'maɪkroʊkɑːzəm /

阅 | 填

释 **n.** 微观世界 small world; the world in miniature
例 The tour guide says the town is a **microcosm** of Chinese culture during the 1930s. 导游说，这个小镇是20世纪30年代中国文化的缩影。
派 microcosmic adj. 微观宇宙的，微观世界的

---

resilient
/ rɪ'zɪliənt /

阅 | 填

释 **adj.** 弹性的，有回弹力的 elastic; having the power of springing back
例 Steel is highly **resilient** and makes excellent bedsprings. 钢铁极富弹性，是做弹簧床面的好材料。
派 resilience n. 弹性；弹力 resiliently adv. 有弹性地；有恢复力地

---

predecessor ■
/ 'predəsesər /

阅 | 填

释 **n.** 前辈，前任 former occupant of a post
例 You would share the same fate if you learned nothing from the faults of the **predecessors**. 如果没有从先辈的错误中汲取教训，就会遭遇同样的命运。

---

stagnant ■
/ 'stægnənt /

阅 | 填

释 *adj.* 停滞的；迟钝的 motionless; stale; dull
例 She kept complaining that their **stagnant** days were becoming unbearable but had no choice . 她老是抱怨说一潭死水般的日子难以忍受，但是又别无选择。
派 stagnancy *n.* 停滞；迟钝；萧条 stagnate *v.* 停滞；使萧条

---

poignancy
/ 'pɔɪnjənsi /

阅

释 *n.* 辛酸；（感情）强烈，深刻 quality of being deeply moving; keenness of emotion
例 The audience were touched by the unbearable **poignancy** of the reunion of the long-seperated wife and husband. 看到丈夫和妻子久别重逢，观众被这种难以承受的辛酸所感动。
派 poignant *adj.* 辛酸的，深刻的

---

interminable
/ ɪn'tɜːrmɪnəbl /

阅 | 填

释 *adj.* 没完没了的，冗长的 endless
例 Finally, he finished his **interminable** speech. 他终于结束了冗长的讲话。
派 interminably *adv.* 没完没了地

---

cipher
/ 'saɪfər /

阅

释 *n.* 密码；无足轻重的人或物 secret code; nonentity; worthless person or thing
例 Braille was invented based on the idea of **cipher**. 盲文是基于密码的思想发明的。// We cannot look down upon **ciphers** in the company. 我们不能轻视公司里的小人物。
搭 cipher code 密电码；cipher key 密钥；cipher machine 密码机

---

proselytize
/ 'prɑːsələtaɪz /

释 *v.* 使改变宗教或信仰 convert to a religion or belief
例 No one could **proselytize** his belief in Jesus. 没有人能改变他对耶稣的信仰。
派 proselytizer *n.* 改变宗教信仰者，变节的人

---

analgesic
/ ˌænəl'dʒiːzɪk /

释 *adj.* 止痛的 causing insensitivity to pain
例 The doctors advised **analgesic** drugs for chest pains. 医生建议使用止痛药治疗胸部疼痛。
搭 analgesic drugs 止痛药　　派 analgesia *n.* 无痛觉，痛觉缺失

---

overbearing
/ ˌoʊvər'berɪŋ /

阅 | 填

释 *adj.* 专横的，傲慢的；压倒一切的 bossy and arrogant; decisively important
例 The young man is so **overbearing** that no one wants to work for him. 那个年轻人那么专横，没人愿为他工作。
派 overbear *v.* 压服，克服

---

vindictive
/ vɪn'dɪktɪv /

阅

释 *adj.* 报复性的，怀恨的 out for revenge; malicious
例 He is so **vindictive** that he never forgives anybody. 他有着强烈的报复心，所以从不原谅任何人。
派 vindictively *adv.* 恶毒地；报复地

---

uproarious / ʌp'rɔːriəs /	**释** *adj.* 喧闹的；非常滑稽的 marked by commotion; extremely funny; very noisy **例** The audience burst into **uproarious** laughter. 观众们哄然大笑。 **派** uproariously *adv.* 吵闹地，喧嚣地
agility / ə'dʒɪləti / 阅｜填	**释** *n.* 敏捷，灵活 nimbleness **例** With his speed and **agility**, he won the champion in the hurdle race. 凭借速度和灵活，他获得了跨栏比赛的冠军。 **派** agile *adj.* 灵活的 agilely *adv.* 敏捷地
warble / 'wɔːrbl / 阅	**释** *v.* 鸟鸣，用柔和的颤声唱 sing; babble **例** It's a pleasure to hear birds' **warble** in spring. 在春天里听鸟儿歌唱是一种乐趣。
sacrosanct / 'sækroʊsæŋkt /	**释** *adj.* 极神圣的；不可侵犯的 most sacred; inviolable **例** The sovereignty and territorial integrity of any country is **sacrosanct**. 任何一个国家的主权和领土完整都是神圣不可侵犯的。
ablution / ə'bluːʃn /	**释** *n.* 沐浴，洗礼 washing **例** He believes that **ablution** can wash away the past. 他相信沐浴能洗刷掉过去。 **派** ablutionary *adj.* 沐浴的，洗礼的
abstract ∎ / 'æbstrækt / 阅｜填	**释** *adj.* 抽象的，理论的 theoretical; not concrete; nonrepresentational **例** To her, poverty was an **abstract** concept; she had never been lack of money. 对她来说，贫穷只是个抽象的概念，她从来都没缺过钱。
sparse / spɑːrs / 阅｜填	**释** *adj.* 稀少的，稀疏的 not thick; thinly scattered; scanty **例** The scientific research on black holes was rather **sparse** at that time. 那个时候有关黑洞的科学研究相当少。 **派** sparseness/sparsity *n.* 稀疏，稀少 sparsely *adv.* 稀疏地；贫乏地
apiary / 'eɪpieri /	**释** *n.* 养蜂场 a place where bees are kept **例** He made a fortune by running an **apiary**. 他通过经营养蜂场挣了一笔钱。 **派** apiarian *adj.* 蜜蜂的；养蜂的
jaded / 'dʒeɪdɪd / 阅｜填	**释** *adj.* 精疲力竭的，没有兴趣的 fatigued; surfeited **例** Mary has a **jaded** appetite because of overworking. 由于工作过量，玛丽食欲不振。 **派** jadedness *n.* 精疲力竭
maladroit / ˌmælə'drɔɪt /	**释** *adj.* 不灵巧的，笨拙的 clumsy; bungling **例** Nick was embarrassed at having said something so **maladroit**. 说了这么愚蠢的话，尼克感到很尴尬。 **派** maladroitly *adv.* 不灵巧地

202
☐ uproarious ☐ agility ☐ warble ☐ sacrosanct ☐ ablution ☐ abstract
☐ sparse ☐ apiary ☐ jaded ☐ maladroit

component
/ kəm'poʊnənt /

释 *n.* 要素，成分 element; ingredient
例 A car is made up of thousands of **components**. 一辆汽车是由成千上万个零件组成的。

---

aspirant
/ ə'spaɪərənt /

阅

释 *n.* 有抱负者，有野心者 seeker after position or status
例 As an **aspirant** to a better life, he is doing his best in work. 他渴望拥有更好的生活，所以在工作中全力以赴。
搭 an aspirant to sth 渴望…的人

---

pervasive ■
/ pər'veɪsɪv /

阅 | 填

释 *adj.* 遍布的，无处不在的 pervading; spread throughout every part
例 Jane aired her coat for several hours to get rid of the **pervasive** odor of smoke. 简把她的外套晾了好几个小时以除掉弥漫的烟味。
派 pervasiveness *n.* 无处不在，普遍性 pervade *v.* 遍及，弥漫

---

jingoist
/ 'dʒɪŋgoʊɪst /

填

释 *n.* 好战分子，沙文主义者 extremely aggressive and militant patriot; warlike chauvinist
例 The **jingoists** hope to use force to control their domains. 沙文主义者企图用武力掌控他们的领土。
派 jingoism *n.* 沙文主义，侵略主义，武力外交政策

---

detached ■
/ dɪ'tætʃt /

阅 | 填

释 *adj.* 独立的，超然的，公正的 emotionally removed; calm and objective; physically unconnected
例 She has a very **detached** attitude to her divorce. 她对自己的离婚持有非常超然的态度。
派 detach *v.* 分离；使超然

---

abortive
/ ə'bɔːrtɪv /

释 *adj.* 失败的；夭折的 unsuccessful; fruitless
例 For some reason, the local government had to abandon their **abortive** attempt to build a highway. 由于某种原因，当地政府不得不放弃修建高速公路的失败尝试。
派 abort *v.* （使）流产；（使）夭折；中止

---

requisite
/ 'rekwɪzɪt /

阅

释 *n.* 必需品 necessary requirement
例 A frequent change of role is the training **requisite** for a mastery of the actor's art. 频繁地转换角色是掌握表演技能的必要训练。

---

kleptomaniac
/ ˌkleptə'meɪniæk /

释 *n.* 有盗窃癖者 person who has a compulsive desire to steal
例 The policemen discovered that the millionaire was a **kleptomaniac**. 警察发现那个百万富翁是一个偷窃癖者。

---

malevolent
/ mə'levələnt /

阅

释 *adj.* 有恶意的，坏心肠的 wishing evil
例 Why is the stepmother so **malevolent** to Snow White? 继母为什么对白雪公主如此恶毒？
派 malevolence *n.* 恶意，狠毒

---

gall
/ gɔːl /

釋 *n.* 胆汁；苦味；怨恨 bile; bitterness; resentment *v.* 烦恼；磨伤 annoy; chafe

例 You wouldn't have done that if you had tasted the **gall** of repentance. 如果你当时尝过悔悟的痛苦，你就不会那样做了。// It **galls** him to have to stay at home and wait for his parcel coming by mail. 他不得不待在家里等着他的邮寄包裹，这让他很恼火。

搭 It galls sb to do sth/that …让某人恼火　　派 galling *adj.* 令人烦恼的

阅 | 填

---

bandy
/ 'bændi /

釋 *v.*（不经意地）交换（谣言、信息等）；吵嘴，对骂 discuss lightly or glibly; exchange (words) heatedly

例 The football star refused to **bandy** words with the rivals. 那位球星拒绝与对手说话。

搭 bandy sth about/around 到处传播

---

susceptible ■
/ sə'septəbl /

釋 *adj.* 易受影响的；易感动的；易感染的 impressionable; easily influenced; having little resistance, as to a disease; receptive to

例 Some women are inclined to become impetuous shoppers since they are **susceptible** to the sellers' persuasion. 一些女性很容易被卖家的劝说影响，冲动购物。

派 susceptibility *n.* 敏感性

阅

---

sedentary ●
/ 'sednteri /

釋 *adj.* 久坐的，坐惯的 requiring sitting

例 Mary got tired of leading a **sedentary** life and decided to give up her work and go on hiking. 玛丽厌倦了久坐不动的生活，决定辞职然后去徒步旅行。

阅 | 填

---

valid
/ 'vælɪd /

釋 *adj.* 有效的；有充分根据的；正当的 logically convincing; sound; legally acceptable

例 For foreign holidays, you will need a **valid** passport. 出国度假需持有效护照。

派 validly *adv.* 合法地；正当地；妥当地 validity *n.* [计] 有效性；正确；正确性

阅

---

meek
/ miːk /

釋 *adj.* 温顺的；谦和的 quiet and obedient; spiritless

例 Patrick was a **meek**, mild-mannered gentleman. 帕特里克是一个温顺随和的绅士。

派 meekly *adv.* 温顺地；逆来顺受地

---

obstinate ■
/ 'ɑːbstɪnət /

釋 *adj.* 顽固的，难以控制的 stubborn; hard to control or treat

例 We tried to persuade our father to give up drinking, but he was **obstinate** and refused to change. 我们试图说服父亲放弃酗酒，但他固执己见，不肯改变。

派 obstinacy *n.* 固执，顽固

阅

---

ubiquitous
/ juːˈbɪkwɪtəs /
阅 | 填

释 *adj.* 无处不在的，普遍存在的 being everywhere; omnipresent
例 He hates the **ubiquitous** struggle. 他痛恨无处不在的斗争。
派 ubiquity *n.* 普遍存在，到处存在

---

gouge
/ ɡaʊdʒ /
阅

释 *v.* 挖出 tear out
例 He **gouged** out the meat from a shell with a fork. 他用叉子从贝壳里把肉挖了出来。

---

subsidy
/ ˈsʌbsədi /

阅

释 *n.* 补助金，津贴 direct financial aid by government, etc.
例 The Chinese government has greatly increased the level of **subsidy** to the farmers in the past several years. 中国政府在过去几年里大大增加了对农民的补贴。
派 subsidize *v.* 资助，补贴

---

bantering
/ ˈbæntərɪŋ /

阅 | 填

释 *adj.* 开玩笑的 good-natured ridiculing
例 The couple burst into a quarrel due to the **bantering** remarks. 那对夫妻因为玩笑话而吵了起来。
派 banter *v.* 开玩笑，逗乐

---

insalubrious
/ ˌɪnsəˈluːbrɪəs /

填

释 *adj.* 有损健康的 unwholesome; not healthful
例 He left that city because of the **insalubrious** climate. 他因那座城市的气候有害健康而离开了那里。
派 insalubrity *n.* 对健康有害，不卫生

Word List 19

postulate / ˈpɑːstʃələt / 阅	释 ***n.*** 假定，基本前提 essential premise; underlying assumption 例 The basic **postulate** of this policy is that people understand the value of family. 这一政策的基本前提是人们理解家庭的重要性。
addiction / əˈdɪkʃn / 阅丨填	释 ***n.*** 沉溺，上瘾 compulsive, habitual need 例 Her son is now fighting his **addiction** to network games. 她儿子正努力戒除网络游戏。 搭 addiction to sth 对…的瘾，沉溺于… 派 addict *n.* 瘾君子 addicted *adj.* 上瘾的，成瘾的
aquatic / əˈkwætɪk / 阅	释 ***adj.*** 水的 pertaining to water 例 The Olympic **aquatic** sports are popular in the UK. 奥运会水上运动在英国很受欢迎。 搭 aquatic animal 水生动物
clemency / ˈklemənsi / 阅	释 ***n.*** 仁慈，宽厚；温和 disposition to be lenient; mildness, as of the weather 例 The man had asked the victim's family members to grant **clemency**. 男子曾请求受害人家属的宽恕。 派 clement *adj.* 仁慈的；温和的
shackle / ˈʃækl /	释 ***v.*** 束缚；桎梏 chain; fetter 例 **Shackled** by outdated attitudes, he never allows his wife to talk with any men. 因为受到旧观念的束缚，他决不允许自己的妻子和其他男人说话。
disburse / dɪsˈbɜːrs /	释 ***v.*** 支出，支付 pay out 例 On approval, we will **disburse** the fund to your designated bank account directly. 一经批核，这笔资金将于扣除手续费后直接存入您指定的银行账户。 派 disbursement *n.* 支出，支付
reprieve / rɪˈpriːv /	释 ***n.*** 缓刑；暂缓 temporary stay ***v.*** 暂缓处刑；给…带来缓解 postpone or cancel the punishment of; bring relief to 例 When the prisoner learned that he was granted a **reprieve**, his face was drowned in tears. 当这个囚犯得知自己获得了缓刑时，泪流满面。
pliable / ˈplaɪəbl / 阅	释 ***adj.*** 灵活的，变通的，适应性强的 flexible; yielding; adaptable 例 The management would have preferred employees more **pliable** to the demands. 管理层本来想要对各种要求适应性更强的员工。 派 pliability *n.* 柔韧性，可弯性

□ postulate □ addiction □ aquatic □ clemency ■ shackle □ disburse
□ reprieve □ pliable

symmetry
/ 'sɪmətri /

阅 | 填

释 *n.* 对称，匀称 arrangement of parts so that balance is obtained; congruity
例 TV viewers argued that the winner of the beauty contest lacked **symmetry** of features. 电视观众认为此次选美比赛的冠军五官不够端正。
派 symmetric *adj.* 对称的；匀称的

---

cumbersome
/ 'kʌmbərsəm /
阅 | 填

释 *adj.* 笨重的；麻烦的 heavy; hard to manage
例 The machine is used for lifting heavy or **cumbersome** objects. 这个机器用于提升重物或笨重物品。

---

abrasive
/ ə'breɪsɪv /

阅 | 填

释 *adj.* 造成磨损的，粗糙的；生硬粗暴的 rubbing away; tending to grind down
例 **Abrasive** materials are not suitable for cleaning tiles. 粗糙的材料不适合用来清洁瓷砖。
派 abrade *v.* 磨损，磨蚀

---

apex
/ 'eɪpeks /

释 *n.* 顶点；顶峰 tip; summit; climax
例 In his 40s he reached the **apex** of his career. 40多岁时他达到了事业的顶峰。

---

cacophonous ●
/ kə'kɑːfənəs /

填

释 *adj.* 刺耳的；不和谐的 discordant; inharmonious
例 The school band made some **cacophonous** sounds while tuning up. 学校乐队在调音时弄出一些刺耳的声音。
派 cacophony *n.* 刺耳的声音

---

cerebration
/ ˌserɪ'breɪʃn /

释 *n.* 思考 thought
例 The production of a masterpiece requires much **cerebration**. 杰作的产生需要大量的思考。
派 cerebrate *v.* 思考

---

ogle
/ 'oʊgl /

释 *v.* 色迷迷地看，盯着看 look at amorously; make eyes at
例 In mixed classes, women are concerned that men are there just to **ogle** them. 在男女混合的课堂里，女性会担心男性到场只是为了色迷迷地打量她们。

---

rue
/ ruː /

阅

释 *v.* 后悔，悲伤，懊悔 regret; lament; mourn
例 He **rued** those days when he wasted time hanging out with his friends and doing nothing. 他对那些和朋友到处闲逛无所事事而虚度的日子追悔莫及。
派 rueful *adj.* 后悔的，悔恨的 ruefulness *n.* 悲伤；后悔

---

canny
/ 'kæni / 阅 | 填

释 *adj.* 精明的；节约的 shrewd; thrifty
例 Only **canny** investors can make money. 只有精明的投资者才能赚到钱。

---

authenticate
/ ɔː'θentɪkeɪt /

阅 | 填

释 *v.* 验证，鉴别 confirm as genuine
例 An expert was needed to **authenticate** the painting as an original Van Gogh. 急需一位专家来鉴别这幅画是否是梵高的真迹。
搭 authenticate sth as sth 证明…是真实的
派 authentication *n.* 证明，鉴定

---

conception
/ kən'sepʃn /

阅 | 填

释 *n.* 开始；构想 beginning; forming of an idea
例 The design is very imaginative in **conception**. 这个设计在构思上很有想象力。
派 conceive *v.* 构思；设想 conceptional *adj.* 想象的；概念上的

---

wan
/ wæn /

阅

释 *adj.* 苍白的，无血色的，病态的 having a pale or sickly color; pallid
例 She looked **wan** and fragile. 她看上去既疲乏又虚弱。
派 wane *n.* 衰退；月亏

---

unravel
/ ʌn'rævl /

阅

释 *v.* 解开，拆开；解决 disentangle; solve
例 He has a strong desire to **unravel** the mysteries of nature. 他有一种想要解开自然之谜的强烈愿望。

---

miscellany
/ 'mɪsəleɪni /

释 *n.* 杂集 mixture of writings on various subjects
例 This is my favourite **miscellany** of nineteenth-century prose and poetry. 这是我最喜欢的19世纪散文和诗歌杂集。
派 miscellanist *n.* 杂文作家

---

quarantine
/ 'kwɔːrəntiːn /

阅 | 填

释 *n./v.* 检疫，隔离 isolation of person or ship to prevent spread of infection; detain in or exclude by quarantine
例 He had to be kept in quarantine for a week because of having measles. 因为得麻疹，他不得不被隔离了一星期。

---

odorous
/ 'oʊdərəs /

释 *adj.* 有气味的 having an odor
例 This kind of rose is more **odorous** than the one you have in your garden. 这种玫瑰比你花园里种的那种更香。
派 odor *n.* 气味；名声

---

sordid
/ 'sɔːrdɪd /

阅 | 填

释 *adj.* 肮脏的，污秽的；卑鄙的 vile; filthy; wretched; mean
例 The talk show was ordered to be rectified for having discussed **sordid** and disgusting topics. 这个脱口秀节目因为讨论了污秽恶心的话题被勒令整改。
派 sordidness *n.* 污秽；卑鄙

---

panegyric
/ ˌpænə'dʒɪrɪk /

释 *n.* 颂文，颂词 formal praise
例 They made a speech of **panegyric** to welcome their heroes. 他们做了一个颂扬性的演讲来欢迎他们的英雄。
派 panegyrical *adj.* 颂词的

□ authenticate　□ conception　□ wan　□ unravel　■ miscellany　□ quarantine
□ odorous　□ sordid　□ panegyric

piquant
/ ˈpiːkənt /

阅

释 *adj.* 辛辣的，开胃的 pleasantly tart-tasting; stimulating
例 Steve added peppers to give the bland turkey a **piquant** flavour. 史蒂夫给淡而无味的火鸡肉加了些胡椒粉，火鸡肉有了辛辣的味道。
派 piquancy *n.* 辛辣，辣味

---

ascertain
/ ˌæsərˈteɪn /

填

释 *v.* 确认，确定 find out for certain
例 She called her teacher to **ascertain** her final marks. 她给老师打电话确认自己的期末成绩。
派 ascertainment *n.* 发现，确认

---

glutton ■
/ ˈɡlʌtn /

阅 | 填

释 *n.* 暴食者；酷爱…的人 someone who eats too much; one that enjoys or needs something very much
例 She is a **glutton** for punishment. 她是个不怕吃苦的人。
搭 glutton for sth 酷爱…的人；glutton for punishment 不怕吃苦的人
派 gluttonous *adj.* 贪吃的，暴食的

---

singular
/ ˈsɪŋɡjələr /

阅 | 填

释 *adj.* 独特的，非凡的，异常的 unique; extraordinary; odd
例 Not all of the great musicians had a **singular** talent for music at an early age. 并非所有伟大的音乐家都是从小就在音乐方面展示出了非凡的天赋。
派 singularity *n.* 奇异；突出 singularly *adv.* 异常地

---

scuffle
/ ˈskʌfl /

释 *v.* 混战；扭打，打斗 struggle confusedly; move off in a confused hurry
例 The two passengers **scuffled** with each other in order to scramble for a seat on the bus. 两名乘客在公交车上为了抢座互相厮打起来。
搭 scuffle with sb 与某人厮打起来

---

opulence ■
/ ˈɑːpjələns /

阅 | 填

释 *n.* 富裕，丰富 extreme wealth; luxuriousness; abundance
例 Aladdin's eyes had never beheld such **opulence**. 阿拉丁从未见过这样的财富。
派 opulent *adj.* 富裕的，丰富的

---

loath
/ loʊθ /
阅 | 填

释 *adj.* 不情愿的，勉强的 reluctant; disinclined
例 She is **loath** to give up her job after her marriage. 结婚后，她不情愿地放弃了她的工作。

---

deposition
/ ˌdepəˈzɪʃn /

阅 | 填

释 *n.* 革职；宣誓作证 the act of removing sb, especially a ruler, from power; testimony under oath
例 He made a **deposition** that he had witnessed the accident. 他宣誓作证自己目睹了那起事故。

---

writhe
/ raɪð /

释 *v.* 扭曲，翻腾 twist in coils; contort in pain
例 The soldier twisted and **writhed** in his death agonies. 士兵在扭曲翻滚中痛苦地死去。

---

retain / rɪ'teɪn / 阅｜填	释 **v.** 保留，留住 keep; employ 例 Some of the traditional customs of celebrating Spring Festival are still **retained**, but some are discarded. 庆祝春节的一些传统的习俗仍保留着，但是有一些却被摒弃了。
pachyderm / 'pækɪdɜːrm /	释 **n.** 厚皮动物 thick-skinned animal 例 Both the elephants and the rhinoceros are **pachyderms**. 大象和犀牛都是厚皮动物。 派 pachydermatous *adj.* 厚皮类动物的
militant / 'mɪlɪtənt / 阅	释 **adj.** 好战的，好用暴力的 combative; bellicose **n.** 好斗分子；斗士 combative and aggressive person 例 My husband is of the acquiescent rather than the **militant** type. 我丈夫属于服从型的而不是好斗型的。 派 militancy *n.* 战斗性；交战状态
consign / kən'saɪn / 阅	释 **v.** 托运；委托；拨出 deliver officially; entrust; set apart 例 I'd like to **consign** this luggage, but take this travel-bag with me. 我想托运这件行李，但这个短途旅行包我自己随身携带。 派 consignment *n.* 委托；运送；托付物
demise / dɪ'maɪz / 阅｜填	释 **n.** 死亡 death 例 The pests contribute to the plants' **demise**. 害虫使植物死亡。
quiescent ● / kwi'esnt / 阅	释 **adj.** 休止的，休眠的；暂时停止活动的 at rest; dormant; temporarily inactive 例 The extreme terrorist organization is unlikely to remain **quiescent** for such a long time. 这种极端的恐怖组织不可能这么长时期保持沉默。 派 quiescence *n.* 休止，暂时停止活动
preposterous / prɪ'pɑːstərəs /	释 **adj.** 荒谬的，可笑的 absurd; ridiculous 例 It is absolutely **preposterous** that William forgot our first date. 威廉忘记我们的第一次约会实在太荒谬了。 派 preposterously *adv.* 荒谬地，不合理地
caucus / 'kɔːkəs / 阅	释 **n.** 政党会议 private meeting of members of a party to select officers or determine policy 例 That party holds a **caucus** in March each year. 那个政党每年三月召开一次政党会议。
coalition / ˌkoʊə'lɪʃn / 阅｜填	释 **n.** 联合，联盟，结合 partnership; league; union 例 Their deeds were opposed by a **coalition** of environmental and consumer groups. 他们的行为遭到了环境保护和消费者团体联盟的反对。 搭 coalition cabinet 联合内阁　　　　派 coalitionist *n.* 联合论者

legacy / 'legəsi / 阅	释 *n.* 遗产，遗赠物 a gift made by a will
	例 Chinese traditional opera is one of the most precious cultural **legacies** our forefathers left. 中国戏曲是我们祖先留下来的最宝贵的文化遗产之一。

enigmatic / ˌenɪgˈmætɪk / 阅|填	释 *adj.* 费解的，难以捉摸的 obscure; puzzling
	例 The **enigmatic** statement cannot be accepted by others. 这种说法莫名其妙，很难让人接受。
	派 enigmatically *adv.* 神秘地，令人迷惑地

dispel / dɪ'spel / 阅|填	释 *v.* 驱散（云雾等）；消除（疑虑等）scatter; drive away; cause to vanish
	例 All doubts are **dispelled** after the long talk. 长谈后，所有的怀疑都消除了。

serrated / sə'reɪtɪd /	释 *adj.* 锯齿状的，有锯齿的 having a sawtoothed edge
	例 The knife has a **serrated** edge. 这把刀子的刀刃是锯齿形的。

broach / broutʃ /	释 *v.* 提出，开启 introduce; open up
	例 At the end of our conversation, I **broached** the subject of our college life. 在谈话最后，我提出了当年大学生活的话题。
	搭 broach sth to/with sb 开始谈论，引入

babble / 'bæbl / 填	释 *v.* 含糊不清地说；胡言乱语 chatter idly
	例 My son began speaking with **babbling**. 儿子开始牙牙学语了。
	派 babbler *n.* 说话含糊不清的人

celestial / sə'lestʃl / 阅	释 *adj.* 天上的，天空的 heavenly; relating to the sky
	例 The Sun, the Moon and stars are all **celestial** bodies. 太阳、月亮和星星都是天体。
	搭 celestial bodies 天体　　派 celestialize *v.* 使神化，使仙化

desiccate ● / 'desɪkeɪt /	释 *v.* （使）脱水；（使）枯竭 dry up
	例 The device was able to **desiccate** the salty water and to condense the moisture into drinkable water. 这个装置能先把盐水蒸干，再让水蒸气凝成可饮用的水。
	派 desiccation *n.* 干燥 desiccant *adj.* 去湿的，使干燥的

placate ■ / 'pleɪkeɪt / 阅	释 *v.* 使平静，安抚 pacify; conciliate
	例 Efforts to **placate** the workers on strike have far failed. 安抚罢工工人的努力彻底失败了。
	派 placatory *adj.* 安抚的，抚慰的

temper ■ / 'tempər / 阅|填	释 *v.* 调和，调节；调音；（冶金）回火，锻炼 moderate; tone down or restrain; toughen (steel)
	例 He was so crazy about becoming a civil servant that his parents had to **temper** his enthusiasm. 他想当公务员想得快发疯了，他的父母只好给他的热情降降温。

brazen
/ 'breɪzn /

阅

释 *adj.* 无礼的，无耻的 insolent
例 His **brazen** cheek is well-known to all his neighbors. 所有邻居都知道他厚脸皮。
派 brazenness *n.* 厚颜无耻

forsake
/ fər'seɪk /

释 *v.* 摒弃，抛弃 desert; abandon; renounce
例 She **forsook** her career as an actress for him. 她为了他放弃了演员生涯。
搭 forsake sb/sth for sb/sth 为了…放弃…
派 forsaken *adj.* 被抛弃的，被放弃的

temerity
/ tə'merəti /

阅

释 *n.* 鲁莽，轻率 boldness; rashness
例 She had the **temerity** to ask the American teacher's age. 她轻率地询问这位美国教师的年龄。

asinine
/ 'æsɪnaɪn /

释 *adj.* 愚蠢的 stupid
例 The man destroyed his promising career with his **asinine** comments. 那个人用自己愚蠢的言论毁掉了前途。
派 asininity *n.* 愚钝

bestial
/ 'bestʃəl /

释 *adj.* 兽性的；残忍的 beastlike; brutal
例 According to Chinese legend, some foxes would abandon their **bestial** forms and became beauties at night. 中国有一种传说，一些狐狸晚上会摆脱自己的兽形而变成美女。
搭 bestial acts 毫无人性的行为；bestial cruelty 残忍
派 bestiality *n.* 兽行

badinage
/ ,bædən'ɑːʒ /

释 *n.* 开玩笑，打趣 teasing conversation
例 The anchor began his program with cheerful **badinage**. 主持人以风趣的开场白开始了节目。

monetary
/ 'mʌnɪteri /

阅

释 *adj.* 金钱的，货币的 pertaining to money
例 Our country has decided to tighten **monetary** policy to avoid inflation. 我们国家决定实行紧缩的货币政策以避免通货膨胀。
派 monetarily *adv.* 在货币问题上，在金钱问题上，财政上

resolution ■
/ ,rezə'luːʃn /
阅 | 填

释 *n.* 坚定，决心 determination; resolve
例 The newly-appointed president made a **resolution** to improve the staff's working conditions. 新上任的董事长下定决心要改善员工的工作环境。

ignite
/ ɪg'naɪt /

阅

释 *v.* 点燃，使燃烧 kindle; light
例 He tried to **ignite** the fireworks. 他试图点燃烟火。
派 ignitable *adj.* 易起火的，可燃性的

concord / ˈkɑːŋkɔːrd / 阅｜填	释 *n.* 和谐；一致 harmony; agreement between people or things 例 Neighboring countries have remained in **concord** for centuries. 几百年来，邻国之间一直很和谐。 派 concordant *adj.* 和谐的；一致的 concordance *n.* 调和；一致
entrepreneur / ˌɑːntrəprəˈnɜːr / 阅｜填	释 *n.* 企业家；立约人 businessman; contractor 例 He was a clever **entrepreneur**. 他是个精明强干的企业家。 派 entrepreneurial *adj.* 企业家的
flaunt / flɔːnt / 阅｜填	释 *v.* 招摇，炫耀 display ostentatiously 例 The boy **flaunts** a borrowed car as it belongs to him. 这个男孩炫耀着一辆借来的汽车，好像这辆车是他的一样。 派 flaunty *adj.* 虚华的
dialectical / ˌdaɪəˈlektɪkl / 阅	释 *adj.* 辩证的，辩证法的；相互的 relating to the art of debate; mutual or reciprocal 例 We should look at the problem in a **dialectical** way. 我们应该辩证地看待这个问题。 派 dialectics *n.* 辩证法；辩证逻辑
rote / roʊt /	释 *n.* 强记，死记硬背 memorization by repetition 例 It is by no means effective to learn English words by **rote**. 死记硬背英语单词决不是有效的方法。 搭 by rote 死记硬背
antipathy ● / ænˈtɪpəθi / 填	释 *n.* 憎恶，反感 aversion; dislike 例 He had an **antipathy** to dogs. 他讨厌狗。 搭 antipathy to/towards sb/sth 对…反感 派 antipathetic *adj.* 厌恶的，反感的
superimpose / ˌsuːpərɪmˈpoʊz /	释 *v.* 添加，置于他物上 place over something else 例 Are you able to **superimpose** some words on the pictures to make them more understandable? 你能在这些图片上加一些文字吗？这样能让人更容易看懂。 搭 superimpose sth on sth 将某物置于另一物上 派 superimposition *n.* 叠印，重叠
navigable / ˈnævɪgəbl /	释 *adj.* 可航行的，可通航的；可操纵的 wide and deep enough to allow ships to pass through; able to be steered 例 The river is **navigable** by steamers of up to 500 tons. 重达500吨的轮船可以从这条河通过。 派 navigability *n.* 适航性，耐航性

□ concord □ entrepreneur □ flaunt □ dialectical □ rote □ antipathy
□ superimpose □ navigable

213

fusion
/ ˈfjuːʒn /
阅 | 填

释 *n.* 联合；熔化，熔合 union; blending; synthesis
例 The **fusion** of the three political parties marked a new start of this country. 三个政党的联合标志着该国的新起点。

perquisite
/ ˈpɜːrkwɪzɪt /

释 *n.* 额外收入，外快 any gain above stipulated salary
例 The **perquisites** of her employment include cost-free long-distance calls, a company car, and private medical insurance. 她的工作补贴包括免费长途电话、公司配车和私人医疗保险。

torrent
/ ˈtɔːrənt /

阅

释 *n.* 急流，洪流 rushing stream; flood
例 The rain fell down in **torrents** and it became dark gradually. 大雨滂沱，天色渐渐暗下去了。
派 torrential *adj.* 猛烈的；奔流的

germinate
/ ˈdʒɜːrmɪneɪt /

填

释 *v.* 发芽，发育，使生长 cause to sprout; sprout
例 Finding that her pea seed has **germinated**, the little girl was full of excitement. 小女孩发现她的豌豆种子发芽了，兴奋得不得了。
派 germination *n.* 发芽，萌芽，开始生长

raucous ●
/ ˈrɔːkəs /

阅

释 *adj.* 沙哑（声）的；嘈杂的 harsh and shrill; disorderly and boisterous
例 A crow was hovering across the village and kept making **raucous** and horrible cry. 一只乌鸦在村子上空盘旋，不停地发出沙哑而可怕的叫声。
派 raucousness *n.* 沙哑声，粗声

irresolute
/ ɪˈrezəluːt /

填

释 *adj.* 无决断的，犹豫不决的 uncertain how to act; weak
例 Mark was too **irresolute** to be a team leader. 马克太过优柔寡断，不能成为团队领袖。
派 irresolution *n.* 优柔寡断，犹豫不定

inimitable
/ ɪˈnɪmɪtəbl /

填

释 *adj.* 无比的；无法模仿的 matchless; not able to be imitated
例 His contribution to the brain science is **inimitable**. 他对脑科学的贡献无人可比。
派 inimitably *adv.* 无法效仿地，无法比拟地

expletive
/ ˈeksplətɪv /

释 *n.* 粗话，咒骂语 interjection; profane oath
例 His head was full of **expletives** in such a case. 在这种情况下，他满脑子都是脏话。

arboretum
/ ˌɑːrbəˈriːtəm /

释 (*pl.* arboreta) *n.* 树园，植物园 place where different tree varieties are exhibited
例 Many young couples prefer taking marriage photos in the **arboretum**. 许多年轻夫妻喜欢在植物园里拍婚纱照。

inverse / ˌɪn'vɜːrs / 填	释 *adj.* 相反的 opposite 例 People found an **inverse** relationship between one's fortune and leisure. 人们发现钱越多，空暇时间越少。 搭 an inverse relationship between A and B A和B之间此消彼长的关系；in inverse proportion to... 与…成反比 派 inversely *adv.* 相反地
indigenous / ɪn'dɪdʒənəs / 阅丨填	释 *adj.* 本土的 native 例 Linguists consider the **indigenous** language of the area worth researching. 语言学家认为这个地区的本土语言很有研究价值。 搭 indigenous to 本地的，土生土长的
drudgery / 'drʌdʒəri / 阅	释 *n.* 苦工，单调乏味的工作 menial work 例 The endless **drudgery** of housework made the mother bored. 无尽无休、单调乏味的家务活让这位母亲很厌倦。
baffle / 'bæfl / 阅丨填	释 *v.* 使挫败，使困惑 frustrate; perplex 例 Our actions **baffled** the enemy's plan. 我们的行动扰乱了敌人的计划。 派 bafflement *n.* 阻碍，迷惑
elucidate ● / i'luːsɪdeɪt / 阅丨填	释 *v.* 解释；阐明 explain; enlighten 例 The notes **elucidated** the most difficult parts of the book. 这些注释阐明了书中最难懂的部分。 派 elucidation *n.* 阐明，解释
trappings / 'træpɪŋz / 阅	释 *n.* 装饰；外部标志 outward decorations; ornaments; outward signs of prestige, wealth, etc. 例 In modern society, a luxurious car and quite a few real estates in the city are regarded **trappings** of success. 在现代社会，在城市中拥有一辆豪华汽车和多处房产被看做是成功的标志。
intellect / 'ɪntəlekt / 阅	释 *n.* 智力 higher mental powers 例 He is a man of **intellect**. 他是个有才智的人。
aver / ə'vɜːr /	释 *v.* 断言，主张 assert confidently; affirm 例 Columbus **averred** that the land he found was India. 哥伦布断言自己发现的大陆是印度。
carnivorous / kɑːr'nɪvərəs / 阅丨填	释 *adj.* 食肉的 meat-eating 例 Tiger is a typical **carnivorous** animal. 老虎是典型的食肉动物。 搭 carnivorous animal 食肉动物 派 carnivore *n.* 食肉动物；食虫植物
ludicrous / 'luːdɪkrəs / 阅丨填	释 *adj.* 可笑的，滑稽的，愚蠢的 ridiculous; laughable; absurd 例 It is **ludicrous** that we have to tip for such terrible service each time. 我们每次都为这么糟糕的服务付小费，这太可笑了。 派 ludicrously *adv.* 滑稽地，荒唐地

odium
/ 'oʊdiəm /
阅

释 *n.* 反感，憎恶；耻辱 strong dislike or contempt; hatefulness; disrepute
例 He incurred the **odium** of everyone by the elimination of year-end bonuses. 他因取消年终奖金而激起公愤。

---

prude
/ pruːd /
阅

释 *n.* 过分拘谨的人 excessively modest person
例 Alice didn't take herself as a **prude**, but she thought the naked pictures were quite shocking. 爱丽丝不认为自己是个装正经的女人，但她觉得那些裸体照片太让人震惊了。
派 prudish *adj.* 过分拘谨的

---

pseudonym
/ 'suːdənɪm /
阅

释 *n.* 假名，笔名 pen name
例 He published all his novels under the **pseudonym** of "Moyan". 他的小说都是以"莫言"的笔名出版的。
搭 under a pseudonym of 以…为笔名
派 pseudonymous *adj.* 使用笔名的，匿名的

---

acclimate
/ 'ækləmeɪt /
阅 | 填

释 *v.* 使适应气候，使服水土 adjust to climate
例 A month later she **acclimated** herself to the hot. 一个月后她适应了酷热。
搭 acclimate oneself to sth 使自己适应…
派 acclimation *n.* 服水土，适应气候

---

idiosyncrasy ■
/ ˌɪdiə'sɪŋkrəsi /
阅 | 填

释 *n.* 个人癖好 individual trait, usually odd in nature; eccentricity
例 Keeping snakes as pet is one of her many **idiosyncrasies**. 把蛇当宠物养是她的许多癖好之一。
派 idiosyncratic *adj.* 特质的，特殊的，异质的

---

integral
/ 'ɪntɪgrəl /
填

释 *adj.* 整体的；构成整体所需要的 complete; necessary for completeness
例 Advertising is **integral** to the promotion of this new product. 广告对这种新产品的推广来说是不可或缺的。
搭 be integral to sth 对…不可或缺的
派 integrally *adv.* 整体地

---

insatiable
/ ɪn'seɪʃəbl /
阅

释 *adj.* 不满足的；贪得无厌的 not easily satisfied; unquenchable; greedy
例 As a child, he had **insatiable** curiosity about the world around him. 作为一个孩子，他对周围的世界有着无穷的好奇。
派 insatiably *adv.* 不知足地，贪得无厌地

---

waggish
/ 'wægɪʃ /
阅

释 *adv.* 爱开玩笑的，滑稽的 mischievous; humorous; tricky
例 The professor likes to make **waggish** remarks on his speech. 教授喜欢在演讲时说些俏皮话。
搭 wag *n.* 爱说笑打趣的人

---

intimate
/ 'ɪntɪmeɪt /
阅 | 填

释 *v.* 暗示，暗指 hint; suggest
例 He **intimated** that the company might be taken over by one of its opponent. 他暗示公司可能会被一个竞争对手兼并。

---

parsimony ●

/ ˈpɑːrsəmoʊni /

阅

释 *n.* 小气，吝啬 stinginess, excessive frugality

例 Anna broke up with her boyfriend because of his **parsimony**. 安娜因为男友吝啬而跟他分手。

派 parsimonious *adj.* 吝啬的，小气的

Notes

Word List 20

cleave / kliːv / 阅 | 填	释 *v.* 劈开；黏着；忠于 split or sever; cling to; remain faithful to 例 A man should **cleave** to his wife after marriage. 男人婚后应该忠于自己的妻子。 搭 cleave to sb/sth 黏着…；坚持…　派 cleaver *n.* 切肉刀，屠刀
clip / klɪp / 阅 | 填	释 *n.* 剪辑，电影的片段 section of filmed material 例 Today's class will start from watching a **clip** from the movie *Hero*. 今天的课从观看电影《英雄》的一个片段开始。 搭 clip art 剪贴画；clipboard 剪贴板
dulcet / ˈdʌlsɪt / 	释 *adj.* 悦耳的，怡人的 sweet sounding 例 The **dulcet** sounds of the birds at dawn woke up people of the dream. 鸟儿悦耳的叫声叫醒了睡梦中的人们。
disjointed / dɪsˈdʒɔɪntɪd / 填	释 *adj.* 脱节的 disconnected 例 His remarks were so **disjointed** that the audience got confused. 他没有条理的话语让听众很困惑。 派 disjointedly *adv.* 支离破碎地
indentation / ˌɪndenˈteɪʃn / 	释 *n.* 槽口，凹陷处 notch; deep recess 例 The car's wheels left deep **indentations** in the mud. 汽车的轮子在泥地里留下了深深的痕迹。 派 indent *v.* 订货；缩排；印凹痕
facade / fəˈsɑːd / 阅	释 *n.*（尤指大型建筑的）正面；（掩盖真实感情的）外表 front (of building); superficial or false appearance 例 He was deceived by John's **facade**. 他被约翰的外表所欺骗。
horde / hɔːrd / 阅	释 *n.* 大群，一帮 crowd 例 The city attracts **hordes** of tourists every year. 这座城市每年都吸引成群结队的游客。 搭 a horde of 一大群
tranquility ■ / trænˈkwɪləti /	释 *n.* 宁静 calmness; peace 例 Some urban residents retire to the country resort to enjoy the **tranquility** of the fields on weekends. 有些城里人一到周末就去乡下度假村，享受田野风光的宁静。

□ cleave　　□ clip　　□ dulcet　　□ disjointed　　■ indentation　　□ facade
□ horde　　□ tranquility

diatribe / ˈdaɪətraɪb /	释 *n.* 抨击，谴责，谩骂 bitter scolding; invective 例 He launched into a long **diatribe**. 他开始长篇大论地进行抨击。
pristine / ˈprɪstiːn / 阅 | 填	释 *adj.* 原始的；原来的，未受腐蚀的 characteristic of earlier times; primitive; unspoiled 例 The computer has been restored to **pristine** condition. 这台电脑已被恢复成初始状态。 搭 pristine innocence 天真无邪　　派 pristinely *adv.* 原始地，原来地
jabber / ˈdʒæbər /	释 *v.* 急促而含糊地说 chatter rapidly or unintelligibly 例 Some strangers are **jabbering** away over there. 一些陌生人正在那边叽里咕噜地说个不停。 搭 jabber away 含糊地说着
diverge / daɪˈvɜːrdʒ / 阅	释 *v.* 分歧，相异 vary; go in different directions from the same point 例 The views he put forward **diverged** from the truth. 他提出的观点不符合事实。 搭 diverge from sth 偏离（计划、标准等）　　派 divergence *n.* 分歧
celerity / səˈlerəti / 阅	释 *n.* 快速，迅速 speed; rapidity 例 The basketball player was famous for his **celerity**. 这名篮球运动员以速度快著称。
discourse ● / ˈdɪskɔːrs / / dɪsˈkɔːrs / 阅	释 / ˈdɪskɔːrs / *n.* 演讲；正式的讨论；交谈 speech; formal discussion; conversation / dɪsˈkɔːrs / *v.* 演讲，讨论 speak; converse; discuss 例 The statesman delivered a **discourse** on a variety of social problems. 这位政治家就各种社会问题发表了演讲。 搭 discourse on/upon 论说，宣扬
despondent ■ / dɪˈspɑːndənt / 阅 | 填	释 *adj.* 苦恼的，泄气的，失望的 depressed; gloomy 例 He is **despondent** over his illness. 他对自己的病情感到灰心。 派 despondency *n.* 泄气，意志消沉
contrived / kənˈtraɪvd / 阅 | 填	释 *adj.* 做作的，虚伪的，非自发的 forced; artificial; not spontaneous 例 The ending of the novel is too simple and **contrived**. 小说的结尾过于简单和做作。
misgivings / ˌmɪsˈɡɪvɪŋz / 阅	释 *n.* 疑虑，担忧 doubts 例 My father tried in vain to dispel my **misgivings**. 我父亲试图消除我的疑虑，但没有成功。 派 misgive *v.* 使疑虑，使担忧
ballast / ˈbæləst /	释 *n.* 压舱物 heavy substance used to add stability or weight 例 Such a high vessel needs a lot of **ballast** to keep balance. 如此高的船只需要大量的压舱物保持平衡。 搭 ballast cargo 压舱货，底舱货物　　派 ballast *v.* 给…装上压舱物，使稳定

☐ diatribe　　☐ pristine　　☐ jabber　　☐ diverge　　☐ celerity　　☐ discourse
☐ despondent　　☐ contrived　　☐ misgivings　　☐ ballast

bucolic
/ bjuːˈkɑːlɪk /
阅 | 填

释 *adj.* 田园的，田园的 rustic; pastoral
例 In the poem, the poet described a pleasant **bucolic** scene. 在这首诗中，诗人描述了一幅惬意的田园风光场景。
派 bucolically *adv.* 田园风味地

---

intermittent
/ ˌɪntərˈmɪtənt /
阅 | 填

释 *adj.* 间歇的，断断续续的 periodic
例 There were **intermittent** showers yesterday. 昨天下了阵雨。
派 intermittently *adv.* 断断续续地

---

appraise
/ əˈpreɪz /
阅

释 *v.* 估价 estimate value of
例 Even the expert found it difficult to **appraise** the value of my antiques. 即使是专家也很难为我的古董估价。
派 appraisal *n.* 评价，估价

---

dote
/ doʊt /
阅

释 *v.* 过分喜爱；智力衰退 be excessively fond of; show signs of mental decline
例 The mother **dotes** on her youngest son. 这位母亲溺爱他最小的儿子。
搭 dote on sb/sth 热爱、溺爱某人或某事物　派 doting *adj.* 溺爱的，偏爱的

---

phobia
/ ˈfoʊbiə /
阅 | 填

释 *n.* 强烈的恐惧 morbid fear
例 Some people's **phobia** about death is so extreme that they cannot allow themselves to think about it seriously. 有些人对死亡的恐惧如此极端，以至于他们都不能让自己认真去想这件事。
搭 phobia about 害怕…　派 phobic *adj.* 病态性恐惧的

---

voyeur
/ vwaɪˈɜːr /

释 *n.* 窥淫狂，窥阴癖 Peeping Tom
例 The **voyeur** stayed beside the window of his neighbor's bathroom. 那个偷窥狂站在邻居浴室的窗户旁边。

---

saga
/ ˈsɑːgə /
阅

释 *n.* 英雄传奇 Scandinavian myth; any legend
例 This autobiography is about a **saga** of the greatest explorer in the eighteenth century. 这部传记讲述的是18世纪最伟大探险家的传奇故事。

---

enmity ■
/ ˈenməti /
阅 | 填

释 *n.* 仇恨，怨恨 ill will; hatred
例 They forgot their personal **enmity** and fought against the enemy. 他们抛弃了个人恩怨，一致抗敌。

---

opiate
/ ˈoʊpiət /

释 *n.* 安眠药，麻醉剂；鸦片制剂 medicine to induce sleep or deaden pain; something that relieves emotions or causes inaction
例 He suffered such severe pain in the terminal stage of cancer and had to take **opiates** to control it. 癌症晚期，他剧痛难忍，不得不服用鸦片制剂来镇痛。
派 opiatic *adj.* 鸦片制剂的，似鸦片麻醉剂的，由鸦片制剂引起的

deadlock
/ 'dedlɑːk / 阅 | 填
释 *n.* 僵局 standstill; stalemate
例 The negotiations came to a deadlock. 谈判陷入僵局。

irreparable
/ ɪ'repərəbl /
阅 | 填
释 *adj.* 不能修复的，无可挽救的 not able to be corrected or repaired
例 Her resign is an irreparable loss to the company. 她的辞职对公司来说是一个不可补救的损失。
派 irreparably *adv.* 无法挽回地，不能弥补地

engross
/ ɪn'grəʊs /
阅 | 填
释 *v.* 专注于 occupy fully
例 He was engrossed in collecting all kinds of stones. 他热衷于收集各种各样的石头。
搭 be engrossed in 热衷于

evasive
/ ɪ'veɪsɪv /
阅 | 填
释 *adj.* 模棱两可的；推脱的，回避的 not frank; eluding
例 Her evasive reply made me disappointed. 她含糊的答复使我很失望。
派 evasively *adv.* 推脱地，逃避地

travesty
/ 'trævəsti /
释 *n.* 滑稽的转写，模仿；歪曲 harshly distorted imitation; parody; debased likeness
例 Critics argue that the TV series is a travesty of the history of Ming dynasty. 评论家认为这部电视连续剧是对明朝历史的歪曲。

jaunty
/ 'dʒɔːnti /
阅
释 *adj.* 轻松的，活泼的 lighthearted; animated; easy and carefree
例 The children walked into the sweetshop with jaunty steps. 孩子们轻快活泼地走进了糖果店。
派 jauntily *adv.* 高兴地；活泼地

demented
/ dɪ'mentɪd /
释 *adj.* 发狂的，精神错乱的 insane
例 The man was plainly demented. 那人显然神经错乱了。
派 dementedly *adv.* 精神错乱地，疯狂地

sophisticated
/ sə'fɪstɪkeɪtɪd /
阅 | 填
释 *adj.* 老于世故的，老练的；复杂的；精致的 worldly-wise and urbane; complex
例 Equipped with a sophisticated electronic guidance system, this automobile brand is extremely popular with customers. 因为装有一套尖端的电子导航系统，这种汽车品牌深受顾客的青睐。
派 sophistication *n.* 世故；复杂性

academic
/ ˌækə'demɪk /
释 *adj.* 学院的；学术的，理论的 related to a school; not practical or directly useful
例 September is usually the start of an academic year in our country. 在我国，学年通常从九月份开始。
搭 academic subjects 学科；academic year 学年
派 academically *adv.* 学术上，理论上

cognitive
/ ˈkɑːgnətɪv /

阅 | 填

释 *adj.* 认知的；认识过程的 having to do with knowing or perceiving; related to the mental processes

例 Cognitive process can be affected by various factors. 认知过程可能受各种因素的影响。

搭 cognitive experience 认知经验；cognitive learning 认知学习；cognitive meaning 认知意义　　　　派 cognition *n.* 认知，认识

---

malaise
/ məˈleɪz /

释 *n.* 身体不适 uneasiness; vague feeling of ill health

例 Carol complained of inappetence, headaches and **malaise**. 卡罗莱抱怨自己食欲不振，头痛且身体不适。

---

explicate
/ ˈeksplɪkeɪt /

阅

释 *v.* 解释；说明；阐明 explain; interpret; clarify

例 The students' study motivation was **explicated** thoroughly in the article. 这篇文章详细地阐述了学生的学习动机。

派 explication *n.* 说明

---

comprehensive ■
/ ˌkɑːmprɪˈhensɪv /

阅 | 填

释 *adj.* 综合的，全面的 thorough; inclusive

例 The new president intends to have a **comprehensive** understanding of the college. 新上任的校长想对学校有一个全面的了解。

搭 comprehensive education 综合教育

派 comprehensively *adv.* 全面地，包括地

---

plasticity
/ plæˈstɪsəti /

阅

释 *n.* 可塑性 ability to be molded

例 The psychologist wrote many essays about the fragility and **plasticity** of the human psyche. 这位心理学家写了很多关于人类心灵脆弱性和可塑性的文章。

派 plastic *adj.* 可塑的

---

tundra
/ ˈtʌndrə / 阅

释 *n.* 苔原，冻土地带 rolling, treeless plain in Siberia and artic North America

例 Some **tundra** vegetation was destroyed. 有些冻原植物遭到了破坏。

---

cessation
/ seˈseɪʃn /

阅

释 *n.* 中断，终止 stoppage

例 Do you think he will agree to a **cessation** of separation? 你认为他会同意结束分居吗？

搭 cessation reaction（链）终止反应　　　派 cease *v.* 停止，终止

---

waylay
/ weɪˈleɪ /

释 *v.* 埋伏，伏击 ambush; lie in wait

例 The bandits **waylaid** the travelers and robbed them. 强盗拦路抢劫游客。

---

affable ■
/ ˈæfəbl /

阅 | 填

释 *adj.* 和蔼的，亲切友善的 friendly; cordial

例 The little girl showed an **affable** smile to the beggar. 小女孩冲着乞丐友善地微笑了一下。

派 affability *n.* 和蔼，亲切

---

omnipresent
/ ˌɑːmnɪˈpreznt /

阅

释 *adj.* 无所不在的 universally present; ubiquitous
例 Michael Jackson is a major musical force, whose influence was **omnipresent** in popular music at that time. 迈克尔·杰克逊是一个主要的音乐力量，他的影响在那时的流行音乐界是无所不在的。
派 omnipresence *n.* 遍在

---

carnal
/ ˈkɑːrnl /

阅 | 填

释 *adj.* 肉体的 fleshly
例 This movie is not suitable for kids for there is a scene of **carnal** knowledge. 这部电影因有黄色镜头而不适合孩子看。
搭 carnal desires 肉欲；carnal knowledge 性关系
派 carnality *n.* 肉欲，淫荡

---

slake
/ sleɪk /

释 *v.* 消除，抑制，解渴 quench; sate
例 A cup of hot tea **slakes** one's thirst better than any other drinks. 比起其他的饮料，一杯热茶是最能解渴的。

---

superfluous ■
/ suːˈpɜːrfluəs /

阅 | 填

释 *adj.* 过多的；不必要的；多余的 unnecessary; excessive; overabundant
例 I found my presence at yesterday's meeting was **superfluous**. 我发现我去参加昨天的会议是多此一举。
派 superfluity *n.* 多余的量，过剩的量

---

myopic
/ maɪˈoʊpɪk /

阅 | 填

释 *adj.* 近视的；目光短浅的 nearsighted; lacking foresight
例 The government still has a **myopic** attitude to resource exploitation. 政府在资源开采问题上仍然目光短浅。

---

hibernate
/ ˈhaɪbərneɪt /

释 *v.* 冬眠 sleep throughout the winter
例 A lot of animals **hibernate** in winter. 许多动物都在冬天冬眠。
派 hibernation *n.* 冬眠；过冬

---

obstreperous
/ əbˈstrepərəs /

释 *adj.* 吵闹的，喧嚣的 boisterous; noisy
例 My boss becomes **obstreperous** when he's had a few drinks. 我的老板喝点酒就爱撒酒疯。

---

draconian
/ drəˈkoʊniən /

释 *adj.* 残酷的，严厉的 extremely severe
例 The government adopted **draconian** measures to stop smuggling. 政府采取严厉措施阻止走私。

---

obdurate ●
/ ˈɑːbdərət /

阅 | 填

释 *adj.* 执拗的，顽固的 stubborn
例 Robert was **obdurate** in his refusal to listen to our explanation. 罗伯特很顽固，他拒绝听我们的解释。
派 obduracy *n.* 执拗，顽固

---

lethargic ■
/ ləˈθɑːrdʒɪk /

阅

释 *adj.* 昏睡的；没精打采的 drowsy; dull
例 The hot weather made her **lethargic** and she felt as if she was about to nod off. 炎热的天气使她昏昏欲睡，她感觉自己好像就要打盹了。
派 lethargically *adv.* 昏昏沉沉地

---

mimicry
/ 'mɪmɪkri /

阅 | 填

释 *n.* 模仿 imitation
例 His gift for **mimicry** was so great that his parents said that he should major in performance. 他有如此高超的模仿天赋，他的父母说他应该学习表演。
派 mimical *adj.* 模仿的

---

clamor
/ 'klæmər /

阅 | 填

释 *n.* 喧闹 noise
例 You have to speak loudly in the market because of the **clamor**. 市场里太吵，你得大声说话。
搭 clamor for sth 大声疾呼地要求，呼吁

---

captivate
/ 'kæptɪveɪt /

阅 | 填

释 *v.* 迷住，迷惑 charm or enthrall
例 The boy was **captivated** by the new computer game. 男孩被这款新的电脑游戏迷住了。
派 captivation *n.* 吸引力，魅力 captivating *adj.* 迷人的，有魅力的

---

embed
/ ɪm'bed /

填

释 *v.* 把…嵌入 enclose; place in something
例 He **embedded** these beautiful scenes in his mind. 这些美丽的景象牢牢印在他的心中。
搭 embed sth (in sth) 把…牢牢地嵌入

---

nirvana
/ nɪr'vɑːnə /

释 *n.* 涅槃，解脱 in Buddhist teachings, the ideal state in which individual loses himself in the attainment of an impersonal beatitude
例 What is your perspective on the issue that the Buddhism yearns for vimukta, and goes after **nirvana** realm. 你对佛家崇尚解脱、追求涅槃境界持什么观点？

---

welter
/ 'weltər /

释 *n.* 杂乱，混乱的一堆 turmoil; bewildering jumble
例 Out of the **welter** of dust, the truck came into the village. 卡车在飞扬的尘土中驶进村子。

---

recrimination
/ rɪˌkrɪmɪ'neɪʃn /

阅 | 填

释 *n.* 反责，反控，反唇相讥 countercharges
例 It's dangerous to indulge in mutual **recrimination** in a marriage. 总是互相指责的婚姻是危险的婚姻。
派 recriminatory *adj.* 反控诉的；互相责备的

---

arbitrary ■
/ 'ɑːrbətreri /

阅 | 填

释 *adj.* 武断的；任意的；霸道的 capricious; randomly chosen; tyrannical
例 A good officer should not make **arbitrary** decisions. 好的指挥官不应该武断地作决定。
搭 arbitrary access 随意存取
派 arbitrarily *adv.* 任意地；武断地；反复无常地

---

filial
/ 'fɪliəl /

阅 | 填

释 *adj.* 子女的，孝顺的 pertaining to a son or daughter
例 He is accused by the society of ignoring his **filial** duties. 他被社会指控没有履行子女义务。
派 filially *adv.* 子女似地，孝顺地

□ mimicry   □ clamor   □ captivate   □ embed   □ nirvana   □ welter
□ recrimination   □ arbitrary   □ filial

perfidious	释 *adj.* 不忠的，背信弃义的 treacherous; disloyal
/pər'fɪdiəs/	例 The king prisoned the **perfidious** minister for selling military secrets to enemies. 国王监禁了出卖军事机密给敌人的不忠大臣。
阅|填	派 perfidy *n.* 不诚实，背信弃义

| **firebrand** | 释 *n.* 挑动争端者，煽动叛乱者 hothead; troublemaker |
| /'faɪərbrænd/ | 例 Policemen arrested 10 **firebrands** in this parade. 警察逮捕了10个在这次游行中煽动叛乱的人。 |

strew	释 *v.* 散播，点缀，撒满 spread randomly; sprinkle; scatter
/struː/	例 On her 80th birthday, the old lady tore the check sent by her daughter into small pieces and **strewed** them over the floor. 80岁生日那天，老太太把女儿寄给她的支票撕得粉碎，扔得满地都是。
	搭 strew A on/over B; strew B with A 撒某物于某一表面；以所撒之物覆盖某一表面

trajectory	释 *n.* 弹道；轨道 path taken by a projectile
/trə'dʒektəri/	例 The missile deviated from its **trajectory** and failed to reach its target. 导弹偏离了轨道，未能击中目标。
阅	

| **courier** | 释 *n.* 信使 messenger |
| /'kʊriər/ | 例 A **courier** delivered the parcels to our office. 快递员将包裹送到我们的办公室。 |

lilliputian	释 *adj.* 微小的，非常小的 extremely small *n.* 小人国的人，小东西 a very small person or thing
/ˌlɪlɪ'pjuːʃn/	例 Though she was **lilliputian**, she had a very loud voice. 她虽然个头很小，嗓音却非常洪亮。
阅	

preternatural	释 *adj.* 超自然的 beyond what is normal in nature
/ˌpriːtər'nætʃrəl/	例 His wife had an almost **preternatural** ability to tell when he was lying. 他妻子有着一种近乎神奇的能力，能够分辨他什么时候在说谎。
填	派 preternaturally *adv.* 奇特地，超自然地，异常地

guffaw	释 *n.* 哄笑，狂笑 boisterous laughter
/gə'fɔː/	例 Hearing the joke, they burst into a **guffaw**. 听了这个笑话，他们爆发出一阵哄笑。
阅	

distinction	释 *n.* 荣誉；对比，区分 honor; contrast; discrimination
/dɪ'stɪŋkʃn/	例 Parents should teach their children how to draw a clear **distinction** between right and wrong. 父母应教孩子如何清晰地辨别是非。
阅|填	搭 distinction between A and B 差别，对比

scad
/ skæd /

阅

释 *n.* 许多，大量 a great quantity
例 **Scads** of people swarmed into the supermarket to scramble for free goods. 很多人涌入超市争抢免费商品。
搭 scads of sth 许多，大量

reprisal
/ rɪ'praɪzl /

阅

释 *n.* 报复 retaliation
例 The terrorists undertook a series of severe **reprisals**, which killed dozens of civilians. 恐怖分子进行了一系列严厉的报复，导致几十名平民死亡。

doggerel
/ 'dɔːɡərəl /

释 *n.* 拙劣的诗 poor verse
例 He was mocked by his **doggerel** lines of verse. 他拙劣的诗句遭到了嘲笑。

disfigure
/ dɪs'fɪɡjər /

释 *v.* 损毁…的外形，破坏 mar in beauty; spoil
例 The ancient city was **disfigured** by tasteless new buildings. 这个古老的城市被没有品位的新建筑弄得很难看。
派 disfigurement *n.* 破坏，损毁

raspy
/ 'ræspi /

释 *adj.* 刺耳的，焦躁的 grating; harsh
例 The man's **raspy** voice made everybody uncomfortable. 这个人的声音太刺耳了，让大家觉得不舒服。

vex
/ veks /　阅

释 *v.* 使恼火；使痛苦 annoy; distress
例 I didn't **vex** my mind with these problems. 我不去为这些问题烦恼。

pertinent
/ 'pɜːrtnənt /

阅 | 填

释 *adj.* 中肯的，恰当的；有关的 to the point; relevant
例 The police is appealing for any information that may be **pertinent** to this murder. 警察正在征集跟这起谋杀案有关的任何线索。
搭 pertinent to 与…有关
派 pertinence *n.* 有关性，相关性　pertinently *adv.* 适切地

waft
/ wɑːft /

释 *v.* 吹送，飘荡 moved gently by wind or waves
例 The fragrance of roses **wafts** through the window. 玫瑰的芳香从窗户飘了进来。

authoritative
/ ə'θɔːrəteɪtɪv /

阅

释 *adj.* 官方的，权威的；专横的 having the weight of authority; peremptory and dictatorial
例 The local government makes the **authoritative** figures about daily life available to the public. 地方政府把与日常生活有关的官方统计数据都公开了。
搭 authoritative information 官方消息
派 authoritatively *adv.* 命令式地；有权威地

edify ●
/ 'edɪfaɪ /

阅 | 填

释 *v.* 教诲，教导 instruct; correct morally
例 The wise man was to **edify** his followers. 这位智者想教导他的追随者。
派 edifying *adj.* 开导的，启发的

226
□ scad　　□ reprisal　　□ doggerel　　□ disfigure　　□ raspy　　□ vex
□ pertinent　　□ waft　　□ authoritative　　□ edify

assimilate
/ ə'sɪməleɪt /

阅 | 填

释 *v.* 吸收，使相同 adsorb; cause to become homogeneous
例 The immigrants are trying their best to **assimilate** the culture of the white community. 移民们正在尽最大努力吸收白人社区的文化。
搭 assimilate sb into/to sth 使同化，使融入　派 assimilation *n.* 吸收，消化

vociferous
/ voʊ'sɪfərəs /

阅 | 填

释 *adj.* 喧哗的，大声叫嚷的 clamorous; noisy
例 Theatre lobbies were filled with a **vociferous** crowd. 剧场大厅里人声鼎沸。
派 vociferously *adv.* 喊叫地；吵闹地

simulate
/ 'sɪmjuleɪt /

阅 | 填

释 *v.* 假装，模仿 feign
例 The criminal **simulated** insanity so as to avoid corporal punishment for his deliberate murder. 这个罪犯假装有精神病，以便能逃脱因蓄意谋杀而要遭受的严刑拷打。
派 simulated *adj.* 模仿的；假的 simulation *n.* 假装；模仿

contortion
/ kən'tɔːrʃn /

释 *n.* 扭歪，弯曲 twisting; distortion
例 The acrobat went through various **contortions**. 杂技演员把身体做出各种扭曲的姿态。

jubilation
/ ˌdʒuːbɪ'leɪʃn /

阅

释 *n.* 欢腾，欢庆 rejoicing
例 There was great **jubilation** when Beckham scored a goal. 贝克汉姆进球时全场欢呼。
派 jubilant *adj.* 欢呼的

debilitate ●
/ dɪ'bɪlɪteɪt /

阅 | 填

释 *v.* 使虚弱 weaken; enfeeble
例 He knows how to control or **debilitate** his opponent immediately. 他知道如何立刻控制或削弱对手。
派 debilitation *n.* 虚弱，乏力

surly
/ 'sɜːrli /

填

释 *adj.* 粗暴的；乖戾的 rude; cross
例 His **surly** character was due to the fact that his parents divorced when he was very young. 他很小的时候父母就离异了，这导致了他乖戾的性格。
派 surliness *n.* 乖戾；粗鲁

grill
/ grɪl /

阅 | 填

释 *v.* 严加盘问 question severely
例 The police **grilled** him about his crime. 警察就他犯下的罪行对他进行了盘问。
搭 grill sb about sth 盘问，审问

heterogeneous
/ ˌhetərə'dʒiːniəs /

阅

释 *adj.* 异类的，完全不同的；混合的 dissimilar; mixed
例 In order to complete this essay, I need to refer to a **heterogeneous** collection of studies from various subject areas. 为了完成这篇论文，我需要参考各种学科领域的不同研究成果。
派 heterogeneity *n.* 异种，异质，异类

intricate
/ 'ɪntrɪkət /

阅 | 填

释 **adj.** 复杂的；难以理解的 complex; knotty; tangled
例 She bought a piece of cloth with **intricate** patterns. 她买了一块带着复杂图案的布料。
派 intricacy n. 错综复杂，盘根错节；难以理解

obese
/ oʊ'biːs /

阅

释 **adj.** 肥胖的，过胖的 fat
例 **Obese** people are more likely to develop cardiovascular disease than lean people. 胖人比瘦人更容易得心血管疾病。
派 obesity n. 肥大，肥胖

allude
/ ə'luːd /

阅 | 填

释 **v.** 暗指，间接提到 refer indirectly
例 The prophet's remarks **alluded** to a certain omen of disaster. 先知的话暗示某种灾难即将发生。
搭 allude to sth 暗示，影射　　　派 allusion n. 暗示，提及

annotate
/ 'ænəteɪt /

释 **v.** 评注，注释 comment; make explanatory notes
例 Some people have a habit of **annotating** while reading. 有些人习惯一面读书一面作注释。
派 annotation n. 注释 annotated adj. 附有注解的

inviolable
/ ɪn'vaɪələbl /

释 **adj.** 无法攻破的；神圣的 secure from corruption, attack, or violation; unassailable
例 The constitution is **inviolable**. 宪法是不容违背的。
派 inviolability n. 不可侵犯；不可违背

disconcert
/ ˌdɪskən'sɜːrt /

阅

释 **v.** 使困惑；挫败；使窘迫 confuse; upset; embarrass
例 I behaved with a politeness which **disconcerted** him. 我礼仪周到，这使他不知所措。
派 disconcertment n. 仓皇失措

friction
/ 'frɪkʃn /

阅 | 填

释 **n.** 矛盾；摩擦 clash in opinion; rubbing against
例 There have been constant **frictions** in trade between the two countries. 这两个国家间的贸易摩擦不断。

spectrum
/ 'spektrəm /

阅 | 填

释 **n.** 光，光谱 colored band produced when beam of light passes through a prism
例 It is believed that different colors within the light **spectrum** exert different effects on health. 人们认为光谱中不同的颜色对健康的影响也不尽相同。

□ intricate　　□ obese　　□ allude　　□ annotate　　□ inviolable　　□ disconcert
□ friction　　□ spectrum

prattle ● / ˈprætl /	释 *v.* 唠叨 babble 例 At dinner the three women **prattled** on about their children and husbands. 晚餐时，这三个女人一直不停地在聊她们的孩子和丈夫。 搭 prattle away/on (about) 不停地唠叨… 派 prattler *n.* 空谈者，闲扯的人
prosperity / prɑːˈsperəti / 阅丨填	释 *n.* 幸运；繁荣，兴旺；茁壮 good fortune; financial success; physical well-being 例 Improving the education quality would enhance the **prosperity** of the nation. 提高教育质量会促进国家的繁荣兴旺。 派 prosperous *adj.* 繁荣的；运气好的
festive / ˈfestɪv / 阅	释 *adj.* 喜庆的，欢乐的；庆祝的 joyous; celebratory 例 All the people were involved in a **festive** atmosphere. 所有人都沉浸在欢乐的气氛中。
flout / flaʊt / 填	释 *v.* 轻视，愚弄 reject; mock 例 Don't **flout** the local convention. 不要藐视当地的习俗。
gambit / ˈgæmbɪt /	释 *n.* 以优势的开局棋法开始；开场白 opening in chess in which a piece is sacrificed; prologue 例 He made a perfect opening **gambit** of talk. 他作了一个完美的开场白。
balk / bɔːk /	释 *v.* 阻挠；阻止；突然拒绝前行 foil or thwart; stop short; refuse to go on 例 We should **balk** under no circumstances. 我们无论如何也不会停下前进的步伐。 搭 balk sb of sth 阻碍某人做某事
desecrate / ˈdesɪkreɪt / 阅丨填	释 *v.* 亵渎（圣物或圣地）profane; violate the sanctity of 例 I won't betray my dead king and let you **desecrate** his tomb. 我是不会背叛死去的国王，任凭你们亵渎他的坟墓的。 派 desecration *n.* 亵渎神圣
perennial / pəˈreniəl /	释 *n.* 多年生植物 something that is continuing or recurrent 例 The newly planted hardy **perennials** will give a better display next year. 新栽的耐寒多年生植物明年会更好看。 派 perennially *adv.* 永久地

□ prattle □ prosperity □ festive □ flout □ gambit □ balk
□ desecrate □ perennial

colloquial ●	释 *adj.* 口语的，口头的 pertaining to conversational or common speech
/ kə'loʊkwiəl /	例 The **colloquial** idioms in English are difficult to understand. 英语中的口头惯用语很难懂。
阅	搭 colloquial speech 口语　　　　派 colloquially *adv.* 口语地，俗语地

hoodwink	释 *v.* 欺骗，蒙蔽 deceive; delude
/ 'hʊdwɪŋk /	例 It is not easy to **hoodwink** her. 骗她不是件容易的事情。
	派 hoodwinker *n.* 骗子

churlish	释 *adj.* 粗野的 boorish; rude
/ 'tʃɜːrlɪʃ /	例 It would be **churlish** to refuse such a request on such an occasion. 在这样的场合拒绝这样一个请求是很失礼的。
阅 | 填	派 churlishness *n.* 粗暴

| insomnia | 释 *n.* 失眠，失眠症 wakefulness; inability to sleep |
| / ɪn'sɑːmniə / | 例 He has been suffering from **insomnia** for three months, but he refuses to take the doctor's advice. 他患失眠症已经三个月了，却拒绝听从医生的劝告。 |

obfuscate	释 *v.* 使混乱，使糊涂；使艰涩难懂 confuse; muddle; cause confusion; make needlessly complex
/ 'ɑːbfʌskeɪt /	例 The writer often **obfuscate** the real issues with petty details. 那位作家常以细枝末节来混淆实质问题。
阅 | 填	派 obfuscation *n.* 昏迷，困惑

queasy	释 *adj.* 容易呕吐的，易恶心的 easily nauseated; squeamish
/ 'kwiːzi /	例 My mother feels **queasy** whenever she travels on a bus. 我母亲每次坐公共汽车旅行都感到反胃。
	派 queasily *adv.* 容易恶心地 queasiness *n.* 恶心

depict	释 *v.* 描述，描写 portray
/ dɪ'pɪkt /	例 I don't like to see films that **depict** violence. 我不喜欢看展现暴力的电影。
阅 | 填	派 depiction *n.* 描述，描写

prelate	释 *n.* 高级教士 church dignitary
/ 'prelət /	例 The immediate impact of this event was to dissuade other **prelates** from publicly defending the king. 这次事件的直接影响是劝阻其他高级教士公开为国王辩护。
	派 prelatic *adj.* 高级教士的，高级教士职位的

undermine ■	释 *v.* 削弱或损害；逐渐损坏、侵蚀 weaken; sap
/ ˌʌndər'maɪn /	例 His opponents are spreading rumors to **undermine** his reputation. 他的对手在散布谣言以逐渐破坏他的名誉。
阅 | 填	

protégé / ˈproʊtəʒeɪ / 填	释 *n.* 被保护人 person receiving protection and support from a patron 例 She unreservedly passed on her technical know-how to her young **protégé**. 她毫无保留地把技术知识传授给了她的徒弟。
misrepresent / ˌmɪsˌreprɪˈzent /	释 *v.* 误传；歪曲 give a false or incorrect impression, often deliberately; serve unsatisfactorily as a representative 例 George deliberately **misrepresented** the views of his opponents. 乔治故意歪曲了反对者的观点。 派 misrepresentation *n.* 误传
quiver / ˈkwɪvər / 阅	释 *v.* 颤抖，振动 tremble; shake *n.* 箭囊 case for arrows 例 I was **quivered** with rage by his offensive remarks, finding it's meaningless to argue with such a rude man. 我被他无礼的言语气得浑身发抖，发现和这种粗鲁的人争吵没有任何意义。// This act added another arrow to his mysterious **quiver**. 这个举动给他神秘的箭筒里又多加了一支箭。
bicameral / ˌbaɪˈkæmərəl /	释 *adj.* 两院制的 two-chambered, as a legislative body 例 As known to all, the British Parliament is a **bicameral** body. 众所周知，英国国会由两个议院组成。 派 bicameralism *n.* 两院制
effervescence ● / ˌefərˈvesns / 阅	释 *n.* 兴奋，狂喜；冒泡，起泡 inner excitement or exuberance; bubbling from fermentation or carbonation 例 The girl's natural **effervescence** makes her never depressed. 这个女孩有着愉快的性格，从不消沉。 派 effervesce *v.* 兴奋，愉快；冒泡
hamper ■ / ˈhæmpər / 阅|填	释 *v.* 妨碍，牵制 obstruct 例 The development of a country will be **hampered** if there are political upheavals. 政局动荡会阻碍国家发展。
tribute / ˈtrɪbjuːt / 阅|填	释 *n.* 贡税；称赞 tax levied by a ruler; mark of respect 例 The local people paid warm **tribute** to the man's bravery. 当地的人们热烈赞扬这个男人的勇敢。 搭 pay tribute to sb/sth 赞颂某人/某物
loathe / loʊð / 阅|填	释 *v.* 厌恶，憎恶 detest 例 You **loathe** the smell of greasy food when you are pregnant. 当你怀孕时，你会厌恶油腻食物的气味。
quagmire ● / ˈkwægmaɪər / 阅	释 *n.* 沼泽，湿地；难以脱身的困境 soft, wet, boggy land; complex or dangerous situation from which it is difficult to free oneself 例 The playground almost became a **quagmire** after the heavy rain. 大雨过后，操场几乎变成了泥沼地。

cower / ˈkaʊər /	释 **v.** 畏缩 shrink quivering, as from fear 例 We shouldn't **cower** when confronted by evil forces. 面对邪恶势力时我们不应该畏缩。
hilarity / hɪˈlærəti / 阅|填	释 **n.** 兴高采烈，狂欢 boisterous mirth 例 The **hilarity** didn't end until five in the morning. 狂欢直到凌晨五点才结束。
plethora / ˈpleθərə / 阅|填	释 **n.** 过多，过剩 excess; overabundance 例 The **plethora** of choices has increased the brutal competitiveness for smart phones in the past few years. 过去几年中，大量的选择加剧了智能手机的残酷竞争。 搭 a plethora of 大量…　　　　　　派 plethoric adj. 过多的
divest / daɪˈvest /	释 **v.** 使脱去，卸下；剥夺…的权力 strip; deprive 例 A servant **divested** the queen of her robes. 仆人为女王脱去王袍。 搭 divest sb of sth 脱去（某人的衣服）；解除（某人的权利，职务等） 派 divestiture n. 剥夺；脱衣
reprobate / ˈreprəbeɪt /	释 **n.** 恶棍，坏蛋 person hardened in sin, devoid of a sense of decency 例 He declared that he would disown his **reprobate** son. 他宣称要与堕落的儿子脱离关系。
dutiful / ˈduːtɪfl /	释 **adj.** 恭敬的，顺从的 respectful; obedient 例 The children paid **dutiful** attention to what the old man said. 对老人所说的话，孩子们洗耳恭听。 派 dutifully adv. 恭顺地
accede / əkˈsiːd /	释 **v.** 同意 agree 例 The manager **acceded** to our demands immediately. 经理立刻同意了我们的要求。 搭 accede to sth 同意（请求、建议等）　　派 accedence n. 同意
infirmity / ɪnˈfɜːrməti /	释 **n.** 虚弱，衰弱 weakness 例 He was suffering from **infirmity** as a result of overwork. 他由于过度工作而身体虚弱。
motif / moʊˈtiːf / 阅	释 **n.** 主题，主旨 theme 例 The relationship between mother-in-law and daughter-in-law is a central **motif** in her novels. 婆媳关系是她小说的一个核心的主题。 派 motive n. 动机，目的；主题
dissident / ˈdɪsɪdənt / 阅	释 **adj.** 有不同意见的，持不同政见的 dissenting; rebellious **n.** 持不同意见的人 one who disagrees 例 Their opinions are **dissident** from ours. 他们和我们持不同意见。 派 dissidence n. （意见等的）不同，异议

□ cower　　□ hilarity　　□ plethora　　□ divest　　□ reprobate　　□ dutiful
□ accede　　□ infirmity　　□ motif　　□ dissident

centripetal
/ ˌsentrɪ'piːtl /

释 *adj.* 向心的 tending toward the center
例 Because of the **centripetal** force, the satellite can stay in orbit. 因为向心力的作用，卫星能在轨道上运行。
搭 centripetal force 向心力；centripetal pump 向心泵；centripetal tension 向心张力

cadaverous
/ kə'dævərəs /
阅

释 *adj.* 像尸体的；苍白的 like a corpse; pale
例 Having been ill for several months, her face was **cadaverous**. 病了好几个月，她面色苍白。

wrath
/ ræθ /
阅

释 *n.* 愤怒，愤慨 anger; fury
例 They were forced to obey their captain because they were afraid of his **wrath**. 他们被迫服从队长，因为他们怕他发怒。

abdicate
/ 'æbdɪkeɪt /

填

释 *v.* 正式放弃（职责、权力等）renounce; give up
例 The greedy minister forced the emperor to **abdicate** and hand over power to him. 贪婪的大臣逼迫皇帝逊位，把政权交给他。
派 abdication *n.* （权力、责任等的）放弃

astringent
/ ə'strɪndʒənt /

释 *adj.* 收敛的；止血的 binding; causing contraction
例 This kind of herb has an obvious **astringent** quality. 这种草药具有明显的止血作用。

apocalyptic
/ ə,pɑːkə'lɪptɪk /

阅 | 填

释 *adj.* 启示论的，天启的 prophetic; pertaining to revelations
例 It was said that the ancient Mayans made **apocalyptic** predictions of doom in 2012. 据说，古玛雅人预言2012年世界会毁灭。
派 apocalypticism *n.* 启示论

beatitude
/ bi'ætɪtuːd /

阅

释 *n.* 祝福；至福 blessedness; state of bliss
例 "Beatitude" is a synonym of "blessedness". "Beatitude"与 "blessedness"是近义词。
搭 the Beatitudes（《圣经》）八福

virtue
/ 'vɜːrtʃuː /
阅 | 填

释 *n.* 美德，德行；优点 goodness; moral excellence; good quality
例 Diligence is a great **virtue**. 勤劳是一种美德。
搭 by virtue of 由于，凭借

allocate
/ 'æləkeɪt /

阅 | 填

释 *v.* 分派，分配 assign
例 The key for the local authorities is how to **allocate** resources efficiently. 对于地方政府来说，工作的关键就是如何有效分配资源。
搭 allocate sth to sb = allocate sb sth 拨…给…；划…归…
派 allocation *n.* 配给，分配

---

exorcise
/ ˈeksɔːrsaɪz /

释 *v.* 驱除（恶魔） drive out evil spirits
例 Initially, firecrackers are to **exorcise** the ghost. 起初，放鞭炮是为了驱邪逐鬼。

---

bedizen
/ bəˈdɪzən /

释 *v.* 把…打扮得过分俗气 dress with vulgar finery
例 Who **bedizened** you in such strange fashion? 谁把你打扮成这副怪模样啊？

---

litigation
/ ˌlɪtɪˈɡeɪʃn /

阅 | 填

释 *n.* 诉讼，起诉 lawsuit
例 The judgement ends more than two years of **litigation** on behalf of the victims. 为受害者考虑，这一判决结束了这起持续两年多的诉讼。
派 litigant *n.* 诉讼当事人

---

predilection
/ ˌpredlˈekʃn /

阅 | 填

释 *n.* 爱好，偏袒 partiality; preference
例 She has a **predilection** for English songs. 她特别喜欢英文歌曲。
搭 predilection for 对…嗜好，偏好，偏爱

---

propitiate
/ prəˈpɪʃieɪt /

释 *v.* 抚慰；劝解 appease
例 In Tomb-Sweeping Day, people offer flowers, and sacrifices to **propitiate** their lost relatives. 清明节的时候，人们会奉上鲜花和祭品以告慰失去的亲人。
派 propitiation *n.* 安抚，和解

---

acidulous
/ əˈsɪdʒələs /

阅 | 填

释 *adj.* 有酸味的；尖刻的 slightly sour; sharp, caustic
例 It is her **acidulous** remarks that people do not like. 人们不喜欢的是她尖刻的评论。
搭 acidulous water 酸性水

---

kindred
/ ˈkɪndrəd /

阅 | 填

释 *adj.* 有关系的；有亲属关系的，同宗的 related; belonging to the same family
例 It is unexpected that one of criminal suspects claims **kindred** with British Royal Family. 出乎意料的是，犯罪嫌疑人之一声称和英国王室有亲戚关系。

---

jocose
/ dʒəˈkoʊs /

填

释 *adj.* 幽默的，诙谐的 given to joking
例 Tom was so **jocose** that many of his friends liked talking with him. 汤姆非常幽默，因此他的许多朋友都喜欢和他聊天。
派 jocosity *n.* 诙谐，幽默

---

facsimile
/ fækˈsɪməli /

释 *n.* 摹本，精确的复制品 copy
例 It is not easy for me to distinguish the **facsimiles** of these works of art from genuine ones. 对于我来说，区分这些艺术品的真伪并不容易。

---

deadpan
/ ˈdedpæn /

阅

释 *adj.* 冷淡的，冷漠的 wooden; impersonal
例 He is good at delivering jokes in a **deadpan** way. 他很擅长不动声色地讲笑话。

---

emissary
/ 'emɪseri /

释 *n.* 密使，特使 agent (often an unpleasant or a secret one); messenger
例 He is sent as an emissary to the international conference. 他作为特使被派去参加国际会议。

infinitesimal
/ ˌɪnfɪnɪˈtesɪml /

阅 | 填

释 *adj.* 极微小的，微不足道的 exceedingly small; so small as to be almost nonexistent
例 The chances that an air crash will happen are infinitesimal. 发生空难的可能性微乎其微。
派 infinitesimally *adv.* 无限小地

genealogy
/ ˌdʒiːniˈælədʒi /

阅

释 *n.* 系谱；宗谱 record of descent; lineage
例 He has great interest in his wife's genealogy. 他对妻子的家谱很有兴趣。
派 genealogical *adj.* 系谱的；宗谱的

detrimental ■
/ ˌdetrɪˈmentl /

阅 | 填

释 *adj.* 有害的，不利的 harmful; damaging
例 Lack of sleep is detrimental to one's health. 缺乏睡眠有害健康。
派 detriment *n.* 损害，伤害；损害物

unmitigated
/ ʌnˈmɪtɪɡeɪtɪd /

释 *adj.* 未减轻的；绝对的 unrelieved or immoderate; absolute
例 For China, WTO membership has been an almost unmitigated success. 对中国而言，加入世贸组织几乎是一次完美的成功。

brindled
/ 'braɪdld /

释 *adj.* 有斑点或条纹的 tawny or grayish with streaks or spots
例 Tom is a brindled pet cat that I love so much. 汤姆是我非常喜欢的一只斑纹宠物猫。

innuendo
/ ˌɪnjuˈendoʊ /

阅 | 填

释 *n.* 暗示，影射 hint; insinuation
例 A journalist tried to attack him by innuendo. 一名记者企图含沙射影地来攻击他。

practitioner
/ præk'tɪʃənər /

阅

释 *n.* 从业者，开业者 someone engaged in a profession (law, medicine)
例 Carl continued his training against the advice of a medical practitioner. 卡尔不顾开业医生的劝告继续训练。
搭 medical/legal practitioner 开业医生/律师

guileless
/ 'ɡaɪlləs /

阅 | 填

释 *adj.* 坦率的，正直的 without deceit
例 How can you cheat such a guileless person like her? 你怎么能骗她这么老实的人？
派 guilelessness *n.* 朴实

miasma
/ mi'æzmə /

释 *n.* 毒气，沼气；坏的气氛或影响 swamp gas; heavy, vaporous atmosphere, often emanating from decaying matter; pervasive corrupting influence
例 A miasma of stale alcohol hungs around him. 他身上老有股难闻的酒精味。
派 miasmal *adj.* 毒气的，沼气的

liquidate
/ ˈlɪkwɪdeɪt /

释 *v.* 清算，偿还 settle accounts; clear up
例 Our manager was able to **liquidate** all his debts in a short period of time. 我们的经理能够在短时间内偿还所有的债务。
派 liquidation *n.* 清偿；结算

tenuous
/ ˈtenjuəs /

阅 | 填

释 *adj.* 纤细的，单薄的；微弱的 thin; rare; slim
例 I have been maintaining **tenuous** ties with my undergraduate classmates since I graduated from the university ten years ago. 在大学毕业后的十年时间里，我一直和同学维持着不即不离的关系。
派 tenuousness *n.* 纤细；单薄

momentum
/ moʊˈmentəm /
阅 | 填

释 *n.* 动量；动力，冲力，势头 quantity of motion of a moving body; impetus
例 We are each anxious to maintain the **momentum** of the search for a solution. 我们每个人都迫切希望能一直劲头十足地去寻求解决方案。

adulation ■
/ ˌædʒəˈleɪʃn /

阅 | 填

释 *n.* 奉承，阿谀 flattery; admiration
例 The king seems to enjoy the **adulation** from everyone around him. 国王看起来很享受来自周围每个人的奉承。
派 adulate *v.* 谄媚，奉承

immobility
/ ˌɪməˈbɪləti /

释 *n.* 不动，固定 state of being unable to move
例 Lost in the beautiful sunset, she stood in quiet **immobility** while watching the sky. 她迷失在美丽的夕阳里，静静地站着，凝望着天空。
派 immobile *adj.* 固定的，不动的；稳定的

truncate ●
/ ˈtrʌŋkeɪt /
阅 | 填

释 *v.* 截去顶端 cut the top off
例 The gardener **truncated** the trees to make them have a thick trunk. 园艺师剪去了树梢让树长得更粗壮些。

remorse ■
/ rɪˈmɔːrs /

释 *n.* 懊悔，自责 guilt; self-reproach
例 She was filled with **remorse** and grief for having abandoned her disabled baby. 她因抛弃了自己的残疾婴儿而深怀懊悔和痛苦。
搭 remorse for sth 因…而懊悔
派 remorseful *adj.* 懊悔的 remorseless *adj.* 不懊悔的；无慈悲心的，无同情心的

阅 | 填

harass
/ ˈhærəs /
阅 | 填

释 *v.* 不断地激怒或折磨 annoy by repeated attacks
例 She has been **harassed** by anxiety. 她忧心如焚。
派 harassed *adj.* 疲惫焦虑的

allegiance
/ əˈliːdʒəns /

阅

释 *n.* 忠贞，效忠 loyalty
例 No one can doubt Gillard's **allegiance** to his team. 没有人能怀疑吉拉德对他的球队的忠诚。
搭 allegiance to sb/sth 对…忠诚　派 allegiant *adj.* 忠心的，忠诚的

☐ liquidate　☐ tenuous　☐ momentum　☐ adulation　☐ immobility　☐ truncate
☐ remorse　☐ harass　☐ allegiance

potential	释 *adj.* 有潜力的 expressing possibility; latent
/ pə'tenʃl /	例 Long exposure to passive smoking is a **potential** threat to health. 长期吸二手烟对身体健康是一种潜在的威胁。
阅 | 填	派 potentially *adv.* 潜在地，可能地

wallow	释 *v.* 打滚；沉湎；堕落 roll in; indulge in; become helpless
/ 'wɑːloʊ /	例 After his parents died, he was **wallowed** in great sorrows. 失去双亲后，他沉浸在巨大的悲痛中。
阅	搭 wallow in 沉湎于；打滚

ardent ●	释 *adj.* 热切的，热情的 intense; passionate; zealous
/ 'ɑːrdnt /	例 That girl is an **ardent** supporter of Beijing basketball club. 那个女孩是北京篮球俱乐部的热情支持者。
阅 | 填	派 ardor *n.* 热情，热忱 ardency *n.* 热心，热烈

unprepossessing	释 *adj.* 不吸引人的 unattractive
/ ˌʌnˌpriːpə'zesɪŋ /	例 Though he looks **unprepossessing**, he is a talented musician. 虽然他相貌平平，但他是位很有天赋的音乐家。

fodder	释 *n.* 饲料，草料 coarse food for cattle, horses, etc.
/ 'fɑːdər /	例 He added **fodder** for his horses and cows every morning. 他每天早上都会给他养的马和牛添加饲料。

satire	释 *n.* 讽刺文学，讽刺 form of literature in which irony, sarcasm, and ridicule are employed to attack vice and folly
/ 'sætaɪər /	例 The writer's works enjoyed high reputation for perfect **satire** on snobbery. 这位作家的小说因其对势利小人淋漓尽致的讽刺描写而著名。
阅	派 satirical *adj.* 含讽刺意味的；嘲讽的 satirize *v.* 讽刺或讥讽

curtail ■	释 *v.* 缩减 shorten; reduce
/ kɜːr'teɪl / 阅 | 填	例 The government hopes to **curtail** public spending. 政府希望缩减公共开支。

nostalgia	释 *n.* 乡愁，怀旧之情 homesickness; longing for the past
/ nə'stældʒə /	例 Many people look back with **nostalgia** to childhood. 许多人留恋不舍地回顾童年时代。
阅	派 nostalgic *adj.* 乡愁的，怀旧的

virtual	释 *adj.* 实质的；实际上的 in essence; for practical purposes
/ 'vɜːrtʃuəl /	例 Railroads come to a **virtual** standstill. 铁路运输陷入事实上的停顿状态。
阅	派 virtually *adv.* 事实上，几乎；实质上

omnivorous
/ ɑːmˈnɪvərəs /

阅

释 *adj.* 杂食的；无所不知的 eating both plant and animal food; devouring everything

例 Some animals, such as brown bears, are **omnivorous** and eat both meat and vegetables; others are either carnivorous or herbivorous. 有些动物，如棕熊，是杂食动物，既吃肉又吃草；而其他的动物要么食肉要么食草。

派 omnivorously *adv.* 随手地

---

vigor ■
/ ˈvɪɡər /

阅｜填

释 *n.* 精力，活力 active strength

例 The young people are always full of life and **vigor** at any time. 这些年轻人总是充满着生机和活力。

派 vigorous *adj.* 有力的，精力充沛的

---

oaf
/ ouf /

释 *n.* 蠢人，笨人 stupid, awkward person

例 You clumsy **oaf**, that's the third plate you've broken today! 你这个笨家伙，这是你今天打碎的第三个盘子了！

派 oafish *adj.* 呆子的，痴呆的

---

fawning
/ ˈfɔːnɪŋ /

阅｜填

释 *adj.* 巴结的，讨好的 courting favor by cringing and flattering

例 The young couple come over to greet Tom with **fawning** smiles. 那对年轻夫妇走过来带着讨好的笑容问候汤姆。

派 fawn *v.* 奉承

---

truculence
/ ˈtrʌkjələns /

填

释 *n.* 好战；凶猛，残忍 aggressiveness; ferocity

例 Tom was noted for his **truculence**. 汤姆的好战是出了名的。

派 truculent *adj.* 好战的；狂暴的，残忍的

---

harrowing
/ ˈhærouɪŋ /

阅

释 *adj.* 痛心的，悲惨的 agonizing; distressing; traumatic

例 She said she had a **harrowing** time in the first year of university. 她说她大学的第一年过得很痛苦。

派 harrow *v.* 折磨，使苦恼

---

subsistence
/ səbˈsɪstəns /

阅

释 *n.* 衣食，给养；存在 means needed to support life; existence

例 Due to severe drought last winter, most of the local farmers raised barely enough crops for the family's **subsistence**. 由于去年冬天大旱，当地大部分农民所种植的庄稼很难供给家用。

---

insuperable ●
/ ɪnˈsuːpərəbl /

阅｜填

释 *adj.* 难以克服的，不可逾越的 insurmountable; unbeatable

例 He came across an **insuperable** barrier in his career. 他遇到了职业生涯中一道不可逾越的障碍。

派 insuperably *adv.* 不能取胜地，无法克服地

---

bilious
/ ˈbɪliəs /

释 *adj.* 患胆病的；脾气不好的 suffering from indigestion; irritable

例 Poverty and bad luck made him a **bilious** man. 贫穷和厄运使他成了一个脾气暴躁的人。

238
□ omnivorous　□ vigor　　□ oaf　　□ fawning　■ truculence　□ harrowing
□ subsistence　□ insuperable　□ bilious

listless ■
/ ˈlɪstləs /
阅

释 *adj.* 倦怠的，情绪低落的 lacking in spirit or energy
例 My mother is very **listless** after her retirement. 妈妈退休后总是懒洋洋的。
派 listlessly *adv.* 无精打采地，冷淡地

---

loom
/ luːm /
阅 | 填

释 *v.* 隐现，迫近 appear or take shape (usually in an enlarged or distorted form)
例 Dark clouds **loom** over grain fields near Mount Fuji. 乌云在富士山附近的农田上方隐隐呈现。

---

squander ■
/ ˈskwɑːndər /
阅 | 填

释 *v.* 浪费 waste
例 The old father was overwhelmed by fury when he found his son had **squandered** all their savings on gambling. 在得知儿子把他们的积蓄全用来赌博后，老父亲气得病倒了。
搭 squander sth (on sb/sth) 在…上浪费（时间、金钱等）
派 squanderer *n.* 挥霍者

---

latent
/ ˈleɪtnt /
阅 | 填

释 *adj.* 潜在的，潜伏的 potential but undeveloped; dormant; hidden
例 How long is **latent** period of AIDS? 艾滋病的潜伏期有多长？
派 latency *n.* 潜伏

---

amend
/ əˈmend /

释 *v.* 修正，改进 correct; change, generally for the better
例 The United States has **amended** its constitution for several times to meet requirement from new national conditions. 为满足新国情的要求，美国已经对宪法进行了数次修正。
派 amendment *n.* 修正案；修订

---

savor
/ ˈseɪvər /

阅

释 *v.* 品尝，享受；有…的滋味或气味 enjoy; have a distinctive flavor, smell, or quality
例 If you have never **savored** the dishes in this restaurant, then it will be the most regrettable thing in your life. 如果你从未品尝过这家餐馆的菜，那将是你人生最大的遗憾。
派 savory *adj.* 可口的；味美的

---

jaunt
/ dʒɔːnt / 阅 | 填

释 *n.* 短途旅行 trip; short journey
例 David took a quick **jaunt** to the beach. 戴维到海边短途旅行。

---

germane
/ dʒɜːrˈmeɪn /

释 *adj.* 有密切关系的 pertinent; bearing upon the case at hand
例 He made a remark **germane** to the present-day situation. 他作了一个与当前形势密切相关的评论。
搭 be germane to sth 与…有密切关系

Word List 22

inopportune / ɪnˌɑːpər'tuːn / 填	释 *adj.* 不合时宜的；不恰当的 untimely; poorly chosen 例 The visitors always come at the most **inopportune** moments. 这群客人总是在最不合时宜的时候来。 搭 inopportune operation 不恰当操作
diversion / daɪ'vɜːrʒn / 阅	释 *n.* 转向；消遣，娱乐 act of turning aside; pastime 例 He was indulgent in the **diversions** of city life. 他沉溺于城市生活的各种消遣活动。 派 divert *v.* 使转向；使消遣
pensive / 'pensɪv / 阅 | 填	释 *adj.* 心事重重的；郁郁寡欢的；沉思的 dreamily thoughtful; thoughtful with a hint of sadness; contemplative 例 He was in a **pensive** mood after reading his wife's letter. 读了妻子的信后，他陷入了沉思。 派 pensively *adv.* 沉思地
ashen / 'æʃn /	释 *adj.* 灰色的，苍白的 ash-colored 例 Her **ashen** face showed that she was not herself today. 今天她的脸色苍白，说明她身体不舒服。 派 ash *n.* 灰，灰烬
passport / 'pæspɔːrt / 阅	释 *n.* 护照 legal document identifying the bearer as a citizen of a country and allowing him or her to travel abroad 例 You have to apply for a **passport** before traveling abroad. 出国旅游前你必须申请护照。 搭 be a passport to... 获得…的途径
gesticulation /dʒeˌstɪkju'leɪʃn /	释 *n.* 姿势，手势 motion; gesture 例 People with hearing and speech disabilities rely a lot on **gesticulations** in communication. 聋哑人在交流时很大程度上依赖于打手势。
profligate ● / 'prɑːflɪgət / 阅 | 填	释 *adj.* 肆意挥霍的；放荡的，不检点的 dissipated; wasteful; wildly immoral 例 Many government officials are **profligate** in spending the taxpayers' money. 很多政府官员肆意挥霍纳税人的钱。 派 profligacy *n.* 肆意挥霍；放荡，不检点
discriminating ■ / dɪ'skrɪmɪneɪtɪŋ / 阅 | 填	释 *adj.* 有识别力的；歧视的 able to see differences; prejudiced 例 He has a statesman's **discriminating** eye. 他具有政治家敏锐的眼光。 派 discrimination *n.* 识别力；歧视

□ inopportune   □ diversion   □ pensive   □ ashen   □ passport   □ gesticulation
□ profligate   □ discriminating

rustic / 'rʌstɪk / 阅	释 *adj.* 乡下的；粗俗的 pertaining to country people; uncouth 例 The well-educated couple decide to lead a simple **rustic** life in the countryside. 这对受过良好教育的夫妻决定在农村过简朴的乡村生活。 派 rusticity *n.* 质朴；田园生活 rustically *adv.* 乡土气地
aggressor / ə'gresər / 阅丨填	释 *n.* 侵略者，攻击者 attacker 例 The **aggressor** troops committed another massacre in the conquered city. 侵略军又在被占领的城市进行了一次屠杀。 派 aggression *n.* 侵略，攻击
atrocity / ə'trɑːsəti / 阅	释 *n.* 暴行 brutal deed 例 We should never forget the **atrocities** committed by invading armies. 我们永远不应忘记侵略者的暴行。 派 atrocious *adj.* 残暴的，残忍的
horticultural / ˌhɔːrtɪ'kʌltʃərəl / 阅	释 *adj.* 园艺（学）的 pertaining to cultivation of gardens 例 The International **Horticultural** Exposition held in 2006 was successful. 2006年举办的世界园艺博览会非常成功。 派 horticulture *n.* 园艺学，园艺学家
cantankerous / kæn'tæŋkərəs / 阅丨填	释 *adj.* 脾气坏的 ill humored; irritable 例 She became **cantankerous** after bearing her daughter. 她生完她女儿后脾气变得很坏。
culinary / 'kʌlɪneri / 阅	释 *adj.* 烹饪的 relating to cooking 例 She was keen to acquire more advanced **culinary** skills. 她渴望学到更高超的烹饪技巧。 搭 culinary arts 烹饪艺术，厨艺
arduous / 'ɑːrdʒuəs / 阅丨填	释 *adj.* 努力的，费力的 hard; strenuous 例 They have completed the **arduous** tasks on time. 他们按时完成了艰巨的任务。 派 arduousness *n.* 艰难，艰苦
dupe ● / duːp / 阅丨填	释 *n.* 易受骗的人，易被愚弄的人 someone easily fooled *v.* 欺骗 deceive 例 I was like a **dupe** and believed what she had said. 我像个傻子一样相信了她的话。
blanch / blæntʃ / 阅	释 *v.* 漂白 bleach; whiten 例 Do you know how to **blanch** the sweat stains on the shirt？你知道如何漂白衬衫上的汗渍吗？

stoke / stoʊk /	释 *v.* 加燃料于（火或炉）中；大量吃，吃得很多 stir up a fire; feed plentifully
	例 The worker kept **stoking** up the boiler with coal to make the machine work. 工人要一直给锅炉加煤才能使机器运转。
	搭 stoke up with sth 往…里加…
	派 stoker *n.* 加煤机；（尤指船上的）司炉

ribald / ˈrɪbld /	释 *adj.* 下流的；粗鄙的 wanton; profane
	例 The radio host told a **ribald** joke in his program which annoyed many listeners. 这位电台主持人在节目中讲了一个粗俗的笑话，惹恼了很多听众。
	派 ribaldry *n.* 粗俗可笑的言语或行为

allegory / ˈæləgɔːri / 阅│填	释 *n.* 寓言 story in which characters are used as symbols; fable
	例 The **allegory** stories can be very good reading materials for children. 寓言故事对孩子们来说是很好的读物。
	派 allegorical *adj.* 寓言的，讽喻的

unrequited / ˌʌnrɪˈkwaɪtɪd /	释 *adj.* 无报答的，无回报的 not reciprocated
	例 Wickedness does not go altogether **unrequited**. [谚] 恶有恶报。

reciprocate / rɪˈsɪprəkeɪt / 阅│填	释 *v.* 回报 repay in kind
	例 One can never really **reciprocate** his or her parents' love and care. 父母的养育之恩永远无法真正报答。
	派 reciprocation *n.* 交换；报答

equilibrium / ˌiːkwɪˈlɪbriəm / 阅	释 *n.* 平衡，均衡 balance
	例 We must control the inflation in order to keep the economy in **equilibrium**. 我们必须控制通货膨胀以保持经济平衡。
	搭 in equilibrium 处于平衡状态的

devious ■ / ˈdiːviəs / 阅│填	释 *adj.* 迂回的，不直接的；欺诈的 roundabout; erratic; not straightforward; deceitful
	例 He got rich by **devious** means. 他靠不正当手段发了财。
	派 deviousness *n.* 迂回，曲折

intemperate / ɪnˈtempərət /	释 *adj.* 无节制的；过分的 immoderate; excessive; extreme
	例 Don't make **intemperate** demands. 不要提过分的要求。
	派 intemperately *adv.* 过度地，无节制地，放纵地

demolition / ˌdeməˈlɪʃn /	释 *n.* 破坏，毁坏 destruction
	例 There was a perfect rage for **demolition**. 这完全是一场疯狂的破坏。
	派 demolish *v.* 拆除，破坏，毁坏

□ stoke □ ribald □ allegory □ unrequited ■ reciprocate □ equilibrium
□ devious □ intemperate □ demolition

jollity
/ ˈdʒɑːləti /

释 *n.* 欢腾，欢闹 gaiety; cheerfulness
例 The Spring Festival dinner is a merry one, and all the old and young alike join in the general **jollity**. 春节晚宴是快乐的，老老少少都融入整个欢腾气氛中。
派 jolly *adj.* 快活的，兴高采烈的

begrudge
/ bɪˈɡrʌdʒ / 阅

释 *v.* 怨恨，嫉妒 resent
例 I never **begrudge** my best friend's happiness. 我从不会嫉妒好友的幸福。

emollient
/ iˈmɑːliənt /

释 *n.* 润肤剂，护肤剂 soothing or softening remedy
例 She has to use an **emollient** for her dry skin. 她因皮肤干燥必须使用润肤剂。

timorous
/ ˈtɪmərəs /

阅

释 *adj.* 胆小的；易受惊的 fearful; demonstrating fear
例 A speech defect, which Churchill never entirely overcame, made him a **timorous** and hesitant child. 丘吉尔因为患有口吃，而且这个缺陷他从来都没有真正战胜过，这使得他从小胆小羞怯，迟疑不决。
派 timorousness *n.* 胆怯

nip
/ nɪp /

释 *v.* 阻止，使夭折；剪断；咬；冻伤 stop something's growth or development; snip off; bite; make numb with cold
例 My boyfriend **nipped** off a lovely rose and gave it to me. 我的男朋友摘下一朵漂亮的玫瑰花送给了我。
搭 nip off 掐，摘

thematic
/ θɪˈmætɪk /

阅

释 *adj.* 主题的 relating to a unifying motif or idea
例 The papers in the conference proceedings are classified into **thematic** groups. 会议论文集里的论文是按主题分类的。
派 thematically *adv.* 主题上；主题方面

striated
/ ˈstraɪeɪtɪd /

释 *adj.* 有条纹的，有条痕的 marked with parallel bands; grooved
例 By contrast, I prefer **striated** shirt to plaid one. 相比之下，我更喜欢带条纹的衬衣，而不喜欢有格子图案的衬衣。
派 striation *n.* 条纹；线条

discombobulated
/ ˌdɪskəmˈbɑːbjəleɪtɪd /

释 *adj.* 困惑的；挫败的；打乱的，破坏的 confused; discomposed
例 Her plans were **discombobulated** by the turn of events. 她的计划因为事件的变化而打乱。

scurrilous
/ ˈskɜːrələs /

释 *adj.* 下流的，卑鄙的 vulgar; coarse; foulmouthed; obscene
例 The famous singer declared that he would reserve his right to investigate the netizen's legal liability for his **scurrilous** rumors spread on the Internet. 这位著名歌手声明，针对网友在网上散播恶语诽谤他，他将保留追究其法律责任的权利。
派 scurrilously *adv.* 下流地 scurrilousness *n.* 下流

243

remediable / rɪˈmiːdiəbl /	释 **adj. 可挽回的** reparable 例 Children's poor eyesight can be **remediable** to a great extent on the condition that parents take it seriously. 儿童视力不好从很大程度上来说是可以矫正的，但前提条件是父母要重视这件事情。
climactic / klaɪˈmæktɪk / 阅	释 **adj. 顶点的，高潮的** relating to the highest point 例 She is wondering when her **climactic** stage of her career can come. 她想知道自己事业的巅峰阶段何时才能到来。 派 climax *n.* 顶点，高潮
actuarial / ˌæktʃuˈeriəl /	释 **adj. （保险）精算的** calculating; pertaining to insurance statistics 例 I am not good at writing **actuarial** report. 我不擅长写精算报告。 搭 actuarial basis 保险精算标准；actuarial science 精算学 派 actuary *n.* 精算师
volition / vəˈlɪʃn / 阅	释 **n. 有意识的选择** act of making a conscious choice 例 I did not ask him to go; he went of his own **volition**. 我没有要求他去，他是出于自愿去的。 派 volitional *adj.* 意志的，凭意志的 volitionally *adv.* 凭意志地，有意志力地
epithet / ˈepɪθet /	释 **n. （描述人或物的）表述词语，别称** word or phrase characteristically used to describe a person or thing 例 The recent film on the screen, directed by the famous director, deserves the **epithet** "epic". 那部最近上映的、由著名导演拍摄的电影，无愧于"史诗"的称号。
rationale / ˌræʃəˈnæl / 阅	释 **n. 基本原理；解释，根据，理由** fundamental reason or justification; grounds for an action 例 There should be some **rationale** behind every important decision made by the government. 政府所做的每一项重大决策都应该有某种理论依据支撑。
retentive / rɪˈtentɪv / 阅丨填	释 **adj. 有保持力的；记忆力强的** able to retain or keep; able to remember 例 My father, a university professor, has thorough knowledge and a **retentive** memory. 我爸爸是一位博闻强记的大学教授。 派 retentively *adv.* 记忆力好地 retentiveness *n.* 好记性；保持力
belabor / bɪˈleɪbər / 填	释 **v. 喋喋不休；责骂** explain or go over excessively or to a ridiculous degree; attack verbally 例 Can't you see that he has become impatient? Don't **belabor** the point. 你没看到他已经不耐烦了吗？别再啰嗦这事儿了。 搭 belabor the point 一再强调这个观点

replenish / rɪ'plenɪʃ / 阅	释 *v.* 再装满 fill up again 例 You'd better **replenish** your car with more gas to ensure that you can reach the destination successfully. 你最好再给汽车多加点汽油，以确保你能成功到达目的地。 搭 replenish sth (with) 再将某物装满　派 replenishment *n.* 补充，补给
stricture / 'strɪktʃər / 阅	释 *n.* 约束；谴责，批评 restriction; adverse criticism 例 The 12-year-old boy couldn't bear his father's endless **stricture** any more and chose to run away from home. 这个12岁的小男孩再也受不了父亲没完没了的批评，于是选择了离家出走。
termination / ˌtɜːrmɪ'neɪʃn / 填	释 *n.* 结束，终止 end 例 My grandfather once taught me that there is no **termination** for pursuing knowledge. 祖父曾经教导我说学习没有止境。 派 terminate *v.* 结束，终止
pugnacity /pʌg'næsəti/ 阅	释 *n.* 好斗 combativeness; disposition to fight 例 The soldier was chosen to take the lead for his fearlessness and **pugnacity**. 选这名士兵打头阵是因为他胆大好斗。 派 pugnacious *adj.* 好战的，好斗的
domicile / 'dɑːmɪsaɪl / 阅	释 *n.* 住宅，家 home *v.* 使定居 establish in or provide with a domicile 例 After years of wandering life, he eventually had a **domicile**. 历经多年的漂泊生活之后他终于有了一个家。 派 domiciled *adj.* 有固定住所的
discrepancy ■● / dɪs'krepənsi / 阅 | 填	释 *n.* 不符合；不同之处 lack of consistency; difference 例 There were many **discrepancies** between the descriptions of the affair. 对这件事的两种描述之间有很多出入。 搭 discrepancy between A and B 两者之间的差异 派 discrepant *adj.* 不一致的，不符合的
vagabond / 'væɡəbɑːnd / 阅	释 *n.* 流浪汉，游民 wanderer; tramp 例 After his parents died, he leads a life of a **vagabond**. 失去双亲后，他过着流浪的生活。
sap / sæp / 	释 *v.* 逐渐消耗；破坏 diminish; undermine 例 The patient was **sapped** by treatment of several months in the hospital. 这位病人住院治疗几个月后元气大伤。 搭 sap sb/sth (of sth) 逐渐削弱某人/某事物（的力量、活力等）
promote / prə'moʊt / 阅 | 填	释 *v.* 促进，发扬；提拔；推广 help to flourish; advance in rank; publicize 例 The director held a press conference to **promote** his new movie. 导演召开新闻发布会宣传他的新电影。 搭 promote sb to sth 提拔某人到某职位 派 promotion *n.* 促进，增进；提升；推广

exodus
/ ˈeksədəs /
阅 | 填

释 *n.* 大批离去 departure
例 Every year, before Spring Festival there is an **exodus** of peasant workers. 每年春节前都有大批的农民工离去。

---

velocity
/ vəˈlɑːsəti /
填

释 *n.* 速度，速率 speed
例 We should keep our economy at a reasonable **velocity**. 我们应该保持经济以合理的速度发展。

---

impious
/ ˈɪmpiəs /

释 *adj.* 不敬的，不虔诚的 irreverent
例 His **impious** remarks offended the congregation. 他不敬的言论触犯了圣会。
派 impiously *adv.* 不信神地，不虔诚地

---

strident ●
/ ˈstraɪdnt /

阅 | 填

释 *adj.* 刺耳的，尖锐的 loud and harsh; insistent
例 The harsh and **strident** voice of the mad woman pierced into the night sky and disturbed all the neighbors. 疯女人尖锐刺耳的声音穿透了夜空，令所有的邻居都感到不安。
派 stridency *n.* 刺耳，尖锐

---

galleon
/ ˈgæliən /

释 *n.* 大型帆船 large sailing ship
例 **Galleons** were used in the 15th to 18th centuries mostly for battles and carrying goods. 大型帆船在15至18世纪间使用比较普遍，多用于战争和商品运输。

---

largess
/ lɑːrˈdʒes /
阅

释 *n.* 慷慨赠与物 generous gift
例 The queen distributed **largess** to the poor on Christmas Day. 女王在圣诞节那天慷慨地赠送礼物给穷人。

---

cameo
/ ˈkæmiou /

释 *n.* 石雕或贝雕；特写；配角 shell or jewel carved in relief; star's special appearance in a minor role in a film
例 That little girl is wearing a **cameo** brooch. 那个小女孩戴着一枚浮雕宝石胸针。
搭 cameo glass 宝石玻璃；a cameo role 小配角

---

fallow ●
/ ˈfælou /
填

释 *adj.* （土地）犁过而不播种的，休耕的 plowed but not sowed; uncultivated
例 It's necessary to leave the land **fallow** every few years. 每隔几年让土地休耕一下很有必要。

---

propellants
/ prəˈpelənts /

释 *n.* 推进剂，火箭燃料 substances that propel or drive forward
例 In order to achieve a higher speed, more powerful **propellants** have to be burnt. 为了达到更高的速度，需要燃烧更有威力的燃料。

---

propensity
/ prəˈpensəti /

阅 | 填

释 *n.* 倾向 natural inclination
例 Sam has a **propensity** to put off everything to the last minute. 萨姆习惯把任何事都拖到最后一刻。
搭 propensity for sth/to do sth 倾向，爱好，嗜好

---

optician
/ ɑːp'tɪʃn /

释 **n.** 眼镜商，光学仪器商 maker and seller of eyeglasses
例 The **optician** has advised that I need new glasses. 配镜师建议我配新眼镜。
派 optical *adj.* 视觉的，视力的

anthem
/ 'ænθəm /

阅

释 **n.** 圣歌，赞美诗 song of praise or patriotism
例 We should stand solemnly when our national **anthem** is played. 国歌奏响时我们应该肃立。
搭 national anthem 国歌

vivacious
/ vɪ'veɪʃəs /

阅

释 **adj.** 活泼的，快活的 animated; lively
例 The princess was beautiful, **vivacious**, and charming. 这位公主漂亮活泼，魅力十足。
派 vivaciously *adv.* 愉快地，活泼地，快活地

reprise
/ rɪ'priːz /

释 **n.** [音]重奏；重演；重复动作 musical repetition; repeat performance; recurrent action
例 The pianist is good at playing **reprises**. 这位钢琴家擅长演奏重奏曲。

gibberish
/ 'dʒɪbərɪʃ /

释 **n.** 快而令人费解的话，胡扯 nonsense; babbling
例 He is always talking **gibberish**. 他总是胡说八道。

magnate
/ 'mægneɪt /

阅

释 **n.** 巨头，富豪，要人 person of prominence or influence
例 The bank was owned by a famous financial **magnate**. 这家银行归一位著名的金融巨头所有。

cloying
/ 'klɔɪɪŋ /

阅 | 填

释 **adj.** （因过量而）倒胃口的；甜得发腻的 distasteful (because excessive); excessively sweet or sentimental
例 She would rather go without perfume than spray perfume of **cloying** sweetness. 她宁愿不喷香水也不愿意喷甜得发腻的香水。
派 cloy *v.* （吃甜食）生腻，厌腻

convex
/ 'kɑːnveks /

释 **adj.** 凸面的 curving outward
例 A **convex** lens is used to concentrate rays of light. 凸透镜用于聚集光线。

restraint ■
/ rɪ'streɪnt /

阅 | 填

释 **n.** 克制；限制；约束 moderation or self-control; controlling force; restriction
例 His feelings have been kept under continual **restraint** since he married the wealthy merchant's daughter. 自从和这位富商女结婚后，他的感情一直受到压抑。
搭 without restraint 无拘无束地；自由地

□ optician   □ anthem   □ vivacious   □ reprise   □ gibberish   □ magnate

□ cloying   □ convex   □ restraint

dawdle
/ ˈdɔːdl /

释 *v.* 虚度，游手好闲 loiter; waste time
例 Stop **dawdling** and do something useful! 不要闲荡了，做点有用的事吧!
派 dawdling *adj.* 闲散的

resigned ■
/ rɪˈzaɪnd /

释 *adj.* 顺从的，听天由命的；能容忍的 accepting one's fate; unresisting; patiently submissive
例 She has been **resigned** to her husband's family violence all her life for the sake of her beloved children. 她为了自己心爱的孩子，对丈夫的家暴忍受了一辈子。
搭 be resigned to sth/doing sth 准备忍受或容忍某事物；心甘情愿
派 resignation *n.* 听任；顺从 resignedly *adv.* 顺从地；听之任之

阅|填

timidity
/ tɪˈmɪdəti /

释 *n.* 羞怯，怯懦 lack of self-confidence or courage
例 If you cannot overcome your **timidity** and fear of failure, you can never become a successful salesperson. 如果不能克服你的怯懦和害怕失败的缺点，你永远也不可能成为一个成功的销售员。

阅|填

distraught
/ dɪˈstrɔːt /

释 *adj.* 心烦意乱的，忧心如焚的 upset; distracted by anxiety
例 He was **distraught** with the entrance exam approaching. 由于入学考试临近，他心烦意乱。

reiterate
/ riˈɪtəreɪt /

释 *v.* 反复讲，重申 repeat
例 Though the teacher **reiterates** the rules and regulations in the class, some students disobey them occasionally. 尽管老师在班里反复强调学校的规章制度，但还是有学生时不时地违反。
派 reiteration *n.* 重复或反复的话语或行为

阅|填

precocious ■
/ prɪˈkoʊʃəs /

释 *adj.* 早熟的 advanced in development
例 I was amazed at the grown-up way the **precocious** child discussed serious topics. 这个早熟的孩子用成人的方式讨论严肃话题，对此我很吃惊。
派 precocity *n.* 早熟，早成 precociously *adv.* 早熟地

填

incorporeal
/ ˌɪnkɔːrˈpɔːriəl /

释 *adj.* 非物质的，无实体的，无形的 lacking a material body; insubstantial
例 Ghosts are considered to be **incorporeal**. 鬼被认为是无形的。

ruddy
/ ˈrʌdi /

释 *adj.* 红的；红润的 reddish; healthy-looking
例 The old man's **ruddy** cheeks show that he has always maintained a healthy lifestyle and a pleasant mood. 老人红润的脸颊说明他一直都保持着健康的生活方式和愉快的心情。

congeal
/ kənˈdʒiːl /

释 *v.* 凝结，凝固 freeze; coagulate
例 The blood had started to **congeal**. 血液已经开始凝结。
派 congealment *n.* 冻结，凝结

diagnosis / ˌdaɪəɡˈnoʊsɪs / 阅｜填	释 *n.* 诊断（法）；判断 art of identifying a disease; analysis of a condition 例 He was hospitalized for **diagnosis** and treatment. 他入院接受诊断和治疗。 派 diagnose *v.* 诊断 diagnostic *adj.* 诊断的
ponderous ■ / ˈpɑːndərəs / 阅	释 *adj.* 沉重的；笨拙的 weighty; unwieldy 例 His films are **ponderous**, and sometimes dull, but always intriguing. 他的电影很沉重，有时有些沉闷，但总是引人入胜。 派 ponderously *adv.* 沉重地；笨拙地 ponderosity *n.* 沉重；笨重
dirge / dɜːrdʒ /	释 *n.* 哀乐，挽歌 lament with music 例 It was to be a funeral **dirge**, a farewell song to a dead friendship. 这将是一首葬礼哀乐，一首为逝去的友谊谱写的告别曲。
fiasco / fiˈæskoʊ / 阅	释 *n.* 惨败，大失败 total failure 例 Terrorists' disruptive activities ended in a complete **fiasco**. 恐怖分子的破坏活动以惨败而告终。
solemnity / səˈlemnəti / 阅	释 *n.* 严肃，庄严 seriousness; gravity 例 Nothing should disturb the **solemnity** of raising the national flag. 升国旗是很庄严的场合，不应受到任何事情的打搅。 派 solemn *adj.* 庄重的，庄严的
beget / bɪˈget / 阅	释 *v.* 做父亲；产生 father; produce; give rise to 例 The purpose of marriage is not only to **beget** children. 结婚不只是为了生育孩子。 派 begetter *n.* 生产者；父亲
wary / ˈweri / 阅｜填	释 *adj.* 谨慎的，机警的 very cautious 例 Some children are **wary** of strangers. 有些小孩怕陌生人。 搭 be wary of 小心翼翼的；警觉的；谨防的 派 warily *adv.* 警惕地；谨慎地；留心地 wariness *n.* 谨慎，小心
pyromaniac / ˌpaɪroʊˈmeɪniæk /	释 *n.* 放火狂 person with an insane desire to set things on fire 例 The **pyromaniac** confessed that he had set fire to five buildings. 那个放火狂承认他纵火烧过五栋建筑物。 派 pyromania *n.* 纵火犯
exasperate / ɪgˈzæspəreɪt / 阅｜填	释 *v.* 使恼怒，使烦恼 vex 例 What he said **exasperated** all the people present. 他的话激怒了在场的所有人。 派 exasperation *n.* 恼怒；恼火

ramification

/ˌræmɪfɪˈkeɪʃn/

阅

释 *n.* 分枝，细分 branching out; subdivision

例 I was totally puzzled by all the **ramifications** of the suspense film. 我完全搞不懂这部悬疑片的所有情节。

---

provoke

/prəˈvoʊk/

阅 | 填

释 *v.* 激怒，挑衅 stir to anger; cause retaliation

例 The new policy **provoked** sit-ins and demonstrations all over the country. 新政激起全国各地的静坐和示威活动。

搭 provoke sb to do sth/into (doing) sth 煽动某人做某事

派 provocation *n.* 挑衅，激怒

---

scapegoat

/ˈskeɪpɡoʊt/

阅

释 *n.* 替罪羊 someone who bears the blame for others

例 John was made the **scapegoat**, but it was the mayor's son who killed a bicyclist in the car crash. 市长的儿子开车撞死了一个骑自行车的人，却让约翰背了黑锅。

---

amicable

/ˈæmɪkəbl/

阅 | 填

释 *adj.* 友善的，温和的 politely friendly; not quarrelsome

例 The negotiations between these two countries were **amicable** and productive. 两国之间的谈判气氛友好并且成果显著。

搭 amicable settlement 和解　　派 amicability *n.* 友善，亲善

---

finale

/fɪˈnæli/

释 *n.* 结局，终曲 conclusion

例 My favorite novel ended with a happy **finale**. 我最喜欢的小说有一个圆满的结局。

---

paragon

/ˈpærəɡɑːn/

阅 | 填

释 *n.* 典范，模范 model of perfection

例 Professor Cheng is considered a **paragon** of virtue and knowledge. 程教授被认为是美德和博学的典范。

---

indict ■

/ɪnˈdaɪt/

阅 | 填

释 *v.* 起诉，控告 charge

例 He was **indicted** on the charge of murder. 他被起诉犯有谋杀罪。

搭 indict sb for sth; indict sb on charges/on a charge of sth 起诉某人犯有…罪

派 indictment *n.* 起诉书；控告

---

peregrination

/ˌperəɡrɪˈneɪʃn/

释 *n.* 旅行，旅程 journey

例 Joseph was an enthusiastic traveler whose **peregrinations** took him to Egypt. 约瑟夫热衷旅行，他曾到过埃及。

---

coagulate

/koʊˈæɡjuleɪt/

阅

释 *v.* 凝结 thicken; congeal; clot

例 Laser beams can be used in surgery to **coagulate** blood. 激光可以用在手术中凝血。

派 coagulation *n.* 凝固，凝结

puny / ˈpjuːni /	释 **adj.** 小的，弱的，微不足道的 insignificant; tiny; weak 例 The **puny** little boy showed incredible courage when left alone in the earthquake. 地震中只剩自己一个人的时候，那个瘦小的男孩表现出了惊人的勇气。 搭 puny effort/attempt 微不足道的努力/尝试
procrastinate / proʊˈkræstɪneɪt / 阅	释 **v.** 延迟，耽搁 postpone; delay or put off 例 He **procrastinated** for weeks before he finally told her he was fired. 他拖了好几个周才告诉她他被解雇了。 派 procrastination **n.** 延迟，拖延

Notes

Word List 23

traumatic / traʊˈmætɪk / 阅	释 *adj.* 外伤的，创伤的 pertaining to an injury caused by violence 例 His dissocial temperament dated back to his **traumatic** childhood. 他孤僻的性情可追溯至他饱受创伤的童年。
colander / ˈkɑːləndər /	释 *n.* 滤器，漏勺 utensil with perforated bottom used for straining 例 Drain the celery in a **colander** and then return it to the pot. 在漏勺中把芹菜的水滤掉再放回锅中。
notable / ˈnoʊtəbl / 阅｜填	释 *adj.* 值得注意的，显著的；著名的，重要的 conspicuous; important; distinguished 例 The new building of the TV station is **notable** not only for its height, but for its shape. 电视台的新建筑令人瞩目，不仅是因其高度，也因其外形。 派 notably *adv.* 显著地；尤其
posterity / pɑːˈsterəti / 阅	释 *n.* 子孙，后裔 descendants; future generations 例 We must protect the environment to leave a better world to **posterity**. 我们必须保护环境，给子孙后代留下一个更好的世界。 搭 preserve/record/keep etc. sth for posterity 为子孙后代保留/记录…
monotony / məˈnɑːtəni / 阅｜填	释 *n.* 单一，单调 sameness leading to boredom 例 Going to the cinema may help to break the **monotony** of the week. 看电影或许有助于打破一周单调的生活。 派 monotonic *adj.* 单调的，无变化的
erroneous ■ / ɪˈroʊniəs / 阅｜填	释 *adj.* 错误的，不正确的 mistaken; wrong 例 It seems you have received an **erroneous** impression on him. 你对他的印象似乎是错误的。 派 erroneously *adv.* 错误地，不正确地
irremediable / ˌɪrɪˈmiːdiəbl /	释 *adj.* 不可救药的，无法改正的 incurable; uncorrectable 例 It has already developed into an **irremediable** situation. 局面已经发展到不可救药的地步了。 派 irremediableness *n.* 无可救药
prurient / ˈprʊriənt /	释 *adj.* 好色的，荒淫的 having or causing lustful thoughts and desires 例 He showed **prurient** interests in the details of the sex scandal. 他对那件性丑闻的细节津津乐道。 派 prurience *n.* 好色，淫欲

taut
/ tɔːt /
阅 | 填

释 *adj.* 拉紧的，绷紧的 tight; ready
例 When muscles are **taut**, they are more likely to be injured. 肌肉紧绷时更容易受伤。
派 tautness *n.* 拉紧

resplendent ●
/ rɪ'splendənt /

释 *adj.* 辉煌的，灿烂的 dazzling; glorious; brilliant
例 The princess looked gorgeous in her **resplendent** clothes on the wedding day. 王妃结婚当日华丽的服饰使她看起来光彩夺目。
搭 resplendent in sth 华丽灿烂；辉煌
派 resplendence *n.* 辉煌；灿烂 resplendently *adv.* 耀眼地；灿烂地

antagonism ■
/ æn'tægənɪzəm /

阅 | 填

释 *n.* 敌对，对抗 hostility; active resistance
例 The **antagonism** among people toward that country resulted in the resistance of buying its goods. 人们对那个国家怀有敌意，所以抵制该国的商品。
搭 antagonism to/toward sb/sth 对…有对立情绪
派 antagonistic *adj.* 敌对的，对抗性的

thrifty
/ 'θrɪfti /
阅

释 *adj.* 节俭的，节约的 careful about money; economical
例 Being **thrifty** is one of the traditional virtues of the Chinese nation. 勤俭节约是中华民族的传统美德之一。

cursive
/ 'kɜːrsɪv /
阅

释 *adj.*（字迹）连接的，草书的 flowing, running
例 In addition to good regular script, his **cursive** attainment is also very high. 除擅长楷书外，他草书的造诣也极高。

attribute ■

释 / 'ætrɪbjuːt / *n.* 属性，特征 essential quality / ə'trɪbjuːt / *v.* 归结于；解释 ascribe; explain
例 She is popular among her pupils because of her **attribute** of kindness. 因为为人善良，她很受学生欢迎。// The police **attribute** the car accident to faulty brakes. 警察把车祸归因于刹车失灵。
搭 attribute sth to sth 把某事归因于
派 attribution *n.* 属性 attributable *adj.* 可归因于…的，由…引起的

阅 | 填

lewd
/ luːd /

释 *adj.* 猥亵的，下流的 lustful
例 Steven often tells **lewd** stories to his friends. 史蒂文经常给他的朋友讲下流故事。
派 lewdness *n.* 淫荡，邪恶

ornithologist
/ ˌɔːrnɪ'θɑːlədʒɪst /

释 *n.* 鸟类学者 scientific student of birds
例 The tropical forest is an **ornithologist**'s paradise. 热带雨林是鸟类学家的天堂。
派 ornithological *adj.* 鸟类学的

savory ●
/ ˈseɪvəri /

阅

释 *adj.* 风味极佳的，可口的；悦人的；有益身心的 tasty; pleasing, attractive, or agreeable
例 The hostess prepared varieties of **savory** delicacies for the foreign guests. 主人为外宾准备了各种各样的佳肴。

---

vigilance
/ ˈvɪdʒɪləns /

阅 | 填

释 *n.* 警戒，警惕 watchfulness
例 You cannot afford to relax your **vigilance** for a moment. 警惕性是时刻不可放松的。
派 vigilant *adj.* 警惕的，警醒的 vigilantly *adv.* 警惕地，警觉地，留心地

---

spat
/ spæt /

释 *n.* 口角，小冲突 squabble; minor dispute
例 Because no one was willing to compromise, a mere **spat** between the young couple escalated into an intensive argument ending up with divorce. 由于双方都不肯作出让步，这对年轻夫妻间一个小小的口角之争升级成了激烈的争吵，最后导致了离婚。

---

egotistical ■
/ ˌegəˈtɪstɪkl /
阅 | 填

释 *adj.* 自大的，自负的 excessively self-centered; self-important; conceited
例 We all hate his **egotistical** deeds. 我们都讨厌他自高自大的行为。
派 egotistically *adv.* 自私地，自高自大地

---

haggle
/ ˈhægl /

阅

释 *v.* 讨价还价 argue about prices
例 You would be able to buy it at a lower price if you **haggled** with the seller. 如果你当时跟卖家砍砍价，应该可以用更低的价格把它买下来。
搭 haggle with sb about/over sth 就…与某人讨价还价
派 haggler *n.* 很会砍价的人

---

digression ■
/daɪˈgreʃn /

阅 | 填

释 *n.* 离题，偏离 wandering away from the subject
例 After this **digression** we return now to our original topic. 在说完这段题外话以后，我们现在回到原来的话题。
派 digress *v.* 离题

---

reek
/ riːk /

释 *v.* 发臭气，散发 emit (odor) *n.* 浓烈的臭味 a strong offensive odor
例 The neighbors didn't realize the old woman had died until the dark room **reeked** of rotten corpse. 直到阴暗的房子里散发出腐烂尸体的臭味，邻居们才意识到那个老妇人去世了。
搭 reek of sth 发出难闻气味

---

vacuous
/ ˈvækjuəs /

阅 | 填

释 *adj.* 空虚的，无意义的 empty; inane
例 The boss was not satisfied with the **vacuous** annual report. 老板对这份空洞的年度报告很不满意。
派 vacuously *adv.* 空虚地，空地

---

rave
/ reɪv /

释 *n.* 过分赞扬，吹捧 overwhelmingly favorable review
例 The film *Lost in Thailand* has got **rave** reviews in China since it was put on cinemas. 《泰囧》这部电影自从在中国各大影院上映以来就受到热烈的好评。

254
□ savory   □ vigilance   □ spat   □ egotistical   □ haggle   □ digression
□ reek   □ vacuous   □ rave

execute ■
/ 'eksɪkjuːt /

阅 | 填

释 *v.* 实行；执行 put into effect; carry out
例 I am determined to **execute** my study plan strictly. 我决心严格执行我的学习计划。
派 execution *n.* 执行；实行；完成

---

altruistic ■
/ ˌæltruˈɪstɪk /

填

释 *adj.* 无私心的，利他的 unselfishly generous; concerned for others
例 Out of **altruistic** motive, he has provided free tutorial assistance for many economically disadvantaged children. 他无私地为许多经济条件不好的孩子提供免费辅导。
搭 altruistic motive 利他动机　　派 altruism *n.* 利他主义，无私

---

antediluvian ●
/ ˌæntɪdɪˈluːvɪən /

释 *adj.* 陈旧的；上古的 antiquated; extremely ancient
例 That strange man still holds the **antediluvian** idea that the Sun rotates around the Earth. 那个奇怪的人还保持着陈旧的观点，认为太阳绕地球转。

---

drone
/ droʊn /

填

释 *n.* 懒汉；雄蜂 idle person; male bee *v.* 嗡咕，嗡嗡地念叨 talk dully; buzz or murmur like a bee
例 The young man was very arrogant but in reality he was nothing but a **drone**. 这个年轻人很傲慢，但实际上他一无是处，只是一个懒汉。// The old clergyman **droned** out a hymn. 那个老牧师哼唱赞美诗。

---

stratify
/ 'strætɪfaɪ /

阅 | 填

释 *v.* 把…分成不同的等级、阶级；使成层 divide into classes; be arranged into strata
例 In ancient China, people were **stratified** into various grades and ranks. 在中国古代，人们被分为三六九等。
派 stratification *n.* 层次；分层

---

acknowledge ■
/ əkˈnɑːlɪdʒ /

阅 | 填

释 *v.* 承认，认可 recognize; admit
例 Yao Ming is **acknowledged** as the best Chinese basketball player. 姚明被认为是中国最好的篮球运动员。
搭 acknowledge sb/sth as 承认…为　　派 acknowledgement *n.* 承认

---

scruple
/ 'skruːpl /

阅

释 *v.* 踌躇，犹豫 fret about; hesitate, for ethical reasons
例 The little girl never **scruples** to tell a lie if she thinks it's beneficial. 这个小女孩只要认为说谎有利，绝对不会犹豫。

---

paradigm
/ 'pærədaɪm /

阅 | 填

释 *n.* 模型，范例，样式 model, example, pattern
例 He had become the **paradigm** of the successful man. 他已经成为成功人士的典范。
派 paradigmatic *adj.* 范例的

---

threadbare ●
/ 'θredbeər /

释 *adj.*（衣服）磨薄的，破旧的 worn through till the threads show; shabby and poor
例 The thrifty millionaire would never throw away his coat until it was worn **threadbare**. 这个生活节俭的大富豪直到把大衣穿破才舍得丢弃。

---

querulous ●
/ 'kwerələs /

阅 | 填

释 *adj.* 发牢骚的，暴躁的 fretful; whining
例 What makes me dislike him is that he is inclined to be **querulous**. 他动不动就爱发牢骚，所以我不喜欢他。
派 querulously *adv.* 易怒地 querulousness *n.* 易怒

talon
/ 'tælən /

释 *n.* 猛禽的锐爪 claw of bird.
例 After being clawed by the hawk's **talons**, the falconer's hand was covered in flowing blood. 鹰的饲养员被鹰爪抓伤手后血流不止。

diffuse ■
/dɪ'fjuːs /

填

释 *adj.* （文章等）冗长的；弥漫的，四散的 wordy; rambling; spreading out (like a gas)
例 His speech was so **diffuse** that I missed his point. 他的讲话漫无边际，我抓不住他的要点。
派 diffusion *n.* 扩散，传播

incursion
/ ɪn'kɜːrʒn /

释 *n.* 袭击，侵入 temporary invasion
例 The army is not strong enough to defend the border against the **incursion** of the enemies. 这支军队不够强大，无法抵御敌军对边境的侵袭。
搭 incursion from/into 来自/向…的侵入

imperial
/ ɪm'pɪriəl /

阅 | 填

释 *adj.* 皇帝的；帝国的 like an emperor; related to an empire
例 The **imperial** family was executed after the insurgent took over the capital. 起义军占领了都城，对皇室成员进行了处刑。
派 imperialism *n.* 帝国主义

bogus
/ 'boʊɡəs /

释 *adj.* 伪造的；虚假的 counterfeit; not authentic
例 It is hard for us to believe that he is a **bogus** doctor. 我们很难相信他是个假医生。
搭 bogus money 伪币；bogus company 皮包公司；bogus transaction 虚市交易

potent
/ 'poʊtnt /

阅 | 填

释 *adj.* 有力的，有效的；说服力强的 powerful; persuasive; greatly influential
例 She asked the doctor to prescribe some **potent** painkillers. 她让医生给她开些药效强的止疼药。
派 potently *adv.* 有力地，有效地 potency *n.* 效力，潜能

endemic
/ en'demɪk /

阅

释 *adj.* （疾病）地方性的，某国家、地区或某部分人中常见的（疾病）prevailing among a specific group of people or in a specific area or country
例 This kind of disease is **endemic** in many hot countries. 这种病是许多热带国家的地方病。

painstaking
/ 'peɪnzteɪkɪŋ /

阅 | 填

释 *adj.* 勤勉的，小心的 showing hard work; taking great care
例 Chinese children usually receive **painstaking** care from their parents. 中国孩子通常受到家长爱护备至的照料。
派 painstakingly *adv.* 刻苦地，煞费苦心地

nutrient
/ ˈnuːtriənt /
阅 | 填

释 *n.* 营养物 nourishing substance
例 As a senior nutritionist, Mr Jones designed his own special diets, which contain foods rich in important basic **nutrients**, for obese people. 作为一个高级营养师，琼斯先生为肥胖人群设计了特殊的减肥餐，该餐富含食物中重要的基本营养成分。
派 nutritionist *n.* 营养学家

---

inception
/ ɪnˈsepʃn /
阅 | 填

释 *n.* 起头，开端 start; beginning
例 I was attracted from the **inception** of the book. 刚从头翻了几页这本书，我就被吸引住了。

---

cession
/ ˈseʃn /
阅

释 *n.* 转让，割让 yielding to another; ceding
例 As the defeated party, they could not be avoided the **cession** of territory. 作为战败方，他们不可避免地要割让土地。
派 cede *v.* 割让，转让

---

omnipotent
/ ɑːmˈnɪpətənt /
阅

释 *adj.* 全能的 all-powerful
例 Doug was desperately unhappy that he lived in the shadow of his seemingly **omnipotent** father. 道格生活在他那看似全能的父亲的阴影里，感到极度郁闷。
派 omnipotence *n.* 全能，无限力量

---

coquette
/ koʊˈket /

释 *n.* 卖弄风情 flirt
例 The moment she met a man she would play the **coquette**. 她一见到男人就卖弄风骚。

---

prim
/ prɪm /
填

释 *adj.* 一本正经的，拘谨的 very precise and formal; exceedingly proper
例 She has a wild heart under her **prim** and proper look. 在拘谨和正经的外表下，她有颗狂野的心。
派 primly *adv.* 拘谨地

---

cryptic ■
/ ˈkrɪptɪk /
阅 | 填

释 *adj.* 神秘的，隐藏的，秘密的 mysterious; hidden; secret
例 Scientists conducted further research on Australia's unique and **cryptic** biodiversity. 科学家对澳大利亚独特而神秘的生物多样性开展了进一步研究。

---

chortle
/ ˈtʃɔːrtl /

释 *v.* 咯咯笑 chuckle with delight
例 When she heard the exciting news, she **chortled** with joy. 听到这个令人兴奋的消息时，她高兴地笑了起来。

---

totter
/ ˈtɑːtər /
阅

释 *v.* 蹒跚；摇摇欲坠 move unsteadily; sway, as if about to fall
例 The drunk **tottered** towards the nearest bar but fell onto the ground and fainted before he could reach it. 醉汉踉踉跄跄地朝最近的酒吧走去，但是还没走到就摔倒在了地上，不省人事。
派 tottery *adj.* 摇摇欲坠的；蹒跚的

257

flounder / ˈflaʊndər / 阅 | 填	释 *v.* 挣扎，困难地往前走 struggle and thrash about; proceed clumsily or falter 例 The economy of the whole world **floundered** during the financial crisis. 世界经济在金融危机中困难前行。
perimeter / pəˈrɪmɪtər / 填	释 *n.* 周边，周围 outer boundary 例 Soldiers patrolled the **perimeter** of the military base regularly. 士兵照例沿军事基地四周巡逻。
replicate / ˈreplɪkeɪt / 阅 | 填	释 *v.* 重复，复制 reproduce; duplicate 例 The state-owned enterprise has achieved great success by **replicating** the marketing pattern of a joint venture. 该国有企业通过复制一个合资企业的营销模式获得了极大的成功。 派 replication *n.* 复制
pragmatist / ˈprægmətɪst / 阅	释 *n.* 实用主义者 practical person 例 A **pragmatist** will only involve himself in the games he can win. 实用主义者只会参与他能赢的游戏。 派 pragmatism *n.* 实用主义
rapacious / rəˈpeɪʃəs / 阅	释 *adj.* 贪婪的，掠夺成性的 excessively greedy; predatory 例 The **rapacious** brigands attacked the village at midnight and took away all the villagers' money and possessions. 贪婪的土匪深夜袭击了村庄，将村民们的钱财全部卷走。 派 rapaciously *adv.* 贪婪地
misanthrope ● / ˈmɪsənθroʊp / 填	释 *n.* 厌恶人类的人 one who hates mankind 例 Kate used to worry that her discomfort at weddings meant that she was a **misanthrope**. 凯特曾经担心，她对婚礼感到不舒服意味着她是个厌世的人。 派 misanthropic *adj.* 厌恶人类的
seep / siːp / 阅	释 *v.* 渗出，渗漏 ooze; trickle 例 The toxins of the buried waste may **seep** into groundwater if it is not decontaminated. 如果不经过去污处理，被埋垃圾的毒素就会渗入到地下水里。 搭 seep through/into/out (of sth) （指液体）漏出，渗出，渗漏 派 seepage *n.* 渗漏
acclaim ■ / əˈkleɪm /	释 *v.* 喝彩，称赞 applaud; announce with great approval 例 People all came to the street to **acclaim** the new king. 人们都上街欢迎新国王。 搭 acclaim sb/sth (as sth) 称誉某人/某事物（为…） 派 acclamation *n.* 喝彩，欢呼

combustible ●
/ kəm'bʌstəbl /

阅 | 填

释 *adj.* 易燃的 easily burned
例 The **combustible** items are forbidden from the subway. 严禁携带易燃物上地铁。
搭 combustible gas 易燃气体

---

divine
/ dɪ'vaɪn /

阅

释 *v.* （凭直觉）意识到；占卜，预言 perceive intuitively; foresee the future
例 He **divined** from her look that something was wrong. 他从她的神情上意识到有问题发生。
派 diviner *n.* 占卜者

---

awry
/ ə'raɪ /

阅

释 *adv.* 扭曲地；错误地 crooked; wrong; amiss
例 She was concerned that the plan would go **awry**. 她担心计划会出问题。
搭 go awry 出错，出岔子

---

tenacious
/ tə'neɪʃəs /

阅 | 填

释 *adj.* 紧握的；坚持的，顽强的 holding fast
例 There would be no foundation of the People's Republic of China without the **tenacious** and persistent efforts of the Communist Party. 如果没有共产党人不屈不挠坚定执着的努力，就不会有中华人民共和国的成立。
派 tenacity *n.* 不屈不挠；顽强

---

culvert
/ 'kʌlvərt /

释 *n.* 下水道 artificial channel for water
例 The aged **culvert** is leaking and it must be overhauled as soon as possible. 老化的管道正在漏水，必须尽快彻底检修。

---

podium
/ 'poʊdiəm /

释 *n.* 基座；表演台，讲坛，指挥台 pedestal; raised platform
例 Nichol stepped up to the **podium** and took a bow before addressing the audience. 尼科尔登台鞠躬，然后开始演讲。

---

dilate
/ daɪ'leɪt /

阅

释 *v.* （使）膨胀，（使）扩大 expand
例 If there were time, I could **dilate** on this point. 要是有时间，我可对此加以详述。

---

unstinting
/ ʌn'stɪntɪŋ /

释 *adj.* 慷慨的，毫无保留的 giving generously; not holding back
例 We all appreciate your **unstinting** help. 我们都感谢你的慷慨相助。
派 unstintingly *adv.* 无限制地；慷慨地

---

maniacal
/ mə'naɪəkl /

释 *adj.* 发狂的，狂乱的 raging mad; insane
例 Mr Rochester could hear his wife's **maniacal** laughter echoing throughout the house. 罗切斯特先生听到他妻子躁狂的笑声回荡在整个房子里。
派 maniac *n.* 疯子；躁狂者

259

glossary
/ ˈglɔːsəri /

阅

释 *n.* （常置于书尾的）词汇表，术语表 brief explanation of words used in the text

例 Some students like to go over the **glossary** before exam. 有些学生喜欢在考试前看一遍词汇表。

派 glossarial *adj.* 词汇的，字矢注解的

---

mirth ●
/ mɜːθ /

阅 | 填

释 *n.* 欢乐，欢笑 merriment; laughter

例 We thought her **mirth** improper. 我们认为她的欢笑是不合时宜的。

派 mirthful *adj.* 愉快的，高兴的

---

entreat
/ ɪnˈtriːt /

释 *v.* 恳求，乞求 plead; ask earnestly

例 I **entreat** a favor of you. 请你帮帮忙吧。

派 entreatingly *adv.* 恳求地，乞求地

---

lope
/ loʊp /

填

释 *v.* 大步慢跑 gallop slowly

例 She was **loping** across the beach toward her husband. 她迈着大步，穿过沙滩，向她的丈夫跑去。

---

levity ■
/ ˈlevəti /

阅

释 *n.* 轻率，轻浮 lack of seriousness; lightness

例 Giggling in church is inappropriate **levity**. 在教堂里咯咯地笑是不适当的轻浮举止。

---

rehabilitate
/ ˌriːəˈbɪlɪteɪt /

阅 | 填

释 *v.* 使康复，恢复 restore to proper condition

例 Some volunteers established a charity organization which aims to **rehabilitate** the mentally disabled in the community. 一些志愿者成立了一个慈善组织，旨在帮助社区中有智力缺陷的人恢复正常生活。

派 rehabilitation *n.* 恢复，复原

---

shambles
/ ˈʃæmblz /

释 *n.* 混乱，废墟 wreck; mess

例 The house was a **shambles** after the party. 晚会后，屋子里乱得一团糟。

派 shambolic *adj.* 凌乱的，混乱的

---

collusion
/ kəˈluːʒn /

释 *n.* 勾结，共谋，串通 conspiring in a fraudulent scheme

例 The police were found to be in **collusion** with the criminals. 调查发现警察与罪犯有勾结。

搭 in collusion with sb 与某人勾结

派 collusive *adj.* 勾结的，共谋的，串通的

---

symbiosis
/ ˌsɪmbaɪˈoʊsɪs /

阅 | 填

释 *n.*【生】共生（现象）；共栖；依附关系 interdependent relationship (between groups, species), often mutually beneficial

例 There is a deep **symbiosis** between monarch and church. 君主与教会之间存在深深的依附关系。

派 symbiotic *adj.* 共生的；共栖的

□ glossary   □ mirth   □ entreat   □ lope   ■ levity   ■ rehabilitate
□ shambles   □ collusion   □ symbiosis

fickle / ˈfɪkl /	释 *adj.* 变幻无常的；薄情的 changeable; faithless 例 The weather in UK is quite **fickle**. 英国的天气相当变幻无常。 派 fickleness *n.* 变幻无常，浮躁
wean / wiːn /	释 *v.* 使断奶；使戒掉 accustom a baby to not nurse; give up a cherished activity 例 Chewing gum may help smokers to **wean** themselves off cigarettes very gradually. 口香糖能帮助吸烟者慢慢地把烟戒掉。 搭 wean sth off 戒掉…；wean sb off sth 使某人戒掉…
cordon / ˈkɔːrdn / 填	释 *n.* 封锁线 extended line of men or fortifications to prevent access or egress *v.* 封锁 to form a protective or restrictive cordon around 例 Demonstrators broke through the police **cordon**. 示威群众突破了警戒线。
vertigo / ˈvɜːrtɪɡoʊ / 填	释 *n.* 眩晕，眼花 severe dizziness 例 He had a dreadful attack of **vertigo**. 他忽然头晕得厉害。
orientation / ˌɔːriənˈteɪʃn /	释 *n.* 适应 act of finding oneself in society 例 Freshmen need some **orientation** when they go to university. 新生上大学时需要适应新环境。
undulating / ˈʌndʒəˌleɪtɪŋ / 阅	释 *adj.* 波状的，起伏的 moving with a wavelike motion 例 The **undulating** peaks are covered with lush forests and green bamboo. 连绵起伏的山峰被茂盛的森林和苍翠的竹林所覆盖。 派 undulate *v.* 波动；起伏 undulation *n.* 波动；起伏
adept / əˈdept / 阅 | 填	释 *adj.* 熟练的，拿手的 expert at 例 A student in my class is **adept** in memorizing words. 我班里的一个学生擅长背单词。 搭 adept at/in sth 熟练的，擅长的 派 adeptness *n.* 熟练，老练
amoral / ˌeɪˈmɔːrəl / 填	释 *adj.* 不属于道德范畴的，不道德的 nonmoral 例 I resented those films that were violent and **amoral**. 我不喜欢那些暴力且无视道德标准的电影。 派 amorality *n.* 非道德范畴，不道德
disinclination ■ / ˌdɪsˌɪnklɪˈneɪʃn / 填	释 *n.* 不愿，厌恶 unwillingness 例 Forced by his mother, the boy began to read a book with **disinclination**. 在妈妈的迫使下，男孩不情愿地读起书来。 搭 disinclination for sth/to do sth 不情愿做某事
patent / ˈpeɪtnt / 阅	释 *adj.* 公开的，明显的 open for the public to read, obvious 例 It was **patent** that he cheated in the exam. 显然他考试作弊了。 派 patently *adv.* 公然地，明显地

forbearance
/ fɔːr'berəns /
阅 | 填

释 *n.* 自制，忍耐 patience
例 He acted with **forbearance** toward the naughty children who played jokes on him. 他对在他身上搞恶作剧的孩子们表现得很宽容。

tepid
/ 'tepɪd /

阅

释 *adj.* 微温的，温热的 lukewarm
例 It's good for health to drink a cup of **tepid** water after getting up in the morning. 早上起来后喝一杯温开水有益身体健康。
派 tepidness *n.* 微温

piebald
/ 'paɪbɔːld /

释 *adj.* 有花斑的 mottled; spotted
例 You should bet on number 8, the only **piebald** horse running. 你应该对8号下注——正在跑的唯一一匹花斑马。

benign
/ bɪ'naɪn /
阅 | 填

释 *adj.* 和蔼的，仁慈的 kindly; favorable; not malignant
例 Matha must be a kind old lady for she always smiles a **benign** smile. 玛莎一定是个善良的老人，因为她总是面带和蔼的笑容。
派 benignity *n.* 温和，仁慈

narrative
/ 'nærətɪv /
阅 | 填

释 *adj.* 叙述的 related to telling a story
例 Mr White was a writer of great **narrative** power. 怀特先生是一位颇有记述能力的作家。
派 narrate *v.* 叙述，讲述

laconic ●
/ lə'kɑːnɪk /

填

释 *adj.* 简洁精炼的 brief and to the point
例 My father is a very **laconic** person, while my mother is a communicative one. 我的父亲是个说话言简意赅的人，而我的母亲却很爱说话。
派 laconism *n.*（说话）简洁

acquiesce ●
/ ˌækwi'es /

阅 | 填

释 *v.* 默许，默认 assent; agree without protesting
例 I don't think my parents will **acquiesce** in our marriage. 我觉得我父母不会默许我们的婚事。
搭 acquiesce in sth 默认，默许
派 acquiescence *n.* 默认，默许 acquiescent *adj.* 默许的，默认的

molten
/ 'moʊltən /

释 *adj.* 熔化的 melted
例 The Mount Vesuvius was spurting out rivers of **molten** lava. 维苏威火山正喷涌着熔岩。
派 melt *v.* 熔化；溶解

adage
/ 'ædɪdʒ /
阅

释 *n.* 格言，谚语 wise saying; proverb
例 Have you heard of any **adage** about love? 你有没有听说过关于爱情的格言？

rejoinder / rɪˈdʒɔɪndər /	释 *n.* 回答；反驳 reply; retort; comeback 例 The spokesman made a witty **rejoinder** to the journalist's sharp question at yesterday's press conference. 在昨天的新闻发布会上，发言人对新闻记者尖锐的问题作了机智的回答。
incur / ɪnˈkɜːr /	释 *v.* 招致；获得 bring upon oneself 例 His success might **incur** his competitor's envy. 他的成功可能会招来他的竞争者的妒忌。
audit / ˈɔːdɪt / 阅 | 填	释 *n.* 审计 examination of accounts 例 The **audit** is playing a vital part in assuring a clean and clear government. 审计在保证政府的清廉性和公正性中起到了关键作用。 搭 audit committee 审计委员会

Notes

Word List 24

slur / slɜːr / 阅	释 **v.** 含糊不清地讲 speak indistinctly; mumble **n.** 诽谤，中伤 insult to one's character or reputation; slander 例 When the doctor found that the patient **slurred** her words repeatedly, he shook his head and sent for a priest. 医生发现病人一直在含糊不清地说着什么，于是摇了摇头，派人叫来了牧师。 // The controversial professor responded that he took the remarks made by the netizens as a sheer **slur** on his reputation. 这位颇具争议的教授回应称，网友的评论无疑是对他的名誉的中伤。 搭 slur over sth 回避令人不快的事、棘手的问题等；slur on sb/sth 诽谤某人/某事
touchy / ˈtʌtʃi / 阅	释 **adj.** 敏感的；易怒的 sensitive; irascible 例 The subject of religion is a **touchy** issue. 宗教问题是个敏感的问题。 派 touchiness n. 易生气；过于敏感
confine / kənˈfaɪn / 阅 | 填	释 **v.** 禁闭；限制 shut in; restrict 例 Doctors are trying to **confine** the disease within the area. 医生正试图将此病控制在这一地区。 派 confinement n. 限制；监禁
enclave / ˈenkleɪv /	释 **n.** 飞地（指本国境内隶属另一国的一块土地） territory enclosed within an alien land 例 There is still an **enclave** in the country. 这个国家仍然有一块飞地。
traduce / trəˈduːs /	释 **v.** 诽谤，诋毁 expose to slander 例 Because of jealousy, his fellow actors tried to **traduce** his reputation by spreading rumors on the Internet. 由于嫉妒心理作祟，他的那些演员同行设法在网上散播谣言以诋毁他的名声。 派 traducer n. 诽谤者
titter / ˈtɪtər / 阅	释 **n.** 窃笑，吃吃地笑 nervous laugh 例 The constant **titter** from the audience made the orator extremely uneasy. 观众席不停传来的窃笑声令演说家感到非常不安。
dilemma / dɪˈlemə / 阅 | 填	释 **n.** （进退两难的）窘境，困境 problem; choice of two unsatisfactory alternatives 例 She was in a **dilemma** as to whether to go or stay. 去还是留，她左右为难。

boon
/ buːn /

释 **n.** 恩惠，利益 blessing; benefit
例 This policy has proved a **boon** to migrant workers. 事实证明这项政策让民工受益匪浅。
搭 boon to/for sb 施恩惠于；boon companion 密友

decrepitude
/ dɪ'krepɪtuːd /

释 **n.** 衰老，老朽 state of collapse caused by illness or old age
例 The photosynthetic rate descends gradually because of the **decrepitude** of the leaf. 随着叶子的衰老，光合作用的速率逐渐下降。

spartan
/ 'spɑːrtn /

阅 | 填

释 **adj.** 简朴的；刚强的 avoiding luxury and comfort; sternly disciplined
例 There are countless young people across the country who give up comfortable living conditions in the city and become volunteer teachers in rural areas, leading a **spartan** life without regret. 国家有无数年轻志愿者放弃城市里舒适的生活条件，到边远山区支教，过着清苦的生活，无怨无悔。

solace
/ 'sɑːləs /

阅 | 填

释 **n.** 安慰 comfort in trouble
例 Churchill found **solace** in painting when in 1921, the death of his mother was followed two months later by the loss of his beloved three-year-old daughter. 1921年，丘吉尔的母亲去世，紧接着两个月后，他又失去了心爱的女儿，是画画让他找到了慰藉。

sect
/ sekt /

阅

释 **n.** 宗派，教派 separate religious body; faction
例 Christianity is made up of many minor **sects**. 基督教由很多小的教派组成。
派 sectarian *adj.* 派别的；教派的

prolixity
/ proʊ'lɪksəti /

释 **n.** 冗长，啰嗦 tedious wordiness; verbosity
例 In this age of instant messaging, no one bothers to read letters in **prolixity**. 在这个即时通信的年代，没有人愿意读冗长的书信。
派 prolix *adj.* 冗长的，长篇大论的

luxuriant ●
/ lʌg'ʒʊriənt /

阅

释 **adj.** 丰富的；肥沃的 abundant; rich and splendid; fertile
例 There were several very large ginkgo trees in the temple with wide spreading branches and **luxuriant** foliage. 寺庙里有几棵巨大的银杏树，枝繁叶茂。
派 luxuriance *n.* 茂盛

boundless
/ 'baʊndləs /

阅 | 填

释 **adj.** 无限的，无穷的 unlimited; vast
例 As the saying goes, a fine example has **boundless** power. 俗话说，榜样的力量是无穷的。
派 boundary *n.* 边界，界限

turpitude
/ 'tɜːrpətuːd /

释 **n.** 邪恶，卑鄙，堕落 depravity
例 The family was shameful for the son's **turpitude**. 家人为儿子的堕落感到羞耻。

□ boon　　　□ decrepitude　　□ spartan　　　□ solace　　　□ sect　　　□ prolixity
□ luxuriant　　□ boundless　　□ turpitude

sunder
/ 'sʌndər /

释 *v.* 切开，分离 separate; part
例 The tree beside the road was **sundered** by the gale and smashed into a car passing by. 大风把路旁的树劈成了两半，砸到了一辆路过的小汽车。
搭 sunder sth/sb from sth/sb 将…与…分开

multiplicity
/ ˌmʌltɪ'plɪsəti /
阅

释 *n.* 多样性 state of being numerous
例 He is a writer who uses a **multiplicity** of styles. 他是运用多种写作风格的作家。
派 multiplicate *adj.* 多种的，多重的

consonance
/ 'kɑːnsənəns /
阅 | 填

释 *n.* 和谐，一致 harmony; agreement
例 Her agitation seemed out of **consonance** with her usual calm. 她的激动似乎与她一贯的平静不相符。

revulsion
/ rɪ'vʌlʃn /

释 *n.* 感情急变，急剧反应 sudden violent change of feeling; reaction
例 With the truth exposed, the public had a **revulsion** in favor of the accused. 随着真相大白，公众的态度迅速转向同情被告。
搭 revulsion against/at/from sth 厌恶；憎恶

trek
/ trek /
阅

释 *n.* 徒步旅行，长途跋涉 travel; journey
例 They **trekked** for many months and crossed the desert. 他们跋涉数月才穿过了沙漠。

opaque ■
/ oʊ'peɪk /
阅 | 填

释 *adj.* 不透光的，不透明的 dark; not transparent
例 You can always use **opaque** glass if you need to keep the privacy. 如果想保持隐私，可以使用不透明玻璃。
派 opacity *n.* 不透明性；黑暗

prominent
/ 'prɑːmɪnənt /

阅 | 填

释 *adj.* 卓越的，显著的 conspicuous; notable; sticking out
例 Place this painting in a **prominent** position in the exhibition hall. 把这幅画摆到展厅显眼的位置。
搭 play a prominent part/role in 在…中起显著的作用
派 prominence *n.* 声望，卓越，突出

bask
/ bæsk /

阅

释 *v.* 享受乐趣；晒太阳，取暖 luxuriate; take pleasure in warmth
例 After breakfast, the old couple sit in the yard **basking** in the warm sunshine. 早饭后，这对老夫妻坐在院子里享受温暖的阳光。
搭 bask in sth 坐着或躺着取暖

allure
/ ə'lʊr /

阅

释 *v.* 引诱，吸引 entice; attract
例 **Allured** by the computer games, he spent all his money on the game cards. 由于沉迷于网络游戏，他把他所有的钱都花在了买游戏卡上。
派 alluring *adj.* 有魅力的，吸引人的

chastise
/ tʃæˈstaɪz /

阅 | 填

释 **v. 惩罚** punish
例 Her stepfather used to **chastise** her with whips. 她继父过去常常以鞭打惩罚她。
搭 chastise sb for sth/doing sth 因（做）某事而惩罚某人
派 chastisement n. 惩罚

illimitable
/ ɪˈlɪmɪtəbəl /

释 **adj. 无限的，无穷无尽的** infinite
例 In the past, we thought that we lived on a continent of **illimitable** natural resources. 过去我们认为我们生活的大陆有着无穷无尽的自然资源。
派 illimitably adv. 无限地

extradition
/ ˌekstrəˈdɪʃn /

释 **n. 引渡** surrender of prisoner by one state to another
例 Could you give me some ideas concerning the **extradition** laws? 您能给我一些有关引渡法的意见吗？

incendiary
/ ɪnˈsendieri /

释 **n. 纵火犯** arsonist
例 He was arrested as an **incendiary**. 他作为一个纵火犯被捕了。

libretto
/ lɪˈbretoʊ /

释 **n. 歌剧脚本** text of an opera
例 The printed **libretto** for *Beauty and Beast* was handsomely got up. 《美女与野兽》歌剧剧本的印刷版装帧得很美观。
派 librettist n. 歌剧剧本作者

outskirts
/ ˈaʊtskɜːrts /

填

释 **n. 外围；郊区** fringes; outer borders
例 Hours later they reached the **outskirts** of London. 他们几小时后到达了伦敦市郊。
派 outskirt n. 市郊，郊区

innocuous ■
/ ɪˈnɑːkjuəs /

阅 | 填

释 **adj. 无害的** harmless
例 These red leaves are very poisonous, despite their small and **innocuous** looking. 这种红色叶片有剧毒，尽管它们有着小而无害的外表。
派 innocuously adv. 无害地，无毒地

collateral
/ kəˈlætərəl /

释 **n. 担保品，抵押物** security given for loan
例 He used his villa as **collateral** for business loans. 他用别墅作抵押借到了商业贷款。
搭 collateral agreement 担保协定，抵押契约　派 collateralize v. 以作抵押

complementary ●
/ ˌkɑːmplɪˈmentri /

阅

释 **adj. 补充的，补足的** serving to complete something
例 Our group members have **complementary** skills. 我们的团队成员的技能都是互补的。
搭 complementary to sth 与…互补的　派 complementariness n. 互补性

stymie
/ ˈstaɪmi /

阅 | 填

释 **v. 从中作梗；阻碍** present an obstacle; stump
例 The project was entirely **stymied** by the school authorities' refusal to support. 由于校方拒不支持，这个项目陷入了彻底的困境。

□ chastise　　□ illimitable　　□ extradition　　□ incendiary　　□ libretto　　□ outskirts
□ innocuous　　□ collateral　　□ complementary □ stymie

linchpin
/ 'lɪntʃpɪn /
阅

释 *n.* 关键，枢纽 something that holds or links various parts together
例 Stabilizing the overall price level is the **linchpin** of the government's policies. 稳定总体物价水平是政府政策的关键。

renounce ■
/ rɪ'naʊns /

阅 | 填

释 *v.* 放弃，抛弃 abandon; disown; repudiate
例 After two months' painful experience of dieting, she soon **renounced** all thought of getting slender. 在两个月痛苦的节食经历后，她很快就打消了所有变苗条的想法。
派 renunciation *n.* 抛弃

beneficial
/ ˌbenɪ'fɪʃl /
阅 | 填

释 *adj.* 有帮助的；有用的 helpful; useful
例 Mobile phones are **beneficial** to our daily life. 手机对我们的日常生活有益。
搭 beneficial to sth/sb 对…有利的，有用的

grisly
/ 'grɪzli /
填

释 *adj.* 恐怖的，可怕的 ghastly
例 A **grisly** murder happened yesterday. 昨天发生了一起令人发指的谋杀案。
派 grisliness *n.* 恐怖；令人毛骨悚然的可怕

counterpart

/ 'kaʊntərpɑːrt /
阅 | 填

释 *n.* 补充物，相似物；副本 a thing that completes another; things very much alike; a duplicate copy
例 The employer must sign the **counterpart** of the contract. 雇主必须签署合同副本。

infernal
/ ɪn'fɜːrnl /

阅

释 *adj.* 阴间的；恶魔的 pertaining to hell; devilish
例 Some people believe that the evil souls will be punished by **infernal** fires after death. 有些人相信邪恶的灵魂在人死后会受到地狱烈火的惩罚。
派 infernality *n.* 阴间，恶魔

revelry
/ 'revlri /

阅

释 *n.* 狂欢 boisterous merrymaking
例 Christmas Eve is a night of **revelry** even to many Chinese youngsters. 平安夜对于中国的很多年轻人来说也是狂欢之夜。
派 reveler *n.* 寻欢作乐的人

discordant ■
/ dɪs'kɔːrdənt /
阅

释 *adj.* 不协调的，不和的 not harmonious; conflicting
例 Because of the **discordant** interests, the two parties didn't give in. 由于利益冲突，两党各不相让。

abeyance
/ ə'beɪəns /

释 *n.* 中止，搁置 suspended action
例 The decision had been in **abeyance** until the manager returned from holiday. 那项决议在经理度假回来之前一直搁置着。
搭 be in abeyance; fall/go into abeyance 中止，搁置

euphoria
/ juː'fɔːriə /

阅

释 *n.* 狂喜，异常兴奋 feeling of great happiness and well-being (sometimes exaggerated)
例 John was in a state of **euphoria** after he passed the exam. 通过考试后，约翰沉醉在狂喜之中。

verbiage
/ 'vɜːrbiɪdʒ /

释 *n.* 啰嗦，冗词 pompous array of words
例 All resumes must be one page affairs and avoid excess **verbiage**. 简历的所有内容都必须浓缩到一页纸里并避免过多的废话。
派 verbalism *n.* 咬文嚼字；冗词

condescend
/ ˌkɑːndɪ'send /

阅｜填

释 *v.* 屈尊；施恩惠与 act conscious of descending to a lower level; patronize
例 You should never **condescend** or look down upon a co-worker. 你永远也不应屈尊于同事或瞧不起他们。
派 condescension *n.* 屈尊；恩赐态度

skeptic ■
/ 'skeptɪk /

释 *n.* 怀疑论者 doubter; person who suspends judgment until the evidence supporting a point of view has been examined
例 He is a strong **skeptic** about the new healthcare reform, and declares that more feasible plans are expected. 他非常怀疑新的医改方案，宣称应出台更可行的计划。
派 skepticism *n.* 怀疑；怀疑论 skeptical *adj.* 怀疑的

gauche
/ ɡoʊʃ /

阅｜填

释 *adj.* 笨拙的；粗鲁的 clumsy; coarse and uncouth
例 I still remember how **gauche** I was when I was a school girl. 我仍然记得上学时我有多笨拙。
派 gaucheness *n.* 木讷；笨拙

refractory
/ rɪ'fræktəri /

释 *adj.* 倔强的，难驾驭的 stubborn; unmanageable
例 Recurrent abortion is very likely to lead to some **refractory** diseases. 反复流产极有可能带来一些难治的疾病。

gambol
/ 'ɡæmbl /

释 *v.* 欢跳，雀跃，耍闹 skip; leap playfully
例 She sat on the stairs and watched her dogs **gamboling** in the meadow. 她坐在台阶上看着她的小狗在草地上蹦蹦跳跳。

reputable
/ 'repjətəbl /

填

释 *adj.* 名誉好的 respectable
例 My parents have developed their small restaurant into a highly **reputable** one thanks to honesty and integrity. 由于诚实和正直，我父母亲把他们的小餐馆经营得很有名气。
派 reputably *adv.* 好评地；有声誉地

inadvertently ■
/ ˌɪnəd'vɜːrtəntli /

阅

释 *adv.* 非故意地；不注意地 unintentionally; by oversight; carelessly
例 She **inadvertently** recorded the wrong number. 她一不注意记下了错误的数字。
派 inadvertent *adj.* 无意的，不经意的

confidant
/ 'kɑːnfɪdænt /
阅｜填

释 *n.* 知己，密友 trusted friend
例 I have only one **confidant** to whom I can tell my secrets. 我只有一个可以诉说秘密的知己。

purported / pər'pɔːrtɪd / 阅	释 *adj.* 传说的，谣传的 alleged; claimed; reputed or rumored 例 The tree is **purported** to be 200 years old. 这棵树据说已经200岁了。 搭 be purported to be sth 据说是…　　　派 purportedly *adv.* 据称
debacle / dɪ'bɑːkl / 阅|填	释 *n.* 崩溃，灾难性的衰败 sudden downfall; complete disaster 例 The **debacle** of financial system has turned into a nightmare. 金融体系的崩溃已成为一个噩梦。
charlatan ● / 'ʃɑːrlətən / 阅|填	释 *n.* 庸医；骗子 quack; pretender to knowledge 例 He behaved as if he had been an expert; actually he was a **charlatan**. 他表现得好像是专家，实际上是个骗子。 派 charlatanic *adj.* 冒充内行者的；走江湖行骗的
impassive / ɪm'pæsɪv / 阅	释 *adj.* 冷漠的；冷静的；坚忍的 without feeling; imperturbable; stoical 例 She was **impassive** when she told me that she was divorcing her husband. 她面无表情地告诉我她要离婚了。 派 impassively *adv.* 无情地；无表情地，无动于衷地
alchemy / 'ælkəmi /	释 *n.* 炼金术 medieval chemistry 例 Transmuting lead into gold is the supreme goal of **alchemy**. 炼金术的终极目标就是把铅转化为金。 派 alchemist *n.* 炼金术士
garnish / 'ɡɑːrnɪʃ / 阅|填	释 *v.* 装饰 decorate *n.* 装饰品 decoration 例 The salad was **garnished** with several slices of lemon. 这道沙拉用几片柠檬装饰着。 搭 garnish sth with sth 用…装饰…
omniscient / ɑːm'nɪsiənt / 阅	释 *adj.* 全知的 all-knowing 例 Helen's nervous when trying to portray herself as **omniscient**. 当海伦试图把自己描绘得无所不知时，内心其实很紧张。 派 omniscience *n.* 全知，全知者，上帝
peripheral ■ / pə'rɪfərəl / 阅|填	释 *adj.* 不重要的，外围的 marginal; outer 例 Her role was **peripheral** to the movie's main plot. 她的角色对电影主要情节来说无关紧要。 搭 peripheral to 对…无关紧要的 派 peripherally *adv.* 外围地，外面地；次要地
resonant / 'rezənənt / 阅|填	释 *adj.* 共鸣的；深沉的；洪亮的 echoing; resounding; deep and full in sound 例 The deep **resonant** voice of the orator makes his speech very infectious. 演说家深沉而洪亮的声音使他的演讲极具感染力。 派 resonance *n.* 洪亮；共鸣 resonantly *adv.* 引起共鸣地

coin
/ kɔɪn /

阅 | 填

释 *v.* 铸造（货币）；杜撰，创造 make coins; invent or fabricate
例 "Empty nesters" was **coined** to refer to parents whose children have reached adulthood and left home. 人们创造的"空巢老人"一词指那些子女长大离家后的中老年夫妇。
搭 be coining money 暴富，大发其财；coin a phrase 套用一种说法

---

anachronistic ●
/ əˌnækrə'nɪstɪk /

阅 | 填

释 *adj.* 时代错误的 having an error involving time in a story
例 The clothes in that movie are **anachronistic**: people couldn't wear today's clothes at that time. 那部电影里的服饰犯了时代错误：那时候人们不可能穿当代的衣服。
派 anachronism *n.* 时代错误；过时的事物或人

---

temperament
/ 'temprəmənt /

阅 | 填

释 *n.* 气质，性情 characteristic frame of mind; disposition; emotional excess
例 The twins differ remarkably in **temperament**. Cecilia is out-going, while Cynthia is quiet. 这对双胞胎性格差异很大。塞西莉亚很外向，而辛西娅很文静。

---

profusion ■
/ prə'fjuːʒn /

阅 | 填

释 *n.* 极丰富；挥霍；过分 overabundance; lavish expenditure; excess
例 Spring is the season when flowers bloom in **profusion**. 春天是百花盛开的季节。
搭 a profusion of 很多的，大量的；in profusion 丰富地，大量地
派 profuse *adj.* 慷慨的，毫不吝惜的

---

compensatory
/ kəm'pensətɔːri /

阅 | 填

释 *adj.* 补偿的，赔偿的 making up for; repaying
例 They made a generous **compensatory** offer for the injured. 他们对伤者提供了丰厚的赔偿金。
搭 compensatory approach 补偿办法　　　派 compensate *v.* 补偿，赔偿

---

lap
/ læp /

释 *v.* 舔食；（波浪）轻轻拍打，冲刷 take in food or drink with one's tongue; splash gently
例 Don't **lap** up your milk from a dish, baby; it's not polite. 不要从盘子里舔你的牛奶，宝贝，这是不礼貌的。
搭 lap up 舔食，喝掉

---

demystify
/ ˌdiː'mɪstɪfaɪ /
阅

释 *v.* 使非神秘化，澄清 clarify; free from mystery or obscurity
例 Let's **demystify** the event by explaining what it is all about. 让我们通过解释这件事的实际情况来消除它的神秘性。

---

inebriated
/ ɪ'niːbrieɪtɪd /

释 *adj.* 嗜酒的；酒醉的 habitually intoxicated; drunk
例 You had better keep away from the **inebriated** football fan. 你最好离喝醉酒的足球球迷远远点儿。
派 inebriation *n.* 喝醉，醉酒

---

mire
/ 'maɪər /

阅

释 *v.* （使）受困扰；陷入泥潭 entangle; stick in swampy ground *n.* 泥潭 swampy ground
例 His front wheels became mired in mud. 他的前轮陷入泥浆。
派 miry *adj.* 泥泞的

---

lavish ■
/ 'lævɪʃ /

阅 | 填

释 *adj.* 过分慷慨的；铺张浪费的 generous; openhanded; extravagant; wasteful *v.* 慷慨给予；挥霍 give sth abundantly and generously
例 Her wedding is extremly lavish. 她的婚礼极尽奢华。
派 lavishness *n.* 浪费；过分慷慨

---

pedantic
/ pɪ'dæntɪk /

释 *adj.* 迂腐的，学究式的 showing off learning; bookish
例 His pedantic teaching style drove many students sleepy in class. 他的教学风格学究气十足，使得很多学生上课昏昏欲睡。
派 pedant *n.* 学究 pedantry *n.* 卖弄学问 pedantically *adv.* 卖弄学问地

---

deprecate ■
/ 'deprəkeɪt /
阅 | 填

释 *v.* 反对；轻视，蔑视 express disapproval of; protest against; belittle
例 The peace-loving people deprecate war. 爱好和平的人们反对战争。
派 deprecatory *adj.* 不赞成的，反对的

---

apotheosis
/ ə,pɑ:θi'oʊsɪs /

释 *n.* 神，神化；完美的典型 elevation to godhood; an ideal example of something
例 He is regarded as an apotheosis in the sales industry. 他在销售界被奉若神明。
派 apotheosize *v.* 神化，封为神

---

casualty
/ 'kæʒuəlti /

阅 | 填

释 *n.* 事故；伤亡 serious or fatal accident
例 The number of road casualties has decreased since the publishment of the new policy. 自新政出台以来交通事故伤亡人数有所下降。
搭 casualty insurance 意外伤害保险；casualty loss 意外损失

---

overt
/ oʊ'vɜːrt /

阅 | 填

释 *adj.* 公然的，明显的 open to view
例 Although there is no overt hostility, Chinese and Japanese athletes do not mix much. 虽然中国运动员与日本运动员之间没有公开的敌意，但他们也不怎么来往。
派 overtly *adv.* 公然地，明显地

---

acquire
/ ə'kwaɪər /

阅 | 填

释 *v.* 获得 obtain; get
例 After studying this book carefully, you will acquire a good knowledge of SAT essential words. 认真学完这本书，你就能精通SAT核心词汇。
派 acquisition *n.* （知识、技能等的）获得，得到

---

ventriloquist
/ ven'trɪləkwɪst /

释 *n.* 口技表演者 someone who can make his or her voice seem to come from another person or thing
例 In addition to magic and clowning, he is a highly skilled ventriloquist. 除了魔术师、小丑以外，他还是技艺精湛的口技表演者。

---

exculpate
/ ˈekskʌlpeɪt /

释 *v.* 证明（某人）无罪，为…开脱 clear from blame
例 His lawyer **exculpated** him from a charge of murder. 他的律师辩称他没有谋杀。

fortitude
/ ˈfɔːrtətuːd /
阅 | 填

释 *n.* 坚韧，刚毅；勇气 bravery; courage
例 He showed great **fortitude** during that difficult times. 他在那段困难的时期中表现出极大的毅力。

demeanor
/ dɪˈmiːnə / 阅 | 填

释 *n.* 行为，风度 behavior; bearing
例 I dislike his pompous **demeanor**. 我讨厌他那种爱摆架子的样子。

malefactor
/ ˈmælɪfæktər /

释 *n.* 犯罪分子 evildoer; criminal
例 Many people hate that criminal lawyer who has saved many a **malefactor** from going to jail. 很多人都恨那个律师，他/她让许多犯罪分子逃过锒铛入狱的惩罚。
填
派 malefaction *n.* 犯罪行为

sluggish ■
/ ˈslʌgɪʃ /

阅

释 *adj.* 行动迟缓的，懒散的 slow; lazy; lethargic
例 After staying up late for a week preparing for the exam, she felt rather **sluggish**. 在经历了一个星期熬夜备考后，她感到困倦无力。
派 sluggishness *n.* 迟缓；惰性 sluggishly *adv.* 懒怠地

doff
/ dɑːf /
阅

释 *v.* 脱（帽衣等）take off
例 When the President came, the officials **doffed** their hats to him. 总统到来时，官员们脱帽致敬。

apostate
/ əˈpɑːsteɪt /

释 *n.* 变节者 one who abandons his religious faith or political beliefs
例 He even surrendered to the enemy as an **apostate**. 他甚至成了一个变节者，向敌人投降了。
派 apostasy *n.* 背信，变节，叛教

languish
/ ˈlæŋgwɪʃ /

阅 | 填

释 *v.* 变得衰弱，无生气 lose animation; lose strength
例 Unfortunately, our new products **languish** on the drawing board. 不幸的是，我们的新产品在计划阶段即告失败。
搭 languish for sth 因渴望…而变得衰弱　　　派 languishment *n.* 衰弱

nominal
/ ˈnɑːmɪnl /

阅 | 填

释 *adj.* 名义上的，有名无实的 in name only; trifling
例 In some countries, the king was only the **nominal** head of the state. 在一些国家，国王只是名义上的元首。
派 nominally *adv.* 名义上地，有名无实地

verisimilitude
/ ˌverɪsɪˈmɪlɪtuːd /

释 *n.* 似真，逼真 appearance of truth; likelihood
例 Current slang could be helpful in creating a sense of **verisimilitude** with your characters in the story. 当下的俚语可以帮你为你故事中的人物创造一个逼真的场景。

disperse ■
/ dɪ'spɜːrs /

阅 | 填

释 *v.* 分配，分发 scatter
例 The daughter's sweet words **dispersed** her mother's melancholy. 女儿的温柔话语驱散了母亲的忧愁。
派 dispersion *n.* 分散；（尤指光的）色散

---

beneficiary
/ ˌbenɪ'fɪʃieri /

阅 | 填

释 *n.* 受益人 person entitled to benefits or proceeds of an insurance policy or will
例 Usually the **beneficiaries** of a person's will include his or her spouse, children and parents. 通常一个人遗嘱的受益人包括他或她的配偶、子女和父母。
搭 beneficiary of sth …的受益人；beneficiary party 受益方

---

acrophobia
/ ˌækrə'foʊbiə /

释 *n.* 恐高症 fear of heights
例 This is a typical symptom of those people with **acrophobia**. 这是恐高症人群的典型症状。
派 acrophobic *adj.* 恐高的

---

luster
/ 'lʌstər /

阅 | 填

释 *n.* 光彩，光泽 shine; gloss
例 The soft **luster** of the pearls in the dim light was pleasing. 在暗淡的灯光下，珍珠发出柔和动人的光泽。

---

irrepressible
/ ˌɪrɪ'presəbl /

释 *adj.* 压抑不住的，控制不住的 unable to be restrained or held back
例 It is said that vampires have an **irrepressible** desire for blood. 据说吸血鬼对血有一种难以抑制的渴望。
派 irrepressibly *adv.* 控制不住地

---

malign
/ mə'laɪn /

填

释 *v.* 污蔑，中伤 speak evil of; bad-mouth; defame
例 Putting her hands over her ears, Rebecca refused to listen to Cathy **maligning** her husband Bill. 丽贝卡将耳朵捂起来，拒绝听凯茜污蔑她的丈夫比尔。
派 maligner n. 诽谤者

---

haggard
/ 'hægərd /

阅 | 填

释 *adj.* 憔悴的，形容枯槁的 wasted away; gaunt
例 Haven't slept for two days, she looked **haggard**. 她两天没睡，看起来很憔悴。
派 haggardness *n.* 憔悴；野性

---

auditory
/ 'ɔːdətɔːri /

阅 | 填

释 *adj.* （关于）听觉的 pertaining to the sense of hearing
例 She didn't make any response to **auditory** stimuli. 她对声音没有任何反应。
搭 auditory capacity 听力

---

brevity ■
/ 'brevəti /

阅 | 填

释 *n.* 简洁 conciseness
例 **Brevity** is the soul of practical writing. 简洁是应用文写作的灵魂。
搭 brevity code 简码

---

augury / ˈɔːgjʊri / 阅	释 *n.* 预言；预兆 omen; prophecy 例 An **augury** went that the king would soon lose his power. 有人预言国王将很快被推翻。 派 augur *v.* 预示，预言
decimate / ˈdesɪmeɪt / 填	释 *v.* 大批杀害；十中抽一 kill, usually one out of ten 例 The pollution could **decimate** the river's thriving population of kingfishers. 污染可能会造成在河上繁衍的翠鸟大批死亡。
degradation ■ / ˌdegrəˈdeɪʃn /	释 *n.* 丢脸；降级，贬黜；退化 humiliation; debasement; degeneration 例 Gambling is always coupled with **degradation**. 赌博总是伴随着堕落。 派 degrade *v.* 降级，降低；退化
hoax / hoʊks / 阅	释 *n.* 骗人的把戏，骗局 trick; deception; fraud *v.* 愚弄，欺骗 deceive 例 I wish this was a **hoax**. 我希望这是一个恶作剧。 派 hoaxer *n.* 欺诈者，戏弄者
concerted / kənˈsɜːrtɪd / 阅	释 *adj.* 商定的；共同完成的 mutually agreed on; done together 例 There has been a **concerted** campaign against the proposals. 人们将采取一致行动反对这些提议。 派 concert *v.* 协调；协力
guile ■ / gaɪl / 阅	释 *n.* 狡诈；诡计 deceit; duplicity; wiliness; cunning 例 Don't believe him! He is full of **guile**. 别相信他！他是个诡计多端的人。 派 guileful *adj.* 狡诈的，诡计多端的
champion / ˈtʃæmpiən / 阅	释 *v.* 捍卫，支持 support militantly 例 He **championed** the poor all his life. 他一生都在捍卫穷人的利益。
agrarian / əˈgreriən /	释 *adj.* 土地的，耕地的 pertaining to land or its cultivation 例 With the development of the industrialization, this country has no longer remained an **agrarian** country. 随着工业化的发展，这个国家已不再是一个农业国。 搭 agrarian country 农业国　　派 agrarianism *n.* 田地均分法，平均地权论

taint
/ teɪnt /

释 *v.* 玷污；败坏；腐蚀 contaminate; cause to lose purity; modify with a trace of something bad
例 The mind of the juveniles is easily **tainted** with foul words and images. 未成年人的思想很容易受到污秽言语和图像的毒害。
搭 taint sth (with sth) （坏的因素）影响某事物

adjacent
/ əˈdʒeɪsnt /

阅 | 填

释 *adj.* 临近的，接近的 adjoining; neighboring; close by
例 All the boys in our class live in **adjacent** rooms. 我们班男生都住在相邻的房间里。
搭 be adjacent to 毗邻；adjacent angle 邻角　派 adjacency *n.* 邻近，毗连

moratorium
/ ˌmɒrəˈtɔːriəm /

阅

释 *n.* 延期偿付 legal delay of payment
例 A **moratorium** of reparations payments emerged soon after this private bank began operations. 在这家私人银行开始营业后不久，就发生了赔款的延期偿付。

proximity ■
/ prɑːkˈsɪməti /

阅 | 填

释 *n.* 接近，亲近 nearness
例 An important factor to consider when purchasing a house is the **proximity** of supermarkets, hospitals, and restaurants. 买房子时要考虑的一个重要因素是临近超市、医院和餐厅。
搭 in the proximity of 在…附近；in close proximity (to) 与…极接近，紧靠

subsequent
/ ˈsʌbsɪkwənt /

阅 | 填

释 *adj.* 后来的，随后的 following; later
例 Memory is very likely to be influenced by **subsequent** experience to some degree. 记忆很有可能会受到后来所经历的事情的不同程度的影响。
派 subsequently *adv.* 后来；随后

tentative ■
/ ˈtentətɪv /

阅

释 *adj.* 犹豫的，踌躇的；试验性的，暂定的，不确定的 hesitant; not fully worked out or developed; experimental; not definite or positive
例 A panel of experts worked out a **tentative** conclusion after working on the program for two years. 专家小组花了两年时间从事这个项目，得出了一个暂时性的结论。
派 tentativeness *n.* 试探性；不确定

salacious
/ səˈleɪʃəs /

释 *adj.* 猥亵的，好色的 lascivious; lustful
例 Youngsters under 18 are not allowed to watch this film as there are some **salacious** images in it. 这部电影里有一些淫秽镜头，不满18岁的青少年禁止观看。
派 salaciousness *n.* 猥亵，好色 salaciously *adv.* 猥亵地

browse
/ braʊz /

阅

释 *v.* 吃草；浏览 graze; skim or glance at casually
例 I found this interesting picture while I was **browsing** through the Internet. 我在浏览网页的时候发现了这张有趣的图片。
搭 browse through sth 浏览，翻阅　派 browser *n.* 浏览器

sleight
/ slaɪt /

释 *n.* 技巧；戏法 dexterity
例 The candidate won the campaign by deceiving the voters with a little political **sleight** of hand. 候选人耍了一点政治手腕欺骗选民，从而赢得了竞选。
搭 sleight of hand （变戏法等的）巧妙的手法

acrimonious ●
/ ˌækrɪ'mouniəs /

阅 | 填

释 *adj.* （言辞、态度等）尖刻的 bitter in words or manner
例 Bob and his girlfriend had an **acrimonious** quarrel. 鲍勃和他女朋友大吵了一架。
派 acrimony *n.* （言辞、态度等）尖刻，刻薄

conduit
/ 'kɑːnduɪt /

阅 | 填

释 *n.* 沟渠；导水管 aqueduct; passageway for fluids
例 The water runs through by means of this **conduit**. 水通过这个管道流过去。

rider
/ 'raɪdər /

释 *n.* 附文；附件 amendment or clause added to a legislative bill
例 A **rider** was added after the verdict recommending forgiveness by the jury. 陪审团在裁决后加了一条建议宽恕的附文。

assessment
/ ə'sesmənt /

阅

释 *n.* 评估，评价 evaluation; judgment
例 The real estate company is making an **assessment** for the house. 房产公司正在对这所房子作评估。
派 assess *v.* 评定，估价

debutante
/ 'debjutɑːnt /

释 *n.* 首次进入社交界的年轻女子 young woman making formal entrance into society
例 The **debutante**'s photograph was at the head of the society page. 那位初进社交界的少女的照片登在了社会版的头条上。

poseur
/ pou'zɜːr /

释 *n.* 装模作样的人，装腔作势的人 person who pretends to be sophisticated
例 Despite his regular donations to charity, he was dismissed as a **poseur**. 尽管他定期给慈善机构捐款，还是被认为装腔作势而不被理睬。

austere ■
/ ɔː'stɪr /

阅 | 填

释 *adj.* 严厉的；简朴的 forbiddingly stern; severely simple and unornamented
例 Puritans were advocating an **austere** life. 清教徒倡导简朴的生活方式。
派 austerity *n.* 严厉；简朴

misapprehension
/ ˌmɪsæprɪ'henʃn /

阅

释 *n.* 误会，误解 error; misunderstanding
例 Romeo was under the **misapprehension** that Juliet was dead. 罗密欧误以为朱丽叶死了。
派 misapprehensive *adj.* 误会的，误解的

compress
/ kəm'pres /

阅 | 填

释 *v.* 压缩，挤压 close; squeeze; contract
例 The meetings must be **compressed** to save funds. 必须压缩会议以节约经费。
搭 compress sth into sth 压缩成…
派 compressible *adj.* 可压缩的，可压榨的

obviate
/ 'ɑːbvieɪt /

释 v. 排除，消除 prevent; make unnecessary
例 We can obviate some trouble by letting well alone. 随遇而安能避免一些麻烦。
派 obviation n. 回避，消除

substantiate ■
/ səb'stænʃieɪt /

阅

释 v. 证明，证实；支持 establish by evidence; verify; support
例 These evidences were not enough to substantiate the accusation that he was the murderer. 这些迹象不足以支持他就是谋杀犯的指控。
派 substantiation n. 证实，证据

verbatim
/ vɜːr'beɪtɪm /

阅

释 adv. 逐字地，一字不差地 word for word
例 He could repeat many Shakespeare's plays verbatim. 他能一字不差地背出好多部莎士比亚的戏剧。

vendetta
/ ven'detə /

释 n. 族间血仇，深仇 blood feud
例 For years there has been a vendetta between the two families. 多年来两个家族间一直有深仇大恨。

arrogance ■
/ 'ærəgəns /

阅 | 填

释 n. 傲慢 pride; haughtiness
例 Due to his arrogance, Elizabeth refused his proposal. 因为他很傲慢，伊丽莎白拒绝了他的求婚。
派 arrogant adj. 傲慢的，自大的

spry
/ spraɪ /

释 adj. 充满生气的，敏捷的 vigorously active; nimble
例 My grandfather is almost ninety years old, yet still spry and well-dressed. 我祖父将近90岁高龄了，依然精神矍铄，衣着讲究。
派 spryly adv. 充满生气地 spryness n. 精神矍铄，敏捷

cliché ●
/ kliː'ʃeɪ /

阅 | 填

释 n. 陈词滥调，老生常谈 phrase dulled in meaning by repetition
例 Sound like a cliche, but these words really work. 这些话听上去是陈词滥调，但是却很有效。

wanton
/ 'wɑːntən /

释 adj. 无节制的；肆意的；不贞洁的 unrestrained; willfully malicious; unchaste
例 The billionaire is living in wanton luxury. 那位亿万富豪生活极其奢侈。

tender
/ 'tendər /

阅

释 v. 提出，提供 offer; extend
例 The chancellor of the exchequer has just tendered his resignation to the Prime Minister, which was rejected. 财政大臣刚向首相递了辞呈，结果被拒绝了。
搭 tender sth to sb 正式提供或提出某事

unintimidating
/ ʌnɪn'tɪmɪdeɪtɪŋ /

阅

释 adj. 不恐惧的，不受惊吓的 unfrightening
搭 friendly and unintimidating 友好而平易近人

comely / ˈkʌmli / 阅	释 *adj.* 有吸引力的；秀丽的 attractive; agreeable 例 Many TV stars are lack of the **comely** quality. 许多电视明星都缺少秀丽的气质。 派 comeliness *n.* 清秀，好看；合宜
malodorous / ˌmælˈoʊdərəs /	释 *adj.* 有恶臭的 foul-smelling 例 Fagin was living in a **malodorous** London street. 费金住在伦敦一条臭气熏天的街道上。 派 malodor *n.* 恶臭
recumbent / rɪˈkʌmbənt /	释 *adj.* 靠着的，斜躺着的 reclining; lying down completely or in part 例 Health experts say that it's harmful to take a **recumbent** position while watching TV. 健康专家认为，看电视时采取斜靠的姿势是有害的。
incontrovertible ● / ˌɪnkɑːntrəˈvɜːrtəbl / 填	释 *adj.* 无可辩驳的，不容置疑的 indisputable; not open to question 例 His taste is an **incontrovertible** evidence of the first-class education he received. 他的品位无可辩驳地体现了他所受到的一流教育。 派 incontrovertibly *adv.* 无可争辩地，不容置疑地
decry / dɪˈkraɪ / 阅丨填	释 *v.* 强烈反对，谴责；贬低，轻视 express strong disapproval of; disparage 例 Many people **decry** child abuse. 许多人谴责虐待儿童。
proclivity / prəˈklɪvəti / 阅丨填	释 *n.* 倾向，癖好 inclination; natural tendency 例 The child showed a **proclivity** for dancing when she was five. 这个女孩五岁时就表现出对舞蹈的热爱。 搭 proclivity to/towards/for 有…的倾向
accentuate / əkˈsentʃueɪt / 阅丨填	释 *v.* 强调；重读 emphasize; stress 例 **Accentuate** the word "**accentuate**" on the second syllable. 读 "accentuate" 这个单词时，要重读第二个音节。 派 accentuation *n.* 强调；重音
succinct ■ / səkˈsɪŋkt / 阅	释 *adj.* 简洁的；压缩的 brief; terse; compact 例 The author gives an impressively **succinct** account of Chinese modern history in the last chapter. 作者在最后一章极其简明扼要地介绍了中国现代史。 派 succinctness *n.* 简明，简洁
audacious ● / ɔːˈdeɪʃəs / 阅丨填	释 *adj.* 大胆的，鲁莽的 daring, bold 例 He's made an **audacious** plan, traveling around Asia on foot. 他制定了一个大胆的旅游计划——徒步走遍亚洲。 派 audacity *n.* 大胆，鲁莽

merger
/ ˈmɜːrdʒər /

阅 | 填

释 *n.* （企业等的）并吞；结合 combination (of two business corporations)

例 The board of directors will vote on the **merger** of the companies. 董事会将投票表决公司合并问题。

派 mergence *n.* 合并

---

pastiche
/ pæˈstiːʃ /

释 *n.* 模仿作品；大杂烩，拼凑物 piece of writing or music made up of borrowed bits and pieces; hodge-podge

例 The exhibition is a **pastiche** of various styles of paintings and sculptures. 这次展览是各种风格的绘画和雕塑的大杂烩。

---

impasse
/ ˈɪmpæs /

释 *n.* 绝境，死路；僵局 predicament from which there is no escape; deadlock

例 It seems that the negotiation has reached an **impasse**. 谈判似乎陷入了僵局。

搭 reach an impasse 陷入僵局

---

tract
/ trækt /

阅 | 填

释 *n.* 地方，地域；小册子 region of land (often imprecisely described); pamphlet

例 With an increasing number of young farmers seeking jobs in the city, huge **tracts** of farmland are being wasted across the country. 随着越来越多的年轻人进城务工，全国大片大片的耕地都荒废了。

---

compelling
/ kəmˈpelɪŋ /

阅 | 填

释 *adj.* 强制的；有说服力的 overpowering; irresistible in effort

例 His explanation is **compelling**, but I still cannot believe him totally. 虽然他的解释很有说服力，但我还是不能完全相信。

搭 compelling force 强制力　　　派 compellingly *adv.* 咄咄逼人地

---

incarcerate
/ ɪnˈkɑːrsəreɪt /

释 *v.* 把…关进监狱，监禁 imprison

例 He was **incarcerated** as a suspect of murder. 他作为谋杀案的嫌疑人被监禁了起来。

搭 incarcerate sb in... 将某人监禁，关押在…

派 incarceration *n.* 监禁，禁闭

---

behemoth
/ bɪˈhiːmɔːθ / 阅

释 *n.* 庞然大物，巨兽 huge creature; monstrous animal

例 Do you know the name of this **behemoth**？你知道这头巨兽的名字吗？

---

buffet
/ bəˈfeɪ /

释 *n.* 饮食柜台；自助餐 table with food set out for people to serve themselves; meal at which people help themselves to food that's been set out *v.* 打击；搏斗 slap; batter; knock about

例 How about going for a **buffet** supper to celebrate our anniversary? 去吃自助餐庆祝我们的纪念日如何？ // The little trees were **buffeted** by the wind. 这些小树苗被风吹得左右摇摆。

搭 buffet car（火车）餐车　　　派 buffeting *n.* 振动；猛击

---

celebrated
/ ˈselɪbreɪtɪd /

阅 | 填

释 *adj.* 著名的 famous; well-known

例 The art exhibition was held by a **celebrated** painter. 这次画展是一位著名画家举办的。

□ merger　　□ pastiche　　□ impasse　　□ tract　　□ compelling　　□ incarcerate
□ behemoth　　□ buffet　　□ celebrated

indenture
/ ɪn'dentʃər /
阅

释 *n.* 契约，合同 contract *v.* 以契约约束服务关系/学徒关系 bind as servant or apprentice to master
例 He has been out of his **indentures**. 他学徒期已经满了。
搭 take up/be out of one's indentures 学徒期满

defeatist
/ dɪ'fiːtɪst /
阅 | 填

释 *adj.* 失败主义的 attitude of one who is ready to accept defeat as a natural outcome *n.* 失败主义者 someone who believes that they will not succeed
例 He failed again and again simply because he had maintained his **defeatist** attitude. 他失败了一次又一次，完全是因为他自己一直坚持失败主义的态度。

conservatory
/ kən'sɜːrvətɔːri /
阅

释 *n.* 音乐学校 school of the fine arts (especially music or drama)
例 Mary studies piano and conducting at the **conservatory**. 玛丽在音乐学院学习钢琴以及指挥。

noncommittal
/ ˌnɑːnkə'mɪtl /

释 *adj.* 中立的；不承诺的；不表态的 neutral; unpledged; undecided
例 I asked him if he allowed me to take annual vacation, but he was **noncommittal**. 我问他是否允许我休年假，他没有表态。
派 noncommitment n. 不作任何承诺或不表示立场的状态

infamous
/ 'ɪnfəməs /
阅 | 填

释 *adj.* 臭名昭著的 notoriously bad
例 The general was **infamous** for his brutality. 那个将军因残忍而臭名昭著。
派 infamy n. 声名狼藉；臭名；丑恶；恶行

celibate
/ 'selɪbət /
阅

释 *adj.* 单身的；禁欲的 unmarried; abstaining from sexual intercourse
例 Monks and nuns are required to stay **celibate**. 和尚和尼姑都必须禁欲。
派 celibacy n. 独身，禁欲

countenance
/ 'kaʊntənəns /
阅

释 *v.* 赞同，容忍 approve; tolerate *n.* 面容 face
例 Your father won't **countenance** your marriage. 你父亲不会赞同你这桩婚姻。// His **countenance** was illuminated with a look of pleasure. 他的脸上泛起喜悦的光彩。

alienate
/ 'eɪliəneɪt /
阅 | 填

释 *v.* 离间；使孤立 make hostile; separate
例 I believe nothing can **alienate** his friends from him because they have complete faith in each other. 我相信没有什么事情会使他与他的朋友不和，因为他们绝对信任彼此。
派 alienation n. 离间；疏远

gaffe
/ gæf /
阅 | 填

释 *n.* 失礼，失态 social blunder
例 He made an embarrassing **gaffe** at the meeting yesterday. 他在昨天的会议上失态了，令人感到很尴尬。

espouse
/ ɪ'spaʊz /

阅

释 *v.* 拥护，支持 adopt; support
例 She strongly **espouses** the new policy of the government. 她非常支持政府的新政策。
派 espousal *n.* 拥护，支持

cozen
/ 'kʌz(ə)n /

释 *v.* 欺骗，蒙骗 cheat; hoodwink; swindle
例 Her brother **cozened** her out of her inheritance. 她哥哥诱使她放弃了继承权。
搭 cozen sb into doing sth 诱使某人做某事

philology
/ fɪ'lɑːlədʒi /

释 *n.* 语言学 study of language
例 Most students see **philology** as a lifeless and uncreative pursuit. 大多数学生认为语言学是一项无趣并且缺乏创造性的研究。
派 philologist *n.* 语言学者 philological *adj.* 语言学的

seclusion ■
/ sɪ'kluːʒn /

阅 | 填

释 *n.* 隔离；隐居 isolation; solitude
例 The fact that his wife spent her time in the **seclusion** of her own room everyday made him worried. 他的妻子每天足不出户，就生活在自己家中的小天地里，这让他很是担忧。
派 seclude *v.* 使隔离，使隔绝

reprimand ■
/ 'reprɪmænd /

阅 | 填

释 *v.* 严责，指责，非难 reprove severely; rebuke
例 Hardly had the boss attempted to **reprimand** her than she rushed out of the office. 老板刚想训斥她，她便冲出了办公室。
搭 reprimand sb (for sth) 训斥或指责某人

pedant
/ 'pednt /

阅 | 填

释 *n.* 学究 scholar who overemphasizes book learning or technicalities
例 A common misconception is that many professors are **pedants**. 有一种普遍的错误想法是很多教授都是老学究。
派 pedantry *n.* 卖弄学问，迂腐

amass
/ ə'mæs /

阅 | 填

释 *v.* 收集，积聚 collect
例 Through export business he has **amassed** a great fortune in recent years. 近几年，通过做出口生意他积聚了大笔的财富。
派 amassment *n.* 积蓄，聚积

suppress
/ sə'pres /

阅 | 填

释 *v.* 抑制，克服，约束 stifle; overwhelm; subdue; inhibit
例 He was a thorough dictator and made every attempt to **suppress** all criticism of him. 他是个十足的独裁者，竭力压制一切批评他的言论。
派 suppressible *adj.* 可以压制的 suppression *n.* 压制；镇压

maudlin
/ 'mɔːdlɪn /

阅 | 填

释 *adj.* 伤感的；感情脆弱的 effusively sentimental
例 We saw a **maudlin** movie about a little boy who lost his mother in the air crash. 我们看了一部伤感的电影，内容是关于一个在飞机失事中失去母亲的小男孩。

tonic
/ 'tɑːnɪk /
阅

释 *adj.* 滋补的，强身的；使精神振作的 invigorating; refreshing
例 The **tonic** drug cannot be used as therapeutic medicine. 这种滋补品不能当做治疗药物使用。

gourmet
/ 'gʊrmeɪ /
阅

释 *n.* 美食家 connoisseur of food and drink
例 You can be a **gourmet**, but never be a gourmand. 做一个美食家，但是不要做一个暴饮暴食的人。

inept
/ ɪ'nept /
阅 | 填

释 *adj.* 无能的；不称职的 lacking skill; unsuited; incompetent
例 She was rather **inept** at cooking. 她在做饭方面非常笨拙。
派 ineptitude *n.* 无能，笨拙；不称职

rapt
/ ræpt /

释 *adj.* 被深深吸引的，入迷的 absorbed; enchanted
例 The pupils were **rapt** in the teacher's history lecture, hanging on every word. 学生们在上历史课时全神贯注，屏气凝神地听着老师的每一句话。
派 raptly *adv.* 全神贯注地

misconception
/ ˌmɪskən'sepʃn /

阅 | 填

释 *n.* 误解，错觉 mistaken idea
例 It is a **misconception** that Peggy does wish to marry a wealthy man. 人们误以为佩姬非常想嫁给有钱人。
派 conception *n.* 设想，构想；意图

abject
/ 'æbdʒekt /
阅 | 填

释 *adj.* 可怜的，卑贱的 wretched; lacking pride
例 During the days of war, homeless people lived in **abject** poverty. 战争期间，无家可归的人们过着悲惨的贫困生活。

killjoy
/ 'kɪldʒɔɪ /

释 *n.* 令人扫兴的人或事 grouch; spoilsport
例 At lunch we had all been enjoying our hamburgers until that **killjoy** Peter started talking about how bad fast food was for our health. 午饭时，我们一直都在享受我们的汉堡包，直到那个煞风景的皮特开始谈论令人扫兴的事情——快餐对我们的健康多么有害。

maul
/ mɔːl /

释 *v.* 粗手粗脚地摆弄；粗野地对待 handle roughly
例 The movie star was **mauled** by her over-excited fans. 这位电影明星被她过于激动的影迷粗野地对待。
派 mauler *n.* 使用木槌的人；粗暴的人

bullion
/ 'bʊliən /

释 *n.* 金条，银条 gold and silver in the form of bars
例 People are fond of collecting gold **bullion** this year. 人们今年热衷于收藏金条。
搭 bullion content 贵金属含量　　派 bullionism *n.* 重金主义

contagion
/ kən'teɪdʒən /
填

释 *n.* 传染 infection
例 Cholera is spread by **contagion**. 霍乱因传染而蔓延。
派 contagious *adj.* 感染性的

autonomous ■ / ɔː'tɑːnəməs / 阅｜填	释 **adj.** 自治的 self-governing 例 This **autonomous** region has witnessed a quick development of the whole country. 这个自治区见证了整个国家的快速发展。 搭 autonomous region 自治区　　　派 autonomy n. 自治权
sanguine / 'sæŋgwɪn / 阅｜填	释 **adj.** 乐观的；有望的 cheerful; hopeful 例 The team are not **sanguine** about the outcome of the football game. 队员们对足球比赛的结果不是那么乐观。 搭 sanguine about sth/that 对…充满希望的 派 sanguinely adv. 乐观地，充满希望地 sanguineness n. 乐观
expedite ■ / 'ekspədaɪt / 阅	释 **v.** 促进，加快（进程）hasten 例 Please **expedite** the repairs to my bike as much as possible. 请尽快修好我的自行车。
deify / 'deɪɪfaɪ / 阅	释 **v.** 把…神化 turn into a god; idolize 例 Some people **deify** power. 有些人把权力神化了。 派 deification n. 神化，奉若神明
alimentary / ˌælɪ'mentəri / 阅	释 **adj.** 提供营养的，消化的 supplying nourishment 例 There must be something wrong with his **alimentary** canal. 他的消化道肯定出问题了。 搭 alimentary canal 消化道　　　派 alimental adj. 食物的，富有营养成分的
vehement / 'viːəmənt / 阅｜填	释 **adj.** 猛烈的，（情感）热烈的 forceful; intensely emotional; with marked vigor 例 He made a **vehement** attack on the government's policy. 他对政府的政策进行了猛烈的抨击。 派 vehemence n. 激烈，热烈
marsupial / mɑːr'suːpiəl / 	释 **n.** 有袋动物 one of a family of mammals that nurse their offspring in a pouch 例 The most common **marsupial** in Australia is the kangaroo. 澳大利亚最常见的有袋类动物是袋鼠。
repudiate ■ / rɪ'pjuːdieɪt / 阅｜填	释 **v.** 断绝关系；否认 disown; disavow 例 The son **repudiated** his mother who married a man of his age. 儿子与母亲断绝了来往，因为母亲与一个和他自己岁数差不多的人结了婚。 派 repudiation n. 否认；断绝关系
diabolical / ˌdaɪə'bɑːlɪkl / 	释 **adj.** 恶魔似的，残忍的 devilish 例 This is an incredibly **diabolical** trick. 这真是条恶毒至极的诡计。 派 diabolically adv. 恶魔般地，非常恼人地

intangible

/ ɪn'tændʒəbl /

阅 | 填

释 *adj.* 感觉不到的，无形的 not able to be perceived by touch; vague

例 Goodwill, patents, trademarks, copyrights, and franchise are all **intangible** assets. 商誉、专利权、商标、版权以及专营权都是无形资产。

派 intangibly *adv.* 模糊地；触摸不到地

insolence

/ 'ɪnsələns /

阅 | 填

释 *n.* 傲慢无礼 impudent disrespect; haughtiness

例 His **insolence** was one factor that led to their divorce. 他的傲慢是导致他们离婚的原因之一。

派 insolent *adj.* 无理的，傲慢的

molt

/ moʊlt /

释 *v.* 脱毛，换毛 shed or cast off hair or feathers

例 When does canary start to **molt**? 金丝雀什么时候开始换羽毛？

chauvinist

/ 'ʃoʊvɪnɪst /

阅 | 填

释 *n.* 盲目的爱国者 blindly devoted patriot

例 We should express our love to the motherland in a proper way instead of being a **chauvinist**. 我们应该用恰当的方式表达对祖国的爱，而不应成为盲目的爱国者。

派 chauvinistic *adj.* 盲目爱国的

rebuke

/ rɪ'bjuːk /

阅 | 填

释 *v.* 指责，谴责 scold harshly; criticize severely *n.* 叱责 sharp reproof

例 The teacher **rebuked** him for being late for class. 老师指责他上课迟到。

搭 rebuke sb (for sth) 指责或非难某人

acclivity

/ ə'klɪvɪti /

填

释 *n.* 向上的陡坡 sharp upslope of a hill

例 You should slow down when driving up the **acclivity**. 开车上坡时应降低车速。

派 acclivitous *adj.* 倾斜的，向上斜的

hulking

/ 'hʌlkɪŋ /

释 *adj.* 庞大笨重的 massive; bulky; great in size

例 I have difficulties moving this **hulking** bookshelf. 我搬不动这个笨重的书架。

派 hulk *n.* 废船；笨重的船；船体

rig

/ rɪg /

释 *v.* 装配；操纵 fix or manipulate

例 The candidates for the presidential campaign are usually **rigged** by the so-called "special interest groups". 总统竞选人通常被所谓的"特殊利益集团"操控。

搭 rig sb out (in/with sth) 向某人提供（衣物或装备）

Word List 26

implore / ɪm'plɔːr / 填	释 *v.* 恳求，哀求 beg 例 She **implored** him to help her. 她恳求他的帮助。 搭 implore sth/implore sb to do sth 恳求…；恳求某人做某事 派 imploring *adj.* 哀求的
encomium / en'koʊmiəm /	释 *n.* 高度赞扬；赞词，颂词 high praise; eulogy 例 The writer's **encomium** was acknowledged by the world. 这位作家的颂词获得了世人的认可。
gustatory / 'gʌstə,tɔri /	释 *adj.* 尝味的，味觉的 affecting the sense of taste 例 Good cuisine gives people **gustatory** pleasure. 美食给人味觉上的享受。 搭 gustatory sensation 味觉
ambidextrous / ,æmbi'dekstrəs / 阅	释 *adj.* 两手都善用的 capable of using either hand with equal ease 例 To be a first-class basketball guard, the player is supposed to be naturally **ambidextrous**. 想要成为一流的篮球后卫，球员应该能自然运用左右手。 派 ambidextrousness *n.* 两手都灵巧
paramount / 'pærəmaʊnt / 阅 | 填	释 *adj.* 最重要的，至高无上的 foremost in importance, supreme 例 Loyalty is of **paramount** importance in marriage. 忠诚在婚姻中至关重要。 搭 be paramount to 高过，优于　　派 paramountcy *n.* 最高权威
transcendent / træn'sendənt / 阅	释 *adj.* 卓越的，出众的 surpassing; exceeding ordinary limits; superior 例 These traditional moral values are awesome and **transcendent**. 这些传统的道德观是令人敬畏和卓越的。
depreciate / dɪ'priːʃieɪt / 阅 | 填	释 *v.* 贬值 lessen in value 例 If you buy a new car, it will rapidly **depreciate** in value. 如果你买一部新车，它会迅速贬值。 派 depreciation *n.* 折旧，贬值
illicit ● / ɪ'lɪsɪt / 阅 | 填	释 *adj.* 违法的，不正当的 illegal 例 He was once engaged in **illicit** sale of liquor. 他曾经从事非法售酒。 派 illicitly *adv.* 违法地

bristling
/ 'brɪslɪŋ /
阅

释 *adj.* 竖立的；发怒的 rising like bristles; showing irritation
例 Bristling fur will make some animals look larger than they are. 将毛竖起来将会使某些动物看起来比实际上更大。
派 bristle *v.* 竖起；发怒

laggard ●
/ 'lægərd /
阅

释 *adj.* 迟钝的，懒散的 slow; sluggish
例 As an apprentice, you shouldn't be laggard in carrying out orders. 作为一个学徒，你不应该在执行命令时表现得懒散。
派 laggardly *adv.* 行动缓慢地

vaporize ●
/ 'veɪpəraɪz /
阅

释 *v.* 使蒸发，使汽化 turn into vapor (steam, gas, fog, etc.)
例 The sun's heat vaporizes the water of the ocean. 太阳的热能将海水蒸发。
派 vaporization *n.* 蒸发；喷雾器；蒸馏器

accord
/ ə'kɔːrd /
阅 | 填

释 *n.* 一致，符合 agreement
例 What you do should be in accord with what you say. 你的言行应该一致。
搭 in accord with sb/sth 与…一致；with one accord 全体一致，一致地

regale
/ rɪ'geɪl /
阅 | 填

释 *v.* 热情招待，款待 entertain
例 The newly-wed couple regaled the distinguished guests with a feast at a magnificent hotel. 这对新婚夫妇在一家豪华酒店宴请贵宾。
搭 regale sb with sth （用故事、笑话等）使某人快乐或喜悦

flora
/ 'flɔːrə /
阅 | 填

释 *n.* 植物群 plants of a region or era
例 Flora is so precious for dry cities. 对于干旱的城市来说，植物群是非常珍贵的。

imputation
/ ˌɪmpjuˈteɪʃn /

释 *n.* 归咎；非难；责备 accusation; charge; reproach
例 She was angry about the imputation against her work. 她为自己的工作成果受到非难而感到生气。
派 imputable *adj.* 可归咎的；可归因的

gullible ■
/ 'gʌləbl /
阅 | 填

释 *adj.* 易受骗的 easily deceived
例 She was so gullible that she would believe everything he said. 她那时太容易受骗了，他说什么她都会相信。
派 gullibility *n.* 轻信

ornithology
/ ˌɔːrnɪˈθɑːlədʒi /

释 *n.* 鸟类学 study of birds
例 His studies of Chinese birds are greatly influenced by the course of ornithology. 他对中国鸟类的研究是由于极大地受到了鸟类学课程的影响。
派 ornithic *adj.* 鸟类的，禽类的

impudence ■
/ 'ɪmpjədəns /
阅 | 填

释 *n.* 轻率；鲁莽；傲慢 impertinence; insolence
例 I felt regretful for my gross impudence. 我为自己如此轻率而感到懊恼。
派 impudent *adj.* 粗鲁的，不恭的

pernicious ●
/ pər'nɪʃəs /

阅

释 *adj.* 有害的，恶性的 very destructive
例 The **pernicious** impact drug dealing has on urban society includes destroyed families and increased crimes. 毒品交易对都市社会的恶性影响包括家庭破裂和犯罪的增加。
搭 pernicious anaemia 恶性贫血　派 perniciously *adv.* 有害地，有毒地

---

corroborate ■
/ kə'rɑːbəreɪt /

阅

释 *v.* 确证，支持 confirm; support
例 There is no evidence to **corroborate** these claims. 没有证据支持这些说法。
派 corroboration *n.* 确证，支持

---

mammoth
/ 'mæməθ / 阅

释 *adj.* 巨大的；体积庞大的 gigantic; enormous
例 It is a **mammoth** task to relocate the zoo. 动物园搬迁是一项艰巨的任务。

---

felon
/ 'felən / 阅丨填

释 *n.* （法律）重罪犯 person convicted of a grave crime
例 It's forbidden to bail a **felon** out. 禁止保释重罪犯。

---

centigrade
/ 'sentɪɡreɪd /

阅

释 *adj.* 摄氏的 measure of temperature used widely in Europe
例 The temperature outside now is minus six degree **centigrade**. 现在外面的温度是零下六摄氏度。
搭 centigrade scale 摄氏温标，百分刻度

---

rail
/ reɪl /

阅

释 *v.* 责骂，怒斥 scold; rant
例 A person who always **rails** against fate can achieve nothing. 一个总是抱怨命运不好的人只会一事无成。
搭 rail at/against sb/sth 极力抱怨、挑剔或责备某人/某事物

---

temperate
/ 'tempərət /

阅丨填

释 *adj.* 有节制的，适度的；（气候等）温和的 restrained; self-controlled; moderate in respect to temperature
例 If you are not **temperate** in your eating in spring, you may gain excessive weight and look obese in summer. 如果你春天不控制饮食，那么就容易长胖，导致夏天看起来很臃肿。
派 temperately *adv.* 有节制地

---

plumb
/ plʌm /

阅

释 *adj.* 测垂直的；垂直的 checking perpendicularity; vertical *v.* 查明，探明；用铅锤测深 examine critically in order to understand; measure depth (by sounding)
例 Drop a **plumb** line down from the ceiling to check whether the walls lean. 从天花板上悬一根铅垂线检查一下墙是否倾斜。// The female writer tries to **plumb** men's innermost emotions in her novels. 这位女性作家试图在她的小说中探究男性内心最深处的情感。
搭 plumb line 铅垂钱；plumb the depths (of despair/misery/bad taste etc.)（绝望/痛苦/品味恶俗等）至极
派 plumbless *adj.* 深不可测的，无底的 plumbness *n.* 垂直

---

calamity
/ kə'læməti /
阅

释 *n.* 灾难，不幸 disaster; misery
例 Calamity brought together people of the whole nation. 灾难让全国人民团结一心。
搭 calamity prophet 对前途失去信心的人　派 calamitous *adj.* 灾难的；不幸的

objective
/ əb'dʒektɪv /
阅 | 填

释 *adj.* 客观的，无偏见的 not influenced by emotions; fair *n.* 目标，目的 goal; aim
例 It is the work ethic that a journalist should be completely objective. 新闻记者不应当有丝毫偏见是职业道德。// A doctor's degree in psychology was my ultimate objective. 心理学博士学位是我的终极目标。
派 objectively *adv.* 客观地 object *n.* 目标

wry
/ raɪ / 阅

释 *adj.* 扭曲的；嘲弄的 twisted; with a humorous twist
例 A wry smile spread over his face. 他的脸上出现一副苦笑。

adhere
/ əd'hɪr /
阅

释 *v.* 黏附 stick fast
例 What is that stuff adhering to your coat? 黏在你外套上的是什么东西？
搭 adhere to sth 黏附，附着　　　　派 adhesion *n.* 黏附（力），黏着（力）

enfranchise
/ ɪn'fræntʃaɪz /
阅 | 填

释 *v.* 给予…公民权（尤指选举权）to admit to the rights of citizenship (especially the right to vote)
例 Women in this country were enfranchised. 这个国家的女性获得了选举权。
派 enfranchisement *n.* 参政，选举

warranty
/ 'wɔːrənti /

释 *n.* 保证；保修证书 guarantee; assurance by seller
例 This product comes with lifetime warranty. 这件产品有终身保修。

entity
/ 'entəti /
阅

释 *n.* 实体 real being
例 The country eventually becomes a separate political entity after years of independent war. 经过多年的独立战争，这个国家终于变成了一个独立的政治实体。

sibling
/ 'sɪblɪŋ /
阅 | 填

释 *n.* 兄弟姐妹；同胞 brother or sister
例 When encountered with economic benefit, siblings may run into conflicts. 在经济利益面前，兄弟姐妹之间也可能产生冲突。

responsiveness
/ rɪ'spaːnsɪvnəs /

释 *n.* 应答（性），反应（性）state of reacting readily to appeals, orders, etc.
例 The author illustrated the quick responsiveness of the public to Mother Teresa's death at the very beginning of the article. 作者在文章开头就阐述了公众对特蕾莎修女去世所作出的快速反应。

saturate ■
/ ˈsætʃəreɪt /

释 *v.* 浸透，使充满 soak thoroughly
例 We are planning to go on a vacation on the beach and be **saturated** in sunshine this weekend. 我们计划周末去海边度假，尽情沐浴在阳光里。
搭 saturate sth (with/in sth) 浸湿或浸透某物
派 saturated *adj.* 浸透的；饱和的 saturation *n.* 浸透；饱和

---

swarthy
/ ˈswɔːrði /

释 *adj.* 黝黑的，黑皮肤的 dark; dusky
例 With **swarthy** complexion and strong muscles, he is very popular with young girls. 他肤色黝黑，肌肉发达，深受少女的喜爱。

---

progenitor
/ proʊˈdʒenɪtər /
阅 | 填

释 *n.* 祖先，起源 ancestor
例 The theory of ape being the **progenitor** of human being has been questioned. 猿是人类祖先的理论已经受到质疑。

---

ellipsis
/ ɪˈlɪpsɪs /

释 *n.* 省略，漏词 omission of words from a text
例 Many **ellipses** make the novel difficult to understand. 多处省略使这本小说很难理解。

---

nauseate
/ ˈnɔːzieɪt /
填

释 *v.* 使恶心，使厌恶 cause to become sick; fill with disgust
例 The frying smells began to **nauseate** him. 油炸的气味让他想吐。
派 nauseating *adj.* 令人恶心的，使人厌恶的

---

repulsion
/ rɪˈpʌlʃn /

阅

释 *n.* 厌恶；排斥 distaste; act of driving back
例 I felt a dramatic shudder of **repulsion** at the sight of so many dead rats lying on the street. 看到那么多死老鼠躺在大街上，我恶心得浑身发抖。
搭 repulsion for sb/sth 厌恶某人/某事
派 repulsive *adj.* 令人厌恶的；排斥的

---

amorous
/ ˈæmərəs /

填

释 *adj.*（尤指性）爱的；爱情的，多情的 moved by sexual love; loving
例 With his **amorous** nature, he has been familiar with many girls. 他天性多情，跟很多女孩子都很熟络。
派 amorously *adv.* 多情地；好色地

---

inalienable
/ ɪnˈeɪliənəbl /

释 *adj.* 不可剥夺的；（指权利等）不能让与的 not to be taken away; nontransferable
例 People are born with the **inalienable** rights of freedom. 人生来就有不可剥夺的自由权利。
派 inalienability *n.* 不能让与；不能夺取

---

passive
/ ˈpæsɪv /

阅 | 填

释 *adj.* 消极的，被动的 not active, acted upon
例 **Passive** smoking can be even more hazardous than active smoking. 被动吸烟比主动吸烟危害更大。
派 passiveness *n.* 被动，顺从

---

scavenge / ˈskævɪndʒ / 阅	释 *v.* 从废物中提取（有用物质）；以（腐肉）为食 hunt through discarded materials for usable items; search, especially for food 例 The mentally handicapped child was abandoned by his parents at the age of three, and he has **scavenged** through dustbins for food ever since. 这个智障孩子三岁就被父母抛弃了，从那以后他就一直在垃圾箱里寻找食物吃。 搭 scavenge for sth 以…为食 派 scavenger *n.* 捡破烂的人；食腐肉的兽或鸟
germinal / ˈdʒɜːrmɪnəl /	释 *adj.* 幼芽的，萌发的；有创造性的 pertaining to a germ; creative 例 Don't frustrate the students with **germinal** creative ideas. 别让刚刚冒出新鲜创意的学生灰心。
ceremonious / ˌserəˈmoʊniəs / 阅	释 *adj.* 正式的，隆重的 marked by formality 例 It is appropriate to wear suit at such a **ceremonious** affair. 这么隆重的场合穿西装才合适。 派 ceremoniousness *n.* 礼仪，仪式
caldron / ˈkɔːldrən /	释 *n.* 大水壶 large kettle 例 It seems that people seldom use **caldrons** these days. 似乎人们如今很少使用大水壶了。
corrugated ● / ˈkɔːrəɡeɪtɪd /	释 *adj.* 弄皱的，起皱的 wrinkled; ridged 例 As to the outer packing, we plan to use **corrugated** cardboard boxes. 至于外包装，我们计划采用波状纸板箱。
prodigal ■ / ˈprɑːdɪɡl / 阅	释 *adj.* 极浪费的，挥霍的 wasteful; reckless with money 例 The teacher is **prodigal** of her praises and smiles to the students. 这个老师从不吝啬对学生的表扬和微笑。 搭 prodigal of/with 大量的，富于；不吝啬，慷慨的 派 prodigalize *v.* 浪费，挥霍
ameliorate / əˈmiːliəreɪt /	释 *v.* 改善，改进 improve 例 The federal government is doing its best to **ameliorate** the living conditions of people. 联邦政府正在尽全力改善人民的生活水平。 派 amelioration *n.* 改善，改进
venerate ■ / ˈvenəreɪt / 阅 | 填	释 *v.* 崇敬，崇拜 revere 例 Most Italians **venerate** the name of Dante. 大多数意大利人都崇拜但丁这个名字。 派 veneration *n.* 尊敬，崇拜
promiscuous / prəˈmɪskjuəs /	释 *adj.* 杂乱的；偶尔的；淫乱的 mixed indiscriminately; haphazard; irregular, particularly sexually 例 Those who live **promiscuous** lives are vulnerable to drug abuse. 生活淫乱的人很容易吸毒。 搭 at a promiscuous manner 胡乱地，不分青红皂白地 派 promiscuity *n.* 混杂；乱交

hypercritical
/ ˌhaɪpəˈkrɪtɪkl /

释 *adj.* 吹毛求疵的，批评苛刻的 excessively exacting
例 It is so tired to work with her, because she is always **hypercritical**. 跟她一起工作很累，因为她总是吹毛求疵。
派 hypercritically *adv.* 吹毛求疵地

填

genesis
/ ˈdʒenəsɪs /

释 *n.* 起源 beginning; origin
例 This book talks about the **genesis** about Indian civilization. 这本书讲述的是印度文明的起源。

didactic
/ daɪˈdæktɪk /

释 *adj.* 教学的，教导的；说教的 teaching; instructional
例 His speech to the new freshmen was painfully **didactic**. 他的演说对于新人来说是一种痛苦的说教。

阅 | 填

supposition
/ ˌsʌpəˈzɪʃn /

释 *n.* 假定，推测 hypothesis; the act of supposing
例 The journalist was dismissed for having written a newspaper article based on his random **supposition**. 这名记者被解雇了，原因是他全凭自己的推测写了一篇新闻文章。
派 suppose *v.* 假定；猜想

阅

buffoonery
/ bəˈfuːnəri /

释 *n.* 滑稽 clowning
例 We all like the actor's **buffoonery**. 我们都喜欢这位演员的滑稽表演。
派 buffoon *n.* 丑角；滑稽剧演员

阅

incentive
/ ɪnˈsentɪv /

释 *n.* 刺激；诱因，动机 spur; motive
例 Consumers react to **incentives**. 消费者会对诱因做出反应。
搭 incentive for/to sb/sth (to do sth) 激励，刺激某人做某事

阅 | 填

baroque
/ bəˈroʊk / 填

释 *adj.* 巴洛克风格的 highly ornate
例 Can you appreciate **baroque** music? 你能欣赏巴洛克风格的音乐吗？

parasite
/ ˈpærəsaɪt /

释 *n.* 寄生虫；谄媚者 animal or plant living on another; toady; sycophant
例 Instead of being a **parasite** on my parents, I earn my own way. 我自己养活自己，不做父母的寄生虫。
派 parasitic / parasitical *adj.* 寄生的

ascendancy ■
/ əˈsendənsi /

释 *n.* 优势，支配地位 controlling influence; domination
例 Leaders of the religious cults remain in complete **ascendancy** over their followers. 邪教领导对教众拥有绝对的支配权力。
搭 have ascendancy over sb 对…占有优势，对…占有支配地位
派 ascendant *adj.* 优越的，占支配地位的

阅

absolute
/ ˈæbsəluːt /

释 *adj.* 完全的，无限制的，绝对的 complete; totally unlimited; certain
例 The lawyer brought the **absolute** proof that the judge needed. 律师带来了法官需要的确凿证据。
搭 absolute majority 绝对多数；absolute zero 绝对零度；absolute temperature 绝对温度
派 absoluteness *n.* 绝对，无限制

阅

292
□ hypercritical　■ genesis　□ didactic　□ supposition　■ buffoonery　■ incentive
□ baroque　■ parasite　□ ascendancy　□ absolute

uncanny / ʌnˈkæni / 阅	释 *adj.* 离奇的；神秘的 strange; mysterious 例 Bob has an **uncanny** ability to know where it's going to rain. 鲍勃有一种非常诡异的能力，知道哪里要下雨。 派 uncannily *adv.* 神秘地，不寻常地
vestige / ˈvestɪdʒ / 阅	释 *n.* 痕迹，残余 trace; remains 例 Some upright stones in wild places are the **vestige** of ancient religions. 荒原上一些直立的石块是古老宗教的遗迹。 派 vestigial *adj.* 退化的；残余的
coy / kɔɪ / 阅	释 *adj.* 害羞的，腼腆的 shy; modest; coquettish 例 She gave a **coy** smile when he paid her a compliment. 他恭维她时，她腼腆地笑了笑。
neologism / niˈɑːlədʒɪzəm /	释 *n.* 新词 new or newly coined word or phrase 例 Sometimes, I can not quite understand the **neologism** used in the Internet. 有时，我不能完全理解互联网中使用的新词。 派 neologize *v.* 创造新词，使用新词
verve / vɜːrv / 阅	释 *n.* 气魄，神韵；活力 energy in expressing ideas, especially artistically; liveliness 例 His performance is full of passion and **verve**. 他的表演充满热情和活力。
enamored / ɪˈnæmərd /	释 *adj.* 喜爱的，迷恋的 in love 例 She is **enamored** of her sweet voice. 她陶醉于自己甜美的嗓音中。 搭 be enamored of/with sth 喜欢某事物，倾心于某事物
deplore ■ / dɪˈplɔːr / 阅丨填	释 *v.* 遗憾，悲叹；不满，谴责 regret; disapprove of 例 People **deplore** the present state of morality. 人们悲叹世风日下。 派 deplorable *adj.* 可叹的，凄惨的
gentry / ˈdʒentri /	释 *n.* 上流社会的人，乡绅 people of standing; class of people just below nobility 例 He gets along well with the local **gentry**. 他和当地的乡绅相处融洽。
optimum / ˈɑːptɪməm /	释 *adj.* 最佳的 most favorable 例 I do some physical activities three times a week for **optimum** health. 为了达到最佳的健康状况，我每周进行三次体育锻炼。 派 optimal *adj.* 最佳的，最理想的
ascribe / əˈskraɪb / 阅丨填	释 *v.* 归因于 refer; attribute; assign 例 His teacher **ascribes** his high mark to the lasting efforts. 老师把他的好成绩归因于他的不懈努力。 搭 ascribe sth to sb/sth 把…归因于　　　派 ascription *n.* 归因
garbled / ˈgɑːrbld /	释 *adj.* 混淆的，歪曲的 mixed up; jumbled; distorted 例 I was confused by his **garbled** account of what had happened. 他对之前发生的事情的混乱描述把我弄糊涂了。

redolent
/ 'redələnt /

释 *adj.* 芬芳的 fragrant; odorous; suggestive of an odor
例 It is March, and the air is **redolent** of Spring. 现在是三月，空气里散发着春天的芳香。
派 redolence *n.* 芬芳，香味

vicarious
/ vaɪ'keriəs /
阅 | 填

释 *adj.* 替代别人的，替代的 acting as a substitute; done by a deputy
例 She is not content with her **vicarious** authority. 她不甘心只拥有一个代理的职权。

fatuous
/ 'fætʃuəs /

填

释 *adj.* 愚蠢的；傻的 foolish; inane
例 It seems he doesn't know that what he said is so **fatuous**. 他似乎不知道他所说的话是多么愚蠢。
派 fatuously *adv.* 愚昧地，昏庸地

arid
/ 'ærɪd /
阅 | 填

释 *adj.* 干旱的；贫瘠的 dry; barren
例 The farmers had a poor harvest in the **arid** zones. 干旱地区的农民收成很差。
搭 arid climate 干燥气候　　　派 aridity *n.* 干旱，荒芜

ephemeral ■
/ ɪ'femərəl /
阅 | 填

释 *adj.* 短命的，短暂的 short-lived; fleeting
例 After the **ephemeral** joys, they threw themselves into hard work again. 短暂的欢乐之后，他们又投入到了艰苦的工作中。

doleful
/ 'doʊfl /

阅 | 填

释 *adj.* 悲伤的 sorrowful
例 From his **doleful** expression, the mother knew he failed again. 看到他垂头丧气的样子，母亲知道他又失败了。
派 dolefully *adv.* 悲伤地

entrance
/ 'entrəns /

阅

释 *v.* 使狂喜，使着迷 put under a spell; carry away with emotion
例 We were completely **entranced** by/with the beautiful scene. 我们完全陶醉在美丽的风景中。
搭 entrance sb (by/with sth) 使某人（着魔般）狂喜，着迷

sustain ■
/ sə'steɪn /

阅

释 *v.* 承受；支撑，维持 experience; support; nourish
例 The death of his beloved wife was so heartbreaking that he could hardly **sustain** the grief. 心爱的妻子的去世让他非常难过，他几乎无法承受这种心碎的悲伤。
派 sustainable *adj.* 可以承受的；足可支撑的

flag
/ flæg /
阅 | 填

释 *v.* 萎靡；变弱 droop; grow feeble
例 He **flagged** due to a series of failures. 他因为屡遭失败而萎靡不振。
派 flagging *adj.* 衰弱的

hardy ■
/ 'hɑːrdi /
释 *adj.* 强壮的；坚强的；吃苦耐劳的 sturdy; robust; able to stand inclement weather
例 She is a **hardy** person. 她是个坚强的人。
派 hardiness *n.* 耐久力，顽强

phoenix
/ 'fiːnɪks /
阅
释 *n.* 死而复生的人或事 symbol of immortality or rebirth
例 The city of Tangshan rose like a **phoenix** from the ashes after its destruction during the 1976 earthquake. 唐山这座城市在1976年的毁灭性大地震后浴火重生。
搭 rise like a phoenix from the ashes 复活，重生

elegy ●
/ 'elədʒi /
阅
释 *n.* 挽歌，挽诗 poem or song expressing lamentation
例 He wrote an **elegy** to express his sorrow for his good friend's death. 他写了一首挽歌来表达对好友离世的悲痛。

plummet
/ 'plʌmɪt /
释 *v.* 暴跌 fall sharply
例 House prices have **plummeted** to a two-month low since the beginning of the year. 从年初开始，房价已暴跌至两个月以来的新低。
搭 plummet from...to... 从…暴跌到…

exertion
/ ɪg'zɜːrʃn /
阅
释 *n.* 努力；费力 effort; expenditure of much physical work
例 He couldn't move the furniture in spite of all his **exertion**. 虽然他竭尽全力，但仍未能挪动那件家具。

arsenal
/ 'ɑːrsənl /
阅
释 *n.* 军械库 storage place for military equipment
例 The rebels wanted to seize the government army's **arsenal**. 叛军意图占领政府军的军火库。

corrosive
/ kə'roʊsɪv /
阅 | 填
释 *adj.* 腐蚀的 eating away by chemicals or disease
例 Please do not wipe the outer surface with acid, alkali or other **corrosive** solutions. 请勿用酸、碱或其他腐蚀性溶液来擦拭外表面。
派 corrode *v.* 侵蚀，腐蚀

inarticulate
/ ˌɪnɑːr'tɪkjələt /
填
释 *adj.* 说不出话的，无言的；口齿不清的 speechless; producing indistinct speech
例 She was so excited that she became **inarticulate**. 她激动得都说不出来话了。
派 inarticulately *adv.* 口齿不清地，含糊不清地

indubitable
/ ɪn'duːbɪtəbli /
释 *adj.* 不容置疑的，确实的 unable to be doubted; unquestionable
例 This film is considered to be an **indubitable** classic. 这部电影被认为是一部不容置疑的经典。
派 indubitably *adv.* 不容置疑地；明确无疑地

elated ■ / ɪ'leɪtɪd / 阅	释 **adj.** 兴高采烈的，欢欣鼓舞的 overjoyed; in high spirits 例 The girl was **elated** at the news. 女孩听到这个消息后喜出望外。 搭 elated at/by sth 因…情绪高昂
rarefied / 'rerəfaɪd / 阅	释 **adj.** 稀薄的 made less dense [of a gas] 例 The air of the mountain is so **rarefied** that many climbers have great difficulty breathing. 这座山的空气太稀薄，很多登山者呼吸非常困难。 派 rarefy v.（使）变稀薄
wither / 'wɪðər / 阅｜填	释 **v.** 枯萎；衰退 shrivel; decay 例 In autumn the leaves **wither** and fall off the trees. 秋天，树叶枯萎并从树上落下来。
lampoon ● / læm'puːn /	释 **v.**（用文章）挖苦，讥讽 ridicule **n.** 讽刺文章 a piece of writing that ridicules a person, a book, etc. 例 The young writer's first novel mercilessly **lampooned** the leading politicians of the day. 这位年轻作家的第一部小说无情地挖苦了当今的政界要人。 派 lampooner n. 讽刺文作者
abundant / ə'bʌndənt / 阅｜填	释 **adj.** 丰富的，充裕的 plentiful; possessing riches or resources 例 China has a vast territory and **abundant** resources. 中国土地辽阔，资源丰富。 派 abundance n. 丰富，充裕
connubial / kə'nuːbiəl /	释 **adj.** 婚姻的 pertaining to marriage or the matrimonial state 例 He did not experience any **connubial** pleasure from his marriage. 他从他的婚姻中没有体验到任何结婚的快乐。
ichthyology / ˌɪkθi'alədʒi /	释 **n.** 鱼类学 study of fish 例 He is an expert in **ichthyology** area. 他是一个鱼类学专家。 派 ichthyologic adj. 鱼类学的

moodiness
/ 'muːdinəs /

释 *n.* 郁郁寡欢，闷闷不乐 fits of depression or gloom
例 Her **moodiness** may have been caused by her poor health. 她的喜怒无常可能是身体欠佳所致。
派 moodily *adv.* 心情不稳地，易生气地

imprudent
/ ɪmˈpruːdnt /

阅 | 填

释 *adj.* 轻率的；鲁莽的 lacking caution; injudicious
例 You met him only a month ago. It would be **imprudent** of you to marry him. 你一个月前刚认识他，现在就决定和他结婚太草率了。
派 imprudently *adv.* 轻率地；鲁莽地

incidence
/ 'ɪnsɪdəns /

阅 | 填

释 *n.* 发生频率；发生，出现 rate of occurrence; particular occurrence
例 More systematic regulations should be set up to reduce the **incidence** of crime. 更系统的法规体系需要被建立起来，以降低犯罪率。
搭 incidence of sth …的发生率

plutocracy
/ pluːˈtɑːkrəsi /

释 *n.* 财阀政府 society ruled by the wealthy
例 A **plutocracy** cares nothing but the benefit of the rich. 财阀政府只在乎富人的利益。

tenure
/ 'tenjər /

阅

释 *n.* （土地、职位等的）保有任期 holding of an office; time during which such an office is held
例 The **tenure** of the Chinese presidency is five years. 中国国家主席的任期是五年。

chivalrous
/ 'ʃɪvlrəs /

阅

释 *adj.* 彬彬有礼的；侠义的；勇武的 courteous; faithful; brave
例 She is married to a truely **chivalrous** man. 她嫁给了一位彬彬有礼的男士。
派 chivalry *n.* （中世纪的）骑士制度

confound ■
/ kənˈfaʊnd /
阅 | 填

释 *v.* 使混淆；使困惑 confuse; puzzle
例 Don't **confound** right with wrong! 不要混淆是非！
派 confounded *adj.* 困惑的；糊涂的

scurvy
/ 'skɜːrvi /

释 *adj.* 可悲的；卑鄙的 despicable; contemptible
例 The criminal gang defrauded the elderly of their money and belongings by playing **scurvy** tricks on them. 这个犯罪团伙依靠卑鄙的花招骗取老人的钱财。
派 scurvily *adv.* 卑鄙地，下流地

☐ moodiness   ☐ imprudent   ☐ incidence   ☐ plutocracy   ☐ tenure   ☐ chivalrous
☐ confound   ☐ scurvy

matriarch
/ ˈmeɪtrɑːrk /
阅 | 填

释 *n.* 女族长，女家长 woman who rules a family or larger social group
例 The **matriarch** ruled her tribe with a strict hand. 女族长用严格的手段管理部落的人。
派 matriarchal *adj.* 女家长的；母系氏族的

---

decadence
/ ˈdekədəns /
阅 | 填

释 *n.* 颓废，衰退 decay
例 His article has the power to turn **decadence** into legend. 他的文章具有化腐朽为神奇的力量。

---

heed
/ hiːd /
阅 | 填

释 *v.* 注意，留心 pay attention to; consider
例 You need to pay **heed** to the teacher's word. 你应该好好考虑老师说的话。
搭 take/pay heed to sb's word 注意/认真考虑…的话

---

commodious
/ kəˈmoʊdiəs /

阅

释 *adj.* 宽敞舒适的 spacious and comfortable
例 The couple is seeking to rent a **commodious** apartment. 这对夫妻想租一套宽敞舒适的房子。
派 commodiously *adv.* 宽阔地；方便地

---

convoke
/ kənˈvoʊk /

阅 | 填

释 *v.* 召集 call together
例 When it is necessary, the King may **convoke** an extraordinary session of the National Assembly. 必要的时候，国王可以召集一次国民大会临时会议。
派 convocation *n.* 召集；集会

---

venial
/ ˈviːniəl /

释 *adj.* 可原谅的；轻微的 forgivable; trivial
例 The **venial** sins are relatively minor and more easily forgiven. 可宽恕的罪都是比较微小且易被原谅的。

---

inveterate
/ ɪnˈvetərət / 填

释 *adj.* 根深的；成癖的 deep-rooted; habitual
例 He is an **inveterate** smoker. 他是个烟瘾很大的人。

---

aghast
/ əˈɡæst /

阅 | 填

释 *adj.* 惊骇的，吓呆的 horrified
例 He was **aghast** at the sight of the traffic accident. 他被交通事故的场景吓呆了。
搭 be aghast at sth 被…震惊，被…吓呆

---

disparity ■
/ dɪˈspærəti /
阅

释 *n.* 差异，不平等 difference; condition of inequality
例 In old society, there were great **disparities** between men and women. 旧社会男女差别很大。

---

rationalize
/ ˈræʃnəlaɪz /

释 *v.* 文过饰非，自圆其说 give a plausible reason for an action in place of a true, less admirable one; offer an excuse
例 The mother tried to **rationalize** her decision to abandon her baby, saying that the baby would live a better life after being adopted by a rich person. 这位母亲设法为抛弃婴儿一事辩解，宣称孩子被富人收养后就能过上更好的生活。
阅 | 填
派 rationalization *n.* 合理化

unruly
/ ʌn'ruːli /
阅

释 *adj.* 不守规矩的，蛮横的 disobedient; lawless
例 The boy was punished for his **unruly** behavior. 那个男孩由于不守规矩而受到了惩罚。
派 unruliness *n.* 任性；无法无天

braggart ■
/ 'brægərt /
阅

释 *n.* 吹牛的人 boaster
例 Everyone knows Jerry is a **braggart** in the class. 大家都知道杰里是班里的吹牛大王。

medley
/ 'medli /

释 *n.* 混合物；混杂 mixture
例 You can make a **medley** of your own favourite songs. 你可以把你自己喜欢的歌曲编在一起。
派 medleyist *n.* 混合泳运动员

indissoluble
/ ˌɪndɪ'saːljəbl /

释 *adj.* 永恒的 permanent
例 Do you believe in the existence of an **indissoluble** friendship? 你相信永恒的友谊的存在吗？
派 indissolubly *adv.* 牢固地，稳定持久地

bluff
/ blʌf /

释 *adj.* 直率的，坦率的 rough but good-natured *n.* 虚张声势；欺骗；悬崖 pretense (of strength); deception; high cliff
例 She is just that kind of person, with a **bluff** way of speaking. 她就是那样的人，说话直来直去。 // The message is only a **bluff**; don't take it seriously. 这条短信不过是唬人罢了，别当真。
派 bluffness *n.* 直率，坦率

disgruntle
/ dɪs'grʌntl /
填

释 *v.* 使不满 make discontented
例 The customers were **disgruntled** by the poor after-sale service. 顾客对糟糕的售后服务很不满。

scoff
/ skɔːf /
阅

释 *v.* 嘲笑，嘲弄 mock; ridicule
例 It's the most impolite to **scoff** at people with physical disabilities. 嘲笑残疾人是极其不礼貌的行为。
搭 scoff at sb/sth 嘲笑某人/某事
派 scoffer *n.* 嘲弄者 scoffingly *adv.* 带冷笑地

context
/ 'kaːntekst /
阅

释 *n.* 上下文 writings preceding and following the passage quoted
例 We can often tell the meaning of a word from its **context**. 我们经常可以通过上下文知道一个单词的意思。
派 contextual *adj.* 上下文的；前后关系的

prophetic
/ prə'fetɪk /
阅 | 填

释 *adj.* 预言的 foretelling the future
例 The science fiction written hundreds of years ago turned out to be **prophetic**. 事实证明这部几百年前的科幻小说是有预见性的。
派 prophesy *v.* 预告，预言

epigram
/ ˈepɪɡræm /

阅

释 *n.* 警句 witty thought or saying, usually short
例 The little boy showed great interest in **epigram**. 小男孩对警句表现出很大的兴趣。
派 epigrammatic *adj.* 警句的

---

exceptionable
/ ɪkˈsepʃənəbl /

释 *adj.* 引起反感的，可抗议的 objectionable
例 Is there anything **exceptionable** in the article? 这篇文章中有什么令人反感的内容吗？

---

substantive
/ səbˈstæntɪv /

阅

释 *adj.* 实体的，真正的；本质的；坚固的 real, as opposed to imaginary; essential; solidly based; substantial
例 The police confirmed that the investigation into this case has made **substantive** progress and the result would be made public soon. 警方证实，这个案件的调查已取得实质性进展，结果不久便将公之于众。

---

perturb
/ pərˈtɜːrb /

释 *v.* 使忧虑，使烦恼 disturb greatly
例 They **perturb** good social order with their lie and propaganda. 他们以谎言和宣传扰乱良好的社会秩序。
派 perturbation *n.* 烦扰，扰乱

---

misconstrue
/ ˌmɪskənˈstruː /

释 *v.* 误解，曲解 interpret incorrectly; misjudge
例 Jacky's words have been **misconstrued**. 杰克的话被曲解了。
派 misconstruction *n.* 误解

---

slither
/ ˈslɪðər /

释 *v.* 滑动；不稳地滑行 slip or slide
例 Our car **slithered** dangerously on the muddy path after it rained cats and dogs for a whole night. 下了一夜的倾盆大雨，我们的车在泥泞的小路上危险地滑行着。
派 slithery *adj.* 光滑的；滑的

---

disenfranchise
/ ˌdɪsɪnˈfræntʃaɪz /

阅 | 填

释 *v.* 剥夺…的权利 deprive of a civil right
例 Poor Southern black people were **disenfranchised** to vote. 贫穷的南方黑人被剥夺了投票权。
派 disenfranchisement *n.* 剥夺权利

---

exegesis
/ ˌeksɪˈdʒiːsɪs /

释 *n.* （尤指对圣经内容的）详细解释，诠释 explanation; interpretation, especially of a biblical text
例 He gave the **exegeses** of selected passages from *Isaiah*. 他对选自《以赛亚书》的章节进行了诠释。
派 exegetical *adj.* 注释的，解释的

---

conformity
/ kənˈfɔːrməti /

阅 | 填

释 *n.* 符合，一致 harmony; agreement
例 The plan was made in **conformity** with his views. 计划按他的意见制定。
派 conform *v.* 符合；遵照

ecclesiastic
/ ɪˌkliːziˈæstɪk /
阅

释 *adj.* 基督教会的 pertaining to the church *n.*（基督教会的）传教士，牧师 clergyman (in the Christian Church)

例 They often organize ecclesiastic activities. 他们经常组织基督教会活动。

vertex
/ 'vɜːrteks /

阅｜填

释 *n.* 顶点，最高点 summit

例 A graph is regular if every vertex has the same degree. 如果一个图的每个顶点都具有相同的度数，则称它是正则图。

派 vertical *adj.* 垂直的，直立的

sage ■
/ seɪdʒ /

阅｜填

释 *n.* 圣人 person celebrated for wisdom

例 Confucius was the 5th-century-BC Chinese sage whose teachings had had a profound influence on Chinese society. 孔子是生活在公元前5世纪的中国圣人，他的学说对中国社会有着深远的影响。

派 sagely *adv.* 贤明地

iniquitous
/ ɪˈnɪkwɪtəs /

释 *adj.* 邪恶的；不公正的 wicked; immoral; unrighteous

例 The goal of this iniquitous plot was to murder the prince. 这个罪恶阴谋的目标是杀害王子。

派 iniquity *n.* 邪恶；极不公正

frond
/ frɑːnd /

释 *n.*（蕨类植物、棕榈树或香蕉树庞大的）叶子（fern; palm or banana）leaf

例 He sat under the palm to hide from the sweltering sunshine with the help of its huge fronds. 他坐在一棵棕榈树下，利用它巨大的叶子遮挡着热得让人透不过气的阳光。

defiance
/ dɪˈfaɪəns /

阅｜填

释 *n.* 违抗，反抗 refusal to yield; resistance

例 The protesters showed their defiance of the official ban on demonstrations. 抗议者对官方的示威禁令表示反抗。

派 defy *v.* 藐视；公然反抗；挑衅

finesse
/ fɪ'nes /
填

释 *n.* 精密的技巧 delicate skill

例 This crisis couldn't be dealt with successfully without the prime minister's finesse. 没有首相的巧妙手段，这次危机就不能成功解决。

extrinsic
/ eks'trɪnsɪk /

释 *adj.* 外在的；非固有的；非本质的 external; not essential; extraneous

例 Intrinsic and extrinsic causes are equally important and indispensable. 内因和外因同等重要，缺一不可。

tyranny
/ 'tɪrəni /

阅｜填

释 *n.* 专制，暴政 oppression; cruel government

例 The writer expressed his hatred of tyranny in his work. 作家在其作品中表达了对暴政的憎恶。

派 tyrant *n.* 暴君；专制君主

---

defray / dɪˈfreɪ /	释 **v.** 支付（费用等）pay the costs of 例 We have enough money to **defray** expenses. 我们有足够的钱来支付开销。 派 defrayal *n.* 支付；支出
deterrent ■ / dɪˈtɜːrənt /	释 **n.** 威慑力量，制止物 something that discourages; hindrance 例 Nuclear weapons are often called "the **deterrent**." 核武器经常被称为"威慑力量"。 派 deter *v.* 制止，阻止
couple / ˈkʌpl / 阅	释 **v.** 结合 join; unite 例 We **couple** the pump with the engine. 我们把水泵与引擎连接起来。
itinerant / aɪˈtɪnərənt /	释 **adj.** 巡回的，巡游的 wandering; traveling **n.** 巡回者（例如传教士、行商等）one who travels from place to place 例 She is going to start **itinerant** performance all over the world next month. 她从下个月开始世界各地巡回演出。
secular / ˈsekjələr / 阅	释 **adj.** 现世的，世俗的 worldly; not pertaining to church matters; temporal 例 There is hardly any Platonic love in this **secular** world. 在这个世俗的世界，很难找到柏拉图式的爱情。 派 secularism *n.* 现世主义；世俗主义 secularist *n.* 现世主义者；世俗主义者
jettison / ˈdʒetɪsn / 填	释 **v.** 抛弃（货物）throw overboard 例 The captain decided to **jettison** much of his cargo when they had a storm. 当他们遇到风暴时，船长决定抛弃船上的大部分货物。
squat / skwɑːt /	释 **adj.** 矮胖的；短粗的 stocky; short and thick 例 The police described the most wanted fugitive in the newspaper as "a **squat**, sturdy man with a mole as big as a bean on the nose". 警方在报纸上是这样描述头号通缉犯的：个子较矮，略胖，鼻子上有一颗豆大的黑痣。
amity / ˈæməti /	释 **n.** 友谊 friendship 例 The nation's efforts enhanced its **amity** with the neighbors. 该国的努力改善了与周边国家的关系。
bilk / bɪlk /	释 **v.** 诈骗 swindle; cheat 例 Some bilkers only **bilk** old people out of jewelries. 有些骗子只诈骗老年人的首饰。 搭 bilk sb out of sth/bilk sth from sb 从…诈骗… 派 bilker *n.* 骗子
filibuster / ˈfɪlɪbʌstər / 填	释 **v.**（议会上）以冗长的演说阻挠议案通过 to block legislation by making long speeches 例 Politicians **filibuster** to block bills. 政客们用长篇大论的演讲来阻止法案的通过。

lurid ●
/ 'lʊrɪd /

阅

释 *adj.* 可怕的，可憎的；耸人听闻的 wild; sensational; graphic; gruesome
例 The reporter gave all the **lurid** details of the murder. 记者对这起凶杀案耸人听闻的细节报道得淋漓尽致。
派 luridly *adv.* 骇人听闻地

---

ingrate
/ 'ɪngreɪt /

阅

释 *n.* 忘恩负义者 ungrateful person
例 He is such an **ingrate** that no one wants to help him. 他是个忘恩负义的人，没有人愿意帮他。

---

iota
/ aɪ'oʊtə /

释 *n.* 极少量 very small quantity
例 Was there even one **iota** of truth in your word? 你的话就没有一丁点是真的吗？

---

distant
/ 'dɪstənt /

释 *adj.* 冷淡的，疏远的 reserved or aloof; cold in manner
例 The singer's **distant** attitude made his fans upset. 歌手冷淡的态度让他的粉丝们很伤心。
派 distantly *adv.* 冷淡地；远离地

---

profound ■
/ prə'faʊnd /

阅 | 填

释 *adj.* 深的；深奥的；完全的 deep; not superficial; complete
例 The criminal said he had experienced a **profound** sense of guilt after accidentally killing the baby. 这个罪犯说他误杀了那个孩子后产生了深深的罪恶感。
派 profundity *n.* 深度；深奥

---

subservient
/ səb'sɜːrviənt /

阅 | 填

释 *adj.* 屈从的；卑屈的；恭顺的 behaving like a slave; servile; obsequious
例 The Principal demanded all the staff should be **subservient** to him, which aroused strong discontent. 校长要求所有的员工都对他毕恭毕敬，这引起了强烈的不满。
搭 be subservient to sb 对某人毕恭毕敬
派 subservience *n.* 谄媚；屈从

---

levy
/ 'levi /

阅 | 填

释 *v.* 征收，征税 impose (a fine); collect (a payment)
例 The local government **levied** consumption taxes on commercial transactions. 当地政府对商业交易征收消费税。
派 leviable *adj.* （税等）可征收的；（商品等）应纳税的

---

crotchety
/ 'krɑːtʃəti /

阅

释 *adj.* 怪癖的，反复无常的 eccentric; whimsical
例 This bold, or perhaps **crotchety**, proposal was instantly controversial. 这个大胆离奇的建议一经提出便立刻引起争议。

---

atheistic
/ ˌeɪθi'ɪstɪk /

阅 | 填

释 *adj.* 无神论的 denying the existence of God
例 William's **atheistic** remarks might violate the religious worshippers. 威廉的无神论言论可能会触犯宗教信徒。
搭 atheistic education 无神论教育　派 atheist *n.* 无神论者

---

amenities
/ əˈmenətiz /
阅

释 *n.* 便利设施；社交礼仪 convenient features; courtesies
例 There are many **amenities** in our community. 我们小区里有许多便利设施。
搭 basic amenities 基础设施

rhapsodize
/ ˈræpsədaɪz /
阅

释 *v.* 狂热地描述 to speak or write in an exaggeratedly enthusiastic manner
例 It's easy for experts to **rhapsodize** about the inspiring stories of successful people, but the most important thing is to be fully aware of one's own merits and shortcomings. 让专家激昂顿挫地讲述成功者的励志故事固然容易，但最重要的是要充分了解自身的优势与不足。
搭 rhapsodize about/over sb/sth 极热情地说或写（某人/某事物的事）

excerpt ●
/ ˈeksɜːrpt /
阅

释 *n.*（诗、书或音乐的）摘抄，目录 selected passage (written or musical) *v.* 摘录，引用 to select (a passage) for quoting
例 You will benefit from always **excerpting** something from the newspaper. 经常从报纸上摘录些东西会对你有益。

martyr
/ ˈmɑːrtər /
阅

释 *n.* 殉道者，烈士；受难者 one who voluntarily suffers death for his or her religion or cause; great sufferer
例 The dead policeman who saved the drowning child is now being regarded as a **martyr**. 这名为救落水儿童而牺牲的警察现在被尊为烈士。
派 martyrize *v.* 使殉难；使受难

bolt
/ boʊlt /
阅 | 填

释 *n.* 门闩；螺栓；一匹（布）door bar; fastening pin or screw; length of fabric *v.* 迅速移动；拴住；囫囵吞吃 dash or dart off; fasten (a door); gobble down
例 Remember to slide the **bolt** into place before going to sleep. 睡觉前记得把插销推上。// The engineer **bolted** the various parts together. 工程师用螺栓把各个部件固定在一起。
搭 bolt A to B; bolt A and B together 用螺栓把A和B固定在一起

paranoia
/ ˌpærəˈnɔɪə /
阅

释 *n.* 妄想症，偏执狂 psychosis marked by delusions of grandeur or persecution
例 Edward suffered from **paranoia**, claiming someone was out to kill him. 爱德华患有妄想症，总说有人要杀他。
派 paranoid *n.* 偏执狂患者 paranoiac *adj.* 偏执狂的

ingenious ■
/ ɪnˈdʒiːniəs /
阅 | 填

释 *adj.* 机灵的，足智多谋的 clever; resourceful
例 He hoped an **ingenious** excuse for his absence could outwit the boss. 他希望一个巧妙的缺席借口能够瞒住老板。
派 ingenuity *n.* 足智多谋；心灵手巧

auspicious
/ ɔːˈspɪʃəs /
阅 | 填

释 *adj.* 吉兆的，幸运的 favoring success
例 Magpies in the morning are **auspicious** to Chinese. 早上看到喜鹊对中国人来说是好兆头。
派 auspiciously *adv.* 吉利地，顺利地

quandary ■ / ˈkwɑːndəri / 阅	释 *n.* 窘困，进退两难 dilemma
	例 The government was put in a great **quandary** when so many taxi drivers went on strike. 当那么多出租车司机罢工时，政府陷入了左右为难的境地。

cupidity / kjuːˈpɪdəti / 阅 | 填	释 *n.* 贪婪 greed
	例 At the sight of the diamond, her eyes sparkled with **cupidity**. 一看到那颗钻石，她眼中就闪烁着贪婪的目光。

innovative / ˈɪnəveɪtɪv / 阅 | 填	释 *adj.* 革新的，创新的 novel; introducing a change
	例 This company has to find an **innovative** way to motivate employees. 这个公司必须找到一种新方法来激励员工。
	派 innovatively *adv.* 创新地

apathy ■ / ˈæpəθi / 阅 | 填	释 *n.* 没有兴趣，冷漠 lack of caring; indifference
	例 His sorrowful childhood led to his **apathy** to others. 悲惨的童年导致他对别人很冷漠。
	派 apathetic *adj.* 无感情的，冷淡的

salubrious / səˈluːbriəs / 阅 | 填	释 *adj.* 有益健康的 promoting good health; healthful
	例 The hotel is well-known far and wide for its **salubrious** climate and tranquil environment. 这家旅馆以其宜人的气候和宁静的环境闻名遐迩。

sedulous / ˈsedʒələs / 阅 | 填	释 *adj.* 勤勉的；孜孜不倦的 diligent; hardworking
	例 A large number of **sedulous** workers are awarded May 1st Labor Medal in China each year. 中国每年都有很多勤奋的工人被授予"五一劳动奖章"。
	派 sedulously *adv.* 孜孜不倦地；勤勉地

specious / ˈspiːʃəs / 阅	释 *adj.* 似是而非的；华而不实的 seemingly reasonable but incorrect; misleading (often intentionally)
	例 It is unlikely that the teacher would accept your **specious** excuse. 老师不可能会接受你这似是而非的借口。
	派 speciousness *n.* 似是而非

buoyant / ˈbuːjənt / 阅 | 填	释 *adj.* 有浮力的；轻松的，活泼的 able to float; cheerful and optimistic
	例 Since she won the first prize in the competition, she was in a **buoyant** mood. 因为在比赛中得了一等奖，她心情很愉快。
	搭 a buoyant economy/market 繁荣的经济/市场
	派 buoy *v.* 使漂浮，使浮起

dowdy / ˈdaʊdi / 阅	释 *adj.* 邋遢的，不整洁的 slovenly; untidy
	例 In a new fashionable wardrobe, she changed her **dowdy** image. 她穿上了新买的时装，改变了邋遢的形象。
	派 dowdily *adv.* 邋遢地

irrelevant
/ ɪˈreləvənt /

阅 | 填

释 *adj.* 不相干的，不切题的 not applicable; unrelated
例 These are two totally **irrelevant** issues. 这是两件完全不相干的事。
搭 be irrelevant to sth/sb 与某物/人不相干
派 irrelevantly *adv.* 不相关地

---

luminary
/ ˈluːmɪneri /

释 *n.* 名人；权贵人物 celebrity; dignitary
例 He became a **luminary** of the mathematics field at last. 他最终成为数学界的杰出人物。

---

incapacitate
/ ˌɪnkəˈpæsɪteɪt /

阅

释 *v.* 使…无力量或能力 disable
例 Illness **incapacitated** him for taking part in the contest. 疾病使他无法参加比赛。
派 incapacitated *adj.* 丧失行为能力的

---

catcall
/ ˈkætkɔːl /

释 *n.* 不满之声，嘘声 shout of disapproval; boo
例 The crowd responded with **catcalls** as soon as he appeared. 他一出现人群就发出一片嘘声。

---

random
/ ˈrændəm /

阅 | 填

释 *adj.* 任意的，随便的 without definite purpose, plan, or aim; haphazard
例 The investigators chose 200 **random** samples in the survey. 调查者随机抽了200人作为这次调查的对象。
搭 at random 随意，任意　　　派 randomly *adv.* 随便地，任意地

---

forestall
/ fɔːrˈstɔːl /
填

释 *v.* 先发制人，预防 prevent by taking action in advance
例 To **forestall** the effect of aging, you need to take more exercise and keep a healthy diet. 你需要多加锻炼并且保持健康饮食才能不显老。

---

prank
/ præŋk /
阅 | 填

释 *n.* 胡闹，开玩笑 mischievous trick
例 Sometimes fate would play **pranks** on people. 有时命运会跟人们开玩笑。
搭 play pranks on 跟…开玩笑，戏弄，对…玩鬼把戏

---

cleft
/ kleft /

阅

释 *n.* 裂缝 split
例 It is extremely rude to laugh at children with **cleft** lips. 嘲笑患有唇裂的儿童是极不礼貌的。
搭 cleft lip 兔唇；cleft palate 腭裂；cleft sentence 分裂句

---

latitude
/ ˈlætɪtuːd /

阅

释 *n.* 选择余地，自由度 freedom from narrow limitations
例 She was given considerable **latitude** in this matter. 在处理这件事上她被给予很大的自由。
派 latitudinarian *adj.* 宽容大度的人

---

revert
/ rɪˈvɜːrt /

阅

释 *v.* 回复；恢复 relapse; backslide; turn back to
例 Tom **reverted** to drinking heavily after getting divorced. 汤姆和妻子离婚后，又开始拼命酗酒了。
搭 revert to sth 恢复（原状）　　　派 reversion *n.* 恢复；回复

---

indefatigable ● / ˌɪndɪˈfætɪɡəbl /	释 *adj.* 不知疲倦的 tireless 例 She is an **indefatigable** traveller. 她是个不知疲倦的旅行者。 派 indefatigably *adv.* 不倦地；坚持不懈地
linger ■ / ˈlɪŋɡər / 阅	释 *v.* 逗留，闲荡；继续存留 loiter or dawdle; continue or persist 例 The smell of durian **lingered** on in the room. 榴莲的味道在房间里久久不散。
neutral / ˈnuːtrəl /	释 *adj.* 中立的，不偏不倚的 impartial; not supporting one side over another 例 Swiss is a **neutral** country. 瑞士是一个中立的国家。 派 neutrality *n.* 中立，中立立场
fester / ˈfestər / 阅	释 *v.* 溃烂，发炎；激怒 decay; rankle, produce irritation or resentment 例 Many soldiers died of wounds **festering**. 许多士兵死于伤口溃烂。
aria / ˈɑːriə / 阅｜填	释 *n.* 独唱曲，咏叹调 operatic solo 例 The soprano sang the **aria** so beautifully that the audience applauded warmly. 女高音歌手将咏叹调唱得十分优美，观众报以热烈的掌声。
invective / ɪnˈvektɪv /	释 *n.* 恶言谩骂 abuse 例 She burst into **invective**, picking up a book and throwing it across the room. 她破口大骂，抓起一本书扔到了房间的另一头。 派 inveigh *v.* 痛骂；猛烈抨击
anthropocentric / ˌænθrəpəˈsentrɪk /	释 *adj.* 人类中心说的 regarding human beings as the center of the universe 例 Hector posed his **anthropocentric** viewpoint that dolphins could not be as intelligent as men. 海克特根据人类中心说的观点提出，海豚不可能像人类一样聪明。 派 anthropocentrism *n.* 人类中心说，人类本位说
infusion / ɪnˈfjuːʒn / 阅｜填	释 *n.* 灌输；溶液 act of introducing or instilling a quality; liquid solution 例 The new members can bring a new **infusion** of vitality to our company. 新成员能为我们公司注入新的活力。 派 infuse *v.* 灌输，加入
propriety / prəˈpraɪəti / 阅	释 *n.* 适当，得体 fitness; correct conduct 例 Men should observe the **proprieties** in any social situation to avoid embarrassing themselves. 人们在任何社会场合中都应该遵守礼节，避免让自己尴尬。 搭 with propriety 按照礼节，正当，适当

Word List 28

don / dɑːn /	释 **v. 披上，穿上** put on 例 Seeing the manager arrive, he quickly **donned** a welcoming smile. 看到经理来了，他很快摆出一副笑脸。
phenomena ■ / fə'nɑːmɪnə /	释 **n. 现象** observable facts; subjects of scientific investigation 例 The WeChat is a relatively recent **phenomenon**, but it's not difficult to assess its effects. 微信相对来说是一个最近出现的现象，但不难估计它的影响。
brochure / broʊ'ʃʊr / 阅	释 **n. 小册子** pamphlet 例 You need to read the travel **brochure** completely before making the final decision. 在做最终决定前，你需要把这本旅游手册看完。
polarize / 'poʊləraɪz / 阅	释 **v. 使两极化** split into opposite extremes or camps 例 The issue of mercy killing **polarized** the public into completely opposite camps. 公众在安乐死问题上分化成完全对立的两个阵营。 派 polarization *n.* 产生极性，极化
delirium / dɪ'lɪriəm / 阅	释 **n. 精神错乱** mental disorder marked by confusion 例 In her **delirium**, she had fallen to the floor several times. 她在神志不清的状态下几次摔倒在地上。
unobtrusive / ˌʌnəb'truːsɪv /	释 **adj. 不醒目的，不显眼的** inconspicuous; not blatant 例 They were looking for **unobtrusive** places to hide their treasure. 他们正在寻找一个不引人注目的地方掩藏他们的财宝。 派 unobtrusively *adv.* 不显眼地
ostentatious ■ / ˌɑːsten'teɪʃəs / 阅|填	释 **adj. 夸耀的，卖弄的，显眼的** showy; pretentious; trying to attract attention 例 This material girl held an **ostentatious** wedding reception. 这位拜金女举行了豪华铺张的婚宴。 派 ostentation *n.* 炫耀，虚饰；虚有其表
deride ■ / dɪ'raɪd / 阅|填	释 **v. 嘲弄，嘲笑** ridicule; make fun of 例 The children **derided** her for her fear of the worm. 孩子们因她怕虫子而嘲笑她。 派 derision *n.* 嘲笑；嘲笑的对象

voracious
/ vəˈreɪʃəs /

阅 | 填

释 *adj.* 贪婪的 ravenous
例 He was a **voracious** reader of western philosophy works. 他如饥似渴地阅读西方哲学著作。
派 voraciously *adv.* 狼吞虎咽地；贪得无厌地 voracity *n.* 贪食；贪婪

---

flaccid
/ ˈflæsɪd /

释 *adj.* 软弱的，无力的 flabby
例 His muscles have already been **flaccid** after staying in bed for months. 因长期卧床，他的肌肉已经变得软弱无力。
派 flaccidity *n.* 不结实，松弛

---

juncture
/ ˈdʒʌŋktʃər /

释 *n.* 危急关头；接合点 crisis; joining point
例 It is hard at this critical **juncture** to predict the company's future. 在此危急时刻，很难预料公司的前景。

---

doldrums
/ ˈdoʊldrəmz /

释 *n.* 忧郁；无精打采；低迷期 blues; listlessness; slack period
例 He has been in the **doldrums** since he was disappointed in love. 自从失恋后，他一直很消沉。
搭 in the doldrums 精神不振，无精打采；无进展

---

venerable
/ ˈvenərəbl /

阅 | 填

释 *adj.* 德高望重的，令人尊敬的 deserving high respect
例 We all listened to the **venerable** scholar with awe. 我们都怀着敬畏之心倾听这位德高望重的学者讲话。

---

consensus ■
/ kənˈsensəs /

阅 | 填

释 *n.* 一致同意 general agreement
例 We reach a **consensus** on this issue. 我们在这个问题上取得了一致意见。

---

application
/ ˌæplɪˈkeɪʃn /

阅 | 填

释 *n.* 专注，努力 diligent attention
例 The teacher praised him for his unremitting **application**. 老师称赞了他的不懈努力。
派 apply *v.* 专心致志

---

boisterous
/ ˈbɔɪstərəs /

阅 | 填

释 *adj.* 狂暴的；吵闹的 violent; rough; noisy
例 The leader tried in vain to calm down the **boisterous** crowd. 领导人试图让喧闹的人群平静下来，但毫无作用。

---

remiss
/ rɪˈmɪs /

阅 | 填

释 *adj.* 玩忽职守的，粗心大意的 negligent
例 Several teachers were accused of being **remiss** in fulfilling their obligations when four students died from being trampled on the campus. 在四名学生在校园被踩踏致死事件中，有多名老师被指控玩忽职守。
派 remissness *n.* 不小心，疏忽

---

tacit
/ ˈtæsɪt /

阅 | 填

释 *adj.* 不言而喻的；心照不宣的 understood; not put into words
例 A handshake between the two parents gave **tacit** consent on their son's and daughter's marriage. 双方父母间的握手表示他们对子女婚事的默许。
派 tacitly *adv.* 心照不宣地

---

parity / ˈpærəti /	释 *n.* 相同，同等 equality in status or amount; close resemblance 例 Women have been striving for **parity** with men in social status. 妇女一直在争取与男性平等的社会地位。 搭 be on a parity with 和…平等
tautology / tɔːˈtɑːlədʒi /	释 *n.* 同义反复，重复 unnecessary repetition 例 A lawyer is best at **tautology**. 律师最擅长同义反复。
equivocate / ɪˈkwɪvəkeɪt / 阅 | 填	释 *v.* 含糊其辞，支吾其词 lie; mislead; attempt to conceal the truth 例 In order to convince others, don't **equivocate** when you are asked to answer some questions. 在被要求回答问题时不要含糊其辞，这样才能让他人信服。 派 equivocation *n.* 模棱两可的话
stamina / ˈstæmɪnə / 阅	释 *n.* 毅力，持久力 strength; staying power 例 It is by no means easy to be a marathon runner for the reason that physical strength and **stamina** are both needed. 参加马拉松长跑绝非易事，既要体力，又要耐力。
recidivism / rɪˈsɪdɪvɪzəm /	释 *n.* 累犯，重犯 habitual return to crime 例 The **recidivism** rate has decreased for three consecutive years since the new punishment regulations were created. 自从新的惩罚条例出台以来，累犯率连续三年下降。 派 recidivist *n.* 惯犯
assurance / əˈʃʊrəns / 阅 | 填	释 *n.* 保证；确信；自信 promise or pledge; certainty; self-confidence 例 The boss gave him an **assurance** that he would be promoted at the end of the year. 老板保证年底会给他升职。 搭 with assurance 有自信，有把握　派 assure *v.* 向…保证，使…确信
implicit / ɪmˈplɪsɪt / 阅 | 填	释 *adj.* 含蓄的，暗示的 understood but not stated 例 I think his remarks contained an **implicit** apology. 我觉得他的话里有含蓄的道歉的意思。 搭 be implicit in sth 对…不直接言明 派 implicitly *adv.* 暗示地，含蓄地，含沙射影地
abjure / əbˈdʒʊr /	释 *v.* 发誓放弃，公开放弃 renounce upon oath 例 The natives were compelled to **abjure** their religion. 当地人被迫公开放弃他们信仰的宗教。 派 abjuration *n.* 发誓弃绝
rousing / ˈraʊzɪŋ / 阅 | 填	释 *adj.* 热烈的，鼓舞人的，活跃的 lively; stirring 例 The presidential candidate's **rousing** speech won him unprecedented support. 总统候选人振奋人心的演讲为自己赢得了前所未有的支持。

foresight
/ 'fɔːrsaɪt /
阅 | 填

释 *n.* 远见性，深谋远虑 ability to foresee future happenings; prudence
例 He is a man of foresight. 他是个有远见的人。
派 foresighted *adj.* 深谋远虑的，有先见之明的

desolate
阅 | 填

释 / 'desələt / *adj.* 荒凉的，荒无人烟的 unpopulated / 'desəleɪt / *v.* 使感到悲惨，使悲伤绝望；使荒废；放弃 rob of joy; lay waste to; forsake
例 We saw few houses in the desolate valley. 在这荒凉的山谷里，我们很少见到房子。// Many coastal towns were desolated by the hurricane. 许多沿海城镇因遭到飓风袭击而荒废。
派 desolately *adv.* 孤寂地；荒凉地 desolation *n.* 荒芜；孤寂

explicit ■
/ ɪk'splɪsɪt /
阅 | 填

释 *adj.* 清楚的；明确的；直言的 totally clear; definite; outspoken
例 Her statements are quite explicit. 她的陈述相当明确。

provocative
/ prə'vɑːkətɪv /
阅 | 填

释 *adj.* 刺激的，挑拨的；恼人的 arousing anger or interest; annoying
例 His deliberately provocative remarks enraged the audience. 他故意挑衅的话语激怒了观众。
派 provocatively *adv.* 挑衅地，煽动地

conjugal
/ 'kɑːndʒəgl /

释 *adj.* 婚姻的 pertaining to marriage
例 This is the love of familiar, committed partners, variously known as conjugal love. 这是一种熟悉的、忠诚的伴侣的爱，也被称之为夫妻之爱。

prudent ■
/ 'pruːdnt /
阅 | 填

释 *adj.* 谨慎的 cautious, careful
例 It would be prudent for drivers to use the turn signals when changing lanes. 司机变换车道时打转向灯是很谨慎的。
搭 it is prudent (for sb) to do sth（某人）做某事是谨慎的
派 prudence *n.* 谨慎

document ■
/ 'dɑːkjument /
阅

释 *v.* 为…提供文件（或证据等）provide written evidence
例 He is responsible for documenting the case. 他负责为案件提供文件资料。
派 documentary *adj.* 文件的，文献的

dichotomy
/ daɪ'kɑːtəmi /
填

释 *n.* 对分；分叉 split; branching into two parts (especially contradictory ones)
例 They set up a false dichotomy between work and raising a family. 他们错误地把工作与养育儿女两者对立起来。

pacifist ■
/ 'pæsɪfɪst /
阅

释 *n.* 和平主义者 one opposed to force; antimilitarist
例 I've never met such an ardent pacifist as David. 我从未见过像大卫这样热情的和平主义者。
派 pacifism *n.* 和平主义，反战主义

breach
/ briːtʃ /
阅

释 *n.* 违背，违反；裂缝 breaking of contract or duty; fissure or gap
例 I'm calling to inquire whether their act is a breach of contract. 我打电话咨询他们的行为是否算违约。
搭 breach of sth 违背，违反；a breach of copyright 侵犯版权

marshal
/ ˈmɑːrʃl /
阅

释 *v.* 排列，安排 put in order
例 Marshal your arguments before you address your audience. 向你的听众演说之前，整理一下你的论点。

beseech
/ bɪˈsiːtʃ /
阅

释 *v.* 恳求 beg; plead with
例 The little boy **beseeched** his mother to stay and tell him a story. 小男孩儿求妈妈留下来给他讲故事。
派 beseeching *adj.* 恳求的，哀求的

stigma
/ ˈstɪɡmə /
阅

释 *n.* 耻辱；污名 token of disgrace; brand
例 As people being more liberal, there is less **stigma** attached to homosexuality now than there used to be. 随着人们的思想越来越开明，同性恋已不像过去那样见不得人了。
派 stigmatize *v.* 污蔑；玷污

concise ■
/ kənˈsaɪs /
阅 | 填

释 *adj.* 简明的，简洁的 brief and compact
例 The explanation in this dictionary is **concise** and to the point. 这部词典里的解释简明扼要。
派 concision *n.* 简明，简洁

predator ■
/ ˈpredətər /
阅 | 填

释 *n.* 食肉动物，捕食者；掠夺者 creature that seizes and devours another animal; person who robs or exploits others
例 The lambs have to be protected from wolves and other **predators**. 必须保护小羊羔不被狼和其他食肉动物吃掉。
派 predatory *adj.* 食肉的；掠夺成性的

lofty ■
/ ˈlɑːfti /
阅 | 填

释 *adj.* 高耸的；崇高的 very high
例 Although she is disabled, she has **lofty** aims. 尽管她身有残疾，但她有崇高的目标。
派 loftily *adv.* 崇高地

inclement
/ ɪnˈklemənt /

释 *adj.* 狂风暴雨的；严酷的 stormy; unkind
例 **Inclement** weather is not common on this island. 这个岛上恶劣的天气不常见。
派 inclemency *n.* 险恶；严酷

impediment
/ ɪmˈpedɪmənt /
阅 | 填

释 *n.* 障碍物；（言语）障碍 hindrance; stumbling-block
例 Currently, the inflation is one of the major **impediments** to economic growth. 当前，通货膨胀是经济发展的主要障碍之一。
搭 impediment to sth …的障碍

converge ●
/ kənˈvɜːrdʒ /
阅 | 填

释 *v.* 会聚，聚合 approach; tend to meet; come together
例 Our previously opposed views are beginning to **converge**. 我们原来相互对立的观点开始趋于一致。
派 convergent *adj.* / 数 / 收敛的，会聚性的

312
□ marshal　　□ beseech　　□ stigma　　□ concise　　□ predator　　□ lofty
□ inclement　　□ impediment　　□ converge

docile
/ ˈdɑːsl /

阅 | 填

释 *adj.* 驯服的，易控制的 obedient; easily managed
例 He was a **docile** child at school but unruly at home. 在学校里他是个温顺的孩子，但在家里很调皮。
派 docilely *adv.* 易控制地，易驾驭地

initiate
/ ɪˈnɪʃieɪt /

阅 | 填

释 *v.* 开始，发起；接纳…为会员 begin; originate; receive into a group
例 He was always **initiating** discussions about the future of our country. 他总是发起关于我们国家未来的讨论。
派 initiation *n.* 开始；启蒙

rhetorical ■
/ rɪˈtɔːrɪkl /

阅 | 填

释 *adj.* 修辞学的；华丽的，浮夸的 pertaining to effective communication; insincere in language
例 The writer is somewhat **rhetorical** in most of his works. 这位作家在大多数的作品中都显得有些舞文弄墨。

pretentious ■
/ prɪˈtenʃəs /

阅 | 填

释 *adj.* 自命不凡的，自夸的 ostentatious; pompous; making unjustified claims; overly ambitious
例 I found her unbearably **pretentious** to mix English words in daily conversation. 我觉得她平时说话夹杂英文真是无比做作。
派 pretentiously *adv.* 自命不凡地，自夸地 pretentiousness *n.* 自负，狂妄

ruminate
/ ˈruːmɪneɪt /

阅

释 *v.* 反刍；沉思 chew over and over (mentally, or, like cows, physically); mull over; ponder
例 A person with depression is inclined to **ruminate** excessively on death. 抑郁症患者容易过多思考死亡的问题。
搭 ruminate about/on/over sth 深思；思索
派 rumination *n.* 沉思；反刍 ruminative *adj.* 好沉思的；思考的

denouement
/ ˌdeɪnuːˈmɑ̃ /

释 *n.* 结局；戏剧的最后结果 outcome; final development of the plot of a play
例 In a surprising **denouement**, she becomes a nun. 结局出人意料，她当了修女。

communal
/ kəˈmjuːnl /
阅

释 *adj.* 公共的；社区的 held in common; of a group of people
例 We should take good care of **communal** facilities. 我们应该保护公共设施。
派 communally *adv.* 公有地；社区地

inundate ■
/ ˈɪnʌndeɪt /
阅

释 *v.* 泛滥，淹没 overwhelm; flood; submerge
例 The small town was **inundated** by the flood. 小镇被洪水淹没了。
派 inundation *n.* 淹没，泛滥

tensile
/ ˈtensl /

释 *adj.* 可拉长的，可伸长的 capable of being stretched
例 The **tensile** test is designed for the purpose of measuring the elasticity of the spring. 设计这次拉伸性能测试是为了检验弹簧的弹性。

tendentious
/ ten'denʃəs /

阅

释 *adj.* 有目的的；有偏见的 having an aim; biased; designed to further a cause
例 The company's **tendentious** statement in the recruiting advertisement incurred strong objection among female candidates. 这家公司在招聘广告里带有偏见的措辞引起了女性求职者的强烈抗议。
派 tendentiousness *n.* 偏见；倾向性

satirical ■
/ sə'tɪrɪkl /

阅

释 *adj.* 挖苦的，讽刺的 mocking
例 What makes him isolated from his friends is his **satirical** personality. 他爱挖苦人，朋友都不愿意和他来往。
派 satirically *adv.* 讽刺地

caricature
/ 'kærɪkətʃər /
阅 | 填

释 *n.* 漫画，夸张的描述；歪曲 exaggerated picture or description; distortion
例 Zhu Deyong is famous for his **caricatures**. 朱德庸以漫画出名。

tantalize
/ 'tæntəlaɪz /

阅

释 *v.* 逗弄，使备尝可望而不可及之苦 tease; torture with disappointment
例 The little girl enjoys **tantalizing** the cat with her feed every day. 这个小女孩每天乐此不疲地用猫食逗猫玩。
派 tantalizing *adj.* 诱人的

galvanize
/ 'gælvənaɪz /

阅

释 *v.* 刺激；激励 stimulate by shock; stir up; revitalize
例 The gun shot **galvanized** the soldiers into action. 枪声刺激士兵们行动了起来。
搭 galvanize sb into sth/into doing sth 激励或刺激某人做某事

buttress ●
/ 'bʌtrəs /

阅 | 填

释 *v.* 支持，支撑 support; prop up
例 The debater **buttressed** her argument with facts. 这名辩手用事实支撑自己的论点。
搭 buttress up 支持，支撑

motley
/ 'mɑːtli /

释 *adj.* 杂色的，五颜六色的；混杂的 multi-colored; mixed
例 His guests were a **motley** crew. 他的客人三教九流全有。

graft
/ græft /

阅

释 *n.*（嫁接用的）嫩枝；（移植的）组织 piece of transplanted tissue; portion of plant inserted in another plant *v.* 移植，嫁接；贪污 transplant；embezzle
例 She has to have a skin **graft** because of the accident. 那场事故使得她不得不接受皮肤移植。
派 grafter *n.* 嫁接的人

gamut
/ 'gæmət /

释 *n.* 整个范围 entire range
例 The show ran the **gamut** of architecture styles in the 18th century. 这个展览涵盖了18世纪的各种建筑风格。
搭 run the gamut of sth 涉及…的整个范围

repast / rɪ'pæst /	释 *n.* 膳食；餐，宴 meal; feast; banquet 例 They prepared a delicious **repast** to welcome their prospective daughter-in-law. 他们准备了美味的宴席欢迎准儿媳。
satiate / 'seɪʃieɪt / 阅	释 *v.* 满足；使饱享 satisfy fully 例 No matter how hard she tried, she could not **satiate** her husband's picky stomach. 无论怎么努力，她就是无法满足丈夫挑剔的胃。 派 satiation *n.* 饱食，满足
edict / 'iːdɪkt / 阅	释 *n.* 法令，敕令 decree (especially issued by a sovereign); official command 例 The government issued an **edict** to protect the forest. 政府颁布一项法令保护森林。
exude / ɪg'zuːd / 阅	释 *v.* 使渗出，使缓慢流出 discharge; give forth 例 Be careful, some venom can **exude** from the spider. 小心，这种蜘蛛会分泌毒液。
trigger / 'trɪgər / 阅	释 *v.* 引发，引起 set off 例 The riots were **triggered** off by the cruel rule of the government. 政府的残酷统治激起了暴乱。 搭 trigger sth (off) 发动，引发
disgorge / dɪs'gɔːrdʒ /	释 *v.* 被迫交出；喷出；呕出 surrender something; eject; vomit 例 The robbers had to **disgorge** the jewels they had plundered. 强盗被迫交出他们抢劫来的珠宝。
clairvoyant / kler'vɔɪənt / 阅 | 填	释 *adj.* 有洞察力的 having foresight *n.* 有洞察力的人 fortuneteller 例 I wish I could have **clairvoyant** powers. 我真希望自己有未卜先知的能力。 派 clairvoyance *n.* 超人的洞察力
incubate / 'ɪŋkjubeɪt / 阅 | 填	释 *v.* 孵化；酝酿 hatch; scheme 例 The hen is **incubating** eggs. 母鸡正在孵蛋。 派 incubation *n.* 孵卵，孵化
dwarf / dwɔːrf / 阅 | 填	释 *v.* 使显得矮小 cause to seem small 例 His outstanding talent **dwarfs** all his rivals. 他出色的才能使所有的对手都相形见绌。
chassis / 'ʃæsi / 阅	释 *n.* 底盘，底架 framework and working parts of an automobile 例 The **chassis** may not be so easy to be damaged as the body. 底盘不像车身那样容易损坏。 搭 chassis fittings 底盘配件；chassis frame 底盘车架；chassis height 底盘高度

yore
/ jɔːr /

释 *n.* 往昔，昔日 time past
例 This was once the busy Silk Road in the days of **yore**. 很久以前这里曾是繁忙的 "丝绸之路"。

endearment
/ ɪn'dɪrmənt /

释 *n.* 表示爱慕的言语（行动）fond statement
例 She will never forget the **endearment** he whispered in her ear. 她永远不会忘记他在她耳边说的亲密话。

woe
/ woʊ /

阅

释 *n.* 悲痛，悲哀；不幸，灾难 deep, inconsolable grief; affliction; suffering
例 He never lost hope in weal and **woe**. 不管是在顺境还逆境，他从不丧失希望。
搭 weal and woe 福祸

judicious
/ dʒu'dɪʃəs /

阅 | 填

释 *adj.* 明智的，明断的 sound in judgment; wise
例 A **judicious** parent helps his children to make their own decisions. 明智的家长帮助孩子自作抉择。
派 judiciousness *n.* 明智

falter ●
/ 'fɔːltər /

阅

释 *v.* 犹豫 hesitate
例 He will **falter** whenever he needs to make a decision. 每当需要做决定时，他都会犹豫不决。
派 faltering *adj.* 犹豫的

milieu
/ miː'ljɜː / 阅

释 (*pl.* milieux) *n.* 环境；表达方式 environment; means of expression
例 Her natural **milieu** is that of the performing arts. 她生于表演艺术之家。

emancipate
/ ɪ'mænsɪpeɪt /

阅 | 填

释 *v.* 解放，使不受束缚 set free
例 Women are still struggling to fully **emancipate** themselves. 妇女仍在为彻底解放自己而奋斗。
搭 emancipate sb (from sth) 解放某人　　派 emancipation *n.* 解放

reticence ■
/ 'retɪsns /

阅 | 填

释 *n.* 保留；沉默寡言 reserve; uncommunicativeness; inclination to silence
例 Although he was born into a prominent family, he always displays a complete **reticence** about his family background. 尽管出身显赫，他总是对自己的家庭背景缄口不言。
派 reticent *adj.* 有保留的；沉默的

ratify ■
/ 'rætɪfaɪ /

阅 | 填

释 *v.* 批准，认可 approve formally; confirm; verify
例 The government **ratified** that Chinese people can enjoy seven days off during the Spring Festival. 国家规定中国老百姓春节期间享受七天假期。
派 ratification *n.* 批准，认可

epistolary
/ ɪˈpɪstəleri /

释 *adj.* 书信体的 consisting of letters
例 An **epistolary** novel consists of a series of letters. 书信体小说是由一系列书信组成的。

---

breadth
/ bredθ /

阅

释 *n.* 宽度，幅度 width; extent
例 The driver estimated the **breadth** of the main road to be 10 metres. 司机估计主路有10米宽。
搭 breadth of vision 远见卓识

---

sluggard
/ ˈslʌgərd /

阅

释 *n.* 偷懒者，游手好闲的人 lazy person
例 Being a **sluggard** and a drunkard, the ploughman remained a bachelor all his life. 这个庄稼汉又懒又爱酗酒，终生未娶。

---

subside ■
/ səbˈsaɪd /

阅 | 填

释 *v.* 平息，消退；下沉 settle down; descend; grow quiet
例 The rumor that doomsday would come on December 21, 2012 eventually **subsided**. 2012年12月21日是世界末日的谣言终于平息了。
派 subsidence *n.* 下沉；平息

---

callous
/ ˈkæləs /

阅 | 填

释 *adj.* 硬化的；冷酷无情的 hardened; unfeeling
例 Who said the coal bosses were **callous** about their worker's safety? 谁说煤老板对员工的安全漠不关心？
搭 callous killer 冷血杀手；callous act 冷酷的行为

---

repress
/ rɪˈpres /

阅 | 填

释 *v.* 抑制，忍住；镇压 restrain; crush; oppress
例 All his extreme behaviors are due to the fact that his childhood was extremely **repressed**. 他所有的极端行为都要归咎于他的童年过得极其压抑这一事实。
派 repressed *adj.* 受压抑的；被抑制的 repression *n.* 压抑；镇压

---

plight
/ plaɪt /

阅 | 填

释 *n.* 情况；困境 condition, state (especially a bad state or condition); predicament
例 Aaron was sympathetic to the **plight** of the homeless boy and offered to look after him. 亚伦非常同情那个无家可归男孩的遭遇，主动要求照顾他。
搭 the plight of …的困境

---

clangor
/ ˈklæŋgər /

释 *n.* 铿锵声 loud, resounding noise
例 You can easily find the cow by the **clangor** of the huge cowbell around its neck. 通过系在牛脖子上巨大的响铃的铃声，你很容易就能找到牛。
派 clangorous *adj.* 叮当响的，响亮的

---

stereotype
/ ˈsteriətaɪp /

阅 | 填

释 *n.* 陈词滥调；老套；固定的形象 fixed and unvarying representation; standardized mental picture, often reflecting prejudice
例 He doesn't conform to the usual **stereotype** of the pedant who is indulged in studying and isn't involved in social activities. 他不像典型的书呆子那样，一味沉迷于学习，不参与社交活动。
派 stereotyped *adj.* （指形象、思想、人物等）老一套的，模式化的

☐ epistolary   ☐ breadth   ☐ sluggard   ☐ subside   ☐ callous   ☐ repress

☐ plight   ☐ clangor   ☐ stereotype

alliteration
/ əˌlɪtəˈreɪʃn /

阅

释 *n.* 头韵 repetition of beginning sound in poetry
例 Alliteration is a popular form of English rhetoric skills. 押头韵是英语修辞手法中一种常见的形式。
派 alliterative *adj.* 押头韵的

---

sinister
/ ˈsɪnɪstər /

阅 | 填

释 *adj.* 邪恶的；不祥的 evil; conveying a sense of ill omen
例 His **sinister** smile made her feel very uneasy. 他邪恶的微笑使她感觉很不安。

---

mushroom
/ ˈmʌʃrʊm /

释 *v.* 迅速增加，迅速生长 expand or grow rapidly *n.* 蘑菇；暴发户 fungus; upstart
例 Between 2000 and 2013, the population of Beijing **mushroomed**; with the rapidly increasing demand for housing, home prices skyrocketed as well. 在2000年和2013年之间，北京的人口数量迅速增加，住房需求迅速增长，房屋价格也在飙升。
派 mushroomy *adj.* 蘑菇的

---

artifice
/ ˈɑːrtɪfɪs /

阅 | 填

释 *n.* 技巧，诡计 deception; trickery
例 That politician was notorious for playing **artifice**. 那个政客以耍阴谋诡计而臭名昭著。
派 artificer *n.* 技工，技师

---

condemn
/ kənˈdem /

阅 | 填

释 *v.* 谴责；判刑 censure; sentence; force or limit to a particular state
例 We all **condemn** such brutal crimes against children. 我们一致谴责这种灭绝人性的摧残儿童的罪行。
派 condemnation *n.* 谴责；定罪

---

veracity
/ vəˈræsəti /

阅 | 填

释 *n.* 诚实，说真话 truthfulness
例 We assess all news stories and test their **veracity**. 我们评估所有的新闻报道，检验它们的真实性。
派 veracious *adj.* 诚实的；真实的

---

cite
/ saɪt /

阅 | 填

释 *v.* 引用；传唤 quote; command
例 To make his essay more vivid he **cited** a poem. 为了使文章更生动，他引用了一首诗。
派 citation *n.* 引用；引文，引言

---

trepidation ●
/ ˌtrepɪˈdeɪʃn /

阅

释 *n.* 恐惧，惶恐 fear; nervous apprehension
例 There was **trepidation** among people caused by economic crisis. 经济危机造成了人们的恐慌。

---

regal / 'riːgl / 阅丨填	释 *adj.* 皇家的，王室的 royal 例 The princess sat there with great **regal** dignity. 公主端坐着，尽显皇室尊贵。 派 regally *adv.* 像帝王地
jostle / 'dʒɑːsl / 阅	释 *v.* 挤，推推搡搡地前进 shove; bump 例 On the bus, Linda was **jostled** by the crowds. 在公共汽车上，琳达被人群挤来挤去。
evanescent ● / ˌevə'nesnt /	释 *adj.* 短暂的，瞬间的 fleeting; vanishing 例 People gradually forgot the **evanescent** incidents. 人们逐渐忘记了那些转瞬即逝的事件。 派 evanescence *n.* 逐渐消失；容易消失
avenge / ə'vendʒ / 阅	释 *v.* 报仇 take vengeance for something (or on behalf of someone) 例 Hamlet swore to **avenge** himself on Claudius for his father's murder. 哈姆雷特发誓报复克劳迪厄思，以报杀父之仇。 搭 avenge oneself on sb 向某人报仇 派 avengement *n.* 报仇，复仇
schism / 'skɪzəm / 阅	释 *n.* 分裂，不和 division; split 例 The large-scale **schism** divided the Christian world in the 11th century. 11世纪大规模的教会分裂划分了基督教世界。 派 schismatic *adj.* 分歧的；派别的
hodgepodge / 'hɑːdʒpɑːdʒ / 阅	释 *n.* 大杂烩；一团糟 jumble; mixture of ill-suited elements 例 You can meet a **hodgepodge** of people in the bar. 你会在酒吧里遇见各种各样的人。
recapitulate / ˌriːkə'pɪtʃuleɪt / 阅	释 *v.* 概况，总结 summarize 例 At last, the president **recapitulated** on what had been discussed and agreed at the conference. 最后，会议主持人就人们在会上的讨论和达成的一致意见作了总结。 派 recapitulation *n.* 扼要的重述，概述
supersede / ˌsuːpər'siːd / 阅丨填	释 *v.* 代替，取代；废除 cause to be set aside; replace; make obsolete 例 It is believed that there is a long way to go before workers can be entirely **superseded** by machines. 人们认为实现机器完全取代人力还需要很长时间。

☐ regal ☐ jostle ☐ evanescent ☐ avenge ☐ schism ☐ hodgepodge
☐ recapitulate ☐ supersede

avarice ●
/ ˈævərɪs /

阅

释 *n.* 贪婪 greediness for wealth
例 To satisfy their **avarice**, the hunters killed all the elephants there. 为满足贪欲，狩猎者捕杀了那里所有的大象。
派 avaricious *adj.* 贪婪的，贪得无厌的

---

collaborate
/ kəˈlæbəreɪt /

阅 | 填

释 *v.* 合作，协作 work together
例 This book was **collaborated** by three writers. 这本书是三位作家合作完成的。
搭 collaborate with sb (on sth) 与某人（就某事）合作
派 collaboration *n.* 合作，协作

---

nomenclature
/ nəˈmenklətʃər /

阅

释 *n.* 术语；命名法 terminology; system of names
例 Today, we have learned some of the more common plant **nomenclature** rules. 今天，我们学习了一些较普通的植物命名规则。
派 nomenclaturist *n.* 术语定名者，学名命名人

---

banal
/ bəˈnɑːl /

阅 | 填

释 *adj.* 陈腐的；平庸的；普通的 hackneyed; commonplace; trite; lacking originality
例 Many writers, once well known, tend to become **banal**. 许多曾名噪一时的作家逐渐走向了平庸。
派 banally *adv.* 平凡地；陈腐地

---

preen
/ priːn /

阅 | 填

释 *v.* 把（自己）打扮漂亮；自满 make oneself tidy in appearance; feel self-satisfaction
例 She spent at least half an hour **preening** herself every morning in the bathroom. 她每天早上至少花半个小时在盥洗室精心打扮。
搭 preen oneself on 以…自豪，以…骄傲

---

montage
/ ˌmɑːnˈtɑːʒ /

阅

释 *n.* 蒙太奇，混合画，拼集的照片 photographic composition combining elements from different sources
例 This is a photo **montage** of some of American top movie stars. 这是一些美国顶尖级电影明星的图片合集。

---

oblique
/ əˈbliːk /

阅 | 填

释 *adj.* 间接的；倾斜的 indirect; slanting (deviating from the perpendicular or from a straight line)
例 The applicant made **oblique** references to her lack of experience. 应聘者拐弯抹角地说她缺乏经验。
派 obliquely *adv.* 转弯抹角地；倾斜地

---

swagger ●
/ ˈswægər /

释 *v.* 摆架子，大摇大摆；昂首阔步 behave arrogantly or pompously; strut or walk proudly
例 After hearing the referee call his name, the champion of the boxing match **swaggered** towards the podium. 听到裁判叫到自己的名字后，拳击比赛的冠军昂首阔步地朝领奖台走去。
派 swaggeringly *adv.* 傲慢地

□ avarice   □ collaborate   □ nomenclature   □ banal   □ preen   □ montage
□ oblique   □ swagger

pessimism ■
/ ˈpesɪmɪzəm /

阅

释 *n.* 悲观主义，悲观 belief that life is basically bad or evil; gloominess
例 Considering the effort you have made in the project, you have no reason for such **pessimism** about the final result. 鉴于你为这个项目付出的努力，你没有理由对最后的结果这么悲观。
搭 pessimism about/over... 对…持悲观态度
派 pessimistic *adj.* 悲观主义的，悲观的 pessimist *n.* 悲观主义者

refrain
/ rɪˈfreɪn /

阅 | 填

释 *v.* 节制，避免；制止 abstain from; resist
例 Whenever my two-year-old daughter hears a song with a lively rhythm, she cannot **refrain** from dancing to it. 我两岁的女儿每当听到一首很有节奏感的歌曲时都会情不自禁地随着音乐跳舞。
搭 refrain from sth 克制做某事

reverie
/ ˈrevəri /

阅

释 *n.* 白日梦，幻想 daydream; musing
例 The little boy was awakened from his **reverie** about the mysterious universe by the teacher's sudden question. 当小男孩正沉浸在神秘莫测的宇宙幻想中时，突然听到老师问他问题。

despoil
/ dɪˈspɔɪl /

阅 | 填

释 *v.* 抢劫，掠夺 strip of valuables; rob
例 The victorious army **despoiled** the city of all its treasure. 获胜的军队把城里的财宝劫掠一空。

endorse ■
/ ɪnˈdɔːrs /

阅 | 填

释 *v.* 赞同，支持 approve; support
例 I can't **endorse** your opinion of going abroad for further study. 我不赞同你出国深造的观点。
派 endorsement *n.* 赞同，支持

fulsome
/ ˈfʊlsəm /

释 *adj.* 过分的，令人生厌的 disgustingly excessive
例 His **fulsome** flattery gave the boss a negative impression. 他过分的奉承给老板留下了不好的印象。
派 fulsomely *adv.* 过分地

euphonious
/ juːˈfoʊniəs /
阅 | 填

释 *adj.* 悦耳的，动听的 pleasing in sound
例 I was absorbed with the **euphonious** music. 我陶醉在那悦耳的音乐中。

blasphemy
/ ˈblæsfəmi /

阅

释 *n.* 亵渎，渎神 irreverence; sacrilege; cursing
例 Nobody under no circumstances should utter words of **blasphemy**. 任何人在任何情况下都不能说亵渎神灵的言语。
派 blasphemous *adj.* 亵渎神明的

renegade
/ ˈrenɪgeɪd /

释 *n.* 背叛者，变节者 deserter; traitor *adj.* 背叛的，谋叛的 of, relating to, or resembling a renegade; traitorous
例 He didn't realize it was his assistant who turned into a **renegade** and betrayed him until the day before his death. 直到临死前一天，他才意识到是自己的助手叛变、背叛了他。

opportunist ■
/ ˌɑːpər'tuːnɪst /

阅｜填

释 *n.* 机会主义者 individual who sacrifices principles for expediency by taking advantage of circumstances
例 Like most successful politicians, Joe was an **opportunist**. 跟大多数得志的政客一样，乔是个机会主义者。
派 opportunism *n.* 机会主义

---

debauch
/ dɪ'bɔːtʃ /

释 *v.* 使堕落，败坏 corrupt; seduce from virtue
例 Luxury shall **debauch** the society. 奢侈会败坏社会风气。

---

atone
/ ə'toʊn /

释 *v.* 弥补，补偿 make amends for; pay for
例 Whatever he does cannot **atone** for his mistake. 他无论做什么都弥补不了曾犯下的过错。
搭 atone for sth 对…进行弥补　　派 atonement *n.* 弥补；赎罪

---

bureaucracy
/ bjʊ'rɑːkrəsi /

阅｜填

释 *n.* 官僚主义，官僚机构 over-regulated administrative system marked by red tape
例 We often hear people complain about the **bureaucracy** in some institutions. 我们经常听到人们抱怨某些机构的官僚主义。
派 bureaucrat *n.* 官僚；官僚主义者 bureaucratic *adj.* 官僚的，繁文缛节的

---

limber
/ 'lɪmbər /

阅｜填

释 *adj.* 有弹性的，（身体）柔软的 flexible
例 Years of yoga exercises kept her **limber**. 多年的瑜伽锻炼使她身体很柔软。
派 limberness *n.* 可塑性，灵活性

---

attentive
/ ə'tentɪv /

阅

释 *adj.* 注意的，留心的；体贴的 alert and watchful; considerate; thoughtful
例 The little boy cannot remain **attentive** for ten minutes. 这个小男孩集中注意力的时间不超过十分钟。
派 attentively *adv.* 聚精会神地；周到地

---

beleaguer
/ bɪ'liːgər /

阅

释 *v.* 围攻，攻击；困扰，骚扰 besiege or attack; harass
例 Though we are **beleaguered** by problems now, we will solve them sooner or later. 虽然现在我们被许多问题困扰，但我们迟早都能解决的。
派 beleaguered *adj.* 受到围困（围攻）的

---

equine
/ 'iːkwaɪn /

释 *adj.* 马的；像马的 of or like a horse or horses; resembling a horse
例 He got his nickname because of his long, **equine** face. 他的绰号是因他那张像马的长脸得来的。

---

agitate
/ 'ædʒɪteɪt /

阅｜填

释 *v.* 煽动，使不安 stir up; disturb
例 The workers have been struggling to **agitate** for better conditions and longer holidays. 工人们一直在抗争以要求得到更好的工作条件和更长的假期。
搭 agitate for sth 鼓吹，要求　　派 agitation *n.* 煽动，鼓动

---

mercurial ●	释 *adj.* 多变的，善变的 capricious; changing; fickle
/ mɜːrˈkjʊriəl /	例 He has few friends because of his **mercurial** temperament. 由于他的脾气反复无常，他几乎没有朋友。
阅 | 填	派 mercuriality *n.* 易变

| **floe** | 释 *n.* 大浮冰 mass of floating ice |
| / floʊ / | 例 Be careful! This area is full of ice **floe**. 小心！这片区域到处是浮冰。 |

| **personable** | 释 *adj.* 英俊的，有风度的 attractive |
| / ˈpɜːrsənəbl / | 例 Young girls are easily attracted by eloquent, **personable** and humorous men. 年轻女孩很容易被口才好、有风度、幽默的男人吸引。 |

outlandish	释 *adj.* 奇特的，怪异的 bizarre; peculiar; unconventional
/ aʊtˈlændɪʃ /	例 She often appears at parties in **outlandish** clothes. 她经常穿着奇装异服参加各种聚会。
阅	

subversive	释 *adj.* 颠覆性的，破坏性的 tending to overthrow; destructive
/ səbˈvɜːrsɪv /	例 The **subversive** movie about homosexual marriage has aroused widespread attention. 这部关于同性婚姻的颠覆性电影引起了广泛的关注。
	派 subversiveness *n.* 颠覆，破坏

acute	释 *adj.* 敏锐的；急性的，剧烈的 quickly perceptive; keen; brief and severe
/ əˈkjuːt /	例 There is an **acute** shortage of water in Africa. 非洲水资源严重短缺。
	搭 acute observers 敏感的观察者；acute pain 剧痛
阅 | 填	派 acuteness *n.* 敏锐；剧烈

prologue	释 *n.* 序言 introduction (to a poem or play)
/ ˈproʊlɔːg /	例 The trials of the past are **prologue** to future success. 过去遭受的磨难是未来成功的序幕。
	搭 prologue to …的序幕，序言　　派 prologize *v.* 作序，写序诗

| **aerie** | 释 *n.* 猛禽的巢，（尤指）鹰巢 nest of a large bird of prey (eagle, hawk) |
| / ˈeri / 阅 | 例 There was an **aerie** on the cliff. 悬崖上有一个鹰巢。 |

disclaim	释 *v.* 放弃；否认 disown; renounce claim to
/ dɪsˈkleɪm /	例 The manufacturers **disclaim** all responsibility for damage caused by misuse. 因使用不当而造成的损坏，生产厂家不负任何责任。
阅 | 填	派 disclaimer *n.* 免责声明

| **belie** ■ | 释 *v.* 与…矛盾，掩饰 contradict; give a false impression |
| / bɪˈlaɪ / 阅 \| 填 | 例 Her dressing **belies** her age. 她的打扮使人看不出她的年龄。 |

reprove ■
/ rɪ'pruːv /

阅

释 *v.* 训斥，谴责 censure; rebuke
例 The school authority **reproved** the teacher for proposing physical punishment for the students. 校方谴责了这位体罚学生的老师。
搭 reprove sb (for sth) 责备或指责某人
派 reproving *adj.* 表示责备的

grate
/ greɪt /

阅

释 *v.* 发出刺耳的声音；使气恼；磨损 make a harsh noise; have an unpleasant effect; shred
例 His arrogant attitude **grated** on me. 他傲慢的态度让我感到气恼。
搭 grate on sb 使…感到气恼　　　派 grated *adj.* 搓碎的

inclusive ■
/ ɪn'kluːsɪv /
阅 | 填

释 *adj.* 包括的，包罗广泛的 tending to include all
例 The charge is **inclusive** of breakfast. 费用包含早餐。
搭 inclusive of sth 包括的，包含的　派 inclusively *adv.* 包含在内地，包括地

jaundiced
/ 'dʒɔːndɪst /

释 *adj.* 有偏见的，不满的；黄色的 prejudiced (envious, hostile or resentful); yellowed
例 After the failure of negotiation, Susan watched the proceedings with a **jaundiced** eye. 谈判失败之后，苏珊以带有偏见的眼光关注事态发展。
派 jaundice *n.* 偏见；黄疸病

delve
/ delv /

释 *v.* 挖掘，挖地；钻研 dig; investigate
例 He had a considerable Elizabethan library to **delve** in. 他有伊丽莎白时期的大量藏书可以钻研。
搭 delve in/into 钻研，探究

mercenary ●
/ 'mɜːrsəneri /

阅

释 *adj.* 唯利是图的 interested in money or gain
例 Andy was so **mercenary** that he turned in his own wife for the reward money. 安迪真是唯利是图，他为领取赏钱出卖了自己的妻子。

morbid
/ 'mɔːrbɪd /

阅 | 填

释 *adj.* 有成见的；病态的，忧郁的；病的，病理的 given to unwholesome thought; moody; characteristic of disease
例 It's **morbid** to wash hands continuously. 持续洗手是一种病态。
派 morbidity *n.* 病态；不健全；发病率

authoritarian ■
/ ə,θɔːrə'teriən /

阅

释 *adj.* 独裁的；专横的 subordinating the individual to the state; completely dominating another's will
例 In feudal society, parents were **authoritarian**, controlling their children's marriage. 封建社会里，父母包办子女的婚姻。
搭 authoritarian personality 专制的个性
派 authoritarianism *n.* 权力主义，独裁主义

□ reprove　　□ grate　　□ inclusive　　□ jaundiced　　□ delve　　□ mercenary
□ morbid　　□ authoritarian

monumental
/ ˌmɑːnjuˈmentl /
填

释 *adj.* 巨大的 massive
例 Raising a child is a **monumental** task. 养育孩子是一项巨大的任务。
派 monumentality *n.* 巨大

restive
/ ˈrestɪv /

释 *adj.* 不安宁的；难驾驭的；不听话的 restlessly impatient; obstinately resisting control
例 The fans became very **restive** after waiting for the singer for two whole hours in the piercing wind. 在寒风中等待了歌手整整两个小时后，歌迷们开始变得不耐烦了。
派 restively *adv.* 倔强地；难以驾驭地 restiveness *n.* 焦躁；难以驾驭

rigid
/ ˈrɪdʒɪd /

阅 | 填

释 *adj.* 坚决的；严格的；坚硬的 stiff and unyielding; strict; hard and unbending
例 My father is a man of extremely **rigid** principles. 我父亲是一个原则性极强的人。
派 rigidity *n.* 硬度；严格；刚性 rigidly *adv.* 严格地；坚硬地

host
/ hoʊst /

阅 | 填

释 *n.* 大量；主人，东道主；宿主 great number; person entertaining guests; animal or plant from which a parasite gets its nourishment
例 He did a **host** of readings before he came to such a conclusion. 他进行了大量的阅读才得出这样一个结论。
搭 a host of 大量，许多

crest
/ krest /
阅 | 填

释 *n.* 顶峰，浪头 highest point of a hill; foamy top of a wave
例 The climbers reached the **crest** of the hill before dawn. 登山者于黎明前到达山顶。

turbulence ■
/ ˈtɜːrbjələns /

阅 | 填

释 *n.* 骚乱，动荡 state of violent agitation
例 The political **turbulence** brought about many unsteady elements. 政治的骚乱引发了许多不安定因素。
派 turbulent *adj.* 动荡的，混乱的

artisan ■
/ ˈɑːrtəzn /

阅 | 填

释 *n.* 工匠，技工 manually skilled worker; craftsman, as opposed to artist
例 Foreigners are surprised at the skills of the traditional Chinese **artisans**. 外国人对中国传统工匠的技巧感到惊奇。
搭 artisan industry 手工业

garner
/ ˈgɑːrnər /
阅 | 填

释 *v.* 获得，收集，储藏 gather; store up
例 He has managed to **garner** the support of most of the members of his party. 他已经设法获得了党内大多数成员的支持。

prognosis
/ prɑːgˈnoʊsɪs /
阅 | 填

释 *n.* 预后，预知 forecasted course of a disease; prediction
例 The doctor gave a good **prognosis**, saying he could expect a full recovery. 医生给的预后结果很好，说他有望痊愈。

dais
/ 'deɪɪs /

释 *n.* 讲台 raised platform for guests of honor
例 The presidents of the world-famous companies are on the **dais** of Global Fortune Forum. 世界知名公司的总裁们站在全球财富论坛的讲台上。

antecede
/ ˌæntɪ'siːd /

阅

释 *v.* 先前，先行 precede
例 China's papermaking technology **anteceded** the European skill by more than a thousand years. 中国的造纸术比欧洲的技术早了一千多年。
派 antecedence *n.* 先行，在先；antecedent *adj.* 先前的

spangle
/ 'spæŋgl /

阅 | 填

释 *n.* （缝在衣服上用做装饰的）发光的小金属片 small metallic piece sewn to clothing for ornamentation
例 The bridesmaid wearing a cheongsam glittered with **spangles** looked more fascinating than the bride. 伴娘穿了一件缀满闪闪发光的饰片的旗袍，看上去比新娘还要有魅力。

scanty ■
/ 'skænti /

阅

释 *adj.* 缺乏的，不足的 meager; insufficient
例 Due to the drought, there is a **scanty** supply of water throughout the city. 旱灾导致整个城市中的水供应不足。
派 scantily *adv.* 缺乏地，不充足地 scantiness *n.* 缺乏，不足

annihilate
/ ə'naɪəleɪt /

阅

释 *v.* 消灭，歼灭 destroy
例 The Liberation Army **annihilated** the enemy who resisted fiercely. 解放军歼灭了负隅顽抗的敌人。
派 annihilation *n.* 歼灭，灭绝

mutability
/ ˌmjuːtə'bɪləti /

释 *n.* 易变性；性情不定 ability to change in form; fickleness
例 Going from civilian to king, and then back to civilian again, he was a victim of the **mutability** of fortune. 从平民到国王，然后又回到平民，他是命运多变的受害者。
派 mutably *adv.* 无常地，性情不定地

dissertation
/ dɪsər'teɪʃn /

释 *n.* 论文；学术演讲 formal essay
例 He finished the doctoral **dissertation**. 他写完了博士学位论文。

protract
/ proʊ'trækt /

释 *v.* 延长 prolong
例 She **protracted** her stay in Paris for several weeks. 她在巴黎多逗留了几个星期。
派 protraction *n.* 伸长，延长

ramify
/ 'ræmɪfaɪ /

阅

释 *v.* （使）分枝，（使）分叉 divide into branches or subdivisions
例 Subways are **ramified** over Beijing city in order that more citizens choose public transportation. 为了使更多市民选择公共交通，北京的地铁遍布了整个城市。

□ dais   □ antecede   □ spangle   □ scanty   ■ annihilate   □ mutability
□ dissertation   □ protract   □ ramify

hedonist ■
/ 'hiːdənɪst /

阅

释 *n.* 享乐主义者 one who believes that pleasure is the sole aim in life
例 As a **hedonist**, she doesn't worry about her current situation at all. 作为一个享乐主义者，她一点也不为她的现状感到担忧。
派 hedonistic *adj.* 快乐主义者的

bludgeon
/ 'blʌdʒən /

释 *n.* 短棒 club; heavy-headed weapon
例 He grabbed a **bludgeon** and hit the thief on the back. 他抄起一根木棒朝小偷的后背打去。

nicety
/ 'naɪsəti /

释 *n.* 微妙之处；精确；细节，细微之处；美好 subtlety; precision; minute distinction; fine point
例 By the end of last term, young ladies had learnt the **niceties** of dinner party conversation. 到上学期结束，年轻的姑娘们已经完成对晚宴谈话礼仪细节的学习。

cognizance
/ 'kɑːgnɪzəns /

释 *n.* 认识 knowledge
例 He began to take **cognizance** of the importance of theories. 他开始认识到理论的重要性。
搭 take cognizance of sth 获知　　派 cognizant *adj.* 认识的

dynamic
/ daɪ'næmɪk /
阅 | 填

释 *adj.* 有活力的，生机勃勃的 energetic; vigorously active
例 The city presents a **dynamic** atmosphere. 这座城市呈现出生气勃勃的景象。
派 dynamically *adv.* 有生气地；有活力地

reconcile
/ 'rekənsaɪl /

阅 | 填

释 *v.* 使符合，使一致；使和解 correct inconsistencies; become friendly after a quarrel
例 The newly-wed couple couldn't **reconcile** their conflicts and finally divorced. 这对新婚夫妇无法调和他们之间的矛盾，最终离婚了。
搭 reconcile sb (with sb) 使…重新和好
派 reconcilable *adj.* 可和解的，可调和的

pedestrian
/ pə'destriən /
阅 | 填

释 *adj.* 平淡的，缺乏想象力的 ordinary; unimaginative
例 The birth of his daughter was a sauce to his **pedestrian** life. 女儿的出生给他平淡的生活增添了乐趣。

contingent
/ kən'tɪndʒənt /

阅

释 *adj.* 因事而定的，依条件而定的 dependent on; conditional *n.* 代表团 group that makes up part of a gathering
例 These earnings are **contingent** upon whether he wins the match. 这笔收入还要取决于他能否赢得这场比赛。// Each nation sent a **contingent** of athletes to the Olympics. 每个国家都派出了运动员代表团去参加奥运会。
搭 contingent on/upon 视…而定；取决于…
派 contingency *n.* 偶然性；意外事故；可能性

amputate
/ 'æmpjuteɪt /
阅

释 *v.* 截肢；切除 cut off part of body; prune
例 In order to prevent the spread of cancer, the doctors had to **amputate** his left arm. 为了防止癌症扩散，医生不得不截掉了他的左臂。
派 amputation *n.* 截肢，切除

---

intrude
/ ɪn'truːd / 阅 | 填

释 *v.* 闯入，侵入 trespass; enter as an uninvited person
例 I was scared of the **intruding** man. 我被闯进来的那个男人吓到了。

---

connoisseur
/ ˌkɑːnə'sɜːr /
阅 | 填

释 *n.* 鉴赏家 person competent to act as a judge of art, etc.; a lover of an art
例 We are looking for a **connoisseur** of French champagne. 我们想找一位法国香槟酒品酒专家。

---

euphemism ■
/ 'juːfəmɪzəm /
阅 | 填

释 *n.* 委婉语，委婉说法 mild expression in place of an unpleasant one
例 **Euphemism** is a way to show politeness. 委婉语是表达礼貌的一种方式。

---

tedious
/ 'tiːdiəs /
阅 | 填

释 *adj.* 单调乏味的；冗长的；沉闷的 boring; tiring
例 The **tedious** speech made by the history professor made us sleepy. 历史教授乏味的演讲使我们昏昏欲睡。
派 tediousness *n.* 沉闷；乏味

---

recast
/ ˌriː'kæst /
阅

释 *v.* 改写；重塑，重制 reconstruct (a sentence, story, etc.); fashion again
例 She **recast** her thesis as a presentation. 她把自己的论文改写后用于展示演讲。

---

secession
/ sɪ'seʃn /

释 *n.* 脱离 withdrawal
例 At the end of the conference press, a foreign journalist asked a question about the Anti-**Secession** Law. 新闻发布会的最后，一位外国记者问了一个关于《反分裂国家法》的问题。
派 secede *v.* 退出，脱离（组织等）

---

compliant
/ kəm'plaɪənt /
阅 | 填

释 *adj.* 顺从的，服从的 yielding
例 His wife is a tender and **compliant** woman. 他妻子既温柔又顺从。
派 compliantly *adv.* 顺从地，应允地

---

generic
/ dʒə'nerɪk /

阅

释 *adj.* 一般的，普通的 characteristic of an entire class or species
例 "Fruit" is a **generic** term, while "apple" is a specific term. "水果"是通称，而"苹果"是具体名称。
派 generically *adv.* 一般地

---

adjunct
/ 'ædʒʌŋkt /

释 *n.* 附件，辅助物 something added on or attached (generally nonessential or inferior)
例 Physical therapy is an important **adjunct** to drug treatments. 物理疗法是戒毒治疗中的一种重要的辅助性疗法。

□ amputate　　□ intrude　　□ connoisseur　　□ euphemism　　□ tedious　　□ recast
□ secession　　□ compliant　　□ generic　　□ adjunct

trivial
/ ˈtrɪvɪəl /
阅 | 填

释 *adj.* 不重要的，琐碎的 unimportant; trifling
例 She was determined to go out of the **trivial** round of daily life. 她下定决心走出琐碎的日常生活。
派 triviality *n.* 平凡，琐屑；琐事，小节

extort
/ ɪkˈstɔːrt /
阅

释 *v.* 敲诈，勒索 wring from; get money by threats, etc.
例 He **extorted** a large sum of money from us. 他向我们敲诈了一大笔钱。
搭 extort sth from sb 从某人那勒索某物

boorish
/ ˈbʊrɪʃ /
阅 | 填

释 *adj.* 粗鲁的；不敏感的 rude; insensitive
例 The guests could no longer bear his **boorish** behavior. 客人们再也无法忍受他粗鲁的行为了。

insidious
/ ɪnˈsɪdɪəs /
阅 | 填

释 *adj.* 暗中为害的；潜伏的，隐伏的 treacherous; stealthy; sly
例 This **insidious** disease infects people without their awareness. 人们会在不知情的情况下感染这种潜伏性疾病。
派 insidiously *adv.* 潜在地，隐伏地；阴险地

exult
/ ɪgˈzʌlt /
阅 | 填

释 *v.* 欢欣鼓舞 rejoice
例 They **exulted** for they won the game. 他们因赢得比赛而欢欣鼓舞。
派 exultation *n.* 得意，欢悦，兴高采烈

urbane
/ ɜːrˈbeɪn /
阅

释 *adj.* 彬彬有礼的，文雅的；都市化的 suave; refined; elegant ; urbanized
例 Beijing is in the transformation to a more **urbane** metropolis. 北京正向一个更为都市化的大城市转型。
派 urbanity *n.* 都市风格；雅致

laceration
/ ˌlæsəˈreɪʃn /
阅

释 *n.* 撕裂，裂伤 torn, ragged wound
例 Tom needed stitches to close up a **laceration** on his head which he received in the car crash. 汤姆需要缝合车祸在他头上造成的裂伤。
派 lacerative *adj.* 撕裂的

nonentity
/ nɑːˈnentəti /

释 *n.* 无足轻重的人；不存在 person of no importance; nonexistence
例 He was written off then as a political **nonentity**. 他当时被认定是成不了气候的政坛小人物。
派 entity *n.* 实体；存在；本质

cuisine
/ kwɪˈziːn /
阅 | 填

释 *n.* 烹饪法 style of cooking
例 The hotel offers not only western but also typical Chinese **cuisine**. 这家宾馆不仅供应西餐，还供应典型的中餐。

spatula
/ ˈspætʃələ /

释 *n.* （涂油漆、涂药等用的）抹刀；铲 broad-bladed instrument used for spreading or mixing
例 The baker leveled the surface of the cake with a plastic **spatula**. 面点师用塑料铲抹平了蛋糕。

---

censorious ∎ / senˈsɔːriəs / 阅	释 *adj.* 挑剔的，吹毛求疵的 critical 例 That woman just can't change her **censorious** nature. 那个女人就是改不了挑剔的本性。 派 censoriousness *n.* 喜欢批评
brusque / brʌsk / 阅	释 *adj.* 生硬无礼的；唐突的，鲁莽的 blunt; abrupt 例 Her anxious inquiry about his condition met with his **brusque** reply. 她对他情况关切的询问换来的却是他粗鲁的答复。 派 brusqueness *n.* 无礼，唐突

Notes

anecdote ■
/ ˈænɪkdoʊt /

阅 | 填

释 *n.* 轶事，趣闻 short account of an amusing or interesting event
例 The teacher started today's lesson with a humorous **anecdote**. 老师以一则趣闻开始了今天的授课。
派 anecdotal *adj.* 轶事的，趣闻的

gait
/ geɪt / 阅

释 *n.* 步态，步法；速度 manner of walking or running; speed
例 She walked with an elegant **gait**. 她走路步态优雅。

lithe ●
/ laɪð /

阅 | 填

释 *adj.*（指人的身体）柔软的，易弯的 flexible; supple
例 Sophia is a **lithe** young gymnast. 索菲亚身体柔软，是一名年轻的体操运动员。
派 lithely *adv.* 柔软地，易变地

prevaricate
/ prɪˈværɪkeɪt /

阅 | 填

释 *v.* 撒谎；支吾，搪塞 lie; avoid giving a direct answer or making a firm decision
例 He was just **prevaricating** to avoid telling us the truth. 他只是在搪塞，不想告诉我们真相。
派 prevarication *n.* 支吾，搪塞

orator ■
/ ˈɔːrətər /

阅

释 *n.* 演说家 public speaker
例 Lenin, who was the great **orator** of the Russian Revolution, often set his audience on fire. 列宁是俄国革命时期伟大的演说家，经常使他的听众情绪激昂。
派 oratorial *adj.* 演说的，雄辩的

ensemble
/ ɑːnˈsɑːmbl /

阅

释 *n.* 小乐队，合奏组；成套的东西；套服 group of (supporting) players; organic unity; costume
例 The singer's striking **ensemble** makes the performance perfect. 歌手醒目的服装使表演很完美。

definitive
/ dɪˈfɪnətɪv /

释 *adj.* 决定性的，最后的 final; complete
例 We got a **definitive** victory. 我们取得了决定性的胜利。
派 definite *adj.* 一定的；确切的

citadel
/ ˈsɪtədel /

释 *n.* 堡垒 fortress
例 In his paper he focused on the military function of **citadels**. 在论文中他主要讨论城堡的军事作用。

disconsolate
/ dɪsˈkɑːnsələt /
填

释 *adj.* 忧郁的，闷闷不乐的 sad
例 She is disconsolate at the death of her cat. 她为她的猫的死哀伤不已。
派 disconsolation *n.* 悲伤，阴郁

upbraid
/ ʌpˈbreɪd / 阅

释 *v.* 责备，叱责 severely scold; reprimand
例 He upbraided her with her ingratitude. 他谴责她忘恩负义。

dolt
/ doʊlt / 填

释 *n.* 笨蛋，傻瓜 stupid person
例 The dolt went so far as to believe the lie. 这个笨蛋竟然相信了那谎言。

pugilist
/ ˈpjuːdʒɪlɪst /

释 *n.* 职业拳击运动员 boxer
例 The pugilist fouled his opponent by hitting him below the belt. 那个拳击手因击打对手腰部以下而犯规。
派 pugilism *n.* 拳击 pugilistic *adj.* 拳击的，拳击家的

kinetic
/ kɪˈnetɪk /

释 *adj.* 运动的 producing motion
例 It is generally known that potential energy is convertible to kinetic energy. 众所周知，势能可转化为动能。
派 kinetics *n.* 动力学

forswear
/ fɔːrˈswer /

释 *v.* 发誓戒除；放弃 renounce; abandon
例 He once forswore smoking. 他曾经发誓戒烟。

reminiscence
/ ˌremɪˈnɪsns /

阅

释 *n.* 回忆，怀旧 recollection
例 The older we become, the more reminiscence we have and the lonelier we feel. 我们越长大，就越怀旧，也越感到孤单。
派 reminiscent *adj.* 使人回想或联想的；怀旧的

castigate
/ ˈkæstɪgeɪt /

阅 | 填

释 *v.* 严厉批评；惩罚 criticize severely; punish
例 The president castigated one student for insulting his teacher. 校长谴责了对老师不敬的学生。
搭 castigate sb for sth 因…严厉批评某人   派 castigation *n.* 苛评；惩罚

epoch
/ ˈepək /
阅

释 *n.* 时代，纪元 period of time
例 The victory of the army marked the beginning of a grand epoch. 这支军队的胜利标志着一个伟大时代的开端。

clime
/ klaɪm /
阅

释 *n.* 地方；气候 region; climate
例 Their family are heading for sunnier climes for winter vacation next week. 他们家下周要到阳光明媚的地方过寒假。

gourmand
/ ˈgʊrmɑːnd /

阅

释 *n.* 美食家；贪食者，暴食者 epicure; person who takes excessive pleasure in food and drink
例 A gourmet appreciates good food, and knows when to stop, while a gourmand eats excessively and unhealthily. 美食家懂得欣赏美食，也知道适可而止，而暴食者总是暴饮暴食，吃不健康的饮食。
派 gourmandism *n.* 美食主义

vortex / ˈvɔːrteks / 阅	释 *n.* 旋风；漩涡；（动乱、争论等的）中心 whirlwind; whirlpool; center of turbulence; predicament into which one is inexorably plunged 例 Both countries were drawn into the **vortex** of war. 两国都被卷入了战争的漩涡中。
cumulative / ˈkjuːmjəleɪtɪv / 阅丨填	释 *adj.* 累积的 growing by addition 例 The high unemployment is inflicting tremendous **cumulative** damage. 高失业率正在引发惊人的累积伤害。
shrewd / ʃruːd / 阅丨填	释 *adj.* 机灵的，精明的 clever; astute 例 Purchasing real estate proves to be the **shrewdest** investment in the past ten years. 事实证明，购买不动产是过去十年最精明的投资。 派 shrewdness *n.* 精明；机灵 shrewdly *adv.* 精明干练地；机灵地
chaste / tʃeɪst / 阅	释 *adj.* 纯真的；贞节的；正派的 pure; virginal; modest 例 He got AIDS because he didn't live a **chaste** life. 他生活不检点所以得了艾滋病。 派 chastity *n.* 贞节，纯洁
hazardous / ˈhæzərdəs / 阅丨填	释 *adj.* 危险的，冒险的 dangerous 例 It will be a **hazardous** journey. 这将是一次危险的旅行。 搭 hazardous cargo 危险品　　　　派 hazardously *adv.* 冒险地，有危险地
vitriolic / ˌvɪtriˈɑːlɪk / 填	释 *adj.* 硫酸的；刻薄的 corrosive; sarcastic 例 The Democratic launched a **vitriolic** attack on the president. 民主党向总统发起了一场刻薄的攻击。 派 vitriol *n.* 硫酸
sporadic ■ / spəˈrædɪk / 阅丨填	释 *adj.* 零星的，偶发性的 occurring irregularly 例 It is reported that there are **sporadic** raids in Iraq nowadays and people there have got used to them. 据报道，伊拉克现如今仍有零星的袭击事件，但那里的居民都已习惯了。 派 sporadically *adv.* 零星地，偶发地
arrest / əˈrest / 阅丨填	释 *v.* 停止；吸引注意 stop or slow down; catch someone's attention 例 The child's painting **arrested** the expert's attention. 孩子的画作引起了专家的注意。 派 arrestment *n.* 阻止；刹车
extrovert / ˈekstrəvɜːrt / 阅	释 *n.* 性格外向的人 person interested mostly in external objects and actions 例 He is an **extrovert**, so he is not fit for office job. 他是个外向的人，所以不适合做办公室工作。 派 extroverted *adj.* 外向的，活泼好动的

dexterous

/ ˈdekstrəs /

阅 | 填

释 *adj.* 灵巧的，熟练的，敏捷的 skillful

例 The manager was **dexterous** in handling his staff. 那位经理善于管理他手下的职员。

---

purse

/ pɜːrs /

释 *v.* 起皱，皱缩 pucker; contract into wrinkles

例 Emily looked at her wristwatch, **pursed** her lips and shook her head. 艾米丽看了看手表，撅起嘴摇了摇头。

搭 purse (up) one's lips/mouth 撅嘴

---

analogous ■

/ əˈnæləgəs /

阅 | 填

释 *adj.* 类似的 comparable

例 The children's car models are **analogous**. 孩子们的汽车模型都很相似。

搭 be analogous (to sth) 与…类似　派 analogy *n.* 类似，相似；类推

---

mottled

/ ˈmɑːtld /

阅

释 *adj.* 杂色的；斑驳的 blotched in coloring; spotted

例 The back of this frog is **mottled** red and green. 这只青蛙的背部有红绿斑点。

派 mottle *v.* 使成杂色，使显得斑驳

---

skinflint

/ ˈskɪnflɪnt /

释 *n.* 吝啬鬼 stingy person; miser

例 Although she is a boss of three factories, she is an out-and-out **skinflint**. 虽然是三家工厂的老板，但她却是个不折不扣的吝啬鬼。

---

glaze

/ gleɪz /

阅

释 *v.* 装玻璃；上釉 furnish with glass; cover with a thin and shiny surface

例 Sarah is going to **glaze** the windows of her new house tomorrow. 莎拉打算明天给她的新房子的窗户装上玻璃。

搭 glaze a window 给窗户装配玻璃

---

ruthless

/ ˈruːθləs /

阅

释 *adj.* 无情的，残忍的 pitiless; cruel

例 A person who shows **ruthless** disregard for other people's sorrow is unworthy of being loved. 一个对别人的痛苦漠不关心的人是不值得去爱的。

派 ruthlessly *adv.* 无情地；残忍地 ruthlessness *n.* 无情；残忍

---

orgy

/ ˈɔːrdʒi /

释 *n.* 狂欢，放荡 wild, drunken revelry; unrestrained indulgence in a tendency

例 When her income tax refund check finally arrived, Diana indulged in an **orgy** of shopping. 戴安娜的所得税退税支票终于到了，她沉浸在购物的狂欢中。

派 orgiac *adj.* 狂欢的，放荡的

---

exhume

/ ɪgˈzuːm /

释 *v.* （尤指为验尸而从墓内）掘出（尸体）dig out of the ground; remove from the grave

例 Sometimes it's necessary to **exhume** the victim's body so as to take evidence. 有时为了取证有必要挖出受害者的尸体。

派 exhumation *n.* 发掘，尸体发掘

---

snicker / 'snɪkər / 阅 | 填	释 *n.* 窃笑 half-stifled laugh 例 The whole class bursted into a chorus of **snicker** when a student asked a silly question. 一个学生问了一个很愚蠢的问题，引来全班同学的一阵窃笑。
animus / 'ænɪməs / 填	释 *n.* 敌意 hostile feeling or intent 例 The opponents criticized him for his **animus** against the black. 反对者们批评他对黑人抱有敌意。 搭 animus against sb/sth 对⋯怀有敌意
graduated / 'grædʒueɪtɪd /	释 *adj.* 分等级的，分阶段的 arranged by degrees (of height, difficulty, etc.) 例 The test is **graduated** so that students can take the exam at the right level for themselves. 这个考试是分级的，以便学生们可以选择适当水平的考试。
insightful / 'ɪnsaɪtful / 阅 | 填	释 *adj.* 有洞察力的，有深刻见解的 discerning; perceptive 例 They offered some **insightful** thoughts in this article, which was very helpful for my thesis. 他们在这篇文章中提供了一些有见地的想法，这对我的毕业论文很有帮助。 派 insight *n.* 洞察力，洞悉
abut / ə'bʌt /	释 *v.* 邻接，毗邻 border upon; adjoin 例 Their community **abuts** onto a national road. 他们小区紧靠一条国道。 搭 abut on/onto sth 与⋯邻接，紧靠⋯
grotesque / grou'tesk /	释 *adj.* 奇怪的，怪诞的 fantastic; comically hideous 例 How did you come up with such a **grotesque** idea? 你怎么会有如此荒诞的想法？ 派 grotesquely *adv.* 荒诞地，奇异地
exhilarating ■ / ɪg'zɪləreɪtɪŋ /	释 *adj.* 令人极度兴奋的，令人兴高采烈的 invigorating and refreshing; cheering 例 My parents gave me an **exhilarating** birthday gift when I was 18. 18岁的时候父母送给我一份使我特别开心的生日礼物。
genteel / dʒen'tiːl /	释 *adj.* 受良好教育并有礼貌的 well-bred; elegant 例 He acts in a **genteel** manner. 他的举止彬彬有礼。 派 genteelly *adv.* 文雅地，有教养地
subterfuge / 'sʌbtərfjuːdʒ /	释 *n.* 借口；托辞；欺骗，诡计 deceitful stratagem; trick; pretense 例 This type of **subterfuge** can be seen through easily by the majority of people. 大多数人很容易就能看穿这种花招。
humility / hjuː'mɪləti / 阅 | 填	释 *n.* 谦逊，谦恭 humbleness of spirit 例 What I like most about her is her **humility**. 她的谦逊是我最喜欢的地方。 派 humble *adj.* 谦逊的

□ snicker □ animus □ graduated □ insightful □ abut □ grotesque
□ exhilarating □ genteel □ subterfuge □ humility

migrant / 'maɪgrənt / 阅｜填	释 *adj.* 迁移的，移居的 changing its habitat; wandering *n.* 候鸟；迁移动物；移居者，移民 animals or people that move from one region to another 例 Migrant workers return to the countryside each year at harvest time. 民工每年在收获季节回到农村。 派 migrancy *n.* 移栖；迁移
fallible / 'fæləbl / 阅｜填	释 *adj.* 易犯错误的 liable to err 例 She is fallible, so no wonder she has made such a big mistake. 她是一个易犯错的人，难怪她犯了如此大的错误。
tarry / 'tæri /	释 *v.* 延迟，逗留 delay; dawdle 例 We tarried in an antique country inn for two days before we left for the city. 我们在一家古色古香的乡村旅馆里待了两天，然后才动身去了城里。
cede / siːd / 阅	释 *v.* 割让；屈服 yield (title, territory) to; surrender formally 例 The Qing government once ceded territories to the imperialist powers. 清政府曾向帝国主义列强割让领土。 搭 cede sth to sb 把…割让给…　　派 cession *n.* 割让
emend ● / i'mend /	释 *v.* 校订，修改 correct; correct by a critic 例 He is responsible for emending the text of a book. 他负责校对一本书中的文章。
bustle / 'bʌsl / 阅	释 *v.* 奔忙；充满 move about energetically; teem 例 On the morning of New Year's Eve, Mother bustled around in the kitchen. 除夕上午，妈妈在厨房里忙碌着。 搭 bustle around 忙碌，东奔西跑；bustle up 赶快，急忙行动 派 bustling *adj.* 熙熙攘攘的；忙乱的
inculcate / ɪn'kʌlkeɪt /	释 *v.* 谆谆教诲；灌输 teach; instill 例 My teacher inculcated me with love of knowledge. 我的老师教育我要热爱知识。 搭 inculcate sth in/into sb; inculcate sb with sth 向某人灌输… 派 inculcation *n.* 谆谆教诲，灌输
faculty / 'fæklti / 阅	释 *n.* 才能；（大学）全体教师 mental or bodily powers; teaching staff 例 Both students and faculty will attend the meeting. 全体师生都会参加会议。
distort / dɪ'stɔːrt / 阅｜填	释 *v.* 扭歪，使变形 twist out of shape 例 His face became distorted with rage. 他气得脸变了样。 派 distortion *n.* 变形；歪曲
exhaustive ■ / ɪg'zɔːstɪv / 阅｜填	释 *adj.* 彻底的，全面的 thorough; comprehensive 例 The project was canceled after exhaustive discussion. 经过全面彻底的讨论后，这项计划被取消了。 派 exhaustively *adv.* 详尽地，彻底地

dismay

/ dɪs'meɪ /

阅 | 填

释 *v.* 使失望；使惊慌 discourage; frighten *n.* 灰心；惊慌 sudden disappointment; sudden loss of courage or resolution from alarm or fear
例 Seeing a complete mess of the living room, Mary exclaimed in **dismay**. 看到客厅一团糟，玛丽惊慌地叫喊起来。

---

hostility

/ hɑː'stɪləti /

阅 | 填

释 *n.* 敌意，敌视 unfriendliness; hatred
例 I can feel veiled **hostility** from her. 我从她身上感觉到隐藏的敌意。
搭 hostility to/towards sb/sth 对…表现出敌意
派 hostile *adj.* 敌人的，敌方的；怀有敌意的

---

luminous

/ 'luːmɪnəs /

阅

释 *adj.* 明亮的；发光的 shining; issuing light
例 The **luminous** dial on the clock showed ten minutes to six. 那只钟的夜光钟面显示时间为5点50分。
派 luminousness *n.* 透光率

---

sycophant ■

/ 'sɪkəfænt /

阅 | 填

释 *n.* 拍马屁的人，谄媚者，奉承者 servile flatterer; bootlicker; yes man
例 If the governors of a dynasty always put **sycophants** in an important position, then it is bound to lead to the downfall of the dynasty. 如果一个王朝的统治者总是宠用奸佞，那么这个王朝必然会走向灭亡。
派 sycophancy *n.* 谄媚，奉承 sycophantic *adj.* 阿谀的，拍马屁的

---

avuncular

/ ə'vʌŋkjələr /

阅 | 填

释 *adj.* （像）叔伯的 like an uncle
例 The teacher talks to his pupils in a gentle and **avuncular** manner. 那位老师以和蔼慈祥、长辈式的语气同学生交谈。
派 avuncularly *adv.* （像）叔伯地

---

studied

/ 'stʌdid /

阅

释 *adj.* 有计划的，故意的 not spontaneous; deliberate; thoughtful
例 He didn't realize it was a **studied** revenge until the last moment. 他直到最后一刻才意识到这是一个有蓄谋的报复行动。

---

natty

/ 'næti /

释 *adj.* 整洁的，漂亮的 neatly or smartly dressed
例 My elder sister is a **natty** dresser. 我的姐姐是讲究衣着整洁漂亮的人。
派 nattily *adv.* 整洁地

---

wane

/ weɪn /

阅 | 填

释 *v.* 变小；衰退，结束 decrease in size or strength; draw gradually to an end *n.* 月亏 waning
例 The wax and **wane** of the moon cause tides. 月亮的盈亏造成了潮汐。
搭 on the wane 逐渐衰落
派 waning *adj.* 渐亏的；逐渐减弱或变小的 wanly *adv.* 苍白地；衰弱地；暗淡地

---

versatile

/ 'vɜːrsətl /

阅 | 填

释 *adj.* 多才多艺的，多面手的 having many talents; capable of working in many fields
例 This **versatile** actress came to the fore in a film early in her teens. 这位多才多艺的女演员还在十多岁时就在一部电影里初露锋芒。
派 versatility *n.* 多功能性；多才多艺

---

novice
/ 'nɑːvɪs /

释 *n.* 初学者，新手 beginner
例 He's still a **novice** as far as driving is concerned. 就驾驶而言，他仍是新手。
派 noviceship *n.* 见习期

apocryphal ●
/ ə'pɑːkrɪfl /

释 *adj.* 伪的，杜撰的 untrue; made up
例 The story about Washington's childhood was proved to be **apocryphal**. 这个关于华盛顿童年的故事证明是虚构的。
搭 an apocryphal book 真伪可疑的、著者不明的图书
阅 派 apocrypha *n.* 作者（或真实性、权威性）可疑的著作，伪书

humid
/ 'hjuːmɪd /

释 *adj.* 湿润的，潮湿的 damp
例 This flower grows well in hot and **humid** weather. 这种花适宜在湿热的天气中生长。
阅|填 派 humidity *n.* 湿度；潮湿

catastrophe
/ kə'tæstrəfi /

释 *n.* 大灾难，灾祸 calamity; disaster
例 The 2010 Yushu earthquake was a **catastrophe** that was as catastrophic as that of Wenchuan. 2010年的玉树地震是一场大灾难，其灾难性和汶川地震一样。
阅|填 搭 catastrophe theory 突变理论 派 catastrophic adj. 灾难的，悲惨的

deference ■
/ 'defərəns /

释 *n.* 遵从，敬重 courteous regard for another's wish
例 Do you treat your parents and teachers with **deference**? 你对父母和师长尊敬吗？
阅|填 派 deferential *adj.* 恭敬的；惯于顺从的

declivity
/dɪ'klɪvəti/
填

释 *n.* 斜坡，倾斜 downward slope
例 He had rolled down a **declivity** of twelve or fifteen feet. 他从12或15英尺高的斜坡滚了下来。

diligence ■
/ 'dɪlɪdʒəns /

释 *n.* 勤勉，勤奋 steadiness of effort; persistent hard work
例 His success was largely due to his **diligence**. 他的成功主要依赖于他的努力。
阅|填 派 diligent *adj.* 勤勉的，用功的

engage
/ ɪn'geɪdʒ /

释 *v.* 使参与；吸引；雇用；保证；交战 participate; attract; hire; pledge oneself; confront
例 The teacher **engaged** the shy girl in conversation. 老师让那个羞涩的女孩加入了谈话。
搭 engage sb (as sth) 聘用某人，雇用某人
阅|填 派 engagement *n.* 约会；担保；雇用；交战

knotty
/ 'nɑːti /

释 *adj.* 错综复杂的 intricate; difficult; tangled
例 The new manager faces some **knotty** problems on the first day. 新经理在第一天就面临一些棘手的问题。
阅 派 knottiness *n.* 难题

admonish / əd'mɑːnɪʃ / 阅 | 填	释 *v.* 警告，告诫 warn; reprove 例 A student was **admonished** for chatting with her deskmate. 她上课时和同桌聊天，受到（老师的）告诫。 搭 admonish sb for sth/doing sth 因某事而警告某人 派 admonition *n.* 警告，告诫
verdant / 'vɜːrdnt / 阅	释 *adj.* 翠绿的；长满绿色植物的 green; lush in vegetation 例 **Verdant** hills rise from the river valley in both the north and south. 青翠的群山从河谷的北部和南部绵延开来。 派 verdancy *n.* 翠绿，新绿；幼稚
collate / kə'leɪt / 阅	释 *v.* 核对；整理 examine in order to verify authenticity; arrange in order 例 Academic research requires the ability to **collate** materials about the subject. 学术研究要求研究者具有整理有关材料的能力。 派 collation *n.* 整理
neophyte / 'niːəfaɪt /	释 *n.* 新信徒；初学者，敌手 recent convert; beginner 例 The **neophytes** ran through a feeling of despair. 新手们感到一种绝望。 派 neophilia *n.* 喜欢新奇
beeline / 'biːlaɪn /	释 *n.* 直线 direct, quick route 例 The little girl made a **beeline** for the swing. 小女孩儿径直奔向秋千。 搭 make a beeline for sth/sb 直奔某物；径直奔向某人
distill / dɪ'stɪl / 阅 | 填	释 *v.* 吸取…的精华；净化；提炼 extract the essence; purify; refine 例 The useful advice **distilled** from the lifetime's experience of the scholar made his followers succeed. 从学者的一生经历中提取的有益的教训让他的追随者取得了成功。 搭 distill sth from sth 从…中吸取或提取… 派 distillation *n.* 蒸馏；摘要；精华
burgeon / 'bɜːrdʒən / 阅 | 填	释 *v.* 迅速成长；萌芽 grow forth; send out buds 例 My confidence didn't begin to **burgeon** until I achieved success. 直到获得成功后我的信心才开始增长。 搭 burgeoning *adj.* 迅速增长的
anthropoid / 'ænθrəpɔɪd / 阅	释 *adj.* 与人类相似的 manlike 例 There are several kinds of **anthropoid** animals in the world. 世界上存在几种与人类相似的动物。
aplomb / ə'plɑːm / 填	释 *n.* 沉着，泰然自若 poise; assurance 例 He dealt with the serious situation with great **aplomb**. 他非常镇定地应对了这次困难局面。 搭 with aplomb 镇定，从容不迫

prate
/ preɪt /

释 *v.* 空谈；瞎聊 speak foolishly; boast idly
例 He kept **prating** on and on all the way back home. 回家的路上他一直不停地瞎侃。
搭 prate of/about 空谈，瞎扯　　派 prater *n.* 多嘴的人，空谈者

dinghy
/ 'dɪŋi /

释 *n.* （舰、船上的）小型供应艇，救生艇 small ship's boat
例 We got into a **dinghy** with the provisions. 我们带着供给登上一艘救生艇。

tyro
/ 'taɪroʊ /

释 *n.* 初学者，新手 beginner; novice
例 He was just a **tyro** but had an excellent performance. 他只是个新手，但表现很出色。

altercation
/ ˌɔːltər'keɪʃn /

阅

释 *n.* 激烈的争论，争吵 noisy quarrel; heated dispute
例 The fans of the two teams were having an **altercation** over the judge's penalty. 两队球迷因裁判的判罚而发生了激烈的争论。
派 altercate *v.* 争论，发生口角

commemorate ■
/ kə'meməreɪt /

阅 | 填

释 *v.* 纪念，庆祝 honor the memory of
例 The statue was built to **commemorate** Chairman Mao. 雕像是为纪念毛主席而建的。
派 commemoration *n.* 纪念，庆祝

blare
/ bler /

释 *n.* 响而刺耳的声音；耀眼的光 loud, harsh roar or screech; dazzling blaze of light
例 The **blare** of car horns made him unable to fall asleep. 汽车喇叭刺耳的声音使他无法入睡。

perspicacious
/ ˌpɜːrspɪ'keɪʃəs /

阅

释 *adj.* 有洞察力的，敏锐的 having insight; penetrating; astute
例 Her daughter is becoming more **perspicacious** towards the end of the infantile period. 婴儿期结束后，她的女儿变得更聪明敏锐。
派 perspicacity *n.* 敏锐，洞察力 perspicaciously *adv.* 有洞察力地，睿智地

usurp ■
/ juː'zɜːrp /

阅

释 *v.* 篡夺，篡位 seize another's power or rank
例 He became so ambitious that he finally **usurped** the throne. 他的野心越来越大，最后篡夺了王位。
派 usurpation *n.* 篡夺，夺取 usurper *n.* 篡位者；篡夺者；僭取者

inherent ■
/ ɪn'hɪrənt /
阅 | 填

释 *adj.* 固有的，与生俱来的 firmly established by nature or habit
例 He has an **inherent** love for photography. 他天生热爱摄影。
派 inherence *n.* 内在，固有

intransigence / ɪn'trænzɪdʒəns / 填	释 *n.* 不妥协，不让步 refusal of any compromise; stubbornness 例 The economic development was restricted because of the government's **intransigence** over price-controls. 政府在价格控制问题上毫不妥协，致使经济发展受阻。 派 intransigent *adj.* 不妥协的，不让步的
prevail / prɪ'veɪl / 阅｜填	释 *v.* 劝诱；战胜，获胜 induce; triumph over 例 You can **prevail** over life's obstacles with the understanding and support from your family. 有家人的理解和支持，你会战胜人生的各种困难。 搭 prevail on/upon sb to do sth 说服某人做某事；prevail over/against 胜过 派 prevailing *adj.* 占优势的；盛行的
travail / 'træveɪl / 阅	释 *n.* 辛苦，苦役；痛苦，折磨 painful physical or mental labor; drudgery; torment 例 The person who has never given birth to a child will never know the **travail** of delivery. 没生过孩子的人决不了解分娩时的痛苦。
epilogue / 'epɪlɔːɡ / 	释 *n.* （电影、戏剧的）收场白 short speech at conclusion of dramatic work 例 The **epilogue** of the play provides much food for thought. 这部戏的收场白耐人寻味。
subliminal / ˌsʌb'lɪmɪnl / 阅	释 *adj.* 下意识的，潜意识的 below conscious awareness 例 My grandfather's words and deeds had a profound though **subliminal** influence on my life. 祖父的一言一行都极大地影响着我的生活，而这种影响是潜移默化的。
machination / ˌmæʃɪ'neɪʃn / 阅｜填	释 *n.* 诡计 evil schemes or plots 例 Fortunately, I saw through the wily **machinations** of my boss. 幸运的是，我看穿了老板的阴谋诡计。 派 machinate *v.* 图谋，策划
subjective / səb'dʒektɪv / 阅	释 *adj.* 主观的，个人的 occurring or taking place within the subject; unreal 例 A critic's evaluation of any literary works should not be too **subjective**. 评论家对任何文学作品的评价都不应太主观。 派 subjectivity *n.* 主观性

Word List 31

blatant
/ ˈbleɪtnt /

阅|填

> 释 *adj.* 显眼的，明目张胆的；喧哗的 flagrant; conspicuously obvious; loudly offensive
> 例 Anybody can see it is a **blatant** lie. 任何人都能看出来这是个赤裸裸的谎言。
> 派 blatancy *n.* 喧哗

---

muster
/ ˈmʌstər /

> 释 *v.* 聚集，集合 gather; assemble *n.* 集合，集中 assembly or gathering
> 例 Go and **muster** all the soldiers you can find. 去集合所有你能找到的士兵。

---

descant
/ ˈdeskænt /

> 释 *v.* 详谈，详述，详细评论 discuss fully *n.* 评论 a discussion or discourse on a theme
> 例 He is going to **descant** on the theme of our human mystery. 他将就"人类奥秘"这个主题作详细论述。
> 搭 descant on 详谈，详评

---

probe
/ proʊb /

阅|填

> 释 *v.* 探索，探测 explore with tools
> 例 The actor was tired of the press **probing** into his private life. 这个演员厌倦了媒体一直调查他的私生活。
> 搭 probe into 查究，深查

---

gadfly
/ ˈgædflaɪ /

> 释 *n.* 牛蝇；讨厌的人 animal-biting fly; an irritating person
> 例 The bites of **gadflies** on cows could reduce the production of milk. 牛蝇的叮咬可能会降低奶牛的产奶量。

---

avid
/ ˈævɪd /

阅|填

> 释 *adj.* 渴望的 greedy; eager for
> 例 He was intensely **avid** for wealth to buy a house. 他渴望获得一笔财富买房。
> 搭 be avid for sth 渴望的，急切的　派 avidity *n.* 渴望，热切

---

bevy
/ ˈbevi /

> 释 *n.* 一群 large group
> 例 Wherever he goes, the pop singer will be surrounded by a **bevy** of girls. 无论走到哪儿，这位流行歌手都被一群女孩子围着。

---

fetid
/ ˈfetɪd /

> 释 *adj.* 有恶臭的 malodorous
> 例 The bodies smell **fetid**. 尸体闻起来很臭。

leery
/ 'lɪri /
填

释 *adj.* 怀有戒心的，不信任的，谨慎的 suspicious; cautious
例 Don't eat the sashimi at this restaurant; I'm a bit **leery** about how fresh the salmon is. 不要在这家餐厅吃生鱼片，我有点怀疑三文鱼的新鲜度。
派 leeriness *n.* 猜疑

disparage ■
/ dɪ'spærɪdʒ /
阅 | 填

释 *v.* 贬低，轻视 belittle
例 The young writer's talent was **disparaged** at the beginning. 年轻作家的才能一开始受到了轻视。
派 disparagement *n.* 贬低，轻视

betroth
/ bɪ'trouð /
阅

释 *v.* 订婚 become engaged to marry
例 Mary is **betrothed** to her classmate at college. 玛丽和她的大学同学订婚了。
搭 be betrothed to sb 同…订婚　派 betrothal *n.* 婚约，订婚

avert ●
/ ə'vɜːrt /
阅 | 填

释 *v.* 预防；转移 prevent; turn away
例 He **averted** his eyes from his wife. 他把目光从妻子身上移开了。
搭 avert eyes/gaze/face from sth 从…转移目光
派 avertable *adj.* 可避开的；可防止的

sate
/ seɪt /
阅

释 *v.* 充分满足，使饱享 satisfy to the full; cloy
例 He is such a hyperaggressive politician that nothing can **sate** his greed for power. 他是一位野心勃勃的政治家，没有什么能满足他对权力的欲望。

subtlety
/ 'sʌtlti /
阅

释 *n.* 微妙；精明；巧妙 perceptiveness; ingenuity; delicacy
例 He is a good storyteller because he is very sensitive to the **subtleties** of human behaviours. 他对人们行为上的细微差别极为敏感，使得他成为一个很会讲故事的人。
派 subtle *adj.* 细微的；微妙的

diurnal
/ daɪ'ɜːrnl /

释 *adj.* 每日的，每天的；白天的 daily; belonging to or active during the day
例 Many animals are **diurnal**. 很多动物是日间活动的。
派 diurnally *adv.* 每日地，每天地

affront
/ ə'frʌnt /
阅 | 填

释 *n.* 公开侮辱，冒犯 insult; offense; intentional act of disrespect
例 The student took the professor's criticism as a personal **affront** and refused to attend his lectures. 学生认为教授对他的批评是对他的侮辱，于是拒绝再上他的课。
搭 affront to sb 对某人的侮辱 / 冒犯　派 affronted *adj.* 被侮辱的，被冒犯的

glossy
/ 'glɔːsi /

释 *adj.* 平滑的，有光泽的 smooth and shining
例 She has **glossy** blond hair. 她有一头光泽亮丽的金发。
派 glossily *adv.* 光滑地

betoken
/ bɪ'toʊkən /
阅

释 *v.* 意味；预示 signify; indicate
例 Smiling at each other **betokened** the making up of the couple. 彼此微笑预示着这对夫妻已经和好了。

---

mishap
/ 'mɪshæp /

阅

释 *n.* 不幸的事；灾难 accident
例 After a number of **mishaps** Lucy did desire to return to her hometown. 经历了一番波折之后，露西真地想返回家乡了。
派 hap *n.* 机会，运气

---

scuttle
/ 'skʌtl /

释 *v.* 急赶，急跑；故意将（船）弄沉 scurry; run with short, rapid steps; sink
例 Nothing can be more exciting than visiting the zoo to my niece, since she can see varieties of animals **scuttling** about. 最让我侄女兴奋的事情莫过于去动物园了，因为她能见到各种各样到处奔跑的小动物。// The captain ordered the sailors to **scuttle** the ship when facing the threat of the enemy. 当面临敌人的威胁时，船长下令船员凿沉轮船。

---

irreconcilable
/ ɪ'rekənsaɪləbl /
阅 | 填

释 *adj.* 不能和解的，不相容的 incompatible; not able to be resolved
例 There is a seemingly **irreconcilable** conflict between the two parties. 双方似乎有无法化解的矛盾。

---

windfall
/ 'wɪndfɔːl /

阅

释 *n.* 意外的收获 unexpected lucky event
例 I had a **windfall** from the football pools. 我从足球比赛赌博中发了一笔横财。

---

converse

阅 | 填

释 / 'kɑːnvɜːrs / *n.* 相反的事物 opposite / kən'vɜːrs / *v.* 谈话 chat; talk informally
例 I believe the **converse** of what you are saying. 我相信的和你说的正相反。// You will be able to **converse** with your friend through a conversational interface. 你能够通过一个会话界面和你的朋友进行交谈。
派 conversely *adv.* 相反地 conversation *n.* 交谈

---

insubstantial
/ ˌɪnsəb'stænʃl /

填

释 *adj.* 不实在的，非实质的；脆弱的 lacking substance; insignificant; frail
例 An **insubstantial** mirage was floating above the sea. 海的上空浮现着一幅虚幻的蜃景。
派 insubstantially *adv.* 不实在地；脆弱地

---

rostrum
/ 'rɑːstrəm /

阅

释 *n.* 讲坛，演讲坛 platform for speech-making; pulpit
例 Tears welled up uncontrollably in the athlete's eyes as he stood on the winner's **rostrum** and sang the words of the national anthem. 站在冠军领奖台上唱起国歌时，这位运动员的双眼噙满了泪水。

---

pretext
/ 'priːtekst /

阅 | 填

释 *n.* 借口，托辞 excuse
例 He asked her out on the **pretext** of borrowing a book. 他以借书为由把她约出来。
搭 on/under/upon the pretext of 以…为借口，托词

---

pertinacious / ˌpɜːrtn'eɪʃəs /	释 *adj.* 固执的，坚持的 stubborn; persistent 例 His **pertinacious** attitude made it impossible to continue the conversation. 他固执的态度使谈话无法继续下去。 派 pertinacity *n.* 执拗，顽固 pertinaciously *adv.* 固执地，执拗地
immaculate / ɪ'mækjələt / 填	释 *adj.* 洁净的；没有缺点的；完美无瑕的 spotless; flawless; absolutely clean 例 She appeared in the class in her **immaculate** uniform. 她穿着洁净的制服出现在班里。 派 immaculately *adv.* 干净地；纯洁地；完美地；无过失地
unerringly / ʌn'ɜːrɪŋ / 阅 ｜填	释 *adv.* 无过失地，正确地 infallibly 例 He **unerringly** threw the ball into the hole. 他准确无误地把球扔进了洞里。 派 unerring *adj.* 无过失的；不犯错误的
propinquity / prə'pɪŋkwəti /	释 *n.* 相近，邻近；近亲关系 nearness; kinship 例 I dreamed of living in a house in close **propinquity** to the beach after retirement. 我梦想退休后住在海滩附近的房子里。
insurrection / ˌɪnsə'rekʃn / 阅	释 *n.* 起义，造反 rebellion; uprising 例 He was suspected of getting involved in armed **insurrection**. 他们被怀疑参与了武装起义。 派 insurrectionary *adj.* 暴动的，起义的，造反的
obligatory / ə'blɪɡətɔːri /	释 *adj.* 有约束力的；必须的 binding; required 例 It is **obligatory** for us to observe the rules and regulations in our school. 我们必须遵守学校的规章制度。 派 obligatorily *adv.* 义务地
biased / 'baɪəst / 阅 ｜填	释 *adj.* 有偏见的 slanted; prejudiced 例 It is obvious that the judge will be **biased** in favor of the home team. 显然裁判会偏袒主场球队。 搭 biased toward(s)/against/in favor of sb/sth 对…有偏见的，有倾向性的 派 bias *n.* 偏见
conducive / kən'duːsɪv / 阅 ｜填	释 *adj.* 有益的，有助的 contributive; tending to 例 Regular exercise is **conducive** to good health. 经常锻炼有益于健康。 派 conduce *v.* 导致；有益，有贡献于
caulk / kɔːk /	释 *v.* 填塞 make watertight by filling in cracks 例 Can you find anything to **caulk** the pipe joint? 你能找个东西堵住这个水管接头的缝吗？ 搭 caulked joint 嵌缝　　　　　　派 caulker *n.* 敛缝工具
missive / 'mɪsɪv / 阅 ｜填	释 *n.* 信件 letter 例 I received a **missive** from my wife's lawyer. 我收到了妻子的律师信。

□ pertinacious　□ immaculate　□ unerringly　□ propinquity　□ insurrection　□ obligatory
□ biased　□ conducive　□ caulk　□ missive

345

privation
/ praɪˈveɪʃn /

释 *n.* 艰辛，贫困 hardship; want
例 The **privations** she suffered when she was a little girl may have damaged her health permanently. 她童年时备尝艰辛，可能已经给她的健康造成了永久的伤害。
搭 suffer many privations 吃尽苦头，备尝艰辛

---

enunciate
/ ɪˈnʌnsieɪt /

阅

释 *v.* （清晰地）发音 speak distinctly
例 The three-year old boy can **enunciate** very well. 这个三岁的男孩发音很清晰。
派 enunciation *n.* 发音

---

retinue
/ ˈretənuː /

释 *n.* 随员，侍从 following; attendants
例 The film star was accompanied by a **retinue** of bodyguards and policemen. 这位影星左右有保镖和警察保驾护航。

---

perjury
/ ˈpɜːrdʒəri /

释 *n.* 伪证（罪），伪誓 false testimony while under oath
例 The president was charged with **perjury** and obstructing justice. 该总裁被指控犯有伪证罪和妨碍司法公正罪。
搭 commit perjury 犯伪证罪，发假誓
派 perjurious *adj.* 伪证的，犯伪证罪的

---

dissonance
/ ˈdɪsənəns /

阅

释 *n.* 不和谐的声音 discord
例 The musician used **dissonance** for special effects in his musical works. 这位音乐家在他的音乐作品中用不和谐音来达到特殊的效果。

---

unassuming
/ ˌʌnəˈsuːmɪŋ /

阅

释 *adj.* 谦逊的，不装腔作势的 modest
例 Despite her fame, she remained modest and **unassuming**. 虽然很有名，但她的为人仍然很谦逊。
派 unassumingly *adv.* 谦逊地

---

lunar
/ ˈluːnər /

填

释 *adj.* 月的，月亮的；阴历的，农历的 pertaining to the moon
例 It is well known that the Chinese Spring Festival is the **lunar** New Year. 众所周知，中国春节即农历新年。
派 lunarscape *n.* 月面景色

---

regime
/ reɪˈʒiːm /

填

释 *n.* 政体，政权 method or system of government
例 People throughout the world were cheered by the collapse of the Fascist **regime** at the end of WWII. 二战末期，全世界的人们都为法西斯政权的倒台感到振奋不已。

---

facile
/ ˈfæsl /

填

释 *adj.* 容易的；现成的；肤浅的 easily accomplished; ready or fluent; superficial
例 Most of the students didn't agree about the **facile** solution he proposed. 大多数同学都不同意他提出的肤浅的解决方案。

□ privation □ enunciate □ retinue □ perjury □ dissonance □ unassuming
□ lunar □ regime □ facile

encompass
/ ɪnˈkʌmpəs /
阅 | 填

释 *v.* 环绕，包围 surround
例 The lucky boy was **encompassed** with happiness. 幸运的男孩被幸福包围着。

prosaic
/ prəˈzeɪɪk /

阅 | 填

释 *adj.* 乏味的；事实的 dull and unimaginative; matter-to-fact; factual
例 Life, however, is probably more **prosaic** than movies. 然而，生活可能要比电影平淡得多。
派 prosaically *adv.* 无聊地，乏味地，平凡地

duration
/ duˈreɪʃn /

阅 | 填

释 *n.* 持续期间 length of time something lasts
例 Holidays of two weeks' **duration** make him excited. 两周的假期让他感到兴奋。
搭 for the duration 很长时间

gregarious ■
/ grɪˈɡeriəs /

阅 | 填

释 *adj.* 合群的，爱交友的 sociable
例 As a **gregarious** person, he is charming and humorous. 他是一个爱社交的人，很有魅力而且风趣幽默。
搭 gregarious instinct 群集本能　派 gregariousness *n.* 群居，合群

compile ■
/ kəmˈpaɪl /

阅 | 填

释 *v.* 汇编，编辑 assemble; gather; accumulate
例 It takes a long time for us to **compile** this word list. 编辑这个词汇表花费了我们很长时间。
派 compiler *n.* 汇编者，编辑者

coronation
/ ˌkɔːrəˈneɪʃn /
阅

释 *n.* 加冕礼 ceremony of crowning a queen or king
例 Fifty heads of state attended the Queen's **coronation** to do her honor. 50位国家元首参加了女王的加冕典礼，向女王表示敬意。

crypt
/ krɪpt /
阅

释 *n.* 地下室，地窖 secret recess or vault, usually used for burial
例 But before we went to Prater, we paid a short visit to the Imperial **Crypt**. 不过在去普拉特公园之前，我们到皇家墓穴进行了简短的参观。

bent
/ bent /

阅

释 *adj.* 决心的 determined *n.* 特长，倾向，爱好 natural talent or inclination
例 My sister has a **bent** for music. 我妹妹有音乐天赋。
搭 bent on sth/on doing sth 决心要做，一心想做（尤指坏事）；bent for sth 天赋，爱好

resolve ■
/ rɪˈzɑːlv /

阅 | 填

释 *n.* 决心，决定 determination; firmness of purpose *v.* 决定，解决 decide; settle; solve
例 Her parents' strong opposition served only to strengthen her **resolve** to marry him. 她父母的强烈反对增强了她要和他结婚的决心。// She **resolves** on losing weight to attract her beloved man. 她决心减肥，以吸引她的意中人。
派 resolved *adj.* 下定决心的，坚定的 resolvable *adj.* 可溶解的

debase
/ dɪˈbeɪs / 阅 | 填

释 *v.* 贬低，降低 reduce in quality or value; lower in esteem; degrade.
例 He **debased** himself by telling such lies. 他说这些谎话就降低了自己的身份。

fanaticism ■
/ fəˈnætɪsɪzəm /

阅

释 *n.* （对政治、宗教等）狂热；盲信 excessive zeal; extreme devotion to a belief or cause

例 Terrorists took an advantage of his religious **fanaticism**. 恐怖分子利用了他对宗教的狂热。

---

volatile ■
/ ˈvɑːlətl /

阅 | 填

释 *adj.* 易变的；易爆发的；易挥发的 changeable; explosive; evaporating rapidly

例 You have to keep a cool head in these **volatile** situations. 在这些易变情况下你得保持冷静。

派 volatility *n.* 【化】挥发性；易变；活泼

---

sham
/ ʃæm /

释 *v.* 佯装 pretend

例 The soldier **shammed** dead so as to survive the battlefield. 这位士兵在战场上装死以存活下来。

---

articulate ■
/ ɑːrˈtɪkjələt /

阅 | 填

释 *adj.* 善于表达的，表达清晰的 expressing oneself easily in clear and effective language; distinct

例 The **articulate** young woman is suitable for the negotiation work. 这位口才好的年轻女子适合作谈判工作。

派 articulately *adv.* 善于表达地

---

coup
/ kuː /

释 *n.* 突然而巧妙的行动，成功的一举 highly successful action or sudden attack

例 It was a major **coup** for us to get such a prestigious contract. 赢得如此漂亮的合同对我们来说是巨大的成功。

---

laborious
/ ləˈbɔːriəs /

阅

释 *adj.* 吃力的；令人厌倦的 demanding much work or care; tedious

例 They had the **laborious** task of keeping the garden tidy all year round. 他们需要全年都把花园拾掇干净，这是一项艰苦的工作。

派 laboriously *adv.* 艰苦地，费力地

---

witless
/ ˈwɪtləs /

释 *adj.* 无知的，愚蠢的 foolish; idiotic

例 Owing to the **witless** commander, the troop was defeated. 都怪这个愚蠢的指挥官，部队打了败仗。

---

ordination
/ ˌɔːrdɪˈneɪʃn /

释 *n.* 授圣职礼 ceremony making someone a minister

例 Tim's **ordination** gives him the right to conduct a marriage or a funeral. 蒂姆的晋升圣职使他有权主持婚礼或葬礼。

派 ordain *v.* 命令；任命，授权；注定

---

tenacity ●
/ təˈnæsəti /

阅 | 填

释 *n.* 坚持；顽强 firmness; persistence

例 Hard work and **tenacity** are two of the primary factors to learn English well. 要想学好英语，勤奋和顽强的意志是两个至关重要的因素。

348
□ fanaticism　□ volatile　□ sham　□ articulate　□ coup　□ laborious
□ witless　□ ordination　□ tenacity

gratis
/ ˈɡrætɪs /
阅

释 *adj.* 免费的 free *adv.* 免费地 without payment
例 You can enjoy this service **gratis** if you are a member. 如果你是会员就可以免费享受这项服务。
搭 gratis service 免费服务

---

whet
/ wet / 阅

释 *v.* 磨快；刺激，使兴奋 sharpen; stimulate
例 The soup will **whet** your appetite. 这个汤能促进你的食欲。

---

equinox
/ ˈiːkwɪnɑːks /

释 *n.* 昼夜平分点；春分；秋分 period of equal days and nights; the beginning of Spring and Autumn
例 The ceremony to celebrate vernal **equinox** has been passed on for generations in this town. 庆祝春分的仪式已经在这个小镇中传了几代了。
搭 spring/vernal equinox 春分；autumnal equinox 秋分

---

impetuous
/ ɪmˈpetʃuəs /

阅 | 填

释 *adj.* 猛烈的；冲动的 violent; hasty; rash
例 I think you should think it over. Don't make **impetuous** decisions! 我觉得你应该仔细考虑一下，不要草率决定。
派 impetuosity *n.* 急躁，狂暴；轻率

---

clench
/ klentʃ /
阅

释 *v.* 紧握 close tightly; grasp
例 The old man **clenched** the arms of his chair and stood up. 老人紧紧抓住椅子扶手站了起来。
搭 clench sth in/between sth 握紧…，攥住…

---

accrue
/ əˈkruː /
阅

释 *v.* 自然增加 come about by addition
例 Interest has **accrued** since I put the money in the bank last year. 自从去年我把钱存入银行后，利息一直在增加。
搭 accrue to sb from sth（逐渐）增长，增加 派 accrual *n.* 积累，增加

---

menagerie
/ məˈnædʒəri /

释 *n.*（一群）野生动物 collection of wild animals
例 The **menagerie** in a traveling circus gave various performances to entertain the audience. 巡回演出的马戏团里的动物做各种表演以娱乐观众。

---

contentious ■
/ kənˈtenʃəs /

释 *adj.* 好争吵的 quarrelsome
例 It is better to dwell in a desert land than with a **contentious** and vexing woman. 宁可住在荒野之地，也不与争吵易怒的妇人同住。

---

corporeal
/ kɔːrˈpɔːriəl /
阅 | 填

释 *adj.* 身体的；物质的 bodily; material
例 He is very religious; **corporeal** world has little interest for him. 他虔信宗教，对物质上的享受不感兴趣。

---

console
/ kənˈsoʊl /
阅 | 填

释 *v.* 安慰，慰藉 lessen sadness or disappointment; give comfort
例 Nothing could **console** him when his pet dog died. 他的爱犬死后，什么事情也不能使他宽慰。

---

quixotic
/ kwɪk'sɑːtɪk /
填

释 *adj.* 堂吉诃德式的，狂想的 idealistic but impractical
例 She has always lived her life by a hopelessly **quixotic** code of honour. 她生活中一直遵循一种完全不切实际的堂吉诃德式的道德准则。
派 quixotically 堂吉诃德式地

---

exacting
/ ɪɡ'zæktɪŋ /
阅 | 填

释 *adj.* 严格要求的 extremely demanding
例 We have the same **exacting** standards. 我们有同样严格的标准。
派 exaction *n.* 强求，勒索

---

allege
/ ə'ledʒ /
阅 | 填

释 *v.* 宣称，断言 state without proof
例 The neighbors **alleged** that it was absolutely impossible for him to commit a murder. 邻居们断言，他绝对不可能犯谋杀罪。
派 allegation *n.* 宣称，主张

---

aphorism
/ 'æfərɪzəm /
阅 | 填

释 *n.* 格言，警句 pithy maxim
例 The **aphorism** of the Olympic Games is Faster, Higher, Stronger. 奥运会的格言是"更快、更高、更强"。
派 aphoristic *adj.* 警句的，格言的

---

catapult
/ 'kætəpʌlt /
阅

释 *n.* 弹弓，弹射器 slingshot; a hurling machine
例 He had no other toys but a **catapult** in his childhood. 他小时候只有一把弹弓当玩具。

---

mentor
/ 'mentɔːr /
阅 | 填

释 *n.* 导师，指导者 teacher
例 A sympathetic and understanding **mentor** can change a life forever. 一个有同情心和善解人意的导师可以改变一个人的一生。

---

grandeur
/ 'ɡrændʒər /
阅

释 *n.* 庄严，伟大 impressiveness; stateliness; majesty
例 I was deeply impressed by the **grandeur** of the royal palace. 皇宫的庄严给我留下了深刻的印象。

---

incrustation
/ ˌɪnkrʌ'steɪʃn /

释 *n.* 结壳，硬壳 hard coating or crust
例 I felt there seemed to be an **incrustation** around my heart, protecting it from being hurt again. 我感到我的心像是被一层硬壳包裹了起来，以防止再一次受到伤害。

---

seasoned
/ 'siːznd /
阅

释 *adj.* 经验丰富的 experienced
例 With quite a few **seasoned** players in the team, the coach was very hopeful about the coming game. 因为队里经验丰富的队员相当多，教练对即将到来的比赛踌躇满志。

---

crescendo
/ krə'ʃendoʊ /
阅

释 *n.* （声音、力度等）渐强；高潮 increase in the volume or intensity, as in a musical passage; climax
例 The advertising campaign reached a **crescendo** at Christmas. 广告战在圣诞节期间达到高潮。

□ quixotic   □ exacting   □ allege   □ aphorism   □ catapult   □ mentor
□ grandeur   □ incrustation   □ seasoned   □ crescendo

advocate ■
/ ˈædvəkeɪt /

阅 | 填

释 *v.* 提倡，拥护 urge; plead for
例 They **advocated** women's freedom in the women's liberation movement. 在妇女解放运动中，他们倡导女性自由。
派 advocacy *n.* 支持，拥护

disclose ■
/ dɪsˈkloʊz /

阅 | 填

释 *v.* 使…显露；揭露 reveal
例 He refused to **disclose** his name and address to the police. 他拒绝告诉警察他的姓名和住址。
派 disclosure *n.* 揭露，暴露

vicissitude
/ vɪˈsɪsɪtuːd /

阅 | 填

释 *n.* 变迁，兴衰 change of fortune
例 We cannot know all the **vicissitude** of our fortunes. 我们无法知道将来我们的命运所有的变化。

ethereal
/ iˈθɪriəl /

释 *adj.* 缥缈的；非人间的；超凡的 light; heavenly; unusually refined
例 That song with an **ethereal** quality has deeply attracted me. 那首带着缥缈感觉的歌曲深深地吸引了我。

zenith
/ ˈzenɪθ /

阅

释 *n.* 天顶；顶点 point directly overhead in the sky; summit
例 At its **zenith** the Roman empire covered almost the whole of Europe. 全盛时期的罗马帝国几乎囊括了整个欧洲。

discrete
/ dɪˈskriːt /

阅 | 填

释 *adj.* 分离的，互不相关的 separate; unconnected
例 A series of **discrete** events made him very confused. 一系列互不相关的事件让他很困惑。
派 discretely *adv.* 分离地；不相关地

swerve
/ swɜːrv /

阅

释 *v.* 突然转向 deviate; turn aside sharply
例 The motorist **swerved** suddenly to avoid the dog and smashed into a tree. 开车的人突然转向以避开那条狗，结果却撞上了一棵树。

pithy ●
/ ˈpɪθi /

释 *adj.* 精练的，简洁的，精辟的 concise; meaningful; substantial; meaty
例 Press releases must be **pithy**, clear, and full of substance. 新闻稿必须简洁清楚，并且有实质内容。
派 pithily *adv.* 简洁有力地

headstrong
/ ˈhedstrɔːŋ / 阅

释 *adj.* 顽固的，任性的 stubborn; willful; unyielding
例 He was a **headstrong** child. 他是一个任性的孩子。

dregs
/ dregz /

释 *n.* 残渣，渣滓 sediment; worthless residue
例 He drank a glass of wine to the **dregs**. 他把一杯酒喝得精光。
搭 drink/drain sth to the dregs 喝干，喝光

impair ■ / ɪmˈper / 阅|填	释 *adj.* 使受损，削弱 injure; hurt 例 Her eyesight was badly **impaired** after the car accident. 车祸后她的视力大大受损。 派 impaired *adj.* 受损的，出毛病的
lineage / ˈlɪniɪdʒ / 阅	释 *n.* 血统，世系 descent; ancestry 例 Katherine can trace her **lineage** directly back to the 17th century. 凯瑟琳的血统可以直接追溯到17世纪。
musty / ˈmʌsti /	释 *adj.* 发霉的；陈腐的 stale; spoiled by age 例 The attic smelled **musty** and stale. 阁楼闻起来有股发霉的陈味儿。 派 mustiness *n.* 霉臭；陈腐
plaudit / ˈplɔːdɪt/	释 *n.* 赞扬，赞美 enthusiastically worded approval; round of applause 例 Her performance has won **plaudits** from fans all over the world. 她的表演赢得全世界粉丝的一致赞美。 搭 win/draw/receive plaudits 赢得赞美，获得赞扬 派 plauditory *adj.* 赞美的
gravity ■ / ˈɡrævəti / 阅|填	释 *n.* 严重性 seriousness 例 I didn't realize the **gravity** of the situation at that time. 那个时候我没有意识到情况的严重性。 搭 gravity of （事态的）严重性　　派 grave *adj.* 重大的，严重的；严肃的
conclusive / kənˈkluːsɪv / 阅|填	释 *adj.* 决定性的；确凿的 decisive; ending all debate 例 The police had **conclusive** evidence of his guilt. 警方对他的罪行有确凿的证据。 派 conclusiveness *n.* 决定性；结论性

enhance ■
/ ɪnˈhæns /

阅 | 填

释 *v.* 增强，提高；改进 increase; improve
例 The writer **enhanced** his reputation by winning the Nobel Prize. 这位作家通过获得诺贝尔奖提高了自己的声望。
派 enhancement *n.* 增强；提高；美化

---

disseminate ■
/ dɪˈsemɪneɪt /

阅

释 *v.* 散布；传播；撒播（种子等）distribute; spread; scatter (like seeds)
例 Many priests **disseminated** Christianity. 很多教士传播基督教。
派 dissemination *n.* 传播，散播

---

bastion
/ ˈbæstɪən /

释 *n.* 堡垒 fortress; defense
例 The local people built a dam that is as strong as an iron **bastion**. 当地人建造了一座如铜墙铁壁般坚固的大坝。

---

iridescent
/ ˌɪrɪˈdesnt /

阅 | 填

释 *adj.* 彩虹色的 exhibiting rainbowlike colors
例 Have you ever seen **iridescent** butterflies? 你看见过彩虹色的蝴蝶吗？

---

concur ■
/ kənˈkɜːr /

阅 | 填

释 *v.* 同意，一致 agree
例 Many people's feelings **concur** on the subject of freedom. 许多人在自由问题上的感受是一致的。
搭 concur with sb 同意某人；concur in 赞成

---

devoid
/ dɪˈvɔɪd /

阅 | 填

释 *adj.* 没有的 lacking
例 The answer was quick and sharp, **devoid** of humor. 回答迅捷而尖锐，毫无幽默感。

---

axiom
/ ˈæksiəm /

阅 | 填

释 *n.* 公理，原则 self-evident truth requiring no proof
例 The **axioms** have their own historical background of development. 公理也有自身发展的历史背景。
派 axiomatic *adj.* 公理的，不证自明的

---

morose ■
/ məˈroʊs /

阅 | 填

释 *adj.* 脾气差的；闷闷不乐的；抑郁的 ill-humored; sullen; melancholy
例 Forced to take delayed retirement, Adam was **morose** for weeks. 亚当被迫延迟退休，他为此郁郁寡欢了好几周。
派 morosely *adv.* 愁眉苦脸地，忧郁地

---

furor
/ ˈfjʊrɔːr /

释 *n.* 激怒，狂热 frenzy; great excitement
例 What did he say that have raised such a terrible **furor**? 他说了什么引起了如此巨大的轰动？

□ enhance　　□ disseminate　　□ bastion　　□ iridescent　　□ concur　　□ devoid
□ axiom　　□ morose　　□ furor

succulent
/ ˈsʌkjələnt /

释 *adj.* （水果）多汁的，多水的；（植物）茎叶肥厚的 juicy; full of richness
例 The mere thought of **succulent** steak makes my mouth watery. 一想到鲜美多汁的牛排我就垂涎欲滴。
派 succulence *n.* 鲜美多汁

阅｜填

cohesion
/ koʊˈhiːʒn /

释 *n.* 结合，结合力，团结 tendency to keep together
例 Such opinions on public affairs will threaten social **cohesion**. 对公共事务的这些言论会威胁社会的和谐统一。
搭 cohesion mechanism 内聚机制；cohesion movement 内聚运动
派 cohesive *adj.* 黏合性的，有结合力的

阅｜填

impartial
/ ɪmˈpɑːrʃl /

阅｜填

释 *adj.* 公平的，不偏不倚的 not biased; fair
例 A referee needs to be completely **impartial**. 裁判必须完全公正。
派 impartiality *n.* 不偏不倚，公正，公平

malfeasance
/ mælˈfiːzəns /

填

释 *n.* 不法行为，渎职 wrongdoing
例 The headmaster was accused of **malfeasance**. 校长因渎职受到控告。
派 malfeasant *adj.* 行为不正的，不法行为的

effigy
/ ˈefɪdʒi /

阅

释 *n.* （丑化的）雕像，肖像 dummy
例 People burned the president in **effigy**. 人们烧了总统的模拟像来泄愤。
搭 in effigy 作为模拟像

sheathe
/ ʃiːð /

释 *v.* 插入鞘 place into a case
例 The serious-looking man quickly **sheathed** the sword and fastened it to his arm. 这位一脸严肃的男子迅速将剑插入鞘中，绑在胳膊上。
搭 sheathe sth (in/with sth) 给某物加上保护套

bohemian
/ boʊˈhiːmiən /

阅

释 *adj.* 放荡不羁的 unconventional (in an artistic way)
例 Will you marry a **bohemian** writer？你会和一个放荡不羁的作家结婚吗？

fleece
/ fliːs /

阅

释 *n.* （尤指未剪下的）羊毛 wool coat of a sheep *v.* 骗取财物，欺诈 swindle
例 This brand is famous for the **fleece** used on its clothes. 这个牌子因为用在衣服上的羊毛而闻名。// They are waiting near the shops for **fleecing** the foreign tourists. 他们在这些商店外面等着欺诈外国游客。

potion
/ ˈpoʊʃn /

阅

释 *n.* 一服，一剂 dose (of liquid)
例 The herbalist doctor asked her to take two **potions** of herbal infusions, orning and night. 中医让她早晚各服一剂中药。

inscrutable
/ ɪnˈskruːtəbl /

阅｜填

释 *adj.* 难以了解的，费解的 impenetrable; not readily understood; mysterious
例 He tried to decipher the **inscrutable** sloppy handwriting of the victim. 他试图辨认被害人令人费解的潦草字迹。
派 inscrutably *adv.* 高深莫测地

354
□ succulent　　□ cohesion　　□ impartial　　□ malfeasance　　□ effigy　　□ sheathe
□ bohemian　　□ fleece　　□ potion　　□ inscrutable

serenity / səˈrenəti / 阅 | 填	释 *n.* 平静 calmness; placidity 例 I enjoy the **serenity** of the small village surrounded by a hill and a rivulet. 我喜欢这个山水环绕、宁静的小村庄。
holster / ˈhoʊlstər /	释 *n.* 手枪皮套 pistol case 例 He pulled his gun out of the **holster**. 他把枪从手枪皮套里拔了出来。
porous / ˈpɔːrəs / 阅	释 *adj.* 有孔的，能渗透的 full of pores; like a sieve 例 The flowerpots have to be slightly **porous** to allow the passage of water and air. 花盆得稍微有些小孔以便水和空气通过。 派 porousness *n.* 多孔性
vent / vent / 阅	释 *n.* 通风孔，出口 a small opening; outlet *v.* 表达，发泄 express; utter 例 Compressed air discharged through the large exhaust **vent**. 压缩空气通过大排气口排出。// He **vent** his anger by kicking the chair. 他猛踢椅子来泄怒。
induce ■ / ɪnˈduːs / 阅 | 填	释 *v.* 劝诱，促使，导致 persuade; bring about 例 Nothing would **induce** me to go to that party. 没有什么能诱使我去参加那个聚会。 搭 induce sb to do sth 劝诱某人去做某事 派 inducement *n.* 诱因，刺激物
raze ● / reɪz / 阅 | 填	释 *v.* 夷平，拆毁 destroy completely 例 The earthquake **razed** the whole village to the ground. 地震将整个村庄夷为平地。
affidavit / ˌæfəˈdeɪvɪt / 阅	释 *n.* 宣誓书 written statement made under oath 例 The court hasn't accepted his statement until he provided it in the form of an **affidavit**. 直到他用宣誓书提供证言，法庭才予以采纳。
effectual / ɪˈfektʃuəl / 阅	释 *adj.* 有效的，奏效的 able to produce a desired effect; valid 例 The law is no longer **effectual** because of its obsolescence. 这项过时的法律不再有效。 派 effectually *adv.* 有效地
chimerical / kaɪˈmɪərɪkəl / 阅 | 填	释 *adj.* 异想天开的，空想的 fantastically improbable; highly unrealistic; imaginative 例 His **chimerical** plan to buy an apartment with a piece of Xinjiang nut cake proved a failure. 他想用切糕买楼的荒诞计划被证明是失败的。
proxy / ˈprɑːksi / 阅	释 *n.* 代理人 authorized agent 例 A husband can stand **proxy** for his wife to make decisions in an emergency. 紧急情况下，丈夫可以代表妻子作决定。 搭 by proxy 用代理人；stand/be proxy for 做…的代理人

indignation

/ ˌɪndɪgˈneɪʃn /

阅 | 填

释 *n.* 愤慨，义愤 anger at an injustice

例 The residents are filled with **indignation** about the soar of house price. 居民对房价的猛增充满了愤怒。

搭 indignation at/about sth; indignation that... 对…的愤怒

---

capacity

/ kəˈpæsəti /

释 *n.* 能力；角色；容量 mental or physical ability; role; ability to accommodate

例 Actually, our **capacity** for giving love is unlimited. 事实上，我们能给予的爱是无限的。

搭 capacity for sth/doing sth 办事能力

---

fervid

/ ˈfɜːrvɪd /

阅

释 *adj.* 炽热的，热情的 ardent; feeling sth too strongly

例 His **fervid** speech moved many people who were present. 他充满激情的演讲感动了现场许多人

---

impertinent

/ ɪmˈpɜːrtnənt /

阅 | 填

释 *adj.* 无礼的，莽撞的 insolent; rude

例 I found her question highly **impertinent**. 我觉得她的问题非常不礼貌。

派 impertinence *n.* 不适宜；鲁莽，无礼

---

extenuate

/ ɪkˈstenjueɪt /

释 *v.* 减轻，减少 weaken; mitigate

例 She went to the witness stand to **extenuate** her negligence. 她出庭作证以弥补她的疏忽。

派 extenuating *adj.* 情有可原的；使罪过减轻的 extenuation *n.* （罪行的）减轻

---

mote

/ moʊt /

阅

释 *n.* 微粒，尘埃 small speck

例 The tiny **mote** in the eye makes me very painful. 眼睛里的小沙粒使我很疼。

派 moted *adj.* 充满尘埃的

---

dislodge

/ dɪsˈlɑːdʒ /

阅

释 *v.* 将…逐出 remove (forcibly)

例 The country **dislodged** these refugees. 这个国家将这些难民逐出。

搭 dislodge sb/sth from sth 将某人逐出/将某物移开

---

ungainly

/ ʌnˈgeɪnli /

阅 | 填

释 *adj.* 难看的，不像样的；笨拙的 awkward; clumsy; unwieldy

例 Heavy and **ungainly** out of water, these reptiles are supremely well adapted swimmers. 这种爬行动物在陆地上沉重而笨拙，但它们非常适应游泳。

派 ungainliness *n.* 丑陋

---

balm

/ bɑːm /

阅 | 填

释 *n.* 安慰（物）something that relieves pain

例 Family warmth is the best **balm** for the failure in work. 家庭温暖是工作失意时的最佳安慰。

派 balmy *adj.* 温暖的；安慰的

☐ indignation ☐ capacity ☐ fervid ■ impertinent ☐ extenuate ☐ mote
☐ dislodge ☐ ungainly ☐ balm

ewe / juː /	释 *n.* 母羊 female sheep 例 My grandmother bought three **ewe** lambs. 我祖母买了三只母羊羔。
throes / θrəʊz / 阅	释 *n.* 剧痛；痛苦 violent anguish 例 The patient was going through the final **throes** of radiotherapy. 病人正处在放疗最后的痛苦关头。 搭 in the throes of sth / of doing sth 为完成某事而拼搏；苦干
whittle / 'wɪtl /	释 *v.* 切削，削减 pare; cut off bits 例 The government is trying to **whittle** down house prices. 政府正在设法降低房价。 搭 whittle down 削减，削弱
concentric / kən'sentrɪk / 阅 | 填	释 *adj.* 同心的 having a common center 例 On a blackboard, she drew three **concentric** circles. 她在黑板上画了3个同心圆。 派 concentrically *adv.* 同中心地 concentricity *n.* 同心；集中性
eulogy ■ / 'juːlədʒi / 阅 | 填	释 *n.* 颂词，颂文（尤指葬礼上的悼词和悼文）expression of praise, often on the occasion of someone's death 例 This poem is an **eulogy** to love. 这首诗赞美了爱情。 搭 eulogy to sb/sth 给⋯的颂词
abduction / æb'dʌkʃn /	释 *n.* 绑架，拐骗 kidnapping 例 The police are questioning a woman about the child's **abduction**. 警察正在盘问一名妇女关于那个孩子被拐骗的事。 派 abduct *v.* 绑架，拐骗 abductor *n.* 绑架者，拐骗者
sarcasm / 'sɑːrkæzəm / 阅 | 填	释 *n.* 挖苦，讽刺 scornful remarks; stinging rebuke 例 The teacher's merciless **sarcasm** about the student's poor writing hurt him deeply, which made him resent going to school. 老师对这位学生拙劣的写作不留情面的嘲讽深深伤害了他，这使他开始厌恶上学了。 派 sarcastic *adj.* 讽刺的，挖苦的
rectitude / 'rektɪtuːd / 填	释 *n.* 正直，公正 uprightness; moral virtue; correctness of judgment 例 In modern society, a person of moral **rectitude** may be encountered with many obstacles. 在现代社会，一个刚正不阿的人可能会遇到很多困难。
chagrin / ʃə'grɪn / 阅	释 *n.* 懊恼，失望 vexation (caused by humiliation or injured pride); disappointment 例 Much to his **chagrin**, his girlfriend rejected his proposal. 令他懊恼的是，女友拒绝了他的求婚。 派 chagrined *adj.* 苦恼的；失望的

propagate
/ ˈprɑːpəgeɪt /

阅 | 填

释 *v.* 繁殖；宣传 multiply; spread
例 The religious organization held a demonstration to **propagate** its ideas. 那个宗教组织举行示威游行宣传其思想。
派 propagation *n.* 传播，宣传，蔓延

invalidate
/ ɪnˈvælɪdeɪt /

阅

释 *v.* 使无效，作废 weaken; destroy
例 The school **invalidated** his grades because he was found cheating in the exam. 他被发现在考试中作弊，所以学校作废了他的考试成绩。

badger
/ ˈbædʒər /

填

释 *v.* 烦扰，纠缠 pester; annoy
例 The mother didn't want to **badger** her son with her debt. 母亲不想让儿子纠缠在她自己的债务之中。
搭 badger sb with sth 用某事烦扰某人

tautological
/ ˌtɔːtəˈlɑːdʒɪkl /

释 *adj.* 同义反复的，类语叠用的 needlessly repetitious
例 "Passionate" and "enthusiastic" are **tautological**. "充满激情的"和"热情的"意思是重复的。

dormer
/ ˈdɔːrmər /

释 *n.* 老虎窗，屋顶窗 window projecting from roof
例 They designed a **dormer** to provide sufficient ventilation for the room. 他们设计了一扇屋顶窗，为房间提供足够的换气。

homage
/ ˈhɑːmɪdʒ /

阅

释 *n.* 尊敬，崇敬 honor; tribute
例 Many people came to pay **homage** to the brave soldier. 许多人来向这个勇敢的士兵表示敬意。
派 homager *n.* 表示敬意者，致敬者

sultry
/ ˈsʌltri /

阅

释 *adj.* 闷热的；酷热的 sweltering
例 Unable to adapt herself to the **sultry** climate here, she had to move to another city where it is moderately mild. 由于无法适应这里酷热的气候，她只好搬到了另外一座气候温和的城市。
派 sultrily *adv.* 闷热地；酷热地 sultriness *n.* 闷热

prescience
/ ˈpresiəns /

阅 | 填

释 *n.* 预知，先见 ability to foretell the future
例 He has demonstrated a certain **prescience** in stock market over the past few years. 在过去的几年中，他在股市方面表现出一定的预见性。
派 prescient *adj.* 有预知能力的，有先见之明的

concoct
/ kənˈkɑːkt /

阅

释 *v.* 调制；捏造 prepare by combining; make up in concert
例 The prisoner **concocted** the story to get a lighter sentence. 犯人捏造了这件事儿以求轻判。
派 concoction *n.* 混合，调合；捏造

pauper
/ ˈpɔːpər /
阅

释 *n.* 穷人，贫民 very poor person
例 **Paupers** deserve more attention and support from the government. 穷人应得到政府更多的关注和扶持。
派 pauperize *v.* 使贫穷

clout
/ klaʊt /
阅

释 *n.* 影响力 great influence
例 I know the two firms have enormous **clout** in stock market. 我知道这两家公司在股市中有巨大的影响力。
搭 political clout 政治势力；economic clout 经济势力

impassable
/ ɪmˈpæsəbl /
填

释 *adj.* 不能通行的；不可逾越的 not able to be traveled or crossed
例 The snow might make the road **impassable**. 因为下雪，这条路可能会无法通行。
搭 make sth impassable 使…无法通行
派 impassability *n.* 不能通行，无法通过

foliage
/ ˈfoʊliɪdʒ / 阅

释 *n.* ［总称］叶，叶子 masses of leaves
例 Trees renew their **foliage** in spring. 树木春天长出新叶。

congenial
/ kənˈdʒiːniəl /
阅 | 填

释 *adj.* 相宜的，合意的 pleasant; friendly
例 I find this aspect of my job particularly **congenial**. 我觉得我的工作的这一方面特别适合我。
派 congenially *adv.* 意气相投地

cartographer
/ kɑːrˈtɑːɡrəfər /

释 *n.* 地图制作者 map-maker
例 I heard that you had found a job as a **cartographer**. 听说你找了份地图绘制员的工作。
派 cartography *n.* 制图学；地图绘制

flux
/ flʌks /
阅

释 *n.* 涨潮；变迁 flowing; series of changes
例 Living in the period of **flux**, she lost both her family and her friends. 生活在风云变幻的时代，她失去了家人和朋友。

portent
/ ˈpɔːrtent /
阅 | 填

释 *n.* 标志，征兆 sign; omen; forewarning
例 It is a common superstition that black cats are regarded as a **portent** of bad luck. 一种很普遍的迷信想法认为黑猫是坏运气的征兆。

defoliate
/ ˌdiːˈfoʊlieɪt /
填

释 *v.* （使用化学药剂）使落叶 destroy leaves
例 These caterpillars may **defoliate** oaks but usually do no permanent damage. 这些毛虫可能使橡树落叶，但通常不会造成永久性的损伤。
派 defoliation *n.* 落叶，去叶

conceit
/ kən'siːt /

阅 | 填

释 *n.* 自负；幻想；巧妙构思 vanity or self-love; whimsical idea; extravagant metaphor
例 Out of **conceit**, he thought he was certain to win the first prize. 出于自负，他认为自己肯定能赢得一等奖。
派 conceited *adj.* 自负的

---

noxious
/ 'naːkʃəs /

阅

释 *adj.* 有害的 harmful
例 Many interior decoration products give off **noxious** fumes. 很多室内装修产品都散发有害气体。
派 noxiousness *n.* 有毒

---

soporific ●
/ ˌsaːpə'rɪfɪk /

阅

释 *adj.* 催眠的，想睡的 sleep-causing; marked by sleepiness
例 It was such a **soporific** speech that many listeners fell asleep. 这个演讲太催眠了，许多听众都睡着了。
派 soporifically *adv.* 催眠地

---

goad
/ goʊd /

阅

释 *v.* 驱策，激励；唆使，煽动 urge on; spur; incite *n.* 刺激，激励 stimulus
例 Poverty **goads** him into a thief. 贫穷使他沦为一个贼。
搭 goad sb to do/into doing sth 促使某人做某事

---

cascade
/ kæ'skeɪd /

阅 | 填

释 *n.* 小瀑布 small waterfall
例 I haven't seen any **cascade** till now. 我迄今还没有看到过瀑布。

---

quaff
/ kwæf /

阅

释 *v.* 一口气喝干 drink with relish
例 They spent the whole evening **quaffing** champagne to celebrate the victory. 他们整晚都在开怀畅饮香槟酒以庆祝胜利。

---

barterer
/ 'baːrtərər /

填

释 *n.* 交易商 trader
例 Having failed to find a decent job, he worked as a **barterer**. 因为没能找到体面的工作，他当起了小贩。
派 barter *v.* 以物易物，作交换

---

ignominy ●
/ 'ɪgnəmɪni /

阅 | 填

释 *n.* 耻辱，不名誉 deep disgrace; shame or dishonor
例 The **ignominy** of betraying his country will follow him for his whole life. 叛国的耻辱将会跟随他一生。

---

pinnacle
/ 'pɪnəkl /

阅

释 *n.* 极点，顶峰 peak
例 The professor has reached the **pinnacle** of academic achievement. 这位教授已经到达了学术成就的巅峰。
搭 at the pinnacle of 在…的顶峰　派 pinnacled *adj.* 顶处的，在高处的

---

heyday
/ 'heɪdeɪ /

释 *n.* 全盛期，年富力强时期 time of greatest success; prime
例 Some people said that Apple has been in **heyday** these years. 有人说，这些年苹果已经进入了鼎盛时期。

☐ conceit　　☐ noxious　　☐ soporific　　☐ goad　　☐ cascade　　☐ quaff
☐ barterer　　☐ ignominy　　☐ pinnacle　　☐ heyday

covert
/ ˈkoʊvɜːrt /
阅 | 填

释 *adj.* 秘密的，隐藏的 secret; hidden; implied
例 The brush provided a **covert** place for hunters. 那块灌木丛为猎手提供了掩蔽场所。
派 covertly *adv.* 秘密地

---

provisional
/ prəˈvɪʒənl /
阅

释 *adj.* 临时的 tentative
例 I've made a **provisional** reservation for you at the restaurant. You'll have to confirm it soon. 我在那家餐厅给你临时预订了，你得尽快确定下来。
派 provisionally *adv.* 暂时地，临时地

---

scrutinize ■
/ ˈskruːtənaɪz /
填

释 *v.* 细察 examine closely and critically
例 The doctor **scrutinized** every detail of the patient's body before making diagnosis. 医生仔细检查了病人的各个身体部位才做出诊断。
派 scrutiny *n.* 仔细而彻底的检查

---

belated
/ bɪˈleɪtɪd /
阅

释 *adj.* 迟到的 delayed
例 She was still very happy receiving his **belated** birthday gift. 收到他迟来的生日礼物，她依然很高兴。
搭 belated claims 逾期索赔；belated renewal 过期续订

---

dank
/ dæŋk /
阅

释 *adj.* 潮湿的 damp
例 The basement in our house is dark and **dank**, full of mold. 我们家的地下室又暗又潮湿，里面长满了霉。

---

accolade ●
/ ˈækəleɪd /
阅 | 填

释 *n.* 荣誉 award of merit
例 To scientists, the Nobel Prize is the highest **accolade**. 对科学家来说，诺贝尔奖是最高的荣誉。

---

importunate
/ ɪmˈpɔːrtʃənət /
阅

释 *adj.* 急切的；强求的 urging; demanding
例 Without money to pay his rent, he was forced to hide from his **importunate** landlord. 他没有钱付房租，只好躲着急切收租的房东。

---

auroral
/ ɔːˈrɔːrəl /

释 *adj.* 曙光的，极光的 pertaining to the aurora borealis
例 The **auroral** display is a unique scene in the polar region. 极光现象是两极地区的一种独特现象。
搭 auroral region 极光地区

---

peerless
/ ˈpɪrləs /

释 *adj.* 无与匹敌的，无双的 having no equal; incomparable
例 Tyson used to be a **peerless** boxing champion of his time. 泰森曾是他那个时代无可匹敌的拳击冠军。
派 peer *n.* 同辈，同等的人 peerlessly *adv.* 无与伦比地

---

sanctimonious / ˌsæŋktɪˈmoʊniəs /	释 *adj.* 假装神圣的 falsely holy; feigning piety
	例 The well-respected professor turned out to be a **sanctimonious** hypocrite. 这个备受尊敬的教授原来竟是个道貌岸然的伪君子。
	派 sanctimoniousness *n.* 伪善；道貌岸然 sanctimoniously *adv.* 伪善地；假装神圣地

dissuade / dɪˈsweɪd /	释 *v.* 劝…不做某事 persuade not to do; discourage
	例 The police **dissuaded** him from jumping from the high building. 警察劝阻他不要跳楼。
填	搭 dissuade sb from sth/doing sth 劝阻某人不要做某事
	派 dissuasion *n.* 劝诫，制止

palette / ˈpælət /	释 *n.* 调色板；颜料 flat surface on which painter mixes pigments; range of colors commonly used by a particular artist
阅｜填	例 Through chromatic analysis, the forgers were able to match all the colors in Da Vinci's **palette**. 伪造者通过色度分析，能够匹配达·芬奇画中的所有颜色。

soliloquy / səˈlɪləkwi /	释 *n.* 自言自语，独白 talking to oneself
	例 "To be or not to be" is one of Hamlet's famous **soliloquies**. "生存还是毁灭"这句话是《哈姆雷特》中一句著名的独白。
	派 soliloquize *v.* 自言自语；（尤指戏剧中）用独白表达

pedagogy / ˈpedəɡɑːdʒi /	释 *n.* 教学；教育学 teaching; art of education
	例 Innovations in **pedagogy** usually have to take years to be put into practice. 教学改革通常要很多年才能付诸实践。
阅	派 pedagogic/pedagogical *adj.* 教师的；教育学的

visionary / ˈvɪʒəneri /	释 *adj.* 幻影的，幻想的；想象的，有远见的 produced by imagination; fanciful; mystical; characterized by vision or foresight
	例 Their **visionary** ideals are often misunderstood by their own generation. 他们的理想往往遭到同时代人的误解。
阅	

fluke / fluːk /	释 *n.* 偶然；侥幸 unlikely occurrence; stroke of fortune
	例 The police found the criminal by a pure **fluke**. 警察找到这个罪犯纯粹是个偶然。
	派 fluky *adj.* 偶然的，侥幸的

amphibian / æmˈfɪbiən /	释 *n.* 两栖类动物 animals that are able to live both on land and in water
阅｜填	例 Frogs are typical **amphibians**. 青蛙是典型的两栖动物。

inquisitor / ɪnˈkwɪzɪtər /	释 *n.* 询问者；审理者 questioner (especially harsh); investigator
	例 As long as you answer the **inquisitors**' questions correctly, you will be released. 只要你正确回答审查官的问题，就会被释放。

| **forte** | 释 *n.* 特长，专长 strong point or special talent |
| / fɔːt / | 例 Music is not my forte. 音乐不是我的特长。 |

indisputable	释 *adj.* 明白的，无争论余地的 too certain to be disputed
/ ˌɪndɪˈspjuːtəbl /	例 Although incredible, it is an indisputable fact. 即使难以置信，这也是一个不争的事实。
阅	派 indisputably *adv.* 无可置辩地，不可反驳地

bleak ●	释 *adj.* 寒冷的；暗淡的 cold or cheerless; unlikely to be favorable
/ bliːk /	例 Trust me, you will have a bright future instead of a bleak one. 相信我，你会有一个光明的未来，而不是一个黯淡的前途。
	搭 a bleak outlook/prospect 暗淡的前景；a bleak landscape 荒芜的景色
阅|填	派 bleakness *n.* 严寒；惨淡无望

discomfit	释 *v.* 扰乱；挫败，破坏 put to rout; defeat; disconcert
/ dɪsˈkʌmfɪt /	例 The teacher is completely discomfited by the unexpected question. 老师被那意外的问题完全弄懵了。
阅	派 discomfiture *n.* 狼狈；挫败，崩溃

default	释 *n.* 未履行，疏忽 failure to act
/ dɪˈfɔːlt /	例 Let's both try not to default on our commitments. 让我们双方一起努力不违反自己的承诺。
阅|填	派 defaulter *n.* 不履行者

titular	释 *adj.* 名义上的；有名无实的 nominal holding of title without obligations
/ ˈtɪtʃələr /	例 As a titular head, he doesn't make real decisions about the country's laws and regulations. 他只是名义上的首脑，对国家的法律法规没有真正的决定权。
阅	

unfetter	释 *v.* 释放，使自由 liberate; free from chains
/ ʌnˈfetə /	例 The prisoners in the concentration camps were unfettered after the war. 战后集中营中的战俘被释放了。
阅	

Word List 33

estranged / ɪ'streɪndʒd / 阅丨填	释 *adj.* 隔离的；疏远的 separated; alienated 例 She has always been **estranged** from her family. 她一直和家人很疏远。 搭 be estranged from sb/sth 与…疏远
insinuate / ɪn'sɪnjueɪt /	释 *v.* 暗示，旁敲侧击地说；迂回 hint; imply; creep in 例 He seemed to be **insinuating** his doubt of our plan. 他似乎暗示他对我们的计划有怀疑。
recuperate / rɪ'kuːpəreɪt / 阅	释 *v.* 复原，恢复 recover 例 It takes a long time for a woman to **recuperate** from childbirth. 女人在分娩后需要很长一段时间来恢复元气。 搭 recuperate from sth 从…中恢复，复原 派 recuperative *adj.* 复原的，有助于恢复的
sodden / 'saːdn /	释 *adj.* 浸透的；（因沉迷于酒而）呆头呆脑的，麻木的 soaked; dull, as if from drink 例 Her shoes and trousers were **sodden** with heavy rain. 她的鞋子和裤子在大雨中都湿透了。
ramshackle / 'ræmʃækl / 阅	释 *adj.* 摇摇欲坠的 rickety; falling apart 例 The **ramshackle** building is likely to fall down in the heavy rain. 这栋摇摇欲坠的大楼很有可能在大雨中倒塌。
frail / freɪl / 阅	释 *adj.* 虚弱的 weak 例 She has become increasingly **frail** since last year. 从去年开始她就变得越来越虚弱。 派 frailty *n.* 虚弱；弱点；意志薄弱
penitent / 'penɪtənt / 阅丨填	释 *adj.* 忏悔的，悔过的 repentant 例 Even after being arrested, Philip didn't bother to look **penitent**. 甚至被捕后，菲利普都不愿做出忏悔的样子。 派 penitence *n.* 忏悔，悔过
spurious ● / 'spjʊriəs / 阅丨填	释 *adj.* 伪造的，假的；不合理的 false; counterfeit; forged; illogical 例 The police have just destroyed an underground illegal factory that specialized in fabricating **spurious** certificates and diplomas. 警方刚销毁了一个伪造证书和文凭的地下非法工厂。 派 spuriousness *n.* 伪造

unscathed / ʌn'skeɪðd / 阅	释 *adj.* 未受伤的，无恙的 unharmed 例 They escaped from the fire completely **unscathed**. 他们在火灾中安然生还。
philanthropist ■ / fɪ'lænθrəpɪst / 阅|填	释 *n.* 慈善家，乐善好施者 lover of mankind; doer of good 例 She portrayed herself as a **philanthropist**, eager to help old friends down on their luck. 她把自己描绘成一个乐善好施的人，热心帮助不幸的老朋友。 派 philanthropy *n.* 博爱，慈善活动 philanthropic *adj.* 博爱的，慈善的
whiff / wɪf / 阅	释 *n.* 一阵（风、气味等）；微量，少许 puff or gust (of air, scent, etc.); hint 例 I got a fragrant **whiff** of roses through the window. 我透过窗子闻到一阵玫瑰花香。
assert / ə'sɜːrt / 阅|填	释 *v.* 断言，坚持己见 declare or state with confidence; put oneself forward boldly 例 We should **assert** ourselves according to the laws. 我们应该依法坚持自己的权利。 搭 assert oneself 坚持自己的权利或意见 派 assertion *n.* 声称，主张
perpetrate / 'pɜːrpətreɪt / 阅	释 *v.* 做错事，犯罪 commit an offense 例 She seemed too gentle, too weak to **perpetrate** such a brutal crime. 她看上去很温和、很柔弱，不可能犯下这么残忍的罪行。 搭 perpetrate a crime 犯罪 派 perpetration *n.* 做坏事，犯罪
ennui / ɑːn'wiː /	释 *n.* 倦怠，无聊 boredom 例 He experienced a profound sense of **ennui** because of his unemployment. 失业后，他感到百无聊赖。
dubious ■ / 'duːbiəs / 阅	释 *adj.* 引起怀疑的；疑惑的；未决的 questionable; filled with doubt; undecided 例 The **dubious** battle made the soldiers lose heart. 胜负难卜的战争让士兵们失去了信心。 搭 dubious about sth/doing sth 对…充满了怀疑 派 dubiously *adv.* 可疑地
inkling / 'ɪŋklɪŋ / 阅	释 *n.*（对正在或即将发生的事）略知 hint 例 You must have an **inkling** of what your children will have to deal with in the future. 你必须对你的孩子将来要应对的情况略知一二。
foreshadow / fɔːr'ʃædoʊ / 阅|填	释 *v.* 预示，预兆 give an indication beforehand; portend; prefigure 例 The growing public discontent with the government might **foreshadow** a revolution. 群众对这个政府的不满越来越强烈，这也许预示着一场变革。
nondescript / 'nɑːndɪskrɪpt / 填	释 *adj.* 难以区别的，无明显特征的 undistinctive; ordinary 例 The bodyguard was a short, **nondescript** fellow with no outstanding features, the sort of person one would never notice in a crowd. 这个保镖是一个身材较矮、没什么特征的人，属于在人群中永远不会被注意的类型。

□ unscathed   □ philanthropist   □ whiff   □ assert   □ perpetrate   □ ennui
□ dubious   □ inkling   □ foreshadow   □ nondescript

presumptuous ■ / prɪˈzʌmptʃuəs / 阅 | 填	释 **adj.** 专横的，傲慢的；放肆的，冒昧的 overconfident; impertinently bold; taking liberties 例 Would it be **presumptuous** of me to ask why you get divorced? 如果我问你为什么离婚是不是太冒昧了？ 派 presumptuously **adv.** 自以为是地；冒昧地
tryst / trɪst / 阅 | 填	释 **n.** 约会，幽会 meeting 例 She kept **tryst** with her lover. 她遵守约会见了心爱的人。
episodic / ˌepɪˈsɑːdɪk /	释 **adj.** 由许多松散片段组成的 loosely connected; divided into incidents 例 The writer has an **episodic** style. 这位作家具有片段式的写作风格。
careen / kəˈriːn /	释 **v.** 倾斜，倾侧 lurch; sway from side to side 例 The truck **careened** wildly down the narrow mountain road. 卡车横冲直撞地从狭窄的山路上冲下去。
incontinent / ɪnˈkɑːntɪnənt /	释 **adj.** 不能自制的，无节制的 lacking self restraint; licentious 例 I was attracted by his **incontinent** flow of talk. 我被他滔滔不绝的讲话吸引住了。 派 incontinence **n.** 失禁
contend ■ / kənˈtend / 阅 | 填	释 **v.** 斗争；竞争；声称 struggle; compete; assert earnestly 例 Some blacks **contend** that racism has simply gone underground. 有些黑人声称种族主义如今只是由明转暗。
trespass / ˈtrespəs / 阅	释 **v.** 非法侵入，侵犯 unlawfully enter the boundaries of someone else's property 例 I don't want to **trespass** on your time. 我不想占用你的时间。 搭 trespass on sth 侵占或无理使用某事物 派 trespasser **n.** 侵入者，侵犯者
fruition / fruˈɪʃn /	释 **n.** 结果实；成就；实现 bearing of fruit; fulfillment; realization 例 After six months, his efforts finally came to **fruition**. 六个月后，他的努力终于有了成果。 搭 come to fruition 实现
confluence ● / ˈkɑːnfluəns / 阅 | 填	释 **n.** 汇流，汇集 flowing together; crowd 例 They built the city at the **confluence** of two rivers. 他们在两条河流的交汇处建造了城市。
capitulate / kəˈpɪtʃuleɪt /	释 **v.** 投降 surrender 例 The soldiers would rather fight to death than **capitulate**. 士兵们宁可战死也不投降。 派 capitulation **n.**（有条件的）投降

inefficacious
/ ˌɪnˌefɪˈkeɪʃəs /
阅 | 填

释 *adj.* 不灵的，无效的 not effective; unable to produce a desired result
例 Your method was **inefficacious**. 你的方法不灵。
派 inefficacy *n.* 无效，无效力

underscore
/ ˌʌndərˈskɔːr /
阅

释 *v.* 强调，加强 emphasize
例 The report **underscores** the importance of environmental protection. 这份报告强调了环境保护的重要性。

unsightly
/ ʌnˈsaɪtli /

阅

释 *adj.* 看上去不舒服的，难看的 ugly
例 The wall was covered with dirty and **unsightly** stains. 墙上布满了肮脏难看的污渍。
派 unsightliness *n.* 不悦目

augment ■
/ ɔːɡˈment /

阅 | 填

释 *v.* 增加；提高 increase; add to
例 The government is searching for a way to **augment** people's life. 政府正想方设法改善人们的生活。
派 augmentation *n.* 扩大；增强

embryonic
/ ˌembriˈɑːnɪk /

释 *adj.* 萌芽阶段的，初步的 in an early stage of development
例 The novel is still in its **embryonic** stage. 这本小说仍在酝酿阶段。

quadruped
/ ˈkwɑːdruped /

释 *n.* 四足动物 four-footed animal
例 A cow is a **quadruped** mammal. 奶牛是四足哺乳动物。

crabbed
/ ˈkræbɪd /

释 *adj.* 乖戾的，易怒的 sour; peevish
例 The children avoided the **crabbed** old man because he scolded them when they made noise. 孩子们尽量避着那个乖戾的老头，因为他们一吵闹，他就大骂他们。

avocation
/ ˌævoʊˈkeɪʃn /
阅 | 填

释 *n.* 副业 secondary or minor occupation
例 Jim has spent much time on his **avocation**. 吉姆在副业上花费了很多时间。
派 avocational *adj.* 副业的，业余的

devout
/ dɪˈvaʊt /
阅

释 *adj.* 虔诚的，真诚的 pious
例 All **devout** Jews manage to get there at Passover. 所有虔诚的犹太人都设法在逾越节到达那里。

nonplus
/ ˌnɑːnˈplʌs /
阅 | 填

释 *v.* 使惊讶；使迷惑 bring to halt by confusion; perplex
例 I was completely **nonplussed** by his uncharacteristic rudeness. 他异乎寻常的粗鲁使我大吃一惊。

sonorous
/ ˈsɑːnərəs /

阅 | 填

释 *adj.* 洪亮的，响亮的 resonant
例 The priest's **sonorous** voice echoed in the church. 教士那洪亮的嗓音回荡在整个教堂里。
派 sonority *n.* 响亮

---

chronicle
/ ˈkrɑːnɪkl /

阅 | 填

释 *v.* 记录，记载（按时间顺序）report; report (in chronological order)
例 This event was **chronicled** in Historical Records. 这一事件在《史记》中有记载。

---

abysmal
/ əˈbɪzməl /

填

释 *adj.* 深不可测的，无底的 bottomless
例 She saw something **abysmal** from his eyes. 她从他的双眼中看到一种深不可测的东西。
派 abysmally *adv.* 深不可测地

---

cynical
/ ˈsɪnɪkl /

阅 | 填

释 *adj.* 愤世嫉俗的，怀疑的 skeptical or distrustful of human motives
例 She had a very **cynical** view of the political system. 她对政治制度有着愤世嫉俗的看法。
派 cynic *n.* 愤世嫉俗者

---

aromatic
/ ˌærəˈmætɪk /

填

释 *adj.* 芬芳的 fragrant
例 Europe carried on trade in **aromatic** herbs with China in the Medieval times. 中世纪时期，欧洲与中国进行香草贸易。
搭 aromatic herbs 芳草，香草　　派 aromaticity *n.* 芳香性，芬芳性

---

sear
/ sɪr /

阅

释 *v.* 烧焦，灼伤 char or burn; brand
例 After delivering a nonstop speech for almost four hours in a big hall, I distinctly felt the heat start to **sear** my throat. 在大礼堂不间断地演讲了将近四个小时后，我明显感觉嗓子开始烧得难受。

---

subordinate ■
/ səˈbɔːrdɪnət /

阅 | 填

释 *adj.* 下级的；次要的；顺从的 occupying a lower rank; inferior; submissive
例 The minister is always friendly and assiduous. No wonder all his **subordinate** officers follow his example. 部长为人友善，恪尽职守。难怪所有的下级官员都以他为榜样。
搭 be subordinate to sb/sth 次于；从属于
派 subordination *n.* 从属；附属

---

embark
/ ɪmˈbɑːrk /

释 *v.* 开始，着手做；使上船、飞机 commence; go on board a boat or airplane; begin a journey
例 The young couple **embarked** on their honeymoon travel. 这对年轻夫妇开始了蜜月旅行。
搭 embark on sth 开始或从事（尤指艰难的或新的事情）
派 embarkation *n.* 登船

---

synthesis
/ ˈsɪnθəsɪs /

阅 | 填

释 *n.* 综合，合成 combining parts into a whole
例 The new method is nothing more than a **synthesis** of the advantages of the old methods. 新方法只不过是综合旧方法的长处而形成的。
派 synthesize *v.* 合成，综合

cohere
/ koʊˈhɪr /
阅 | 填

释 *v.* 黏合 stick together
例 The particles of wet flour **cohered** to form a paste. 湿面粉颗粒粘在一起形成面团。

convivial
/ kənˈvɪviəl /

阅 | 填

释 *adj.* 欢宴的；欢乐的 festive; gay; characterized by joviality
例 This ritual became a **convivial** dish, which French people used to enjoy with family and with friends. 这一仪式演变成了一道欢宴菜肴，被法国人用来与家人和朋友共享。
派 convivially *adv.* 欢快地

supplant ●
/ səˈplænt /

阅 | 填

释 *v.* 代替，排挤 replace; usurp
例 The president of the joint venture involving American and Japanese companies has been **supplanted** by a Japanese. 一个日本人成为了这家美日合资企业的总裁。

diffidence ●
/ ˈdɪfɪdəns /

阅 | 填

释 *n.* 缺乏自信，胆怯，羞怯 shyness
例 He has **diffidence** in expressing his opinions. 他在表达自己的意见时缺乏自信。
派 diffident *adj.* 羞怯的；缺乏自信的；谦虚谨慎的

erratic
/ ɪˈrætɪk /

阅 | 填

释 *adj.* 古怪的，飘忽不定的 odd; unpredictable
例 She made an **erratic** way through the crowded platform. 她东躲西闪地穿过了拥挤的站台。
派 erratically *adv.* 不规律地，不定地

vogue
/ voʊg /
阅 | 填

释 *n.* 时尚，流行物 popular fashion
例 Long skirts are no longer the **vogue**. 长裙不再流行了。
派 voguish *adj.* 时髦的；一度流行的

defile
/ dɪˈfaɪl /

填

释 *v.* 弄脏，败坏 pollute; profane
例 Pornographic films **defile** the minds of the teenagers. 色情电影毒害青少年的心灵。
派 defilement *n.* 污秽；弄脏；污辱

musky
/ ˈmʌski /

释 *adj.* 麝香的，有麝香味的 having the odor of musk
例 She dabbed a drop of the **musky** perfume on each wrist. 她在两个手腕上分别擦上一小滴麝香香水。
派 musk *n.* 麝香，麝香香味

calorific
/ ˌkælə'rɪfɪk /

释 *adj.* 生热的 heat-producing
例 French fries are food with a high **calorific** value. 油炸薯条是高热量食物。
搭 calorific value 热值；calorific radiation 热辐射
派 calorification *n.* 发热，热的产生

rife
/ raɪf /

阅

释 *adj.* 充满…的；流行的，普遍的 abundant; current
例 Strong resentfulness is **rife** among the villagers, who have been forced to remove their houses. 由于被迫拆迁房屋，整个村庄的村民都非常不满。
搭 rife with sth（尤指不良事物）充满，充斥

spontaneity
/ ˌspɑːntə'neɪəti /

阅 | 填

释 *n.* 自发性；（举止等的）自然 lack of premeditation; naturalness; freedom from constraint
例 His enthusiasm and sincerity towards our arrival were out of sheer **spontaneity**. 他对于我们的到来表示出的热情和真诚完全是由心而发的。
派 spontaneous *adj.* 自发的；主动的

gaudy
/ 'gɔːdi /

阅 | 填

释 *adj.* 艳丽的，俗丽的 flashy; showy
例 I couldn't believe that she showed up in the party with those **gaudy** shoes. 我不敢相信她居然穿着那双俗不可耐的鞋出现在聚会上。
派 gaudily *adv.* 花哨地，俗丽地

figurine
/ ˌfɪgjə'riːn /

释 *n.* 小雕像 small ornamental statuette
例 He bought a **figurine** of angel to decorate his living room. 他买了个天使的雕像来装饰房间。

astigmatism
/ ə'stɪgmətɪzəm /

释 *n.*【医】散光 eye defect that prevents proper focus
例 **Astigmatism** is one of the common eye diseases. 散光是一种常见的眼病。
搭 astigmatism corrector 散光矫正器　派 astigmatic *adj.* 散光的

composure ■
/ kəm'poʊʒər /

阅 | 填

释 *n.* 镇静，沉着 mental calmness
例 She managed to keep her **composure** in the accident. 车祸中她努力保持着镇静。
搭 keep composure 保持镇静　派 compose *v.* 使平静

languor
/ 'læŋgər /

阅 | 填

释 *n.* 倦怠，沉闷 lassitude; depression
例 Sara tried to overcome the **languor** into which she had fallen by going to parties. 萨拉设法克服参加派所带来的疲倦。
派 languorous *adj.* 怠惰的，没精打采的

intervene ■
/ ˌɪntər'viːn /

填

释 *v.* 干涉，介入 come between
例 The government should avoid excessively **intervening** in the market. 政府应避免过多地介入市场。
搭 intervene in sth 介入某事　派 intervenient *adj.* 介于其间的

impervious
/ ɪm'pɜːrviəs /

阅 | 填

释 *adj.* 不能渗透的；不受影响的 impenetrable; incapable of being damaged or distressed

例 He was totally **impervious** to criticism. 批评对他毫无作用。

搭 be impervious to sth 不受…的影响　　派 imperviously *adv.* 透不过地

nadir
/ 'neɪdɪr /

阅

释 *n.* 最低点 lowest point

例 At the **nadir** of her life, she was given a great encouragement by her parents. 在她人生处于低谷时，她的父母给了她巨大的鼓励。

contrite
/ kən'traɪt /

阅

释 *adj.* 深感懊悔的 penitent

例 He was to be **contrite** and wish to be reconciled. 他必须感到悔悟，并且希望得到赦免。

派 contrition *n.* 痛悔，悔悟

pendant
/ 'pendənt /

阅

释 *n.* 挂件，垂饰 ornament (hanging from a necklace, etc.)

例 She fingered the ruby **pendant** hanging around her neck from time to time. 她时不时地拨弄挂在脖子上的红宝石项链。

headlong
/ 'hedlɔːŋ /

阅

释 *adj.* 鲁莽的；轻率的 hasty; rash

例 The criminal seized the unexpected chance to make a **headlong** dive into the lake. 罪犯抓住这意外的机会猛地跳进湖里。

搭 rush headlong into 莽撞地，轻率地

派 headlong *adv.* 头朝前地；急速地；轻率地

disengage
/ ˌdɪsɪn'geɪdʒ /

释 *v.* 脱离，使解脱 uncouple; separate; disconnect

例 She didn't like the old man and **disengaged** herself from the promise of marriage. 她不喜欢这个老头，与他解除了婚约。

搭 disengage sb/sth (from sb/sth) 使放开，使摆脱

派 disengagement *n.* 脱离，摆脱

extent
/ ɪk'stent /

阅 | 填

释 *n.* 程度；广度；范围 degree; magnitude; scope

例 To some **extent**, you should be responsible for the matter. 在某种程度上，你应该对这件事负责。

搭 to some extent 在某种程度上

improvident
/ ɪm'prɑːvɪdənt /

填

释 *adj.* 不经济的，不节俭的 thriftless

例 Having lived an **improvident** life for so many years, he doesn't know how to save money. 过了太多年挥霍的生活，他不知道该如何省钱了。

派 improvidence *n.* 浪费；无先见之明；浅见

empathy
/ 'empəθi /

阅 | 填

释 *n.* 同情，同感 ability to identify with another's feelings, ideas, etc.

例 It is believed that there is a strange **empathy** between parents and their children. 人们相信父母和孩子间有一种莫名其妙的心灵相通的感觉。

gape
/ geɪp /

阅

釋 *v.* 张大；目瞪口呆 open widely; stare open-mouthed
例 She **gaped** at him in great surprise. 她惊讶极了，目瞪口呆地看着他。
搭 gape at sb/sth 目瞪口呆地凝视某人或某物
派 gaping *adj.* 目瞪口呆地凝视的

---

projectile
/ prə'dʒektl /

釋 *n.* 射弹 missile
例 In the game of "Plants vs. Zombies", pea shooters can keep hurtling pea **projectiles** into the zombies. "植物大战僵尸" 的游戏里，豌豆射手能一直向僵尸投掷豌豆射弹。

---

caprice
/ kə'priːs /
阅 | 填

釋 *n.* 反复无常；怪念头 sudden, unexpected fancy; whim
例 You have grown up and had better not act on **caprice** any more. 你已经长大了，最好别再任性而为了。

---

linguistic
/ lɪŋ'ɡwɪstɪk /
阅 | 填

釋 *adj.* 语言的，语言学的 pertaining to language
例 Sue is pursuing her **linguistic** researches. 苏在从事语言学的研究。
派 linguistics *n.* 语言学

---

contaminate
/ kən'tæmɪneɪt /

阅 | 填

釋 *v.* 污染 pollute
例 All over the world, oil spills regularly **contaminate** coasts. 在世界各地，石油泄漏经常污染着海岸。
派 contamination *n.* 污染

---

therapeutic
/ ˌθerə'pjuːtɪk /

阅 | 填

釋 *adj.* 治疗的，治疗学的 curative
例 Rock music has a **therapeutic** effect when I am in gloomy mood. 我郁闷时，摇滚乐有治疗功效。
派 therapeutics *n.* 治疗学，疗法 therapy *n.* 治疗，疗法

---

skimp
/ skɪmp /

釋 *v.* 少给，克扣；节约使用 provide scantily; live very economically
例 The husband always complained that his thrifty wife **skimped** even on necessities. 丈夫经常抱怨妻子太节省了，连生活必需品都舍不得买。
派 skimpy *adj.* 不足的；吝啬的

---

enigma ■
/ ɪ'nɪɡmə /
阅 | 填

釋 *n.* 费解的事，谜 mystery; puzzle
例 The man is difficult to deal with and remains to be an **enigma**. 这人很难打交道，让我琢磨不透。

---

bequeath ●
/ bɪ'kwiːð /

阅

釋 *v.* 遗赠，遗留 leave to someone by a will; hand down
例 The merchant **bequeathed** all his estate to his nephew. 商人把全部财产遗赠给了他的侄子。
搭 bequeath sth to sb/bequeath sb sth 把…遗赠给…
派 bequest *n.* 遗产，遗赠

---

transient ■
/ ˈtrænʃnt /

阅

释 *adj.* 短暂的，瞬时的 momentary; temporary; staying for a short time
例 It is not wise to be an impulsive shopper since consumer pleasures are transient. 消费带来的快乐是短暂的，所以冲动消费是不明智的。
派 transience *n.* 短暂；无常

---

mosaic ●
/ moʊˈzeɪɪk /

阅

释 *n.* 马赛克；镶嵌工艺画 picture made of colorful small inlaid tiles
例 She once housed a fine collection of **mosaics**. 她曾收藏有一批精美的马赛克镶嵌画。
派 mosaicist *n.* 镶嵌细工师，镶嵌细工商

---

rubble
/ ˈrʌbl /

填

释 *n.* 碎石；瓦砾 broken fragments
例 Countless buildings across the city were reduced to piles of **rubbles** by the earthquake. 地震过后，城市里不计其数的建筑物变成了一堆又一堆的瓦砾。

---

steadfast ●
/ ˈstedfæst /

阅

释 *adj.* 忠实的；坚贞不移的 loyal; unswerving
例 The new government are **steadfast** in fighting against corruption. 新一届政府在反腐败斗争中毫不动摇。
搭 be steadfast to sb/sth 对…忠实　派 steadfastness *n.* 坚定不移

---

defer
/ dɪˈfɜːr /

阅|填

释 *v.* 推迟，拖延；缓召，缓役；遵从，服从 delay till later; exempt temporarily; give in respectfully; submit
例 I am to disapprove of those who **defer** emeritus age. 我是不赞成推迟退休年龄的。// You should **defer** to your father's wish. 你必须服从你父亲的意愿。
派 deferment *n.* 延期

---

hierarchy ■
/ ˈhaɪərɑːrki /

释 *n.* 等级制度；等级森严的组织 arrangement by rank or standing; authoritarian body divided into ranks
例 In this model, different kinds of food are classified according to the **hierarchy** of body's needs. 在这个模型中，不同食物依据人体需要的不同等级而划分。
派 hierarchic *adj.* 等级制的，按等级划分的

---

allay
/ əˈleɪ /

阅|填

释 *v.* 减轻，使冷静 calm; pacify
例 The government is trying to **allay** the public's fears about the rumor of earthquake. 政府正在竭力减轻公众因地震谣言而产生的恐慌情绪。
搭 allay fears/concern/suspicion 消除恐惧 / 减轻忧虑 / 减少怀疑

---

vise
/ vaɪs /

释 *n.* 虎钳 tool for holding work in place
例 Secure all work with a **vise**, freeing both hands to operate tools. 使用虎钳固定工件，以便空出双手来操作工具。

---

belittle
/ bɪ'lɪtl /

阅 | 填

释 *v.* 轻视；贬低 disparage or depreciate; put down
例 It is wrong for a husband to **belittle** his wife's achievements. 丈夫不应该贬低妻子的成就。
派 belittlement *n.* 轻视

gorge
/ gɔːrdʒ /

阅

释 *n.* 山峡，峡谷 small, steep-walled canyon *v.* 塞饱 stuff oneself
例 Gorge walking makes me feel relaxed. 去峡谷里走一走让我感到放松。// They **gorged** themselves with steak. 他们大吃牛排，把肚子填饱了。
搭 george oneself with/on sth 吃…，用…把肚子塞饱

eminent
/ 'emɪnənt /

阅 | 填

释 *adj.* 著名的，出众的 high; lofty
例 Abraham Lincoln was an **eminent** statesman. 亚伯拉罕·林肯是位杰出的政治家。
派 eminently *adv.* 杰出地，卓越地

expository
/ ɪk'spɑːzətɔːri /

阅

释 *adj.* 解释的，评注的 explanatory; serving to explain
例 The **explanatory** article tells us how to operate the machine. 这篇说明文告诉我们如何使用这台机器。
派 exposition *n.* 阐述

commensurate
/ kə'menʃərət /

阅 | 填

释 *adj.* 相当的，相称的 equal in extent
例 Our pay is not **commensurate** with our work. 我们的工资与工作不相称。
搭 be commensurate with sth 与…（比例）相当、相称
派 commensuration *n.* 同量

incantation
/ ˌɪnkæn'teɪʃn /
阅 | 填

释 *n.* 念咒，符咒，咒语 singing or chanting of magic spells; magical formula
例 She chanted an **incantation** to the spirits. 她对圣灵念了一个咒语。

outspoken
/ aʊt'spoʊkən /

阅 | 填

释 *adj.* 坦率的，直言不讳的 candid; blunt
例 His **outspoken** criticism of the prime minister made all of us feel embarrassed. 他对首相直言不讳的批评使我们都感到很尴尬。
派 outspokenness *n.* 坦率，直言不讳

abolish
/ ə'bɑːlɪʃ /

阅 | 填

释 *v.* 取消，废止 cancel; put an end to
例 The government should take some measures to **abolish** this kind of evil custom. 政府应该采取措施废除这种恶劣习俗。
派 abolition *n.* 废除，废止

sobriety
/ sə'braɪəti /

阅

释 *n.* 清醒；严肃；冷静 moderation (especially regarding indulgence in alcohol); seriousness
例 He is a conscientious man noted for his **sobriety**. 他是一个以认真审慎著称的男子。
派 sober *adj.* 冷静的

□ belittle   □ gorge   □ eminent   □ expository   □ commensurate   □ incantation
□ outspoken   □ abolish   □ sobriety

lull
/ lʌl /

阅 | 填

释 **n.** 间歇，稍息 moment of calm **v.** 使平静，使安静 soothe; cause one to relax one's guard; subside

例 Not wanting to get wet in the rain, we waited in the cafe for a **lull**. 因为不想被淋湿，我们在咖啡厅里等着雨停。// The mother's gentle song **lulled** the infant to sleep. 妈妈温柔的歌声使宝宝入睡。

Notes

Word List 34

equity / 'ekwəti / 阅｜填	释 *n.* 公平，公正 fairness; justice 例 This problem relates to social justice and **equity**. 这个问题有关社会的公平正义。
hermetic / hɜːr'metɪk / 填	释 *adj.* 密封的，与外界隔绝的 sealed by fusion so as to be airtight 例 The food was kept in **hermetic** sealed jars. 食物被保存在密封罐里。 派 hermetically *adv.* 密封地
unearth / ʌn'ɜːrθ /	释 *v.* 挖出，发现 dig up 例 Archaeologists **unearthed** part of an ancient Egyptian tomb. 考古学家发掘出一个古埃及墓穴的部分遗迹。
corollary / 'kɔːrəleri / 阅｜填	释 *n.* 结果 consequence; accompaniment 例 Such enormous increases in productivity is a **corollary** to automation. 劳动生产率的这种巨大提高是自动化的必然结果。
contusion / kən'tuːʒn /	释 *n.* 撞伤，挫伤 bruise 例 The main types of injuries are **contusion**, scratch, sprain and strain. 损伤的主要类型有挫伤、擦伤、扭伤和拉伤。
choleric / 'kaːlərɪk /	释 *adj.* 脾气暴躁的 hot-tempered 例 He got divorced because of his **choleric** disposition. 他离婚是因为火爆的脾气。 派 cholericness *n.* 脾气暴躁
introvert / 'ɪntrəvɜːrt /	释 *n.* 性格内向的人 one who is introspective and inclined to think more about oneself 例 She is an **introvert**, but not a pessimistic person. 她是个内向的人，但是并不悲观。 派 introversion *n.* 内向性；内省性
sanctuary / 'sæŋktʃueri / 阅｜填	释 *n.* 避难所，庇护所；圣堂 refuge; shelter; shrine; holy place 例 A large number of refugees who suffered from chaos by war had to flee to the neighboring country and find **sanctuaries** there. 大批饱受战乱的难民只能逃离到邻国寻求避难。

confirm
/ kən'fɜːrm /

填

释 *v.* 证实，确认，加强 corroborate; verify; support
例 Our underwater explorations also helped to **confirm** the theory. 我们的水下考察也有助于证实这个理论。
派 confirmation *n.* 证实，确认，加强

---

extricate ■
/ 'ekstrɪkeɪt /

释 *v.* 使摆脱，使脱离 free; disentangle
例 He managed to **extricate** from difficulties. 他设法摆脱了困难。
搭 extricate sb/sth from sth 使…摆脱…

---

slovenly
/ 'slʌvnli /

阅 | 填

释 *adj.* 不修边幅的，懒散的 untidy; careless in work habits
例 The girl couldn't put up with her **slovenly** boyfriend any more and dumped him. 这个女孩对他男友的邋遢相忍无可忍，只好和他分手。
派 slovenliness *n.* 邋遢；马虎

---

drivel
/ 'drɪvl /

释 *n.* 傻话，无聊的话，胡言 nonsense; foolishness
例 Stop talking **drivel**. 不要胡说八道。
派 driveller *n.* 说胡话的人；呆子，糊涂虫

---

daunt
/ dɔːnt / 阅 | 填

释 *v.* 威吓 intimidate; frighten
例 No difficulties in the world can **daunt** us. 世界上任何困难都吓不倒我们。

---

quay
/ kiː /

释 *n.* 码头 dock; landing place
例 The cheerful crowds are waiting on the **quay** to welcome their hero back. 兴奋不已的人们正等候在码头欢迎他们的英雄归来。
派 quayside *n.* 码头边

---

felicitous
/ fə'lɪsɪtəs /

阅 | 填

释 *adj.* 恰当的，贴切的 apt, suitably expressed, well chosen
例 His **felicitous** speech won warm applause. 他恰当得体的讲话赢得了热烈的掌声。
派 felicitously *adv.* 恰当地，贴切地

---

lumber
/ 'lʌmbər /

释 *v.* 笨重地行动 move heavily or clumsily
例 The old lady turned and **lumbered** back to her chair. 老妇人转过身来，蹒跚着走回到椅子边坐下。

---

capacious
/ kə'peɪʃəs /
阅

释 *adj.* 宽敞的 spacious
例 The fine lady carried a **capacious** handbag. 那位优雅的女士拎着一个大手提包。

---

wizardry
/ 'wɪzərdri /

释 *n.* 法术，巫术，魔力 sorcery; magic
例 Even if you don't care about the technical **wizardry**, a Pixar film is still a pleasure to watch. 即使你不关心那些技术魔法，皮克斯电影仍然赏心悦目。

---

fluster
/ 'flʌstər / 阅

释 *v.* 慌乱，混乱 confuse
例 Her unexpected question **flustered** me. 她出乎意料的问题让我感到慌乱。

377

affiliation / ə,fɪli'eɪʃn /	释 *n.* 联系，从属关系 joining; associating with 例 The suspect actually has no **affiliation** with the notorious gang. 这名嫌疑人实际上不属于那个臭名昭著的黑帮。 搭 have affiliation with 与…有联系，与…有从属关系 派 affiliate *v.* 加入，为…工作
substantial / səb'stænʃl / 阅 | 填	释 *adj.* 大量的；坚固的；实质的 ample; solid; in essentials 例 The entrepreneur of this privately operated company donated a **substantial** sum of money to the Red Cross Organization. 这位民营企业家向红十字会捐赠了一大笔钱。 派 substantially *adv.* 可观地，大量地；大体上
ignoble / ɪg'noʊbl / 填	释 *adj.* 卑鄙的，卑贱的 unworthy; base in nature; not noble 例 He can't tell you the truth because he did that for an **ignoble** purpose. 他不能跟你说实话，因为他做那件事是出于一个卑鄙的目的。 派 ignobly *adv.* 卑贱地，下流地
eerie / 'ɪri / 阅	释 *adj.* 怪异的 weird 例 The room fell into an **eerie** silence. 房间陷入可怕的沉寂中。 派 eerily *adv.* 可怕地，怪异地
ecstasy / 'ekstəsi / 阅 | 填	释 *n.* 欣喜若狂 rapture; joy; any overpowering emotion 例 He was thrown into **ecstasy** because of his marriage with the beautiful girl. 他为能娶这个漂亮的女孩为妻而欣喜若狂。 搭 be in ecstasies over 对…心醉神迷　　派 ecstatic *adj.* 欣喜若狂的
multiform / 'mʌltifɔːrm / 填	释 *adj.* 多种形式的，多种多样的 having many forms 例 Do you believe snowflakes are **multiform** but always hexagonal? 你相信雪花多种多样但都是六角形的吗？ 派 multiformity *n.* 多样性
peremptory / pə'remptəri /	释 *adj.* 专横的，不容分说的 demanding and leaving no choice 例 Jill got a **peremptory** phone call telling her she had 2 hours to arrange a meeting. 吉尔接到一个电话，打电话的人不由分说地让她在两小时内安排一个会议。 派 peremptorily *adv.* 蛮横地，独断地
impromptu / ɪm'prɑːmptuː / 阅 | 填	释 *adj.* 即席的，临场的，未经准备的 without previous preparation; off the cuff; on the spur of the moment 例 A student will be asked to have an **impromptu** speech in class everyday. 每天都会有一名学生被要求做即兴演讲。
simile / 'sɪməli / 阅	释 *n.* 明喻 comparison of one thing with another, using the word like or as 例 People use the word "like" or "as" in a **simile** while there is no "like" or "as" in a metaphor. 明喻里是有明喻词 "like" 和 "as" 的，而暗喻里没有。

□ affiliation　　□ substantial　　□ ignoble　　□ eerie　　□ ecstasy　　□ multiform
□ peremptory　　□ impromptu　　□ simile

fracas
/ ˈfreɪkəs /
阅

释 *n.* 高声争吵；混战 brawl, melee
例 He was distracted from his work by a **fracas** outside the window. 窗外的吵闹打斗声分散了他对工作的注意力。

oracular
/ əˈrækjələr /

释 *adj.* 神圣预言的；神谕似的；神谕的 prophetic; uttered as if with divine authority; mysterious or ambiguous
例 To us this **oracular** remark seemed to herald the coming of victory. 这番玄妙深奥的话在我们看来仿佛预示着胜利的来临。
派 oracle *n.* 预言；神谕

fluency
/ ˈfluːənsi /
阅

释 *n.* 流利，流畅 smoothness of speech
例 He spoke French with fluency and ease. 他能够轻松流利地说法语。
派 fluent *adj.* 流利的

precinct
/ ˈpriːsɪŋkt /

释 *n.* 区 district or division of a city
例 David wandered around the shopping **precinct** while his wife was having massage. 他妻子做按摩的时候，大卫在商业区闲逛。
搭 a shopping/pedestrian precinct 商业区/步行区

chalice
/ ˈtʃælɪs /

释 *n.* 圣餐杯 consecrated cup
例 **Chalice** is a cup used in the celebration of the Christian Eucharist. 圣杯是在基督教圣餐仪式上使用的杯子。
派 chaliced *adj.* 杯中的，有杯状花的

infraction
/ ɪnˈfrækʃn /
阅 | 填

释 *n.* 违反，侵害 violation (of a rule or regulation); breach
例 People who commit **infractions** of the regulations will be punished. 违反规则的人将会被惩罚。

anchor
/ ˈæŋkər /
阅

释 *v.* 把…系住或扎牢，使固定 secure or fasten firmly; be fixed in place
例 It is necessary to **anchor** the child seat belt. 儿童座椅的安全带必须固定好。
搭 be anchored in sth 使扎根于，使固定于　派 anchorage *n.* 抛锚，停泊处

calligraphy
/ kəˈlɪɡrəfi /

释 *n.* 书法；笔迹 beautiful writing; excellent penmanship
例 Jobs once went to learn **calligraphy** when he was at college. 乔布斯大学期间曾去学书法。
派 calligrapher *n.* 书法家

promontory
/ ˈprɑːməntɔːri /

释 *n.* 海角，岬 headland
例 A fortress stands at the very end of a **promontory** only half a mile away from the town. 有一座堡垒坐落在海角的尽头，离小镇只有半英里。

379

chisel
/ 'tʃɪzl /

阅

释 *n.* 凿子 wedgelike tool for cutting *v.* 欺骗；用凿子凿 swindle or cheat; cut with a chisel

例 He opened the toolbox and put the **chisel** in. 他打开工具箱把凿子放了进去。// That poor guy was **chiseled** out of one million. 那个可怜的家伙被骗了一百万。

搭 chisel sb out of sth 诈骗某人某物　　派 chiseled *adj.* 凿刻的

bedraggle
/ bɪ'dræɡl /

阅

释 *v.* 使湿透；在泥泞中拖脏 wet thoroughly; stain with mud

例 On her way to work, Jenny was **bedraggled** by the rain. 在上班的路上，珍妮被雨淋透了。

派 bedraggled *adj.* 弄湿的；被泥水弄脏的

chasm
/ 'kæzəm /

阅 | 填

释 *n.* 峡谷，深渊 gorge; abyss

例 He hadn't supposed that a huge **chasm** appeared on the ice suddenly. 他没有想到冰面上突然出现了一个大裂缝。

派 chasmal *adj.* 深陷的

certitude ●
/ 'sɜːrtɪtuːd /

阅 | 填

释 *n.* 确信，确实 certainty

例 He has this **certitude** that he will finish the report on time. 他十分肯定能按时写完报告。

disheveled
/ dɪ'ʃevld /

阅

释 *adj.* 不整洁的，凌乱的 untidy

例 His **disheveled** appearance in this interview will not make him stand out from others. 他在面试中不整洁的外表不会让他脱颖而出。

misnomer ●
/ ˌmɪs'noumər /

填

释 *n.* 用词不当，误称 wrong name; incorrect designation

例 Chrysanthemum "tea" is something of a **misnomer** because this kind of drink contains no tea at all. 菊花"茶"是一个误称，因为这种饮料里面根本不含茶。

unassailable
/ ˌʌnə'seɪləbl / 阅

释 *adj.* 无可争辩的；攻不破的 not subject to question; not open to attack

例 The argument of her treatise is **unassailable**. 她论文的论点无懈可击。

energize
/ 'enərdʒaɪz /

阅 | 填

释 *v.* 使精力充沛，使充满活力 invigorate; make forceful and active

例 To worry tends to **energize** needlessly and waste time. 忧虑往往浪费精力和时间。

archetype
/ 'ɑːkitaɪp /

阅 | 填

释 *n.* 原型 prototype; primitive pattern

例 The old lady is the **archetype** of Rose in *Titanic*. 那位年老女士是《泰坦尼克号》中罗丝的原型。

搭 archetype of …的原型　　派 archetypal *adj.* 原型的

attain
/ ə'teɪn /

填

释 *v.* 达到；获得 achieve or accomplish; gain
例 His parents are expecting him to **attain** distinction. 他的父母盼望着他出人头地。
搭 attain distinction 出名　　派 attainment *n.* 成就

---

novelty ■
/ 'nɑːvlti /

阅 | 填

释 *n.* 新奇；新奇的事物 something new; newness
例 The mobile phone is no longer a **novelty** in our life; almost every person has one. 手机在我们的生活中已经不再是什么新鲜事物，几乎每个人都有一个。
派 novel *adj.* 新奇的；异常的

---

dogged
/ 'dɔːgɪd /

阅 | 填

释 *adj.* 坚决的；顽固的 determined; stubborn
例 Copernicus is a **dogged** scholar. 哥白尼是个坚持自己主张的学者。
派 doggedness *n.* 顽强；不屈不挠

---

weather
/ 'weðər /

阅

释 *v.* （安全）渡过（暴风雨、困难等），经受住 endure the effects of weather or other forces
例 The country has **weathered** its worst economic crisis. 这个国家平安渡过了其最严重的经济危机。
搭 weather through 安全渡过（困难等）；战胜（困难等）

---

doodle
/ 'duːdl /

填

释 *v.* （心不在焉地）乱涂；消磨时间 scribble or draw aimlessly; waste time
例 The little boy **doodled** all over the margins of his books. 小男孩在书的空白处乱涂乱画。

---

quibble
/ 'kwɪbl /

释 *n.* 吹毛求疵的异议 minor objection or complaint *v.* 吹毛求疵 find fault or criticize for petty reasons; cavil
例 The only **quibble** about your composition is the misuse of the word "quibble". 你的作文唯一的缺陷就是误用了"quibble"这个词。

---

impropriety
/ ˌɪmprə'praɪəti /

释 *n.* 不适当，不合适 improperness; unsuitableness
例 I was shocked by the gross **impropriety** of his action. 我被他严重不合适的行为震惊了。
派 improper *adj.* 不适当的，不正当的

---

irony
/ 'aɪrəni /

阅 | 填

释 *n.* 暗讽；反语 hidden sarcasm or satire; use of words that seem to mean the opposite of what they actually mean
例 The **irony** was that she herself made the stupid mistake. 讽刺的是她自己犯了这个愚蠢的错误。

---

muted
/ 'mjuːtɪd /

填

释 *adj.* 沉默的；含糊的；缓和的 silent; muffled; toned down
例 Thanks to the thick, sound-absorbing walls of the apartment building, only **muted** traffic noise reached the residents within. 由于公寓大楼的墙厚且吸音，所以居民只会听到极弱的交通噪音。
派 mute *n.* 哑巴；弱音器

---

libel
/ ˈlaɪbl /
阅 | 填

释 *n.* 以文字损害名誉，诽谤 defamatory statement; act of writing something that smears a person's character
例 The singer decided to sue for **libel** after the newspaper smeared his private life. 这名歌手决定以诽谤罪起诉这家报纸污蔑其私生活。
派 libeller *n.* 诽谤者

excise
/ ˈeksaɪz /
阅 | 填

释 *v.* 切除，删除 cut away; cut out
例 You must hang brine after **excising** tonsil. 切除扁桃体后，你必须挂盐水。
派 excision *n.* 切除，删除

pan
/ pæn /
阅 | 填

释 *v.* 严厉批评 criticize harshly
例 Her first high-budget movie was **panned** by the critics. 她的第一部高成本制作电影遭到恶评。

overwrought
/ ˌoʊvərˈrɔːt /
阅 | 填

释 *adj.* 过度紧张的，过度兴奋的 extremely agitated; hysterical
例 Kate was in a very **overwrought** state after the car accident. 车祸发生后凯特精神十分紧张。

nemesis
/ ˈneməsɪs /
填

释 *n.* 复仇者；强硬对手或敌手 someone seeking revenge; an opponent or enemy that is likely to be impossible for you to defeat
例 Harry Potter finally defeated his **nemesis**, Voldemort. 哈利·波特最终战胜了他强大的对手伏地魔。

retribution
/ ˌretrɪˈbjuːʃn /
阅 | 填

释 *n.* 报应，报酬；惩罚 vengeance; compensation; punishment for offenses
例 The extremely vicious scoundrel deserved his **retribution** for killing his pregnant wife. 这个穷凶极恶的歹徒将自己怀孕的妻子杀害，理应遭到报应。
派 retributive *adj.* 惩罚性的；报应的

carping ●
/ kɑːrpɪŋ /
阅 | 填

释 *adj.* 吹毛求疵的 finding fault
例 She was in bad mood and had a **carping** tongue. 她心情不好，说话很刻薄。
派 carp *v.* 吹毛求疵

arousal
/ əˈraʊzl /

释 *n.* 觉醒；激励 awakening; provocation (of a response)
例 A national **arousal** is necessary for the environmental protection. 环境保护需要全民觉悟。
搭 arousal response 唤醒反应　　派 arouse *v.* 引起；唤醒

pastoral
/ ˈpæstərəl /
阅

释 *adj.* 田园的，乡村的；牧人的 rural, simple and peaceful, idyllic; related to shepherds
例 More and more people would like to enjoy a simple **pastoral** life in the country on weekends. 越来越多的人愿意周末到乡下享受简单的田园生活。
派 pastoralism *n.* 田园主义，牧歌体

parochial
/ pəˈroʊkiəl /

阅 | 填

释 *adj.* 狭隘的；地方性的，教区的 narrow in outlook; provincial; related to parishes

例 The concerns revealed in his novels are anything but **parochial**. 他的小说中呈现出的关切一点也不狭隘。

派 parochialism *n.* 眼界狭小；乡土观念；教区制度

polemical ●
/ pəˈlemɪkl /

填

释 *adj.* 抨击的，论战的 aggressive in verbal attack; disputatious

例 Many TV programs were hardly incredible because they might be produced for **polemical** impact. 很多电视节目不可信因为它们可能只是为了达到引发争论的效果。

派 polemically *adv.* 好辩论地

canvass
/ ˈkænvəs /

阅

释 *v.* 拉选票 determine votes, etc.

例 They have thought of many ways to **canvass** votes. 他们已经想了好多方法拉选票。

搭 canvass for 游说

affluence
/ ˈæfluəns /

阅 | 填

释 *n.* 富裕，富足 abundance; wealth

例 Depending on the hard labor, the working class managed to live in **affluence** after war. 依靠努力的劳动，工人阶级在战后都过上了富足的生活。

搭 live in affluence 生活富裕

aristocracy
/ ˌærɪˈstɑːkrəsi /

阅 | 填

释 *n.* 贵族；贵族阶级 hereditary nobility; privileged class

例 The **aristocracy** occupies more seats in the Upper House. 贵族在上议院占有多数席位。

派 aristocrat *n.* 贵族

evenhanded
/ ˌiːvənˈhændɪd /

阅

释 *adj.* 不偏不倚的，公正的 impartial; fair

例 We must ensure the exams are **evenhanded**. 我们必须确保考试公平公正。

派 evenhandedly *adv.* 不偏不倚地，公正地

degenerate
/ dɪˈdʒenəreɪt /

填

释 *v.* 衰退，堕落，变坏 become worse; deteriorate

例 He didn't let riches and luxury make him **degenerate**. 他不因财富和奢华而自甘堕落。

派 degeneration *n.* 退化；堕落；恶化

deflect
/ dɪˈflekt /

阅 | 填

释 *v.* 使偏斜，使转向 turn aside

例 The experts are trying to **deflect** the stream from its original course. 专家们正设法使这条河流改道。

派 deflective *adj.* 偏斜的；偏倚的

sensual
/ 'senʃuəl /

阅

释 *adj.* 肉欲的；世俗的 devoted to the pleasures of the senses; carnal; voluptuous
例 Experts believe that young ladies whose dressing is overt to be **sensual** are more likely to suffer from sexual harassment. 专家认为衣着过于性感的年轻女子更有可能遭受性骚扰。
派 sensuality *n.*（过分的）肉欲；好色 sensualist *n.* 好色者

---

gruesome
/ 'gruːsəm /

阅

释 *adj.* 可怕的，可憎的 grisly; horrible
例 Have you heard of the **gruesome** murder happened yesterday? 你听说昨天发生的那场可怕的谋杀案了吗？
派 gruesomely *adv.* 可怕地，毛发竖立地

---

censure ■
/ 'senʃər /

阅 | 填

释 *v.* 责备，批评 blame; criticize
例 Justin was **censured** for leaking the information of the project. 贾斯汀因泄露项目信息而受到责备。
搭 censure sb for sth 因…谴责…

---

absorb
/ əb'sɔːrb /

阅

释 *v.* 同化；吸收；使全神贯注 assimilate or incorporate; suck or drink up; wholly engage
例 This kind of tonic is easily **absorbed** into the skin. 这种爽肤水很容易被皮肤吸收。
派 absorption *n.* 吸收；专心致志

---

imbalance
/ ɪm'bæləns /

释 *n.* 不平衡 lack of balance or symmetry; disproportion
例 The government tried hard to redress the **imbalance** between the supply and demand. 政府努力调节供需间的不平衡。
搭 imbalance between A and B A与B之间的不平衡
派 imbalanced *adj.* 不平衡的，不均衡的

---

suture
/ 'suːtʃər /

释 *n.*【医】缝合；缝合用的线 stitches sewn to hold the cut edges of a wound or incision; material used in sewing
例 The doctor was cautiously sewing up the soldier's wound in the face with **sutures**. 医生正在用缝合线小心翼翼地缝合士兵脸部的伤口。

---

irksome
/ 'ɜːrksəm /

阅

释 *adj.* 令人厌烦的 annoying; tedious
例 I was eager to bring an end to the **irksome** task. 我急于结束这个令人厌烦的差事。
派 irk *v.* 使厌烦，使厌倦

---

olfactory
/ ɑːl'fæktəri /

释 *adj.* 嗅觉的，味道的 concerning the sense of smell
例 This good wine arouses my **olfactory** sense. 这瓶好酒唤起了我的嗅觉。
派 olfactology *n.* 嗅觉学

□ sensual □ gruesome □ censure □ absorb ■ imbalance □ suture
□ irksome □ olfactory

cajole ■
/ kə'dʒoʊl /

阅 | 填

释 *v.* 哄骗，劝诱 coax; wheedle
例 I managed to **cajole** her phone number out of her friends. 我终于从她朋友们那儿套出了她的手机号。
搭 cajole sb into sth/doing sth 哄骗某人做某事；cajole sth out of sb 从某人处得到（信息等）
派 cajolery *n.* 诱骗，谄媚

torrid
/ 'tɔːrɪd /

阅

释 *adj.* 热烈的；酷热的，灼热的 passionate; hot or scorching
例 I prefer freezing winter days to **torrid** summer days. 比起炎热的夏天来，我宁愿过严寒的冬天。

exorbitant
/ ɪg'zɔːrbɪtənt /

填

释 *adj.* 过分的，过高的 excessive
例 Two thousand yuan is an **exorbitant** price for the coat. 那件大衣卖2000元有些贵。
派 exorbitantly *adv.* 索价过高地，过分地

retiring
/ rɪ'taɪərɪŋ /

填

释 *adj.* 缄默的，不爱交际的 modest; shy
例 The majority of left-behind children are inclined to show a **retiring** and inferior disposition. 大多数留守儿童都有腼腆和自卑的性格。

stalwart
/ 'stɔːlwərt /

释 *adj.* 强健的，强壮的；可靠的；忠实的 strong and vigorous; unwaveringly dependable
例 As a **stalwart** supporter of Kobe, my husband never misses any of the games played by the Lakers. 我丈夫是科比的忠实粉丝，从来不会错过湖人队的任何一次比赛。
派 stalwartness *n.* 忠实；强壮

relegate ■
/ 'relɪgeɪt /

阅

释 *v.* 把…降级；委托，委派 banish to an inferior position; delegate; assign
例 He has been **relegated** to the role of an assistant due to his failure in the negotiation. 由于谈判失败，他被降级到担任助手的工作。
搭 relegate sb/sth (to sth) 使某人/某事物降级、降职或降低地位
派 relegation *n.* 降级；移交

tawdry
/ 'tɔːdri /

阅

释 *adj.* 价廉而花哨的，俗气的 cheap and gaudy
例 She always wears **tawdry** clothes, which shows that she has no taste in dressing. 她总是穿一些俗丽的衣服，说明她在衣着方面很没有品位。
派 tawdrily *adv.* 俗丽地 tawdriness *n.* 庸俗

galaxy
/ 'gæləksi /

阅 | 填

释 *n.* 星系，银河；一群显赫的人 large, isolated system of stars, such as the Milky Way; any collection of brilliant personalities
例 A **galaxy** consists of billions of stars and interstellar medium. 星系由数十亿颗恒星和星际物质组成。

biennial
/ baɪ'eniəl /

阅

释 *adj.* 两年一次的 every two years
例 The summit conference of Asia-European Meeting is a **biennial** one. 亚欧首脑会议每两年举行一次。

---

incarnation
/ ˌɪnkɑːrˈneɪʃn /
阅

释 *n.* 赋予人形，化身 act of assuming a human body and human nature
例 Doves are the **incarnation** of peace. 鸽子是和平的化身。
派 incarnate *v.* 具体化；使人格化

epic
/ ˈepɪk /

释 *n.* 史诗；叙事诗 long heroic poem, or similar work of art
例 Homer's *Iliad*, the world famous **epic**, will last forever. 享誉世界的荷马史诗《伊利亚特》将会永世长存。

hone
/ hoʊn /
阅

释 *v.* 用磨刀石磨；磨炼，磨砺 sharpen; harden oneself
例 In order to keep her competitive edge, she decided to **hone** her communication skills. 为了保持住竞争优势，她决定磨炼交流技巧。

prey
/ preɪ /

阅

释 *n.* 被掠食者，猎物；牺牲者 target of a hunt; victim
例 Old people living alone often fall **prey** to con artists. 独居的老人经常成为骗子的牺牲品。
搭 fall a prey to 被…捕食；成了…的牺牲品；被…所俘；被…折磨；make a prey of 把…当做食物，把…当做捕获物

purveyor
/ pərˈveɪər /

阅 | 填

释 *n.* 承办商，伙食承办商 furnisher of foodstuffs; caterer
例 This company is the city's largest **purveyor** of fine wines. 这家公司是全市最大的高级红酒供应商。
派 purvey *v.* 提供，供应

frivolous ■
/ ˈfrɪvələs /

阅 | 填

释 *adj.* 轻率的，敷衍的；无关紧要的 lacking in seriousness; self-indulgently carefree; relatively unimportant
例 You shouldn't adopt such a **frivolous** attitude towards your study. 你不应该对学习采取如此敷衍的态度。
派 frivolity *n.* 轻浮，轻薄，轻率

fraught
/ frɔːt /
阅

释 *adj.* 充满…的 filled
例 The current situation is **fraught** with danger. 现在的局势危机重重。
搭 fraught with sth 充满…的

larder
/ ˈlɑːrdər /

释 *n.* 食品储藏室 pantry; place where food is kept
例 The hungry kid somehow insinuated himself into the **larder**. 这个饥饿的孩子悄悄地溜进食品室。

boycott
/ ˈbɔɪkɑːt /
阅 | 填

释 *v.* 联合抵制 refrain from buying or using
例 We are asking people to **boycott** electronic products of certain brands. 我们正呼吁大家抵制某些品牌的电子产品。

ominous ■
/ ˈɑːmɪnəs /

阅 | 填

释 *adj.* 不吉利的，不祥的 threatening
例 Some people consider the owl as an **ominous** animal. 有些人认为猫头鹰是一种不祥的动物。
派 ominously *adv.* 恶兆地，不吉利地

impermeable
/ ɪm'pɜːrmiəbl /

释 *adj.* 不能渗透的，不渗透性的 impervious; not permitting passage through its substance
例 I need to buy a coat **impermeable** to rain. 我需要买一件防雨外套。
搭 impermeable to sth 不可渗透…的　派 impermeability *n.* 不渗透性

---

practical
/ 'præktɪkl /

阅 | 填

释 *adj.* 实践的，实用的 based on experience; useful
例 Preference is given to applicants with at least three years of **practical** experience. 有至少三年实际工作经验的求职者可优先录用。
搭 in practical terms 实际上　　派 practically *adv.* 实际上，事实上

---

monarchy
/ 'mɑːnərki /

阅

释 *n.* 君主政体；君主制国家 government under a single ruler; a country that is ruled by a ring or a queen
例 Danmark is an independent **monarchy**. 丹麦是个独立的君主国家。
派 monarch *n.* 君主，帝王

---

dogmatic ■
/ dɔːg'mætɪk /

阅 | 填

释 *adj.* 固执己见的；武断的；教条的 opinionated; arbitrary; doctrinal
例 Tom was so **dogmatic** that he never admitted that he was wrong. 汤姆固执己见，从不承认自己错了。
派 dogmatically *adv.* 专断地；教条地

---

demoniac
/ dɪ'mouniˌæk /

释 *adj.* 魔鬼（般）的，疯狂的 fiendish
例 This was a **demoniac** laugh. 这是一阵魔鬼般的笑声。
派 demon *n.* 魔鬼

---

implication
/ ˌɪmplɪ'keɪʃn /

阅

释 *n.* 暗示的东西 something hinted at or suggested
例 Did you figure out the **implications** behind the headline? 你明白那个标题的言外之意了吗？
搭 by implication 间接地；暗示地；含蓄地　派 imply *v.* 暗示

---

blithe
/ blaɪð /

阅 | 填

释 *adj.* 愉快的 gay; joyous; carefree
例 Do you know which kind of bird was called a "**blithe** spirit" by Shelley? 你知道哪种鸟被雪莱称为"快乐的精灵"吗？

---

torpor ●
/ 'tɔːrpər /

阅 | 填

释 *n.* 不活泼；迟钝；冬眠 lethargy; sluggishness; dormancy
例 After being injected narcotics, the sick person fell into a deep **torpor** before he knew it. 在被注射麻醉药后，病人在无意识中就进入了深度麻痹状态。
派 torpid *adj.* 迟钝的；不活泼的；麻痹的

---

farce
/ fɑːrs /

阅 | 填

释 *n.* 闹剧，滑稽剧；笑柄 broad comedy; mockery
例 An originally serious event almost turned into a **farce**. 一个原本严肃的事情结果却几乎变成了一出闹剧。
派 farcical *adj.* 滑稽的，闹剧的

---

parable
/ 'pærəbl /

释 *n.* 寓言 fable, allegory
例 We should apply to our own behavior the lesson this **parable** teaches. 我们应该将这个寓言的教训应用在我们自己的行为上。

---

cursory ■
/ 'kɜːrsəri / 阅 | 填

释 *adj.* 粗略的，仓促的 casual; hastily done
例 She gave a **cursory** greeting to her neighbor. 她对邻居匆忙地招呼了一下。

---

incoherence
/ ˌɪnkoʊ'hɪrəns /

释 *n.* 不连贯；没有条理 unintelligibility; lack of logic or relevance
例 You need to avoid **incoherence** in your writing. 写作时要避免没有条理。
派 incoherent *adj.* 无逻辑的；不连贯的

---

veneer
/ və'nɪr /

阅

释 *n.* 薄板；虚饰，外表 thin layer; cover
例 The panel had a **veneer** of gold and ivory. 这块镶板上面镶饰了一层黄金和象牙。

---

palpitate
/ 'pælpɪteɪt /

释 *v.*（心脏）剧跳，悸动，颤抖 throb; flutter
例 She felt suddenly faint, and her heart began to **palpitate**. 她突然感到眩晕，心脏开始悸动。
派 palpitation *n.* 心悸，跳动，颤动

---

devise ■
/ dɪ'vaɪz /

阅 | 填

释 *v.* 想出；发明；设计 think up; invent; plan
例 We will **devise** a way of escaping from this prison. 我们要想办法从这座监狱里逃出去。

---

sadistic
/ sə'dɪstɪk /

阅

释 *adj.* 残酷成性的 inclined to cruelty
例 The **sadistic** teacher who has committed a series of abnormal deeds in the kindergarten gave rise to intense resentfulness among the parents. 幼儿园老师一系列变态的虐童行为引起了家长的强烈愤慨。

---

perforate
/ 'pɜːrfəreɪt /

释 *v.* 刺穿，打洞 pierce; put a hole through
例 A broken rib **perforated** his lung in the car accident. 车祸时一根断掉的肋骨刺穿了他的肺部。
派 perforated *adj.* 打洞的

---

consort

释 / kən'sɔːrt / *v.* 结交 associate with / 'kɑːnsɔːrt / *n.* 配偶 husband or wife
例 He likes to **consort** with people in upper class. 他喜欢结交上层社会的人。// The public has accepted Camilla, Prince Charles's former mistress, as his **consort**. 公众接受了作为前任情妇的卡米拉成为查尔斯王子的新配偶。
搭 consort with 陪伴；与…闲混；与…一致

---

incumbent
/ ɪnˈkʌmbənt /
阅

释 *adj.* 有义务的；在职的 obligatory; currently holding an office
例 It was **incumbent** on me to be present. 我必须出席。
搭 be incumbent on/upon sb to do sth 某人有义务或必须做某事

missile
/ ˈmɪsl /

释 *n.* 投射物 object to be thrown or projected
例 After carefully folding his test paper into a paper airplane, Brian threw the **missile** across the classroom at Devin. 布莱恩仔细地把试卷折成纸飞机，然后把它扔了出去；纸飞机穿过教室，飞向了德温郡。
派 missileer *n.* 导弹手；导弹专家

illusory ■
/ ɪˈluːsəri /

释 *adj.* 幻觉的，迷惑人的 deceptive; not real
例 Sometimes he has the **illusory** hope that her dead sister will come back again. 有时他会不切实际地希望他去世的妹妹还会再回来。

embroil
/ ɪmˈbrɔɪl /
阅 | 填

释 *v.* 使…卷入（纠纷）；使…陷入（困境）throw into confusion; involve in strife; entangle
搭 be embroiled in a quarrel 卷入争吵中

apprise
/ əˈpraɪz /

释 *v.* 通知 inform
例 The weatherman **apprised** the local people of the dangerous weather conditions in the next few days. 天气预报员提醒当地人注意接下来几天里危险的天气状况。
搭 apprise sb of sth 通知某人某事　派 apprisal *n.* 口头通知

premonition
/ ˌpriːməˈnɪʃn /

阅

释 *n.* 预兆，前兆 forewarning
例 When Ivy didn't answer his phone, Paul had a **premonition** that she was kidnapped. 艾维没接他的电话，保罗就预感她被绑架了。
搭 have a premonition of/that 有预感，有预兆

catholic
/ ˈkæθlɪk /

阅 | 填

释 *adj.* 广泛的，普遍的；宽容的 broadly sympathetic; liberal
例 He had **catholic** tastes when he was a college student. 他上大学时兴趣广泛。
派 catholicity *n.* 普遍性；宽容

palatable
/ ˈpælətəbl /

释 *adj.* 合意的；可口的 agreeable; pleasing to the taste
例 I provide **palatable** meals for my children every day. 我每天为孩子们烹制美味的三餐。
派 palatability *n.* 适口性，风味

precipitous
/ prɪˈsɪpɪtəs /

阅 | 填

释 *adj.* 陡峭的；急躁的 steep; overhasty
例 Huashan Mountain is renowned for its **precipitous** paths. 华山因山路陡峭而闻名。
派 precipitously *adv.* 陡峭地；陡然地；出乎意料地

□ incumbent　　□ missile　　□ illusory　　□ embroil　　□ apprise　　□ premonition
□ catholic　　□ palatable　　□ precipitous
389

concave
/ kɑːnˈkeɪv /

释 *adj.* 凹的 hollow
例 Part of the house's walls are **concave**. 这座房子的部分墙体很多都凹进去了。
搭 concave lens 凹透镜，近视眼镜　　　派 concavely *adv.* 凹地

chronic
/ ˈkrɑːnɪk /

阅 | 填

释 *adj.* 慢性的 long established as a disease
例 At present, some **chronic** diseases are curable and some are not. 目前，有些慢性疾病能治疗，有些不能。
搭 chronic fatigue syndrome 慢性疲劳综合征
派 chronical *adj.* 慢性的，延续很长的

frolicsome
/ ˈfrɑːlɪksəm /

释 *adj.* 爱闹着玩的，嬉戏的 prankish
例 She has a **frolicsome** puppy. 她有一条活泼爱闹的小狗。

salvage
/ ˈsælvɪdʒ /

释 *v.* 抢救，营救 rescue from loss
例 The firefighters made every attempt to **salvage** the residents' properties. 消防员尽了一切努力挽救居民的财产。

trite ■
/ traɪt /

阅

释 *adj.* 陈腐的，平庸的 hackneyed; commonplace
例 Young people tend to give no ears to the **trite** ideas. 年轻人不愿听那些陈腐的思想。

sustenance
/ ˈsʌstənəns /

阅

释 *n.* 支持物；维持体力的食物；营养品 means of support, food, nourishment
例 Being lacking in **sustenance**, the miners trapped underneath the mine became very weak. 被困的矿工因为缺乏食物而变得非常虚弱。

marred ■
/ mɑːrd /

阅 | 填

释 *adj.* 损坏的 damaged; disfigured
例 He had to refinish the **marred** surface of the desk. 他不得不整修桌子损坏的表面。
派 mar *v.* 毁坏，损坏

atlas
/ ˈætləs / 阅

释 *n.* 地图册 a bound volume of maps, chars, or tables
例 This newly published **atlas** is more exact. 新出版的地图册更加精确。

momentous
/ moʊˈmentəs /

阅 | 填

释 *adj.* 重要的，重大的 very important
例 This is a **momentous** day in the history of Libya. 这是利比亚历史上重要的一天。
派 momentousness *n.* 重大，重要性

obscure ■
/ əbˈskjʊr /

阅 | 填

释 *adj.* 黑暗的，朦胧的，模糊的 dark; vague; unclear *v.* 使黑暗，使模糊 darken; make unclear
例 The point of your speech is **obscure**. 你发言的要点模糊不清。// Trees **obscured** his vision; he couldn't see the suspect clearly. 树木遮挡了他的视线，他无法看清犯罪嫌疑人。
派 obscurely *adv.* 晦涩地，费解地 obscuration *n.* 昏暗；晦涩

390
□ concave　　□ chronic　　□ frolicsome　　□ salvage　　□ trite　　□ sustenance
□ marred　　□ atlas　　□ momentous　　□ obscure

askew

/ əˈskjuː /

阅

释 *adj.* 歪斜的 crookedly; slanted; at an angle

例 He wore his hat **askew** to show his personality. 他以歪戴着帽子来显示自己的个性。

cadence

/ ˈkeɪdns /

阅

释 *n.* （声音）抑扬顿挫；节奏 rhythmic rise and fall (of words or sounds); beat

例 My grandma enjoyed the leisurely **cadence** of her retired life. 我奶奶很享受退休生活悠闲的节奏。

seemly

/ ˈsiːmli /

阅

释 *adj.* 适宜的 proper; appropriate

例 Smoking in public places is not a **seemly** conduct under any circumstances. 无论在什么情况下，在公共场所吸烟都是不适宜的举动。

派 seemliness *n.* 恰当；合乎礼节

smolder

/ ˈsmoʊldər /

阅

释 *v.* 闷烧，郁积 burn without flame; be liable to break out at any moment

例 Hatred and jealousy has **smoldered** inside her since her child's custody was awarded to her ex-husband. 自从孩子的监护权被判给前夫后，她心中就已充满了仇恨和嫉妒。

itinerary

/ aɪˈtɪnəreri /

阅

释 *n.* 旅行计划，行程表 plan of a trip

例 A visit to the University of Edinburgh must be included in the **itinerary**. 爱丁堡大学之行必须列入预定行程。

averse

/ əˈvɜːrs /

阅 | 填

释 *adj.* 不愿意的，反对的 reluctant; disinclined

例 I'm **averse** to smoking in the room. 我反对在室内吸烟。

搭 be averse to sth/doing sth 反对（做）某事

abusive

/ əˈbjuːsɪv /

阅

释 *adj.* 辱骂的；虐待的 coarsely insulting; physically harmful

例 Some people will become **abusive** when they are drunk. 有些人一喝醉就会满口脏话。

搭 abusive language/remarks 污言秽语，恶言谩骂

派 abusiveness *n.* 辱骂；虐待

torso

/ ˈtɔːrsoʊ /

阅 | 填

释 *n.* 裸体躯干雕像；（人体的）躯干 trunk of statue with head and limbs missing; human trunk

例 As soon as you enter his studio, a beautiful feminine **torso** will jump into your view quickly. 你一走进他的雕刻室，最先映入眼帘的便是一个美丽的女性躯干雕像。

abridge ■

/ əˈbrɪdʒ /

阅 | 填

释 *v.* 删节，削减，精简 condense or shorten

例 In order to meet the readers' needs, the publishers are going to **abridge** the novel. 为了满足读者的需要，出版商计划删减这本小说。

派 abridgement 节略，缩短

cache
/ kæʃ /

阅

释 *n.* 隐藏处 hiding place
例 The police found the **cache** of the criminals based on the information provided by the informer. 根据线人提供的信息，警方找到了这帮匪徒的藏匿地点。

descry
/ dɪˈskraɪ /

释 *v.* 看见 catch sight of
例 I **descry** a sail on the horizon. 我看见地平线上的一艘轮船。

grimace
/ grɪˈmeɪs /

阅

释 *n.* 面部歪扭，苦相，鬼脸 a facial distortion to show feeling such as pain, disgust, etc.
例 He made a **grimace** after he tasted the wine. 他尝过酒之后做了个鬼脸。

indulgent
/ ɪnˈdʌldʒənt /

阅 | 填

释 *adj.* 宽容的；放纵的 humoring; yielding; lenient
例 We should learn to be **indulgent** to others. 我们应该学会宽容待人。
派 indulgently *adv.* 宽容地

limerick
/ ˈlɪmərɪk /

阅

释 *n.* 五行打油诗 humorous short verse
例 We all like Kevin since he can knock off a **limerick** in a few minutes. 我们都喜欢凯文，因为他用几分钟就能写出一首五行打油诗。

taciturn ■
/ ˈtæsɪtɜːrn /

阅 | 填

释 *adj.* 沉默寡言的 habitually silent; talking little
例 **Taciturn** as he is, my father's love towards us is as deep as ocean. 父亲虽然沉默寡言，但是对我们的爱却像大海一样深沉。
派 taciturnity *n.* 沉默寡言

rile
/ raɪl /

阅

释 *v.* 激怒，使恼怒 vex; irritate; muddy
例 It would be harmful to our health if we get **riled** easily. 动不动就生气有害身体健康。

meander ●
/ miˈændər /

阅

释 *v.* 漫步；蜿蜒而流 wind or turn in its course
例 Visitors and locals all like **meandering** along the sidewalks of the Huangpu River. 游客与当地人都喜欢沿着黄浦江岸漫步。
派 meandering *n.* 蜿蜒的河流；漫步

commiserate
/ kəˈmɪzəreɪt /

阅 | 填

释 *v.* 同情，怜悯 feel or express pity or sympathy for
例 When I lost, my friends came to **commiserate** with me. 当我落败时，朋友都向我表示同情。
搭 commiserate with sb 同情、怜悯某人　**派** commiseration *n.* 同情，怜悯

withstand
/ wɪðˈstænd /

阅

释 *v.* 抵挡，经受住 stand up against; successfully resist
例 The packing must be strong enough to **withstand** rough handling. 包装必须十分坚固，以承受粗率的搬运。

confiscate / ˈkɑːnfɪskeɪt / 阅|填	释 *v.* 没收，征用 seize; commandeer 例 The police have the right to **confiscate** any forbidden objects they find. 如发现违禁货物，警方有权扣查。 派 confiscation *n.* 没收，征用
vie / vaɪ / 阅	释 *v.* 竞争，较量 contend; compete 例 They **vie** with each other in pulling more votes for themselves. 他们相互争着为自己多拉选票。 搭 vie for 争夺；竞争
prevalent ■ / ˈprevələnt / 阅|填	释 *adj.* 普遍的，流行的 widespread; generally accepted 例 The negative attitude towards study is **prevalent** among young generations. 对于学习的消极态度在年轻一代中很普遍。 搭 prevalent in/among 在…中流行　派 prevalence *n.* 流行，普遍
meager / ˈmiːgər / 阅|填	释 *adj.* 贫乏的；不足的 scanty; inadequate 例 Jack could not support his family on his **meager** salary. 他微薄的工资无法养家。 派 meagerly *adv.* 贫乏地
officious / əˈfɪʃəs / 阅|填	释 *adj.* 好管闲事的 meddlesome; excessively pushy in offering one's services 例 Andy moved because he couldn't put up with the **officious** landlady any longer. 安迪搬家是因为他再也受不了那个爱管闲事的女房东了。 派 officiously *adv.* 过分殷勤地
squabble / ˈskwɑːbl / 阅	释 *n.* 口角；争吵 minor quarrel; bickering *v.* quarrel noisily 例 The young couple upstairs often get involved in **squabbles**. 楼上的那对年轻夫妻经常争吵。 搭 squabble with sb (about/over sth) 与某人大声争吵（尤指为琐事）
expunge / ɪkˈspʌndʒ / 阅	释 *v.* 删去，勾销 cancel; remove 例 It's difficult to **expunge** the records. 删除这些记录很难。 搭 expunge sth from sth 从…中删去…　派 expungement *n.* 删除
lugubrious / ləˈguːbrɪəs / 阅|填	释 *adj.* 可怜的，悲惨的 mournful 例 James was in **lugubrious** mood after losing job. 詹姆斯失业后心情很悲哀。 派 lugubriously *adv.* 阴郁地
stanch / stɔːntʃ / 阅	释 *v.* 止住，止血 check flow of blood 例 The urgent task is to **stanch** bleeding before treating other injuries in case of a car accident. 如若发生车祸，当务之急是止血，然后再治疗其他受伤的地方。

□ confiscate　　□ vie　　□ prevalent　　■ meager　　□ officious　　□ squabble
□ expunge　　□ lugubrious　　□ stanch

dingy
/ 'dɪndʒi /

释 *adj.* 昏暗的，肮脏的，无生气的 dull; not fresh; cheerless
例 It was a street of **dingy** houses huddled together. 这是一条挤满了破旧房子的街巷。

---

contempt
/ kən'tempt /

阅 | 填

释 *n.* 轻视，蔑视 scorn; disdain
例 She sniffed at his remark to show her **contempt**. 她对他的评论嗤之以鼻以表示她的轻蔑。
派 contemptible *adj.* 可鄙的，卑劣的

---

eclectic ■
/ ɪ'klektɪk /

释 *adj.* 兼收并蓄的，博采众长的 composed of elements drawn from disparate sources
例 He equipped himself with **eclectic** thoughts. 他用兼收并蓄的思想武装自己。
派 eclectically *adv.* 兼收并蓄地

---

kudos
/ 'kuːdɑːs /

阅

释 *n.* 奖赏；荣誉；称赞 honor; glory; praise
例 The singer received **kudos** from everyone on his performance. 这位歌手的表演受到所有人的称赞。

---

monolithic
/ ˌmɑːnə'lɪθɪk /

阅

释 *adj.* 整体式的；不屈的 solidly uniform; unyielding
例 Is mathematics a single **monolithic** structure of absolute truth? 数学是绝对真理的单一整体结构吗？
派 monolith *n.* 整块石料

---

indiscretion
/ ˌɪndɪ'skreʃn /

填

释 *n.* 不慎重，不明智 lack of tactfulness or sound judgment
例 You should learn a lesson from the serious consequences caused by your **indiscretion**. 你应该从你的不慎重所导致的严重后果中吸取教训。
派 indiscreet *adj.* 轻率的，不慎重的

---

patronize
/ 'peɪtrənaɪz /

阅 | 填

释 *v.* 支持，资助；光顾 support; act superior toward; be a customer of
例 The volunteers appealed for donations to **patronize** the homeless children. 志愿者发起募捐以资助无家可归的孩子。
派 patron *n.* 赞助人；老主顾

---

befuddle
/ bɪ'fʌdl /

阅 | 填

释 *v.* 使迷惑 confuse thoroughly
例 He intended to **befuddle** the public by saying so. 他这么说是为了迷惑大众。
派 befuddlement *n.* 迷惘，迷惑

---

repugnant ●
/ rɪ'pʌɡnənt /

阅 | 填

释 *adj.* 令人讨厌的 loathsome; hateful
例 The very thought of fawning on people of higher rank is **repugnant** to me. 我一想到对上司溜须拍马这种事情就感到非常反感。
搭 repugnant to sb 令某人讨厌的   派 repugnance *n.* 反感，厌恶

☐ dingy ☐ contempt ☐ eclectic ☐ kudos ☐ monolithic ☐ indiscretion
☐ patronize ☐ befuddle ☐ repugnant

profane ■
/ prə'feɪn /

阅

释 *v.* 亵渎，玷污 violate; desecrate; treat unworthily
例 The monk **profaned** the long upheld traditions of the Buddhism by eating meat and drinking alcohol. 这个和尚喝酒吃肉，亵渎了佛教长期以来的传统。
派 profanation *n.* 亵渎

---

exploit ■

阅 | 填

释 / 'eksplɔɪt / *n.* 英勇业绩，英勇行为 deed or action, particularly a brave deed
/ ɪk'splɔɪt / *v.* 剥削，利用 make use of, sometimes unjustly
例 He was proud of his **exploit** in the war. 他以自己在战争中的英勇表现而骄傲。// He is good at **exploiting** every opportunity to learn English. 他善于利用每一个机会学习英语。
派 exploitation *n.* 剥削 exploitative *adj.* 剥削的，利用的

---

transgression
/ trænz'greʃn /

阅 | 填

释 *n.* 违法，犯罪 violation of a law; sin
例 Rumors of the presidential candidate's past dissolute **transgressions** have begun to spring up. 有关这位总统候选人过往的风流史的流言蜚语开始涌现。
派 transgressor *n.* 违法的人；违反道德的人

---

jeopardize
/ 'dʒepərdaɪz /

阅 | 填

释 *v.* 危及，损害 endanger; imperil; put at risk
例 It may **jeopardize** your chances of promotion if you are impolite to the boss. 如果你对上司无礼，那就可能会断送你升职的机会。
派 jeopardy *n.* 危险；危险境地

---

purge
/ pɜːrdʒ /

释 *v.* 净化，清除；洗罪 remove or get rid of something unwanted; free from blame or guilt; cleaness or purify
例 It took her weeks to **purge** herself of her prejudice against him. 她花了几周的时间才消除了对他的偏见。
搭 purge...of... 从⋯中清除⋯；purge...from... 把⋯从⋯中清除
派 purgee *n.* 被清除者

---

nuance ●
/ 'nuːɑːns /

阅 | 填

释 *n.* 细微差别 shade of difference in meaning or color; subtle distinction
例 Good performers can use their eyes and facial expressions to communicate virtually every subtle **nuance** of emotion. 优秀的表演者用眼睛和面部表情就能传达出情感上的几乎每一丝微妙变化。
派 nuanced *adj.* 有细微差别的，微妙的

---

disdain ■
/ dɪs'deɪn /

阅 | 填

释 *v.* 鄙视 view with scorn or contempt
例 She disliked him and **disdained** his invitation. 她不喜欢他，不屑于他的邀请。
派 disdainful *adj.* 鄙视的，轻蔑的

---

precept
/ 'priːsept /

阅

释 *n.* 规范，准则 practical rule guiding conduct
例 The shop assistant didn't live up to the **precept** of "customer first". 这个店员没有践行"顾客至上"的准则。
派 preceptive *adj.* 教训性的，好教训人的

---

zephyr
/ 'zefər /

释 *n.* 和风；西风 gentle breeze; west wind
例 I feel very refreshed in the **zephyr** from the sea. 从海上吹来的和风令我神清气爽。

---

contemporary
/ kən'tempəreri /

阅 | 填

释 *n.* 同时代的人 person belonging to the same period *adj.* 当代的；同时代的，属于同一时期的 belonging to the present time ; belonging to the same time
例 The third law was discovered by Kepler, who was a **contemporary** of Galileo. 第三个定律是开普勒发现的，他是伽利略的同代人。

---

brittle
/ 'brɪtl /

释 *adj.* 易碎的；难相处的 easily broken; difficult
例 You can break the layer of ice easily, for it is **brittle**. 你能轻易打破那层冰，因为它很易碎。
搭 brittle bone disease 脆骨病　　派 brittleness *n.* 脆性，脆度

---

leaven
/ 'levn /

释 *v.* 使更活跃 cause to rise or grow lighter; enliven
例 Her mood of deep pessimism cannot be **leavened** even by her favourite iPad. 她极度悲观沮丧，甚至她最爱的苹果平板电脑也丝毫不能舒缓这一情绪。

---

sinewy
/ 'sɪnjuːi /
阅

释 *adj.* 坚韧的，强壮有力的 tough; strong and firm
例 His firm and **sinewy** arms indicate that he does physical exercise on a regular basis. 他的双臂结实而强健，这表明他经常进行体育锻炼。

---

heedless
/ 'hiːdləs /

阅

释 *adj.* 不注意的 not noticing; disregarding
例 She was completely lost in that book, **heedless** of the chaos around her. 她完全沉浸在了书里，没有注意到周围的混乱。
搭 be heedless of 没有注意到…
派 heedlessly *adv.* 不加注意地，掉以轻心地

---

figurative
/ 'fɪgərətɪv /

阅

释 *adj.* 比喻的，修辞丰富的 not literal, but metaphorical; using a figure of speech
例 Using words in **figurative** sense is popular among novelists. 小说家们喜欢用比喻手法遣词造句。
派 figuratively *adv.* 比喻地

---

aviary ●
/ 'eɪvieri /

释 *n.* 大型鸟舍 enclosure for birds
例 Jack raised many different kinds of birds in his **aviary**. 杰克在鸟舍里养了各种鸟。
派 aviarist *n.* 鸟类饲养者

---

precise
/ prɪ'saɪs /

阅 | 填

释 *adj.* 精确的，准确的 exact
例 No one could give a **precise** definition of what life is. 没有人能准确定义什么是生活。
搭 to be precise 确切地讲　　派 precisely *adv.* 精确地

---

glib

/ glɪb /

阅 | 填

释 *adj.* 口齿伶俐的，油腔滑调的 fluent; facile; slick

例 I met a **glib** salesman in the shopping mall yesterday. 昨天我在购物中心遇见了一个能说会道的推销员。

派 glibly *adv.* 流利地，流畅地

---

conifer

/ 'kɑːnɪfər /

阅 | 填

释 *n.* 松类 pine tree; cone-bearing tree

例 Red squirrels cut **conifer** cones from trees and bury them in plant litter on the forest floor. 红松鼠会将松树上的果实割下来，然后埋在森林地面的落叶堆中。

---

insulated

/ 'ɪnsəleɪtɪd /

阅

释 *adj.* 与世隔绝的 set apart; isolated

例 He grew up in a small village **insulated** from the outside world. 他在一个与世隔绝的小村庄中长大。

---

franchise

/ 'fræntʃaɪz /

填

释 *n.* 特权；选举权；特许经营权 right granted by authority; right to vote; business licensed to sell a product in a particular territory

例 The company has just won a rail **franchise**. 这个公司刚刚赢得了铁路运营特许经营权。

派 franchiser *n.* 经销商，代销商

---

improvise

/ 'ɪmprəvaɪz /

阅 | 填

释 *v.* 即兴创作 compose on the spur of the moment

例 She is highly talented at music, and often **improvise** on the melody she heard. 她很有音乐天赋，经常即兴演奏听到的旋律。

搭 improvise on sth 即兴做…

派 improvisation *n.* 即兴演奏，即兴作品，即兴演说

---

foment

/ foʊ'ment /

释 *v.* 激起；鼓动 stir up; instigate

例 He attempted to **foment** trouble near the border. 他试图在边境附近挑起事端。

派 fomentation *n.* 挑拨，鼓动，煽动

---

irrefutable

/ ˌɪrɪ'fjuːtəbl /

填

释 *adj.* 无可辩驳的 indisputable; incontrovertible; undeniable

例 There is **irrefutable** evidence showing that he was the murderer. 有无可辩驳的证据证明他是凶手。

派 irrefutability *n.* 无可辩驳

---

refraction

/rɪ'frækʃn /

填

释 *n.* 折光，折射 bending of a ray of light

例 Reflection and **refraction** are both physical phenomena. 反射和折射都是物理现象。

---

skiff

/ skɪf /

释 *n.* 小船，单人小艇 small, light sailboat or rowboat

例 The great adventurer eventually realized his dream of sailing across the Atlantic in a **skiff**. 这位了不起的冒险家最终实现了乘坐小船横渡大西洋的梦想。

---

percussion
/ pər'kʌʃn /

阅

释 *n.* 两物相撞；打击乐器组 striking of two (usu. hard) objects together; instruments in an orchestra
例 The composer used **percussion** music to convey the clash between the two armies. 作曲家用打击乐来表达两军的交锋。
派 percussionist *n.* 打击乐器演奏者

ironic ■
/ aɪ'rɑːnɪk /

阅

释 *adj.* 讽刺的，啼笑皆非的 resulting in an unexpected and contrary outcome
例 He made an **ironic** comment on the article. 他对这篇文章作了讽刺性的评论。
派 ironically *adv.* 讽刺地

visceral
/ 'vɪsərəl /

填

释 *adj.* 内脏的，位于内脏的 felt in one's inner organs
例 A study in the Netherlands found that smokers had more **visceral** fat than nonsmokers. 荷兰的一项研究发现，吸烟者比不吸烟者内脏脂肪多。

address
/ ə'dres /

释 *v.* 对…发表演说；集中讨论，设法处理 direct a speech to; deal with or discuss
例 We will **address** ourselves to the problem of cutting classes among students. 我们将集中讨论一下学生逃课的问题。
搭 address oneself to sth 设法解决某事

requite
/ rɪ'kwaɪt /

释 *v.* 报答，酬谢；报仇 repay; revenge
例 The boss **requited** his assistant's faithful services with a villa. 老板为表彰助手的忠诚服务，赠给了他一栋别墅。
搭 requite sth (with sth) 报答某事物
派 requital *n.* 报答，偿还

malcontent
/ ˌmælkən'tent /

阅 | 填

释 *n.* 不满者 person dissatisfied with existing state of affairs   *adj.* 不满的 dissatisfied
例 A band of **malcontents** made a huge demonstration against the government. 一群激进分子举行了声势浩大的反政府示威。

discredit
/ dɪs'kredɪt /

阅

释 *v.* 败坏…的名声，诽谤；破坏对…的信任，怀疑 defame; destroy confidence in; disbelieve
例 The famous star was **discredited** by the scandal. 这位著名的明星因为这桩丑闻而名声败坏。
派 discreditable *adj.* 名声败坏的；丢脸的

debunk ●
/ ˌdiː'bʌŋk /
阅 | 填

释 *v.* 揭穿；嘲弄 expose as false, exaggerated, worthless, etc. ridicule
例 So let's **debunk** some of the most common falsehoods. 那么，让我们来揭穿一些最常见的谬误吧。

demagogue
/ ˈdeməgɑːg /
阅

释 *n.* 以达到私欲为目的的煽动者，蛊惑性政客 person who appeals to people's prejudice; false leader of people
例 The **demagogue** has won people's support. 那个煽动者赢得了人们的支持。

---

decorum ■
/ dɪˈkɔːrəm /
阅 | 填

释 *n.* 得体，合宜，彬彬有礼 propriety; orderliness and good taste in manners
例 In the presence of elderly visitors the princess was a model of **decorum**. 公主在来访的长辈面前彬彬有礼，堪称典范。
派 decorous *adj.* 有礼貌的，高雅的；端正的

---

jargon
/ ˈdʒɑːrgən /
阅

释 *n.* 行话；术语；难懂的话 language used by a special group; technical terminology; gibberish
例 As an experienced salesman, I seldom use technical **jargon** that customers can't follow. 作为一名有经验的推销员，我极少使用顾客听不懂的术语。
派 jargonize *v.* 用术语讲，说行话

---

crass
/ kræs /
阅

释 *adj.* 粗糙的 very unrefined; grossly insensible
例 I'm tired of the **crass** television commercials. 我很厌烦那些粗糙的电视广告。

---

tirade ●
/ ˈtaɪreɪd /

释 *n.* 长篇的激烈演说；长篇的攻击性演说 extended scolding; denunciation; harangue
例 The **tirade** delivered at the conference by the chairman made all the participants filled with indignation. 董事长在会上发表的长篇演说令在场的人全都气愤不已。

---

dint
/ dɪnt /

释 *n.* 手段，作用 means; effort
例 He reached the top by **dint** of great effort. 他费了很大的劲才爬到顶。
搭 by dint of 用，凭借

---

surmise
/ sərˈmaɪz /
填

释 *v.* 臆测；猜想 suspect; guess; imagine
例 The police **surmised** that the actress was not killed by others but by herself. 警方推测这名女演员不是他杀而是自杀身亡。

---

anonymity
/ ˌænəˈnɪməti /

释 *n.* 匿名 state of being nameless; anonymousness
例 The local government promises to preserve the **anonymity** of those making such report. 地方政府承诺不透露举报人的姓名。
派 anonymous *adj.* 匿名的

---

introspective
/ ˌɪntrəˈspektɪv /
阅 | 填

释 *adj.* 内省的，反省的 looking within oneself
例 An **introspective** person is more likely to discover and correct his mistakes. 善于内省的人更容易发现并且改正自身的错误。

---

treatise	释 *n.* 论文 article treating a subject systematically and thoroughly
/ˈtriːtɪs /	例 He spent a lot of time writing a **treatise** for his Doctor's degree. 他花了很多时间写博士学位论文。
阅	

prodigious	释 *adj.* 巨大的，庞大的 marvelous, enormous
/ prəˈdɪdʒəs /	例 In this movie, the hero showed **prodigious** bravery when confronted with the monster. 在这部电影里，主人公遇到怪物时表现出了极大的勇气。
阅	派 prodigiously *adv.* 巨大地，庞大地

| **retort** | 释 *n.* 回嘴；反驳 quick sharp reply *v.* 反驳 reply quicking to a comment |
| / rɪˈtɔːrt / | 例 When being blamed for making trouble in class, the student made a rude sign by way of **retort**. 当老师指责他上课捣乱时，这位学生做出粗鲁动作以示反驳。 |

shimmer	释 *v.* 发闪烁之微光 glimmer intermittently
/ˈʃɪmər /	例 The moonlight **shimmered** on the lake, and a tramp was sitting by the lake playing Erhu joyfully. What a harmonious scenery it was! 湖面上波光粼粼，一个流浪汉正坐在湖边欣然地拉着二胡。多么和谐的风景！
填	

periphery	释 *n.* 边缘，外围 edge, especially of a round surface
/ pəˈrɪfəri /	例 Many young people are forced to live in the residential areas on the **periphery** of the city. 很多年轻人被迫住在城市外围的居民区。
阅	搭 on/at the periphery of 在…外围，在…边缘

disquiet ●	释 *v.* 使不安，使忧虑 make uneasy or anxious
/ dɪsˈkwaɪət /	例 His words made me **disquieted**. 他的话让我心中不安。
	派 disquietude *n.* 不安，忧虑

gusty	释 *adj.* 多风的，阵风的 windy
/ˈɡʌsti /	例 It's always **gusty** in this city. 这个城市总是刮大风。
	搭 gusty air 阵风
	派 gustily *adv.* 暴风地，狂风地

| **dumbfound** | 释 *v.* 使惊讶，使吃惊 astonish |
| / dʌmˈfaʊnd / 阅 | 例 Her rudeness completely **dumbfound** us. 她的粗鲁让我们很吃惊。 |

deluge	释 *n.* 洪水，急流；（某事物）泛滥 flood; rush *v.* 使泛滥，淹没 cause floods
/ˈdeljuːdʒ /	例 The spring thaw caused the river to **deluge** the region. 春天冰雪融化，河水泛滥淹没了那个地区。
阅	

pact	释 *n.* 条约，协议 agreement; treaty
/ pækt /	例 My husband and I made a **pact** not to quarrel anymore. 我和我丈夫达成协议，不再吵架了。
	派 paction *n.* 公约，合同，协议书

索引

deft \ 2
defunct \ 44
defuse \ 194
degenerate \ 383
degradation \ 275
dehydrate \ 85
deify \ 284
deign \ 17
delectable \ 152
delete \ 151
deleterious \ 186
deliberate \ 2
delineate \ 156
delirium \ 308
delude \ 38
deluge \ 400
delusion \ 36
delve \ 324
demagogue \ 399
demean \ 134
demeanor \ 273
demented \ 221
demise \ 210
demolition \ 242
demoniac \ 387
demur \ 135
demure \ 132
demystify \ 271
denigrate \ 184
denizen \ 137
denotation \ 81
denouement \ 313
denounce \ 116
depict \ 230
deplete \ 48
deplore \ 293
deploy \ 126
depose \ 83
deposition \ 209
depravity \ 38
deprecate \ 272
depreciate \ 286
depredation \ 73
derange \ 144
derelict \ 111
deride \ 308
derivative \ 126
dermatologist \ 50
derogatory \ 20
descant \ 342
descry \ 392
desecrate \ 229
desiccate \ 211
desolate \ 311
despise \ 199
despoil \ 321
despondent \ 219
despot \ 88
destitute \ 26
desultory \ 17

detached \ 203
detergent \ 25
determination \ 96
deterrent \ 302
detonation \ 174
detraction \ 64
detrimental \ 235
deviate \ 41
devious \ 242
devise \ 388
devoid \ 353
devotee \ 119
devout \ 367
dexterous \ 334
diabolical \ 284
diagnosis \ 249
dialectical \ 213
diaphanous \ 7
diatribe \ 219
dichotomy \ 311
dictum \ 45
didactic \ 292
differentiate \ 69
diffidence \ 369
diffuse \ 256
digression \ 254
dilapidated \ 103
dilate \ 259
dilatory \ 6
dilemma \ 264
dilettante \ 108
diligence \ 338
dilute \ 66
diminution \ 157
din \ 167
dinghy \ 340
dingy \ 394
dint \ 399
diorama \ 27
dire \ 133
dirge \ 249
disabuse \ 36
disaffected \ 80
disapprobation \ 120
disarray \ 197
disavowal \ 121
disband \ 14
disburse \ 206
discerning \
disclaim \ 323
disclose \ 351
discombobulated \ 243
discomfit \ 363
discomposure \ 3
disconcert \ 228
disconsolate \ 332
discord \ 169
discordant \ 268
discount \ 48
discourse \ 219

discredit \ 398
discrepancy \ 245
discrete \ 351
discretion \ 95
discriminating \ 240
discursive \ 105
disdain \ 395
disembark \ 65
disenfranchise \ 300
disengage \ 371
disfigure \ 226
disgorge \ 315
disgruntle \ 299
dishearten \ 42
disheveled \ 380
disinclination \ 261
disingenuous \ 40
disinter \ 75
disinterested \ 176
disjointed \ 218
dislodge \ 356
dismantle \ 38
dismay \ 337
dismember \ 173
dismiss \ 166
disparage \ 343
disparate \ 166
disparity \ 298
dispassionate \ 164
dispatch \ 98
dispel \ 211
disperse \ 274
dispirited \ 102
disputatious \ 87
disquiet \ 400
dissection \ 162
dissemble \ 4
disseminate \ 353
dissent \ 18
dissertation \ 326
dissident \ 232
dissimulate \ 154
dissipate \ 7
dissolute \ 75
dissolution \ 95
dissonance \ 346
dissuade \ 362
distant \ 303
distend \ 189
distill \ 339
distinction \ 225
distort \ 336
distraught \ 248
diurnal \ 343
diva \ 118
diverge \ 219
divergent \ 2
diverse \ 108
diversion \ 240
diversity \ 80

divest \ 232
divine \ 259
divulge \ 35
docile \ 313
doctrinaire \ 34
doctrine \ 62
document \ 311
doff \ 273
dogged \ 381
doggerel \ 226
dogmatic \ 387
doldrums \ 309
doleful \ 294
dolt \ 332
domicile \ 245
domineer \ 50
don \ 308
doodle \ 381
dormant \ 117
dormer \ 358
dossier \ 19
dote \ 220
douse \ 70
dowdy \ 305
downcast \ 122
drab \ 42
draconian \ 223
dregs \ 351
drivel \ 377
droll \ 64
drone \ 255
dross \ 19
drudgery \ 215
dubious \ 365
ductile \ 54
dulcet \ 218
dumbfound \ 400
dupe \ 241
duplicity \ 43
duration \ 347
duress \ 32
dutiful \ 232
dwarf \ 315
dwindle \ 13
dynamic \ 327
earthy \ 47
ebb \ 133
ebullient \ 27
eccentric \ 182
eccentricity \ 68
ecclesiastic \ 301
eclectic \ 394
eclipse \ 39
ecologist \ 90
economy \ 7
ecstasy \ 378
eddy \ 172
edict \ 315
edify \ 226
eerie \ 378

palatable \ 389
paleontology \ 18
palette \ 362
pall \ 130
palliate \ 104
pallid \ 100
palpable \ 76
palpitate \ 388
paltry \ 109
pan \ 382
panacea \ 9
panache \ 41
pandemic \ 80
pandemonium \ 88
pander \ 180
panegyric \ 208
panoramic \ 189
pantomime \ 60
papyrus \ 13
parable \ 388
paradigm \ 255
paradox \ 130
paragon \ 250
parallelism \ 69
parameter \ 74
paramount \ 286
paranoia \ 304
paraphernalia \ 185
paraphrase \ 29
parasite \ 292
parched \ 143
pariah \ 33
parity \ 310
parochial \ 383
parody \ 161
paroxysm \ 137
parry \ 177
parsimony \ 217
partiality \ 163
partisan \ 149
partition \ 119
passive \ 290
passport \ 240
pastiche \ 280
pastoral \ 382
patent \ 261
pathetic \ 66
pathological \ 179
pathos \ 159
patina \ 51
patriarch \ 196
patrician \ 46
patronize \ 394
paucity \ 34
pauper \ 359
peccadillo \ 189
pecuniary \ 124
pedagogy \ 362
pedant \ 282
pedantic \ 272

pedestrian \ 327
pediatrician \ 161
peerless \ 361
pejorative \ 37
pellucid \ 173
penchant \ 136
pendant \ 371
penitent \ 364
pensive \ 240
penury \ 23
perceptive \ 192
percussion \ 398
perdition \ 122
peregrination \ 250
peremptory \ 378
perennial \ 229
perfidious \ 225
perforate \ 388
perfunctory \ 127
perimeter \ 258
peripheral \ 270
periphery \ 400
perjury \ 346
permeable \ 144
permeate \ 60
pernicious \ 288
perpetrate \ 365
perpetual \ 30
perpetuate \ 169
perquisite \ 214
persevere \ 39
persona \ 11
personable \ 323
perspicacious \ 340
pert \ 175
pertinacious \ 345
pertinent \ 226
perturb \ 300
peruse \ 127
pervasive \ 203
perverse \ 111
pessimism \ 321
petrify \ 109
petty \ 52
petulant \ 148
phenomena \ 308
philanderer \ 84
philanthropist \ 365
philistine \ 130
philology \ 282
phlegmatic \ 82
phobia \ 220
phoenix \ 295
phylum \ 20
physiological \ 86
picaresque \ 65
piebald \ 262
piecemeal \ 134
pied \ 19
piety \ 151

pigment \ 24
pillage \ 110
pine \ 56
pinnacle \ 360
pious \ 57
piquant \ 209
pique \ 94
pitfall \ 61
pithy \ 351
pittance \ 35
pivotal \ 47
placate \ 211
placebo \ 59
placid \ 93
plagiarism \ 163
plagiarize \ 160
plaintive \ 48
plasticity \ 222
platitude \ 192
plaudit \ 352
plausible \ 168
plenitude \ 183
plethora \ 232
pliable \ 206
pliant \ 183
plight \ 317
plumage \ 15
plumb \ 288
plummet \ 295
plutocracy \ 297
podiatrist \ 37
podium \ 259
poignancy \ 201
polarize \ 308
polemical \ 383
politic \ 296
polygamist \ 105
polyglot \ 106
pomposity \ 153
ponderous \ 249
pontifical \ 84
pore \ 182
porous \ 355
portend \ 192
portent \ 359
portly \ 151
poseur \ 277
posterity \ 252
posthumous \ 126
postulate \ 206
potable \ 111
potent \ 256
potentate \ 194
potential \ 237
potion \ 354
practicable \ 47
practical \ 387
practitioner \ 235
pragmatic \ 100
pragmatist \ 258

prank \ 306
prate \ 340
prattle \ 229
preamble \ 92
precarious \ 190
precedent \ 108
precept \ 395
precinct \ 379
precipice \ 19
precipitate \ 103
precipitous \ 389
précis \ 93
precise \ 396
preclude \ 73
precocious \ 248
precursor \ 34
predator \ 312
predecessor \ 200
predetermine \ 26
predicament \ 143
predilection \ 234
predispose \ 128
preeminent \ 28
preempt \ 68
preen \ 320
prehensile \ 200
prelate \ 230
prelude \ 33
premeditate \ 88
premise \ 35
premonition \ 389
preposterous \ 210
prerogative \ 159
presage \ 84
prescience \ 358
presentiment \ 159
prestige \ 53
presumptuous \ 366
pretentious \ 313
preternatural \ 225
pretext \ 344
prevail \ 341
prevalent \ 393
prevaricate \ 331
prey \ 386
prim \ 257
primordial \ 177
primp \ 108
pristine \ 219
privation \ 346
probe \ 342
problematic \ 191
proclivity \ 279
procrastinate \ 251
prod \ 193
prodigal \ 291
prodigious \ 400
prodigy \ 100
profane \ 395
profligate \ 240

tundra \ 222
turbid \ 87
turbulence \ 325
turgid \ 10
turmoil \ 135
turncoat \ 125
turpitude \ 265
tutelage \ 60
tycoon \ 73
typhoon \ 132
tyranny \ 301
tyro \ 340
ubiquitous \ 205
ulterior \ 15
ultimate \ 134
unaccountable \ 106
unanimity \ 97
unassailable \ 380
unassuming \ 346
unbridled \ 81
uncanny \ 293
unconscionable \ 171
uncouth \ 4
unctuous \ 104
underlying \ 73
undermine \ 230
underscore \ 367
undulating \ 261
unearth \ 376
unequivocal \ 39
unerringly \ 345
unfathomable \ 190
unfetter \ 363
unfrock \ 43
ungainly \ 356
uniformity \ 53
unimpeachable \ 48
uninhibited \ 23
unintimidating \ 278
unique \ 5
universal \ 198
unkempt \ 195
unmitigated \ 235
unobtrusive \ 308
unpalatable \ 129
unprecedented \ 121
unprepossessing \ 237
unravel \ 208
unrequited \ 242
unruly \ 299
unscathed \ 365

unseemly \ 176
unsightly \ 367
unstinting \ 259
untenable \ 77
unwarranted \ 80
unwieldy \ 198
unwitting \ 195
upbraid \ 332
uproarious \ 202
upshot \ 33
urbane \ 329
usurp \ 340
utopia \ 31
vacillate \ 192
vacuous \ 254
vagabond \ 245
vagrant \ 29
valedictory \ 130
valid \ 204
validate \ 40
valor \ 76
vampire \ 193
vanguard \ 26
vantage \ 194
vapid \ 152
vaporize \ 287
variegated \ 136
veer \ 109
vehement \ 284
velocity \ 246
venal \ 183
vendetta \ 278
vendor \ 162
veneer \ 388
venerable \ 309
venerate \ 291
venial \ 298
venom \ 96
vent \ 355
ventriloquist \ 272
venturesome \ 75
veracity \ 318
verbatim \ 278
verbiage \ 269
verbose \ 45
verdant \ 339
verge \ 156
verisimilitude \ 273
verity \ 93
vernacular \ 141
versatile \ 337

vertex \ 301
vertigo \ 261
verve \ 293
vestige \ 293
vex \ 226
viable \ 132
vicarious \ 294
vicissitude \ 351
vie \ 393
vigilance \ 254
vignette \ 169
vigor \ 238
vilify \ 45
vindicate \ 54
vindictive \ 201
viper \ 48
virile \ 82
virtual \ 237
virtue \ 233
virtuoso \ 118
virulent \ 154
virus \ 9
visceral \ 398
viscid \ 133
viscous \ 140
vise \ 373
visionary \ 362
vital \ 123
vitriolic \ 333
vituperative \ 94
vivacious \ 247
vociferous \ 227
vogue \ 369
volatile \ 348
volition \ 244
voluble \ 148
voluminous \ 172
voluptuous \ 78
voracious \ 309
vortex \ 333
vouchsafe \ 64
voyeur \ 220
vulnerable \ 77
waffle \ 77
waft \ 226
waggish \ 216
waif \ 69
waive \ 61
wake \ 181
wallow \ 237
wan \ 208

wane \ 337
wanton \ 278
warble \ 202
warrant \ 198
warranty \ 289
wary \ 249
wastrel \ 78
watershed \ 103
wax \ 13
waylay \ 222
wean \ 261
weather \ 381
welter \ 224
wheedle \ 61
whelp \ 105
whet \ 349
whiff \ 365
whimsical \ 195
whinny \ 157
whittle \ 357
willful \ 130
wily \ 16
wince \ 43
windfall \ 344
winnow \ 147
winsome \ 47
wispy \ 76
wistful \ 115
withdrawn \ 109
wither \ 296
withhold \ 174
withstand \ 392
witless \ 348
witticism \ 95
wizardry \ 377
woe \ 316
worldly \ 61
wrath \ 233
wrench \ 160
writhe \ 209
wry \ 289
xenophobia \ 13
yen \ 1
yield \ 165
yoke \ 57
yore \ 316
zany \ 48
zeal \ 133
zealot \ 189
zenith \ 351
zephyr \ 396

《SAT综合指导与模拟试题》 （含光盘1张）

Sharon Weiner Green, Ira K.Wolf 编著

本书由新东方从美国巴朗教育出版公司独家引进，是SAT考试权威指导用书，对考生了解SAT的考试内容和测试方向具有极强的指导意义。

◎ 最新SAT考试内容与特点透析
◎ 各种题型的全面介绍及有效的应试策略
◎ 1套诊断测试题＋5套完整的全真模拟题
◎ 1张CD-ROM，包含大量测试题及自动评分系统
◎ 含SAT高频词表、热点词表、巴朗基础词表、基本词根词缀表

定价：128元 开本：16开 页码：988页

《SAT数学专项突破与模拟试题》

Lawrence S. Leff 编著

◎ 介绍SAT考试总体特点并深入分析数学部分的考查重点和题型特点
◎ 详细讲解重要数学概念、运算技巧及特殊题型的处理方法
◎ 精选数百道选择题和主观填空题，同时含有2套数学全真模拟题
◎ 附有"数学重点知识快速复习"（Quick Review of Key Math Facts）

定价：58元 开本：16开 页码：512页

《SAT阅读专项突破与模拟试题》

Sharon Weiner Green, Mitchel Weiner 编著

◎ 介绍SAT考试总体特点和阅读部分的考查重点
◎ 剖析阅读部分两大题型——句子填空题和阅读理解题，并附有三个不同难度级别的练习题及答案解析
◎ 含有1套阅读自测题和3套阅读全真模拟题
◎ 提供"SAT高频词汇表"，收录迄今为止SAT考试中出现的高频核心词汇

定价：45元 开本：16开 页码：312页

《SAT写作专项突破与模拟试题》

George Ehrenhaft 编著

◎ 洞悉SAT考试写作部分的考查重点
◎ 分步骤讲解如何完成SAT作文，概括写作精要
◎ 逐一分析写作部分三种选择题（改进句子题、识别句子错误题和改进段落题）
◎ 包含1套写作自测题和4套写作全真模拟题

定价：48元 开本：16开 页码：408页

《SAT 词汇词根 + 联想记忆法》

俞敏洪　编著

◎ "词根＋联想"记忆法——实用有趣，巩固记忆

◎ 实用例句——仿真环境应用，直接了解考查要点

◎ 图解记忆——形象生动，千言万语尽在一图中

◎ 常考搭配——归纳常考词组和搭配，帮助考生抓住考试的重点

定价：48元　开本：32开　页码：504页

《SAT 词汇词根 + 联想记忆法：乱序版》

俞敏洪　编著

◎ 采取"乱序"编排，全面收录约11000个SAT考试必备词汇

◎ 用＊号标出近3500个巴朗词表中的核心词汇

◎ 精心甄选单词释义，提供大量经典例句

◎ 提供实用有趣的"词根＋联想"记忆法，配以形象生动的插图

◎ 归纳常考搭配，给出重点词汇的同义词、派生词，全面扩充
词汇量

定价：62元　开本：16开　页码：600页

《SAT 词汇词根 + 联想记忆法：乱序便携版》

俞敏洪　编著

◎ 全面收录SAT考试必备词汇，精选常考释义，标注同义词

◎ 以＊标出近3500个巴朗词表核心词汇

◎ 提供"词根＋联想"记忆法，轻松记忆单词

◎ 开本小巧，便于携带，方便随时随地背单词

◎ 登录www.dogwood.com.cn免费下载本书相关音频资料

定价：29元　开本：32开　页码：488页

《SAT 核心词汇速记卡片》

George Ehrenhaft　编著

◎ 100张便携式词汇卡片

◎ 收录600个SAT高频主词

定价：39元　开本：48开　页码：222页

《SAT 高分词汇必备》

蒋万贵　编著

◎ 收录SAT高分词汇，提供权威中英文释义

◎ 提供词根记忆法，丰富的同义词和派生词

◎ 大量经典例句，强化对单词的理解与记忆

定价：45元　开本：16开　页码：284页